신흥무관학교 교관

원병상회고록

신흥무관학교기념사업회

책을 펴내며

독립운동과 한국전쟁에 관한 소중한 기록

신흥무관학교가 배출한 3,500여 명의 전사들은 봉오동·청산리대첩 등 독립전쟁의 주축으로 활약하였으며, 만주지역의 여러 항일무장투쟁단체와 의열단, 한국광복군 등에서도 위명을 떨쳤다. 독립전쟁사상 불멸의 금자탑이라 할 신흥무관학교이지만, 2011년 설립 100주년을 맞아 기념사업을 시작했을 때만 해도 그 진면목은 그리 널리 알려지지 않았다. 그간 기념사업회의 꾸준한 노력도 있었지만, 신흥무관학교가 대중에 각인된 계기는 2015년 개봉한 영화 '암살'의 흥행 성공이었다. 무려 1,200만 명 관람이라는 대기록을 세운 이 영화에서 배우 조진웅이 분한 '속사포'가 신흥무관학교 출신임을 자랑스럽게 내세우자 엄청난 관심을 끌게 된 것이다. 조진웅 배우는 이 때의 인연으로 우리 기념사업회의 홍보대사를 맡아 진정을 다해 역할을 수행하고 있다.

그런데 이 신흥무관학교가 역사에 남을 수 있도록 결정적인 공헌을 한 숨은 인물이 따로 있다. 그가 바로 신흥무관학교를 졸업하고 교관으로서 후배들을 양성했던 원병상 선생이다. 독립운동가들의 불문율 중 하나가 일제의 탄압을 피하기 위해 '불문不文' 즉 기록을 남기지 않는 것이었다. 따라서 독립운동 당대 당사자의 자료는 극히 드문 것이 현실이다. 독립운동사 연구자들이 부득이하게 일제가 남긴 문서들을 주요 분석대상으로 삼을 수밖에 없는 까닭이 여기에 있다.

원병상 선생은 상당한 자료들을 비밀리에 보관하고 있었던 것으로 보이나, 격동의 시기를 지나면서 모두 멸실되고 말았다. 선생은 이를 안타까워하면서 기억을 되살려 시대를 증언하는 수기 두 편과 회고록 한 권을 남겼다. 수기는 『신동아』(1969년 6월호)와 『독립운동사자료집 제10집 : 독립군전투사자료집』(1976년 2월)에 실린 「신흥무관학교」란 제목의 약사이며, 회고록은 자필 원본의 복사본만 전해지고 있는 〈백암 원병상 회고록-피눈물로 얼룩진 36년 유랑 생애〉이다. 원병상 선생은 한국전쟁의 와중이던 1951년 10월경부터 1973년 1월 1일 별세하기 직전까지 오랜 기간 회고록 집필에 공을 들였다. 식민지배와 독립운동, 분단과 동족상잔이라는 역경의 한국근현대사를 온몸으로 겪은 시대의 산 증인으로서 반드시 그 고난과 극복의 역사를 후세에 남겨야겠다는 일념이었을 것으로 짐작된다.

여기 이 『신흥무관학교 교관 원병상 회고록』은 앞의 회고록과 수기 두 편, 그리고 참고자료들을 새로이 편제한 교주본校註本이다. 전문 연구자 다수가 참여해 치밀한 교열을 거쳐 주석을 붙였으며 사진과 지도 등 시각자료를 수록해 독자의 이해를 높였다.

책에는 원병상 선생의 출생·가계, 만주 망명과 신흥무관학교 시절, 영농과 사업, 팔로군 점령 후의 상황과 탈출, 환국 후의 혼란상, 군 복무와 한국전쟁 등 장년에 이르기까지의 개인사와 시대상이 소상히 서술되어 있다.

무엇보다도 신흥무관학교의 설립에서부터 그 변화과정과 교육내용, 생활상과 여러 사건들이 매우 구체적으로 담겨있다는 점에서 독립운동 사료로서 큰 의미를 지닌다. 신흥무관학교 졸업생으로 교관을 역임한 원병상 선생이 이를 상당 부분 복원하였기에, 그나마 오늘 우리가 신흥무관학교의 일면이라도 살펴볼 수 있게 된 것이다. 참으로 다행이 아닐 수 없다.

국망 이후 만주로 망명한 독립지사들의 신산한 삶이나 이주민 정착과정의 고투를 생생하게 전해주고 있는 점도 이 책의 가치를 높여준다. 강제병합 이후 뜻있는 많은 이들이 국권회복을 위해 전 재산을 정리한 뒤 가솔을 이끌고 생면부지의 이역으로 기약 없는 발걸음을 내디뎠다. 다른 이들과 마찬가지로 남부여대 정든 고향을 떠난 원병상 선생 일가는 만주에 정착하기까지 이루 말 할 수 없는 고초를 겪어야 했다. 이들은 풍토병과 연속되는 재해, 경신참변, 친일 부역자들의 악행, 만보산 사건, 대도회 동란 등 온갖 수난을 겪으면서도 좌절하지 않고 굳건히 터전을 일궈나갔다. 이 책은 만주로 이주한 우리 동포들의 디아스포라에 관한 절절한 회고여서 읽는 이들을 한층 숙연하게 한다.

또 이 기록에는 주목할 만한 여러 내용이 담겨 있다. 만주 지역에 벼농사를 확산시킨 주역이 바로 우리 동포였다는 사실, 또 그 개척 과정의 간난신고가 어떠했는지를 실감나게 묘사하고 있다. 일제의 패망 이후 만주의 상황이나 일본인이 겪어야 했던 고초, 팔로군의 만주 점령과 조선의용군의 진입, 인민재판과 숙청, 탈출과 귀환과정 등도 희귀한 증언이라 하겠다.

환국 이후 저자의 행보도 여러모로 특이하다. 일본군이나 만주군 출신들이 군 창설과정에서 30대에 참모총장 등 군 고위직을 독점하던 시기, 50대 노 독립운동가는 모멸을 받아가며 하급장교를 전전했다. 해방 조국의 부끄러운 실상이 원병상 선생의 군 복무 이력에서도 여실히 드러나고 있는 것이다. 한국전쟁 기간 지휘관으로서 직접 체험했던 전투의 실상과 전쟁의 참상에 대한 생생한 회상도 특기할 만하다.

여러모로 한 개인이 겪었다고 믿기 힘든 그야말로 파란만장한 일대기가 아닐 수 없다. 구절구절 피맺힌 통한의 기록인 것이다.

이 소중한 자료를 흔쾌히 제공하고 출판을 허락해 준 유족들에게 감사의 말씀을 드린다. 그리고 해독이 어려운 원본의 교열·주해 작업에 정성을 다해준 여러 연구자들에게도 경의를 표한다. 이 회고록이 우리 기념사업회 학술분과위원회가 수행하고 있는 〈신흥무관학교 역사자료 DB 구축〉 사업 등 독립운동사 연구에 큰 보탬이 되리라 믿어마지 않으면서, 다소 난해하더라도 일반 독자들에게도 널리 읽혀 역경의 우리 근현대사를 폭넓게 이해하는 데 도움이 되었으면 하는 바람을 가져본다.

2023년 8월

신흥무관학교기념사업회 상임대표 **윤 경 로**

발간을 축하하며

신흥무관학교의 독립정신을 지키고 계승할 터

신흥무관학교 설립 100주년이 되던 2011년, 관련 독립운동가의 후손들과 학계 그리고 시민사회가 뜻을 모아 기념사업을 시작한 것이 엊그제 같은데 벌써 10년이 훌쩍 넘었습니다.

그간 신흥무관학교기념사업회는 학술회의 개최, 항일 음악 보급, 전시회 개최, 국내외 항일유적지 답사 등 매년 신흥무관학교와 관련된 연구 발표와 문화예술 분야에서 다양한 활동을 지속적으로 전개함으로써, 독립전쟁에서 신흥무관학교가 세운 불멸의 업적과 위상을 널리 알리는 데 크게 기여하였습니다.

개인적으로는 조부 이회영 여섯 형제분이 신흥무관학교 설립을 주도한 깊은 인연이 있어 기념사업회 창립 때부터 남다른 관심을 가지고 참여했습니다.

신흥무관학교가 어떤 곳인가? 국망을 당해 뜻있는 선각자들이 전 재산을 처분한 뒤, 일가를 이끌고 머나먼 이역 서간도로 망명하여 창설한 최초의 독립군 기지였습니다. 신흥무관학교에서 배출한 3,500여 독립전사들은 봉오동·청산리 대첩과 대전자령전투의 주역으로 활약하였으며, 의열단·민족혁명당·조선의용대·한국광복군 등 항일무장투쟁 대오의 핵심을 이루었습니다.

신흥무관학교 출신들이 이렇게 독립운동사에 혁혁한 공적을 남겼지만, 그에 관한 역사자료는 남아있는 것이 거의 없는 실정입니다. 이번에 기념사업회가 신흥무관학교 관련 증언이 소상히 담긴 『신흥무관학교 교관 원병상 회고록』을 출간한다니, 만주 벌판에서 온갖 간난과 신고를 겪은 선대들을 떠올리면서 특별한 감회가 들지 않을 수 없습니다.

원병상 선생은 1913년 신흥무관학교 4년제 본과 3기생으로 입학하여 3개년 간 생도반장을 맡았으며, 졸업 뒤엔 류허현 대사탄소학교에서 교사로 복무하며 신흥학우단 총무부장을 역임했습니다. 3·1운동 직후인 1919년 5월에는 모교의 교관으로 부임하여 밀려드는 애국청년들의 훈련에 진력했고, 해방 뒤에는 신흥무관학교의 정신을 계승하기 위해 신흥학우단의 부활과 신흥대학 개교에 앞장섰습니다.

원병상 선생은 누구보다도 신흥무관학교의 전모를 가장 구체적으로 알 수 있는 위치에 있었던 분이었습니다. 그러나 험난한 시대 상황으로 인해 관련 기록을 제대로 보전하지는 못했다고 합니다. 오랜 기간에 걸쳐 메모한 기억의 편린들을 모아 신흥무관학교의 연혁, 지도자와 구성원, 생도들의 교육훈련 과정과 생활상, 관련 사건에 대해서 여러 차례에 걸쳐 증언과 기록을 남겼습니다.

이 책은 그동안 발굴한 모든 자료들을 집대성하여 정리한 통합 교주본으로 앞으로 신흥무관학교를 비롯한 독립운동사 연구에 없어서는 안 될 결정적인 역사자료가 될 것으로 믿습니다.

또한 이 회고록은 신흥무관학교를 비롯한 독립운동의 역사만이 아니라, 동포들의 눈물겨운 이주와 정착과정, 경신참변, 친일파의 횡포, 만보산 사건, 대도회 사건, 팔로군과 조선의용군의 만주 진입 등 시대상을 세세히 묘사하고 있어 일제강점기 만주 일대 우리 민족의 수난사와 생활상을 이해하는 데도 크게 도움이 될 것으로 생각합니다.

끝으로 소중한 자료를 기꺼이 제공해주신 유족 분들에게 감사드리며, 출간을 위해 애써주신 여러 연구자들의 노고를 충심으로 치하 드립니다.

이 책의 발간을 계기로 신흥무관학교 후예의 일원이라는 사명감을 새로이 하면서, 신흥무관학교의 독립정신을 지키고 계승하는 데 최선을 다할 것을 약속드립니다.

2023년 8월

광복회 회장 **이 종 찬**

감사의 말씀

할아버지의 이야기, 우리 사회에 도움이 되었으면

몇 해 전 어느 날 아버지께서 오래된 책 한 권을 주셨다. 누군가 한 글자, 한 글자 손글씨로 정성스럽게 쓴 원고를 복사해서 제본한 책이었다. 아버지는 할아버지의 기록이 담겨있는 책이니 잘 보관하라고 당부하셨다. 책을 펼쳐보고 나는 온몸에 전율이 일어나는 걸 느꼈다. 순간적으로 어린 시절 밥상머리에서 한두 번 들은 적이 있었던 할아버지의 독립 투쟁에 대한 이야기가 떠올랐기 때문이다.

난 할아버지가 남긴 이 기록에 대해 자세히 알고 싶었고, 그 속에 담긴 진실을 모두 확인해보고 싶었다. 할아버지가 경험한 모든 것을 온전히 느끼고 싶었고, 그가 지나온 시대를 완전히 이해하고 싶었다. 할아버지의 삶에 대해 어느 정도 알게 되었을 때 나는 답답함을 느꼈다. 자신을 희생해 독립운동에 투신했으나 그 희생과 노력을 제대로 인정받지 못하고 있는 오늘의 현실이 초라하게 다가왔기 때문이다. 그때부터 나는 할아버지의 명예를 찾아드리고 싶다는 생각을 갖게 되었다.

하지만 할아버지의 명예를 찾아드리는 것은 쉬운 일이 아니었다. 독립운동가 서훈 업무를 담당하는 곳에 찾아가봤지만, 그곳에선 후손에게 선대의 모든 행적에 대해 증명하기를 요구했다. 역사와 옛 자료에 능통한 사람이 아니고서야 도저히 할 수 없는 일이었다. 답답한 마음에 여기저기 동분서주했지만 뚜렷한 결과는 얻지 못한 채 시간만 흘러갔다. 그러던 어느 날 알게 된 것이 민족문제연구소였다. 연구소의 구성원들은 할아버지의 오래된 책을 들고 찾아온 나를 아무런 사심도 없이 따뜻하게 맞아주셨다. 이것이 이 책이 나오게 된 계기였다.

할아버지의 회고는 6·25전쟁이 한창이던 1951년 10월부터 시작된다. 할아버지가 대한민국의 군인으로 전시 계엄령 아래 영동지역 강릉, 삼척, 울진 3개 군의 병사·민사 업무를 담당하고 있을 무렵이었다. 할아버지는 1895년 강원도 평해군(현재는 경상북도 울진군)의 한적한 마을에서 태어났다. 그는 아름다운 고향 마을에서 책을 끼고 서당에 다니며 천진난만하게 마음껏 뛰어노는 것을 즐거움으로 알던 행복한 어린 시절을 보냈다.

하지만 당시의 국내 상황은 그가 평범한 삶을 살아가는 것을 허용하지 않았다. 16세 되던 해인 1910년 나라가 망했고, 가는 곳마다 일제의 온갖 만행으로 인권과 자유가 짓밟히는 상황이 벌어졌다. 이에 많은 우국지사와 열혈 청장년들이 일제의 위협에 굴복하지 않고 잃어버린 나라를 찾고자 나섰다. 증조할아버지께서도 "이 겨레의 천추에 씻지 못할 망국의 치욕을 잊을 수 없다"고 한탄하며 나라를 떠날 결심을 굳혔다. 그는 1911년 8월 18일 새벽, 온 가족을 이끌고 '만주'로 향하게 된다. 집안에서 맏이였던 할아버지가 그 길의 맨 앞에 섰음은 물론이다.

만주에서의 삶은 고통 그 자체였던 것으로 보인다. 척박한 외지에서의 생활고와 삶의 고단함, 현지인들의 부당대우 등 끊임없는 핍박과 고통이 가족들의 삶을 죄어왔던 것이다. 할아버지는 그런 어려움 속에서도 신흥무관학교를 졸업하고, 신흥무관학교 교관으로 일하며 한국독립운동의 일원으로 우뚝 섰다. 농사에도 힘을 기울여 가족의 삶을 일정한 수준 이상으로 끌어올리는 데도 성공했다.

하지만 평생토록 만주에서 힘들게 닦은 기반은 순식간에 무너져내렸다. 만주에 팔로군이 진주하면서 피땀으로 일군 토지와 재산을 모두 잃게 되었던 것이다. 결국 할아버지는 팔로군의 탄압을 피해 고국으로 돌아왔다. 고향을 떠난 지 35년 만의 일이었다. 할아버지는 만주에서 함께 했던 동지들과 함께 건국 사업에도 참여하고, 신흥무관학교의 후신인 신흥대학의 운영에도 참가해 후진 양성을 위해 애쓰셨다.

할아버지의 마지막 선택은 잃어버린 나라를 되찾기 위해 독립군이 되었던 것처럼, 새로 태어난 대한민국을 지키기 위해 국군이 되는 것이었다. 할아버지는 54세라는 늦은 나이에도 불구하고 육군사관학교에 들어가 훈련을 받았고, 6·25전쟁의 주요 전투에 참가해 여러 공적을 세웠다. 돌이켜보면 처음부터 끝까지 참으로 일관한 삶을 살아오신 셈이었다.

인생의 마지막 길에서 할아버지는 자신의 삶을 돌아보며 이 책의 저본이 된 자신의 회고록을 가다듬고 또 가다듬었다. 가깝게는 우리 가족들에게, 멀리는 오늘날을 살아가는 세상 사람들에게 자신이 살아온 길을 구체적으로 밝힘으로써 잘된 것은 본받고 잘못된 것은 반면교사로 삼으라는 뜻이셨을 것이다. 할아버지는 해방 이후 혼탁한 국내 실정에 대한 아쉬움과 조국의 통일을 보지 못한 애석함을 뒤로 한 채 1973년 1월 눈을 감으셨다.

비장함을 품고 만주로 향하는 첫 발걸음을 뗀지 112년이 지난 이제서야 할아버지의 이야기를 무대 위로 올린다. 할아버지의 이야기가 오늘날 우리 사회에 조금이라도 도움이 되길 바라는 마음이다. 이 책이 세상에 나오도록 애써주신 신흥무관학교기념사업회와 민족문제연구소 관계자 여러분께 감사드린다. 마지막으로 평생토록 일관된 삶을 살아오셨던 할아버지와 민족과 국가를 위해 헌신하신 수많은 이름 없는 독립운동가들에게 무한한 존경과 감사를 드린다.

2023년 8월

손자 **원 건 희**

봉천 거주 시기 청년 원병상(1929년 무렵)

만주 망명 경로

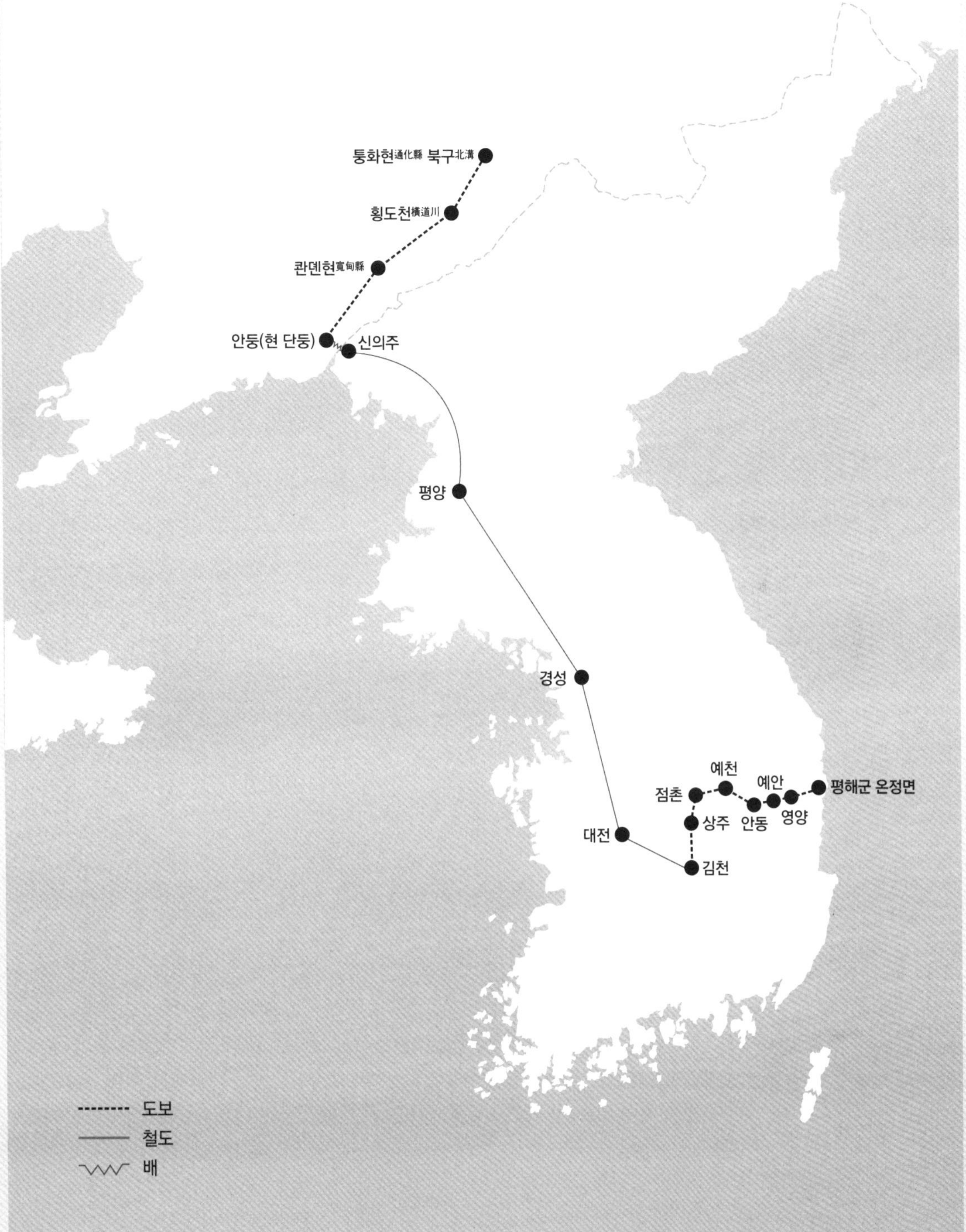
통화현通化縣 북구北溝
횡도천橫道川
콴뎬현寬甸縣
안둥(현 단둥)
신의주
평양
경성
대전
김천
상주
점촌
예천
안동
예안
영양
평해군 온정면
도보
철도
배

귀환 경로

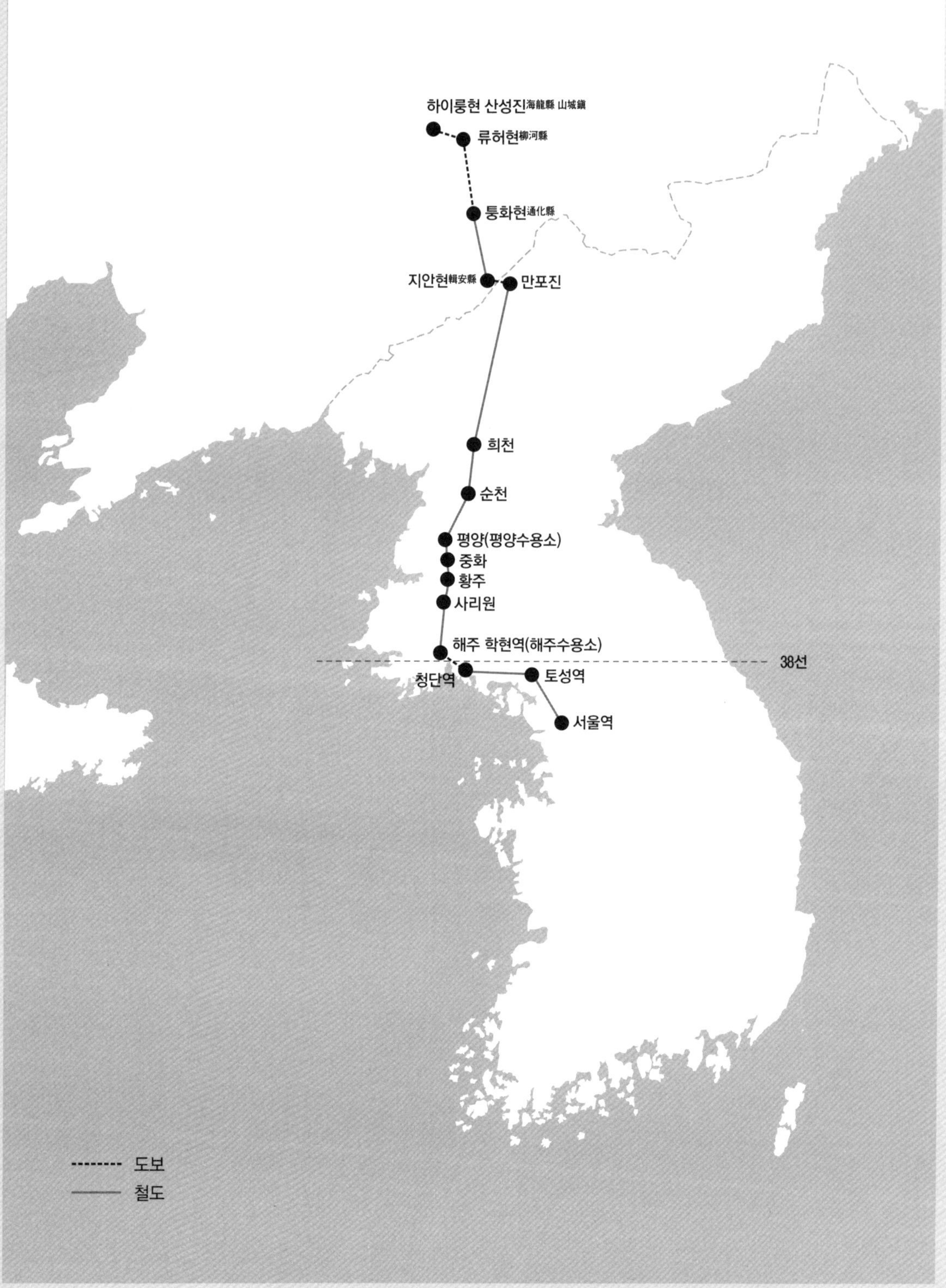

하이룽현 산성진海龍縣 山城鎭
류허현柳河縣
퉁화현通化縣
지안현輯安縣
만포진
희천
순천
평양(평양수용소)
중화
황주
사리원
해주 학현역(해주수용소)
38선
청단역
토성역
서울역
도보
철도

신흥무관학교 교관 원병상 회고록

이용창(신흥무관학교기념사업회 학술분과위원장)

1. 의의

원병상元秉常, 본명 원의상元義常(1895.8.5~1973.1.1)[1]의 「회고록」은 자필로 기록한 본문과 '여감餘感', 그리고 끝에 첨부한 '수기手記'[2] 「신흥무관학교」로 구성돼 있다. 이번에 발간하는 『신흥무관학교 교관 원병상 회고록』(이하 『원병상 회고록』)에는 전체 내용을 읽기 편한 현대문으로 바꿔 수록했다. 원문을 훼손하지 않는다는 기본적인 원칙을 지키면서 착오가 있거나 설명이 필요한 곳은 각주로 풀이를 했다. 두 개의 '수기'도 한글 위주로 바꾸고 서로 다른 내용의 일부도 비교했다. 본문과 여감은 원문도 함께 수록해 신흥무관학교 관련 연구 재료로 활용할 수 있게 했다.

---

1) 이름과 개명 등에 대해서는 「4. 가계와 만주 망명, 정착과 다섯 차례의 이주」 참조. 이하 본문에는 '원병상'으로 통일하였다.

2) 「회고록」에 포함된 것은 ① 元義常, 1969, 「新興武官學校」, 『新東亞』 6월호이다. 이외 ② 원병상(元秉常) 수기, 1976, 「신흥무관학교(新興武官學校)」, 『독립운동사자료집』 제10집(독립군 전투사 자료집)이 있다. '수기'의 필명은 다르지만 동일인이다. 여기에 대해서는 「2. '수기', 두 개의 판본」 참조.

원병상은 신흥무관학교를 졸업하고 교관으로 생도生徒를 가르쳤으며 신흥학우단 서기와 총무부장으로 활동했기에 그가 생전에 남긴 '수기'는 신흥무관학교 관련 연구에 필수적인 자료로 인정받고 있다. 그러나 정작 '수기' 외에는 자신의 생애를 드러낸 바 없었다. 이번에 공개하는 「회고록」에는 신흥무관학교 졸업생·교관이자 생존자인 원병상 개인의 가족사와 만주에서 '나라 잃은 백성'으로서 겪은 고난의 삶이 고스란히 담겨 있다. 특히, 1945년 8월 해방을 맞았으나 재산을 빼앗기고 생명의 위협까지 겪은 이야기, 신변의 위험을 피해 1946년 4월 가족을 뒤로한 채 큰아들과 탈출해 서울 도착하기까지 1개월여의 여정, 서울에서 만난 옛 동지들의 근황, 해방 정국의 혼란함과 친일파들의 득세, 극심한 좌우 이념 대립, 늦은 나이에 육군사관학교 제8기 특별2반 졸업과 임관, 6·25전쟁 참전 등 개인이 겪은 한국 근현대사의 여정은 여느 자료에서도 볼 수 없는 생생함이 전해진다.

「회고록」은 만주 이주 시기부터 해방 후 귀국과 활동을 회고하는 내용이 뼈대를 이룬다. 본격적인 집필은 1951년 10월에 시작했고, 20여 년 넘게 준비하는 과정에서 '수기' 한 편과 몇 가지 내용을 추가해 「회고록」으로 묶었다고 밝혔다. 겉표지에 "1970년 4월"이라고 썼지만, 내용 중 일부는 이후에 썼던 것도 포함돼 있다. 일단, 집필의 대강을 마치고 이후에 몇 가지를 추가했으나 겉표지는 원래대로 "1970년 4월"로 한 것이다. 스스로 언급하지 않았기에 확신할 수는 없지만, 내용으로 볼 때 집필을 시작하면서 모든 것을 기억에 의존해 기록한 것 같지는 않다. 「여감-나의 섭세행로涉世行路」에는 15개의 "나의 실천이며 체험이며 신조이기도 한 좌우명" 중 하나가 "10. 그날 일기는 그날 쓰기로 한다."이고, "13. 자필 기록을 즐기는 특성이다."라고 밝힌 것으로 볼 때 이러한 추정이 가능하다.

만주 시절, 구체적으로는 제4의 주거지였던 흑위자黑葳子 골짜기에서 농사를 짓던 중에 1931년 7월의 '만보산사건萬寶山事件', 이해 9월의 만주사변 등을 겪으면서 모친께서 아들의 신변을 염려해 관련 자료를 모두 태워버렸다고 한다.[3] 이렇게 원병상 관련 1차 자료

3) "이같이 위급한 사태 하에서 어머님은 내가 오래전부터 땅굴을 만들어 다년간 비밀 창고에 보관해 오던 졸업장과 임명장 군사 서적 기타 중요서류를 도저히 보존할 길이 없어 발각이 되는 날에는 당장 총살의 화를 면치 못할 순간 최종적 조처로 소각하고 말았다고 하셨다. 그 중요서류들이 보존되었더라면 하는 마음이 오늘날 더욱 절실해진다."(『원병상

는 사라졌지만, 이후에도 부정기적으로나마 일기를 썼고, 그때그때 메모도 남겼기에 「회고록」을 기록할 수 있었던 것이 아닐까? 현재 남은 것은 자필 「회고록」 사본이 유일하지만, 자신이 기록한 '독립운동관계철'이 있었다는 것으로 볼 때 일정 시기까지는 적지 않은 자료가 있었던 것이 분명하다. 스스로 자료를 폐기했다는 유족의 증언도 필자의 추측을 뒷받침해 준다.

신흥무관학교 관련 연구자들은, 원병상이 남긴 두 개 '수기'의 내용으로 볼 때 오롯이 기억에 의존해 쓰지는 않았을 것이라는 데 동의한다. 역사적인 사건을 배경으로 하면서 다른 기록에서 찾을 수 없는 유일한 내용이 있고, 시각적·공간적으로도 사실史實·事實에 매우 충실하기에 학술적으로 귀중한 가치가 있다고 평가하고 있다.

자료 너머에 존재하는 실제적 역사가 회고록 류의 훌륭한 기록으로 남겨진 사례는 적지 않다. 이런 경우는 오랜 시간을 두고 제3자가 증언이나 구술을 받아 정리하는 작업을 거쳐 다듬어지거나, 자신이 주체가 돼서 관련 자료를 조사한 후 사실 고증을 거치는 것이 대부분이다. 여기에 역사적 사실에 부합하는지에 대한 연구자들의 사료 비판도 반드시 거쳐야 하는 것이 통과의례이다.

원병상은 생전에 「회고록」을 집필하고 있거나 완성했다는 사실을 누구에게도 알리지 않았다. 1951년 10월부터 '일대기'를 쓰기 시작해 1967년 12월에 마치고, 이후 1972년 '이력서'를 추가할 때까지도 마찬가지였다. 친손자 원건희는 할아버지가 생전에 신흥무관학교나 만주와 독립운동 관련 말씀을 하셨다는 이야기를 전해 들었지만 큰 의미를 두시 않았으며 자료를 찾아보지는 않았다고 한다. 할아버지가 「회고록」 원본과 적지 않은 자료를 폐기하면서도 사본(원본이 아닌)은 자식들에게 1권씩 남겼고, 돌아가신 후 나머지는 모두 없어졌지만, 자신의 부친이 보관 중이던 유일한 1권이 손자에게 남겨진 것이다. 잊힐 뻔했던 귀중한 기록은 2014년 4월 원건희 씨가 민족문제연구소를 방문해 직접 조부의 「회고록」 사본을 기증하면서 정말 '운명적으로' 유족의 품을 거쳐 세상에 나오게 된 것이다.[4)]

회고록』, 121쪽).

4) 『민족사랑』, 2014년 4월호(통권 211호), 22쪽.

「회고록」에 기록된 내용과 역사적 사실관계가 부합하는 지는 나름의 검증을 거쳤지만 향후 추가적인 분석이 필요하다. 일부는 우리가 전혀 알 수 없거나 이해하기 어렵거나, 때로는 무시할 정도의 것으로 취급할 수도 있다. 또 사실 여부를 확인할 수 없거나, 역사적 기록과 차이가 있거나, 주관적으로 해석하거나, 일부는 시대상을 알기 위해 글이나 자료를 활용해 첨삭한 흔적도 있다. 이 또한 '왜곡'이 아니라면 회고록 류가 갖는 그 자체의 기록임을 인정하되 사실관계의 검증을 통해 활용한다면 크게 문제가 되지는 않을 것이다.

2011년 1월 신흥무관학교100주년기념사업회가 발족했으며, 이어 설립기념일인 6월 10일 상설기구인 신흥무관학교기념사업회로 개편하여 지속적인 활동을 전개하면서 학술 연구와 자료 발굴에 적지 않은 성과를 축적해왔다. 그러나 여전히 신흥무관학교가 존립했던 10여 년(1911~1920)을 온전히 보여주는 자료는 부족한 것이 현실이다. '원병상(원의상)'이라는 존재는 이미 '수기'를 통해 널리 알려졌지만, 그가 남긴 「회고록」을 통해 신흥무관학교와 관련된 비어있는 시공간을 메울 수 있는 계기가 되었으면 한다.

2. '수기', 두 개의 판본

「회고록」의 맨 뒤에는 원의상의 수기 「신흥무관학교」 사본이 첨부돼 있다. 이 수기는 1969년 3·1운동 50주년을 맞이해 『신동아』(1969년 6월호. 이하 신동아본)가 '광복의 증언-만주 독립군의 활동'이라는 시리즈로 연재한 글 중에 네 번째[광복의 증언④]로 실려 있고, 원의상은 "예비역 육군 대령·당시 신흥무관학교 교관"이라고 소개돼 있다. 특히, 본문의 신흥무관학교 관련 내용에는 '원병상'으로 표기했다. 한편, 신동아본 외에 내용이 유사하고 제목도 「신흥무관학교」인 "원병상 수기"가 1976년 발간된 『독립운동사자료집』 제10집(이하 자료집본)에도 수록돼 있다.

신흥무관학교 출신이자 교관은 '원병상'으로 알려져 있기에 관련 연구자 대부분이 신동아본보다 자료집본을 더 많이 활용해 왔다. 연구자 중 일부는, 두 개의 판본이 유사하고 원병상·원의상이 본문과 명단에 뒤섞여 나오므로 '원의상'은 '원병상'의 오기이거나, 심지어는 다른 사람으로 보기도 한다. 그러나 '원의상'과 '원병상'은 동일인이고, 필자가 보기에 자료집본은 신동아본을 ‘가필’ 또는 ‘대필’한 것으로 추정한다. 그 이유를 살펴보자.

신흥무관학교가 존립했던 10여 년 동안 직접 생산된 1차 자료 중 현존하는 것은 『신흥교우보新興校友報』 제2호(1913.9.15), 『신흥학우보新興學友報』 제2권 제2호(1917.1.13), 제10호(1918.7.15)가 전부다.[5] 이외 이상룡李相龍·김대락金大洛·김경천金擎天 등의 일기류,[6] 독립운동가와 가족들의 단편적인 증언·회고류,[7] 신문·잡지의 관련 소식, 일제가 남긴 첩보 문건 등에 기록이 흩어져 있다. 특히, 일제 측의 자료는 매우 방대하지만, 문건 생산 주체에 따라 정보가 엇갈리거나 세밀한 부분에서 비교할 만한 자료가 없어 사실관계를 판정하는 데 많은 어려움이 있다. 비교 대상이 없는 유일한 내용이라고 하더라도 관련 사실의 정황을 뒷받침하는 다른 자료와의 대조, 분석은 필수다. 그렇기에 원병상이 남긴 두 개의 수기가 신흥무관학교 관련 연구에 특별한 가치가 있는 것이다.

신동아본과 자료집본의 수기는 전체적인 내용에 큰 차이가 없으나, 전자와 후자가 구분되는 것도 있다. 원병상과 신흥무관학교는 후술하는 「5. 원병상과 신흥무관학교」에서 대강을 비교할 것이므로, 이하에서는 두 판본의 큰 차이에 대해서만 간략하게 살펴본다.

가장 큰 궁금증은 첫째는 어느 판본이 먼저인가이고, 둘째는 두 개의 수기 모두 직접 쓴 것인가이다. 시기적으로 보면, ‘원의상’으로 1969년 6월에 발표한 신동아본이 먼저인 것은 어쩌면 당연하다. 그러나 1976년에 발간된 자료집본이 발행 일자와 무관하게 먼저

---

5) 이외 발간 관련 정보는 다음과 같다. 『신흥교우보』 창간호(1913.6.18)는 제2호의 「新興校友團 歷史의 大概」에, 『신흥교우보』 제4호와 제5호는 『國民報』(1914.4.8.4면 ; 1914.7.11.4면)와 『勸業新聞』(1914.7.12.2면)에서 각각 1914년 3월과 6월 발간을 추정할 수 있다. 『신흥학우보』 제9호(1916.3.23), 제10호(1916.6.내착), 제4호(1917.6.내착), 제7호(1918.3.내착)는 『신한민보』(1916.4.13.3면 ; 1916.6.29.3면 ; 1917.6.7.3면 ; 1918.3.14.3면)에, 제2권 제1호(1916.10.19)와 제3권 제8호(1919.9.압수)는 「機密公第21號 柳河縣地方 朝鮮人에 관한 調査進達의 건(1917.8.14)」(『不逞團關係雜件-朝鮮人의 部-在滿洲의 部 6』) ; 「機密公第44號 奉天에 있어서 鮮人爆彈事件에 관한 건」(『不逞團關係雜件-朝鮮人의 部-在滿洲의 部 12』)[이상 국사편찬위원회 한국사데이터베이스]에서 추정할 수 있다.

6) 안동독립운동기념관 편, 2008, 『국역 석주유고(石洲遺稿)』 상·하, 景仁文化社 ; 안동독립운동기념관 편, 2011, 『국역 백하일기(白下日記)』, 景仁文化社 ; 김경천 지음, 김병학 정리 및 현대어역, 2012, 『擎天兒日錄』, 學古房.

7) 이은숙, 1974, 『獨立運動家 아내의 수기: 西間島始終記』, 正音社 ; 李丁奎·李觀稙, 1985, 『友堂 李會榮 略傳』, 乙酉文化社(여기에 又觀 李丁奎의 「友堂 李會榮 略傳」과 海䨪 李觀稙의 「友堂 李會榮 實記」가 수록돼 있다) ; 구술 허은, 기록 변창애, 2016, 『독립투사 이상룡 선생 손부 허은 여사 회고록: 아직도 내 귀엔 서간도 바람소리가』, 민족문제연구소 등.

쓰였을 가능성도 배제할 수는 없다. 편집에 차이는 있지만 신동아본(10쪽) 보다 자료집본(28쪽) 분량이 더 많고, 전자에 없는 내용이 후자에만 있거나 더 구체적으로 묘사하고 있는 부분이 많기 때문이다. 따라서 자료집본이 먼저라면 굳이 내용을 대폭 줄이면서까지 신동아에 다른 이름으로 발표할 이유가 없다. 연구자들은 이름이 낯설고 상대적으로 내용이 미비한 신동아본 보다는, 익히 알려진 원병상의 수기이고 분량과 내용이 더 풍부한 자료집본을 더 많이 활용해 왔다. 이제 『원병상 회고록』 발간을 계기로 '원의상=원병상'이라는 사실이 밝혀졌으니 착오는 없을 터이지만, 두 개의 수기를 비교하면서 활용해야 하는 번거로움이 생긴 것도 사실이다.

필자는 자료집본이 대필 또는 가필된 것이 아닌가 하는 의문을 가지고 있다. 이유는 다음과 같다. ① 1946년 5월에 개명했기 때문에 필명이 '원의상'이어야 한다. ② '원의상'은 1976년 2월 자료집본이 발간되기 3년여 전인 1973년 1월에 사망했다. ③ 「회고록」에는 자료집본에 대한 언급이 전혀 없다. 생전에 수정 작업 등에 조금이라도 참여했다면, 성격상 내용 어딘가에 메모라도 남겨뒀을 것이다. ④ 『독립운동사자료집』을 발간한 독립운동사편찬위원회가 본인의 동의를 얻어 '대필 또는 가필'했거나, 필명을 '원병상'으로 한다는 합의가 있었다면 자료집본에 사정을 언급했어야 한다. 대신 머리말 앞에 이렇게 밝히고 있다(원문 전재).

> 이 글은 신흥무관학교의 교관이었던 원병상(元秉常) 씨의 수기이다. 신흥무관학교의 창설로부터 폐교될 때까지의 내용으로, 창설기·전성기·확장기·폐교 등으로 나누어져 있으며, 10년간 3천 5백명이라는 무관을 양성 배출시킴과 동시에 이들이 청산리 전투의 승리 및 기타 독립군 전투에서의 대부분의 공로자들이 역시 신흥무관학교 출신들이라는 것 등을 소상하게 밝히고 있다. (편집자 주)

어떤 판본이 우선인지를 따지는 것은 의미가 없을 수도 있다. 이전까지 '원의상=원병상'을 몰랐고, '원의상'이 어떤 인물인지 알 수 있는 자료가 없었기 때문이다. 그렇지만 두 판본의 내용이 적지 않은 곳에서 다르기에 학술적인 면에서라도 비교, 분석하는 것은 불가피하다. 두 개 수기의 구성을 비교하면 다음과 같다.

신동아본(236~245쪽)	쪽	자료집본(7~35쪽)	쪽
		머리말	10
		제1단계 창설기	
		1. 독립운동의 요람지인 추가가鄒家街	11
		2. 신흥강습소를 설립	12
		3. 토인 옥수수 창고 빌려 개교식	12
		제2단계 전성기	
		1. 신흥의 제2기지 합니하哈泥河	14
		2. 무관학교 승격과 교사 낙성식	15
(머리말)	236	3. 신흥학우단 조직	16
哈泥河의 新興武官學校	237	4. 영내 내무생활과 군기 엄정	19
新興學友團	238	5. 교육훈련	23
內務生活과 훈련	239	6. 경제투쟁과 둔전병 제도	24
經濟鬪爭으로 屯田兵制度	241	7. 졸업생들의 모교 지원 활동	25
졸업생들의 활동	242	8. 소북차小北岔 백서농장白西農場	26
廢校의 悲運	243	9. 진공 직전의 3·1운동	26
해방된 祖國에 돌아와서	244	10. 군정부와 한족회 설치	27
		제3단계 확장기	
		1. 신흥의 제3기지 고산자孤山子	27
		2. 임정 산하의 서로군정서	28
		3. 6백여 명의 신입생 입교	29
		4. 중·일군의 박해와 마적단 습격	30
		5. 청산리 승리와 신흥의 역군들	30
		6. 주구배 사살과 기타 활약상	31
		7. 폐교의 비운	32
		8. 10년간 졸업생 수 3,500여 명	32

자료집본의 목차가 신동아본에 비해 매우 세부적으로 구성돼 있다. 일부는 새로운 내용 없이 목차와 내용만 세분한 곳도 있다. 자료집본을 기준으로 신동아본에는 없거나 다른 곳이 30여 곳에 이른다.

자료집본의 제2단계 전성기의 「3. 신흥학우단 조직」 중에서 "제3대 부서"의 명단이 신동아본에는 아예 없다. 「4. 영내 내무생활과 군기 엄정」에서 "1913년 당시 재직 교직원의 명단"이 신동아본에는 "1913년 이후 무관학교 교직원"이고, 이외 명단도 약간의 차이가 있다. 「9. 진공 직전의 3·1운동」과 「10. 군정부와 한족회 설치」가 신동아본에는 「졸업생들의 활동」에 일부 서술돼 있으나 내용이 전혀 다르다. 제3단계 확장기의 「6. 주구배 사살과 기타 활약상」도 신동아본에 없다. 반대로, 신동아본의 끝에 있는 해방 후 신흥무관학교를 계승해 설립한 신흥대학 관련 내용이 자료집본에는 없다. 원병상은 1947년에 성재省齋 이시영李始榮을 만나 '신흥대학'(전신은 신흥전문학원) 설립에 참여하고 학도감學徒監을 맡아 교무에 참여한 일과 '(신흥)학우단'을 재건한 '신흥무관학교학우단' 조직에 전념했다는 것을 「회고록」에도 남겼는데, 원병상 본인이 자료집본 발간에 관여했다면 굳이 이 부분을 삭제할 이유가 없다. 사후에 신동아본을 저본으로 자료집본이 '가필 또는 대필'된 것이 아닐까 하는 또 하나의 이유이다.

끝으로 두 판본에 각각 실린 "동지同志"의 명단의 차이이다.[8] 신동아본에는 '한자명과 출신 도道'가 기록된 116명, 자료집본에는 '한글명·한자명과 출신 도'가 기록된 147명의 명단이 수록돼 있다. 산술적으로는 후자가 31명 더 많지만, 이름(한글·한자)과 출신이 서로 잘못된 것도 더러 있어 단순하게 숫자로 차이를 단정할 수는 없다. 예컨대 같은 인물인데 지역, 성姓, 이름(한글명·한자명)이 두 판본에 다르게 기재된 경우도 있다. 같은 '서울' 출신인데 신동아본에는 '조기연趙起淵'으로, 자료집본에는 '이기연李起淵'으로 각각 기재돼 있어 검증한 결과 '서울 출신의 이기연'이 맞다. 같은 '경기' 출신인데 신동아본에는 '목연창睦然昌'으로, 자료집본에는 '육연창陸然昌'으로 각각 기재돼 있어 검증한 결과 '목연창'·'육연창'은 '경기도 출신의 목영창睦榮昌'의 착오이다. 같은 '평북' 출신인데 자료집본에 한글명은 '문벽파', 한자명은 '문벽피文碧陂'로 다르게 기재돼 있어 검증한 결과 신동아본의 '문벽파文碧波'가 맞는 것으로 판정했다. 한편, 자료집본에만 있는 '경남 출신의 동만식董萬植'은 검증 결과 '경남 출신의 동만전董萬槇'이 맞다. '경기' 출신의 '박돈서朴敦緖'와 '서울' 출신의 '박돈서'(한자명은 이돈서李敦緖)도 자료집본에만 모두 기재돼 있는데 검증 결과 신흥무관학교 졸업생은 '서울 또는 경기 출신의 박돈서朴敦緖'가 맞다. 자료집본의 '평남 출신의 허식許湜'은 신동아본의 '평남 출신의 허영백許英伯'과 동일인인데, 신동아본에 '경남 출신의 식식湜湜'이라는 인물은 '허영백(허식)'과 동일인으로 추정되지만 특정할 수 없는 경우이다.

8) 원의상, 「신흥무관학교」(1969), 244~245쪽 ; 원병상, 「신흥무관학교」(1976), 33~35쪽. 각각의 명단 참조. 좀 더 자세한 것은 『원병상 회고록』의 부록 1·2의 수기 텍스트본 참조.

3. 구성

A4 크기로 겉표지와 속표지, 본문 내용, 본문 사이에 본인이 구분한 간지(큰 의미는 없음)가 있다. 후반 일부만 세로로 쓰고, 대부분은 가로로 썼다. 겉표지 가운데에는 '회고록回顧錄'이라 쓰고 왼쪽에 '백암산인白巖山人', 오른쪽에 '서기 1970년 4월 5일'이라고 적었다.

겉표지

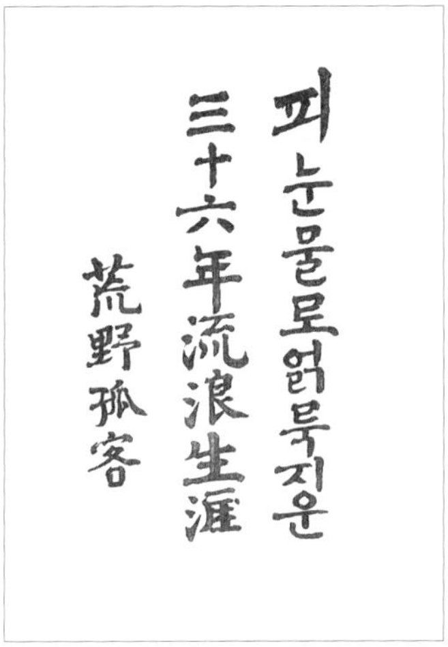

속표지

속표지

속표지는 두 가지다. 하나는 '황야고객荒野孤客'의 "피눈물로 얼룩 지운 36년 유랑 생애", 또 하나는 중간에 '회고록'이라 쓰고 왼쪽에 '효당曉堂', 오른쪽에 '서기 1970년'이라고 쓴 것이다.

'백암산인'은 경상북도 울진군 온정면과 영양군 수비면 경계에 있는 백암산에서 가져온 것이다. 원병상이 태어난 온정면은 당시에는 강원도 평해군에, 현재는 경상북도 울진군에 속해 있다. 만주에서 해방을 맞고 서울로 돌아온 직후인 1946년 8월에 용산구 남영동 원효로元曉路에 '1칸 다다미방'을 얻어 살게 됐는데, 원효로에 살게 된 이유가 성씨인 '원'과 원효로의 '원元'이 같기에 무작정 정착했으며 이곳에서 「회고록」을 마쳤기에 '효당'은 이때의 당호堂號인 것이다. 원병상이 쓴 다른 글이 있는지, 있다면 '백암산인'이나 '효당'이라고 쓴 적이 있는지 알 수 없지만, 「회고록」을 집필하면서 필명으로 시공간을 나타내려 했다고 보는 것이 자연스럽다. '황야고객'도 나라를 잃고 만주로 이주해 해방 후 귀국할 때까지 힘겹게 살았던 생애였음을 토로하는 표현인 것이다.

한편, 자신의 호가 '석천石川'이라는 것은 직접 밝혔다.[9] 육군 중령으로 제주도에서 근무하면서 1954년 봄 한림면에 무사릉武士陵 동산 조성과 함께 『무사릉의 지향指向』(실물은 확인할 수 없음–필자)이라는 소책자를 발간할 때 '석천'이라는 호를 썼다는 것이다. 호를 '석천'으로 지은 이유를 직접 해의解意 했는데, "강류석부전江流石不轉은 영구불변을 의미한다"하고, "천류불식川流不息은 목적관철을 의미한다"라고 하면서, '자연을 본받아, 온 세상이 다 흐리되 나 홀로라도 깨끗이 탁한 세상 가는 길에 한갓 지침을 만들려는 것'이었다고 한다(『원병상 회고록』, 203쪽).

「회고록」은 강원도 삼척군에서 강릉·삼척·울진 지역의 병사兵事·민사民事 업무를 수행하고 있을 때 여가를 이용해 쓰기 시작했다. 6·25전쟁이 일어나고 두 번째 맞이하는 가을, 즉 1951년 10월 1일부터였다. 내용은 크게 세 부분으로 구성돼 있다. ① '고향', '황야', '환국'을 키워드로 구분한 3개의 장과 각 장을 내용에 따라 세밀하게 절로 구분해 소제목을 붙인 본문이다. ② 13개의 짧은 글과 메모로 이뤄진 '여감'이다. 시기는 1946년 5월부터 1972년 3월까지이고, 일부는 시기를 적지 않았다. 이 중 「이력서」(1972.3)는 수기 앞에 별도의 표지로 가운데에는 '경력서'를 쓰고 왼쪽에 '호號 백암산인', 오른쪽에 '서기 1972년 3월'이라고 적었다. ③ '수기'는 앞 장에서 다뤘다.

집필 과정에서 표지의 일자 이후의 기록인 여감의 일부, 예컨대 「나의 소망」(1970.10.27)이나 「나의 섭세 행로」(1971년 새해 아침) 등이 추가됐지만, 표지는 처음 구상했던 대로 1970년 4월로 해서 엮은 것이다. 본인이 직접 각 면 하단에 적은 숫자로는 총 457쪽, 수기를 포함해 원고지로 약 1,000매가량이다.

가로로 칸이 있는 서울민사지방법원 조서 용지와 한국투자개발공사 기안 용지를 사용해 펜으로 한 칸에 한 줄이나 두 칸에 한 줄로 써 내려 갔다. 용지에 쓴 곳은 모두 가로로 썼지만, 일부 일반 흰 종이에는 세로로 썼다. 국한문 혼용이지만 대부분 한자로 기재돼 있고 정자가 아닌 흘림체여서 원문 독해에 상당한 어려움이 있다.

『원병상 회고록』을 기준으로 머리말과 종결을 뺀 3개의 장과 89개의 절, '여감'의 목차는 다음과 같다.

---

9) 족보에도 '호 석천'이라고 기재돼 있다.

	제1장 고향의 장 (1895~1912) [출생부터 만주 망명 직전까지]	제2장 황야의 장 (1912~1945) [만주 정착과 해방 직후까지]	제3장 환국의 장 (1945~1967) [귀국 여정, 서울 정착과 은퇴까지]	여감
1	고향의 유래	이국 제1보의 첫 감상	36년 만에 찾아온 고국, 첫날부터 앞길은 태산	나의 이름과 호의 해석
2	선조의 유적	자국마다 눈물 고인 이역 천리 원정	뜻밖에 만난 가족과 행자의 사망	가처의 수기 한 토막–고난 생애의 일면
3	고향의 위치와 전설	이역의 첫 선물은 실망뿐	만포진보안서의 선의와 셋방살이 1개월	슬픈 그대의 영별
4	휘 석해 종조부님의 오언시 일 수	신접 가족의 이역 첫 시련	평화향이 그리워 남으로, 가족 소식은 절망 중 어린이 출생	부고
5	나의 어린 시절	구래민의 특권기	평양수용소의 야박한 차별대우에 분노	휘호
6	아버님의 활동면	무변광야 황무의 서간도	대동강의 홍수와 평양역의 '쓰리' 봉변	녹음기 구입에 대한 나의 소감
7	잊지 못할 외조부모님의 은덕	이국 신접 제1거지 통화현 북구	학현역장의 신세와 해주수용소의 후의	가훈
8	경술국치의 비분	구국 투쟁 대열에 참여 제1보	원한의 38선을 넘어, 고도 개성도 관광	잊어서는 안 될 처신
9	고향을 떠나게 된 동기	제2거지 기가골 눈물의 간황	수도 서울을 향하여, 첫 번 만난 옛 동지	나의 소망
10	아버님의 용단과 고향을 떠나던 그날 밤	변장의 설움과 가혹한 토인들 착취	고국에 돌아와 첫 출발, 청년운동	나의 섭세행로
11	고향을 떠나던 감상	나와 신흥무관학교	한 많은 교육난	이력서
12	고국 땅 슬픈 여정	연속되는 흉년과 농노생활	신흥대학을 찾아, 신흥학우단도 부활	한 국민 정신 여하가 한 나라의 주체성을 좌우한다
13		모교의 유지난과 학비난	독립운동자동맹을 엽관배의 도구화로	나의 말년 가슴에 맺힌 여한
14		아동교육과 청년 군사훈련	혼란과 탁류 속에 적색분자들의 광상	
15		모교 교직에서 남은 기억	해방 조국 창군에 참여, 사관후보생이 되어	
16		접종하는 모교 사고 수습에 고심	전지 옹진에서, 6·25의 전야	

17		만주 명물의 마적당을 해부해본다	38선 전역에 뻗친 전화	
18		만주농업의 전환기	서울 가족의 안위, 예상되는 구사일생	
19		정사년의 액운과 이역 제3거지 태평구	동란에 돌아다닌 전지, 화령장의 통쾌한 승첩	
20		활로 찾는 헤이룽장성 치치하얼 기행	전투 중의 소감	
21		이역 제4거지 흑위자	초연이 잠긴 춘천에서	
22		기미만세운동 여파	중공이 도망간 후 처음 가보는 서울 주택	
23		왜적의 대참살 만행	40년 만에 고향 마을을 찾아	
24		독립군의 활동상황 개요	모를 것이 인생의 운명	
25		만주 정세의 일변과 피동적인 토인 군경		
26		만인의 가경할 망국적인 아편중독		
27		아버님의 용감성		
28		신성소학교 설립과 대동보 전질 봉환		
29		참혹한 가화 접종		
30		뼈저린 망국민의 설움		
31		소공 앞잡이 ML당 (주중청총)		
32		금천현 일본영사 주구 숙청사건의 파문		
33		만보산사건의 여파와 가정적 실망		
34		대도회 동란과 가족의 수난		
35		이역 제5거지 이팔석농장 개간, 농부로 가장		
36		원통한 어머님의 서세와 최영선 군의 총상		
37		계유~경진 8년간의 가정적 희비 쌍선		

38		가인의 영별과 자녀의 상처		
39		대동아의 침략전과 우리의 분노		
40		건물과 토지소유로 자녀 교육 기반 조성도 허로		
41		히로시마의 원자폭탄에 대동아침략전 붕괴		
42		해방의 종소리와 그날의 감격		
43		해방경축대회 경축사		
44		국치 36년간의 회고		
45		종전과 만인의 난동		
46		만주는 중공의 천지로 돌변		
47		중공 지배하의 조선의용군		
48		공산당의 인민재판		
49		적도의 박해와 나의 수난-꿈에 본 태극기		
50		중공의 혈쵀쏸장법과 시민의 진정		
51		부자간의 통곡과 가족의 생이별		
52		중공의 도마 위에서 구사일생 탈출		
53		만주를 떠나는 나의 소감		

두 개의 '수기'에는 신흥무관학교와 관련해 자료적 가치가 높은 내용이 수록돼 있다. 반면에 「회고록」에는 지난했던 1950년대까지의 '생애사'를 중심으로 기록하면서, 두 개의 '수기'에는 없는 신흥무관학교 입학·졸업 전후의 이야기를 간략하게 언급했다.

제1장 「고향의 장(1895~1911)」

– 출생부터 만주 망명 직전까지 고향인 원주의 유래, 선조의 유적, 고향을 떠나게 된 동기

제2장 「황야의 장(1911.9~1946)」

– 아버지를 따라 서간도로 가는 여정, 중국인의 착취와 이주한 동포들의 고난과 애환 어린 생활상, 신흥무관학교 입학·졸업·교관 활동과 1922년 이후 류허현柳河縣에서 소학교 교장으로 교육사업 종사, 농장 경영, 해방 직후까지 만주 생활과 탈출

제3장 「환국의 장(1946.5~1967)」

– 만주에서 1946년 5월 말 서울에 도착할 때까지의 고단한 여정, 해방 직후 각계의 동향, '(신흥)학우단'을 재건한 '신흥무관학교학우단' 조직에 참여, 신흥대학 학도감을 지내다 육군사관학교 제8기 특별2반 편입과 군사 간부 훈련, 1949년 육군 소위 임관, 이후 6·25전쟁 참전, 1956년(62세) 대령 예편, 대한상무회 강원도지회장 역임 등

특히 「황야의 장」에는 만주 서간도를 거쳐 펑톈성奉天省(현재 지린성吉林省) 퉁화현通化縣에 정착했으나 생계가 어려워 성내 여러 곳으로 옮겨 다니면서 논농사와 밭농사 경작이 가능한 곳을 찾아 5차례 이상을 이주했던 고난의 가족사가 상세하게 담겨 있다. 만주 이주와 정착에 어려움을 겪은 것은 원병상의 가족뿐만 아니라 '나라 잃은 백성'이 겪어야 했던 숙명이었다. 당장은 굶주리면서도 장래의 생계를 위해 황무지를 개간하고 농사를 짓는 한편으로, 교육과 국권 회복에도 관심을 기울였다. 원병상이 동흥소학교를 거쳐 신흥무관학교를 다니면서 학업과 함께 농사를 지어야 했듯이, 망명객들이 겪은 생활의 어려움과 나라를 되찾겠다는 사명감은 모두에게 공통의 것이었다.

주경야독과 병농일치를 실천하면서 신흥무관학교를 운영하고 독립운동을 위한 발판에 헌신할 수 있었던 배경에는 망명자들과 그곳에 터전을 일군 동포들의 피와 땀이 있었기에 가능했다. 이렇듯 「회고록」 전반에 기록된 원병상의 삶의 여정과 신흥무관학교는 하나의 역사였다. 원병상의 삶은 신흥무관학교 자체였다고 해도 과언이 아니다.

4. 가계家系와 만주 망명, 정착과 다섯 차례의 이주

본관은 원주原州로 시조 대로부터 18대손이라고 한다.[10] 태종 때의 문신 원산군原山君 원황元晃·元滉으로부터 10대손인 원빈元斌이 신임사화辛壬士禍(1721~1722) 때 관직을 버리고 3남매와 함께 은거한 곳이 강원도 평해군 화구리였다. 이후 고조부(정인貞仁, 1768~1838)가 약 30리가량 떨어진 한송동(일명 상암동 또는 설바위)으로, 증조부(재일在一, ?~1811)[11]가 3형제 중 둘째 동생만 데리고 온정면 소태리 녹정동으로 이주했다. 조부(석윤錫胤, 1845~1871)는 큰 집에 양자로 들어가 전처(재령이씨)와 후처(안동권씨) 사이에 6남매를 뒀고, 부친(세형世衡, 1876.4~1946.5)은 차남으로 후처 소생에서는 장남이었다.

부친은 빈손으로 모친과 두 동생을 데리고 큰집에서 분가해 김녕김씨(1875~1933)와 결혼했다. 성실함과 처가의 도움으로 자수성가해 "온정면 새 부자 났다"라는 소리를 들었다고 한다. 1908년 8월에 부친은 평해군 향교의 추계秋季 공부자孔夫子 연례석전집전年例釋奠執典에 독축관讀祝官으로 선정돼 축문을 낭독한 일로 격찬을 받기도 했다.

원병상은 1895년 8월 5일(음력) 강원도 평해군(현재 경북 울진군 평해면) 온정면 금천리의 외할머니댁에서 태어나, 1973년 1월 1일 79세를 일기로 서울 성북구 자택(정릉동 685-4)에서 별세했다.[12] 만주 망명 2년 전인 1909년(15세)에 결혼한 안성이씨 이악이李岳伊(1895~1940.2)는 만주에서 사망했고, 이해 4월에 22살의 의흥예씨 예봉기芮鳳基(1919~1964)와 재혼했다.「여감-가처의 수기 한 토막」은 의흥예씨가 1인칭인 '내' 관점에서 생애를 회고하는 형식이지만, 실제로는 남편이 아내의 관점에서 작성한 것으로 추정된다.[13] 처음부터「아내의 수기」를 쓰기 위해 아내에게서 이야기를 듣고 정리한 것인지, 그때그때 겪었던 일들을 아내의 경험을 남편이 주관적으로 쓴 것인지는 알 수 없다. 전

10) 가계는 原州元氏中央宗親會(侍中公系)의 인터넷족보(http://www.wonjuwon.com/index.php)와「회고록」의 내용을 활용했다. '인터넷족보 홈페이지'에는 '2013년 계사년 족보를 2018년 인터넷족보'로 편찬한 것이라고 밝혔다.

11) 족보에는 "正祖 戊子 2月 24日生, 辛未 3月 25日卒"라고 했지만, 정조대에 무자년은 없다. 1700년대 무자년인 1768년은 고조부의 출생 연도이고, 1800년대 무자년은 1828년이지만 오히려 사망 연도보다 늦다.

12) 사망 일자는「원의상 제적등본(2014.1. 서울특별시 중구청장)」, 출생 일자는 족보와 '회고' 참조.

13) 본문은 유족의 요청에 따라 공개하지 않기로 했다. 독자의 양해를 구한다.

체 A4 24면 백지에 아래로 내려서 썼다. 대부분의 내용은 본문과 중복되지만, 1인칭 아내가 겪은 경험담이어서 같은 이야기라도 다른 정서가 느껴진다. 특히, 아내의 집안 내력과 해방 후 9개월여가 지나 남편이 쫓기다시피 귀국 길에 오른 일, 이어서 아내가 두 아이를 데리고 남편을 찾아가는 노정, 늦은 나이(54세)에 육군사관학교 제8기 특별2반을 졸업한 남편이 소위로 임관해 옹진에 주둔하던 중에 6·25전쟁으로 홀로 아이들을 데리고 피난 다니던 일, 다시 일선에 배치된 남편과 헤어진 후 1·4후퇴 때 전국을 떠돌던 일 등은 오롯이 아내가 홀로 겪은 "천신만고"였다.

한편, 「회고록」에는 두 개의 '본명'과 관련한 기록이 있다. 하나는 외조부가 지어주신 어렸을 때 이름[幼名] '원기환元璣環'에 대한 유래다. 『천자문』의 한 구절인 "선기현알璇璣懸斡"에서 '구슬 기'를, "회백환조晦魄環照"에서 '구슬 환'을 한 자씩 따온 것으로 '구슬같이 사랑한다'라는 의미로 지었다고 한다. 다른 하나는 성인이 된 후 이름[冠名]이거나 개명改名한 '원의상'이다. 여기에도 두 개의 기록이 있다. (1) "한문 서당에서 동학同學한 동창들 명단"에서 본인의 경우 "유명 원기환, 관명 원의상"이라는 기록, (2) 「여감–나의 이름과 호의 해석」 중에 "나는 왜 이름을 의상이라고 고쳤을까?"에서 '원의상'으로 개명한 이유를 "민족의 정기와 대의명분"을 지키기 위해서이고, 시기는 1946년 5월 귀국 즈음이라고 밝혔다. 구체적으로는, 1911년 8월(음력) 고향인 강원도 평해군을 떠나 35년 만인 1946년 5월 말 서울에 도착하면서 남과 북의 이념 대립과 분열, 친일파들의 득세 등을 겪었고, 이 과정에서 자신이 지켜온 "정의의 그 정신을 그대로 살려 조국 재건설에 한갓 교훈으로 삼으려는 것"이라고 했다. 이름의 키워드는 "정의正義"와 "천도지상天道之常"에서 한 자씩 따서 '의상'이라고 한 것이다.

1946년 5월경의 개명은 법적인 것이 아니라 만주 시절 사용해 널리 알려진 '원병상'을 '원의상'으로 고쳤다는 의미로 해석할 수 있다. 어렸을 때 이름인 '원기환'은 호적(제적)상 등재된 이름일 뿐이고, 본인은 관명인 '원의상'을 본명으로 쓰기 시작한 것이다. 그렇기에 이후에 작성된 모든 기록에는 '원의상'을 본명으로 하고 '원병상'을 병기하다가 1958년 5월 법원으로부터 '원기환'을 '원의상'으로 개명하는 정식허가를 받았다.[14] 현재

14) 「원의상 제적등본(2014.1. 서울특별시 중구청장)」. "西紀 1958年 5月 8日 大邱地方法院 寧德支院의 許可에 依하여

원주원씨중앙종친회가 운영하는 '인터넷족보'에도 본명은 '원의상'으로 기재돼 있다.

'원의상'과 '원병상'이 동일인이라는 것은 다음을 근거로 한다. ① 1946년 5월경 '원의상'으로 개명했다. ② 1948년 12월 54세로 육군사관학교 제8기 특별2반으로 입학할 때의 이름은 '원의상'이고 '신흥무관학교 출신'이라고 밝혔다.[15] ③ 법적 개명(1958.5) 이후 작성한 신동아본 수기 「신흥무관학교」의 필명은 '원의상'이지만, 내용에는 '원병상'으로 기재했다. ④ 「여감-이력서(1972.3)」에는 '성명란' 두 곳에 '원의상'과 '원병상'을 모두 쓰고 '호주 성명란'에는 '원의상'이라고 적었다. 신흥무관학교와 관련해서는 ⑤ 『신한민보』에 '신흥교우단이 신흥학우단으로 개칭해 임원을 개선'했다는 소식을 전하면서 '신흥학우단 서기 원병상'이라고 보도했다.[16] ⑥ 입학, 생도반장, 졸업생, 교관 등은 모두 '원병상'으로 기재했다.[17] ⑦ 이 자료집의 '부록(3·5)'에 소개한 자필 「(국사편찬위원회에 보내는)건의서(1969.4.8)」와 「국치 후 독립운동의 경위 사실(1970.1.16)」의 제출자는 '원의상'이지만, 만주에서의 활동 내용은 '원병상'으로 기재했다.

다만, 족보에 "초명初名 오상五常, 자字 덕일德一"이라고 기재된 것이 어떤 의미인지는 확인할 수 없다. 어렸을 때 이름을 '初名 또는 幼名'이라고 하고, 성인이 된 후의 이름을 '字 또는 冠名'이라고 하므로 각각 '오상이거나 기환', '덕일이거나 의상'이어야 한다. 그런데 본인은 후자인 '기환'과 '의상'을 법적이고 공식적인 본명으로 인정한 것이다.

종합해 정리해보자. ① 법적으로 등록한 이름은 외조부가 지어준 '원기환'이지만 어렸을 적에는 '원오상'으로 불렸다. ② 만주 이주 후 성인이 되면서 집안에서는 '원덕일'로, 대외적으로는 '원병상'이라고 썼을 것이다. ③ 해방 후 서울로 돌아온 1946년 5월경 '원의상'으로 고쳤고, 육군사관학교에도 '원의상'으로 입학했다. 다만, 법적으로는 여전히 '원기환'이었다. ④ 1958년 5월 '원의상'을 법적 이름으로 확정했다. ⑤ 1969년 『신동아』에 신흥무관학교 관련 수기를 쓰면서 내용에는 '원병상'으로 기재하고, 필명은 '원의상'으로 밝혔다.

그 名 「璣環」을 「義常」으로 改名 同月 14日 申告"라고 기재돼 있다.

15) 『將校任官順臺帳: 陸軍(1946–1972)』(민족문제연구소 소장 자료).

16) 「원동소식–신흥학우단 직원·신흥교의 졸업생」, 『新韓民報』 1915.4.29.3면.

17) 원의상, 「신흥무관학교」(1969) ; 원병상, 「신흥무관학교」(1976) ; 金承學, 1976, 『韓國獨立史』, 獨立文化社, 353쪽(上), 196쪽(下) ; 許英伯(許湜), 1965, 『西間島實錄』(미간행 필사본, 독립기념관 소장), 38쪽.

7세(1901년) 때부터 이웃에서 한문 서당을 하던 남조옥南朝玉 선생에게서 한문을 배웠다. 경술국치 이듬해인 1911년 만주로 건너갈 때까지 10여 년을 사서삼경四書三經과 글쓰기를 익힌 것이 전부였지만 학문의 기초를 다지는 계기가 될 수 있었다. 1910년 8월 경술국치를 당하자 부친은 망국의 치욕을 잊지 않기 위해 호를 '치헌恥軒'으로 지었다고 한다.

17세(1911년) 봄에 부친은 "닭의 부리가 될지언정 소의 꼬리가 되지 말라는 옛 가르침에 의해 차라리 청국淸國 사람이 될지언정 왜놈의 노예는 되지 않겠다는 결의"로 독립군 기지 건설을 위한 망명을 결심했다고 한다.

> 同鄕人 朱鎭洙·黃萬英 두 선생의 항일사상에 호응하여 당시 신민회에서 선정한 독립기지 서간도로 떠나실 것을 결심하고 비장한 결의로 항일투쟁 대열에 낙후되지 않을 것을 거듭 다짐하셨다. 이 땅에 생을 가진 자로서 이 처참한 운명의 길을 누구나 아니 걸을 수 있으며 이 죄악의 보따리를 누가 아니 질 수 있으랴. 17세의 약관시대 어린 나의 몸도 커다란 죄를 걸머지고 눈물 자국을 밟아가면서 부모님의 뒤를 따르지 않을 수 없었던 것이다(『원병상 회고록』, 70쪽).[18]

실제로 부친이 신민회新民會나 주진수[19]·황만영[20] 두 지사 등과 함께 활동했는지는 확인할 수 없다. 다만, 3명이 울진군 내에서도 서로 이웃하고 있는 온정면(부친 원세형), 매화면(주진수), 기성면(황만영) 출신이자 동갑인 것으로 볼 때 직간접적인 교류나 영향은 있지 않았을까 한다.

---

18) 이와 관련해 평해황씨 海月公派의 서간도 이주 배경과 과정, 주진수 등과의 관계를 치밀하게 분석한 연구가 있다(趙德天, 2015, 「1910년대 평해지역 平海 黃氏 海月公派 문중의 서간도지역 이주경위」, 『한국근현대사연구』 73, 한국근현대사학회).

19) 주진수(1875~1936, 1991년 건국훈장 애국장): 강원도 울진군 원남면(현재 경북 울진군 매화면) 출생으로 1907년 신민회 강원도지역 總監官을 맡았고, 1910년 12월 양기탁 집에서 열린 제3회 신민회 간부회의에 참석해 만주 이민계획, 무관학교 설립, 독립군 양성 등을 논의하고 강원도 대표로 선정됐으며 제1진으로 만주로 망명했다. 柳河縣 三源堡 鄒家街에서 조직된 耕學社의 발기인이자 신흥무관학교 설립의 주역이었다.

20) 황만영(1875~1939, 1995년 건국훈장 애국장): 강원도 울진군 기성면 출생으로 1907년 신민회에 가입해 활동하면서 대흥학교를 설립해 구국 교육운동을 전개, 1910년 11월~1911년 1월 이전 서간도로 망명했다. 1911년 4월 耕學社 調査에 선임됐고, 1912년에는 신흥무관학교에 재정 지원을 담당했다. 한편, 황만영의 서간도 망명 시기가 1913년 4월이라는 분석도 있으나(조덕천, 앞의 글, 102~103쪽), 추가 확인이 필요하다.

집단으로 만주로 이주한 항일 지사나 유림儒林들의 망명 시기는 1910년경부터 조금씩 차이가 있고 그 이유는 다양했다. 일찍이 독립운동 기지 건설을 모색한 이상설李相卨과 이회영李會榮 6형제, 이상룡李相龍, 이동녕李東寧, 여준呂準, 장유순張裕淳, 이관직李觀植 등이 대표적이다. 이 외에도 생활고와 함께 배일 성향 등이 이주의 중요한 동기였다.[21] 부친의 망명이 신민회나 독립군 기지 건설과 직접적인 관계는 없더라도 그 취지에 공감하거나 이들의 동향이나 직간접적인 권유에 결심을 굳혔을 것으로 추정할 수 있다.

1911년 음력 8월 18일 새벽에 원병상의 가족 13명과 고모 가족 5명, 모두 18명이 고향을 떠났다. 온정면에서 도보로 경북 영양 → 예안 → 안동 → 예천 → 점촌 → 상주를 지나 김천역에 도착했다. 여기서부터는 기차를 타고 서울을 지나 평북 신의주역까지 갔고, 이곳에서 압록강까지 가서 배를 타고(당시 압록강 철교는 공사중이었다고 함) 남만주에 도착했다. 9월 초순 안둥현安東縣에 도착했으니 거의 20여 일에 걸친 '북행'을 강행한 것이다.

여기까지가 전체 3개 장이 첫 번째인 「고향의 장(1895~1911)」의 내용이다. 두 번째 「황야의 장(1911.9~1946)」 중 만주에 정착하는 과정을 보자.

1911년 9월 초순 안둥현을 출발해 매일 20~30리를 옥수수빵과 옥수수죽을 먹으면서 콴뎬현寬甸縣(현재 랴오닝성遼寧省 단둥시丹東市 콴뎬)을 거쳐 400~500리를 걸어 화이런현懷仁縣(현재 랴오닝성 환런현桓仁縣) 횡도천橫道川에 도착했다.[22] 횡도천에서 1주일간 지내고 화이런

---

21) 서중석, 2001, 『신흥무관학교와 망명자들』, 역사비평사, 26쪽, 56쪽. 이와 관련해서는 제1장(무장투쟁의 땅을 찾아서)과 제2장(꿈과 눈물의 터전 '서간도')에 자세하다.

22) 이상룡 일가는 1911년 1월 5일 경북 안동을 떠나 상주를 거쳐 서울에 도착해 양기탁의 집에서 잠시 머문 후 경의선을 타고 신의주에 도착했다. 이곳에서 10여 일을 보내고 1월 27일 압록강을 건너 안동현에서 마차로 7일 만에 정착한 곳이 懷仁縣 恒道川이었다(『국역 석주유고』 하, 153~154쪽, 600~602쪽).

현의 파저강婆潴江을 건너 다시 북쪽으로 300여 리의 통화현 동래잔東來棧 여관에 도착한 것은 9월 말, 다시 북쪽의 북구北溝 골짜기로 옮겨 동포 소유의 방 한 칸을 빌려 짐을 푼 것이 10월 말이었다. 고향을 떠나 김천역부터 신의주역까지 기차로 이동한 것 외에는, 안동현에서 이곳까지 1,000여 리를 두 달여 동안 오로지 걸어서 도착한 것이다. 이곳에서 가족 18명이 겨울을 보냈다.

1912년 음력 2월 통화현 북구에 현지인의 오래된 집 한 칸과 산전山田 300여 평을 빌려 농사를 시작했다. 만주 망명 후 처음 머물게 된 제1의 주거지였다. 「회고록」에는 모두 다섯 곳의 주거지와 옮기게 된 사정, 그곳의 생활 등이 생동감 있게 묘사돼 있다.

제2의 주거지는 1913년 2월 북구 서북쪽 5~10리가량 떨어진 기가골이라는 곳이다. 현지인 소유의 산황山荒 300여 평을 5년 기한으로 빌려 토막집을 짓고 이곳으로 이주했다. 이즈음에 원병상은 신흥무관학교에 입학해 1916년 12월에 졸업했다.

제3의 주거지는 4년여가 지난 1917년 2월 통화현 북구에서 500여 리 떨어진 류허현 형통산자亨通山子 태평구太平構였다. 소학교 교사로 복무한 것은 이즈음이다. 이곳에 사는 동포 소유의 옛날 집 한 채와 건답乾畓 300여 평을 빌려 처음으로 논농사를 짓기 시작했지만, 농사는 물론 산황 개간도 여의치 않아 당장 먹고 살 대책이 필요했다. 다시 온 가족이 살 곳을 찾기 시작했다.

제4의 주거지는 1918년 새해를 맞이하고 나서 형통산자에서 남쪽으로 15리 떨어진 흑위자 골짜기였다. 소학교 교사로 근무하면서 이곳 동포 소유의 단칸방과 수전水田 300여 평을 빌려 가족들과 다시 논농사를 시작했다. 1919년 5월 즈음에 신흥무관학교 교관으로 임명돼 후배들을 지도하다 폐교의 순간까지 맞이했다. 이곳 네 번째 주거지에서는 독립운동 관련 몇 가지 행적이 기록돼 있다.

1920년 10월 '경신참변'의 영향은 안동현과 류허현까지 뻗쳤고, 일제가 독립운동과 무관한 주민들을 잔인하게 살육하는 과정에서 "살해대상자 명단에는 내 이름도 기입되어 있다는 정보"가 있었으나 산간벽지에 살았던 관계로 도피해 참화를 면했다고 한다. 이어서 "왜병을 안내해주던 윤학동尹學東이란 앞잡이" 이야기를 하면서 "위선자"라고 비난했다. 내용인즉, 일제가 류허현 삼원포三源浦(또는 삼원보三源堡라고도 함) 일대를 주목해 윤학동을 앞세워 뒤지고 다니다가 비어있는 고산자의 신흥무관학교 건물을 태우려는 것을 윤학동의 설득으로 남게 됐는데, 이미 폐쇄된 것이어서 별반 중요성이 없었다는 것이다. 그러므로 "그의 본의가 학교를 위한 양심의 발로라면 어찌 동족을 또는 애국지사를 자의대로 살해하는 적의 앞잡이가 되었으랴. 위선자에 불과할 뿐"이라고 한 것이다. 독립운동을 하는 데에는 일제의 박해, 군자금 문제, 파벌 등 여러 난관이 있지만, "가장 가증스러운 것이 주구들"이었다.

윤학동(1889.2~미상)은 경남 창녕 출신으로 류허현과 하이룽현海龍縣 일대에서 활동한 '일제 부역자'였다. 1922년 4월 하이룽조선인민회 류허지부장을 지냈고, 산성진지부장山城鎭支部長을 거쳐 1931년 2월 하이룽조선인민회장을 지냈다. 1934년 9월 현재 산성진보통학교 교장이었다.[23] 1935년 5월에 열린 제7회 전만조선인민회연합회全滿朝鮮人民會聯合會 정기총회에 하이룽조선인민회장으로 참석했다.[24] 해방 후 산성진에 진주한 중국 팔로군과 조선의용군이 "보민회保民會 5개 현 회장이던 윤학동과 현지 산성진(민회) 회장 한식韓湜"을 체포해 인민재판 후 사살했다고 한다(『원병상 회고록』, 140~141쪽).

1922년 3월에는 "시국에 수반하여 지하운동으로 돌아가" 흑위자의 중국인 건물을 빌려 신성소학교新惺小學校를 설립해 교육을 실시했다고 한다. 1923년 봄 류허현 형통산자가亨通山子街로 이전하고, 이해 8월에는 다시 노두립자老頭砬子 마의구螞蟻溝로 학교를 옮겨 "동지 박세환朴世煥"[25]과 함께 운영과 교무를 전담했다. 첫 번째 이전한 형통산자는 원병상이 1917년 2월 이사한 제3의 주거지였고, 이곳 대사탄 소학교에서 교원으로 2년간 근무했다. '흑위자-형통산자-노두립자'라는 지역, '신성소학교'라는 학교명, "동지 박세환" 등의 입증 여부가 '원병상의 독립운동' 행적을 확인하는 단서가 될 수 있으나, 현재까지 실체 확인이 되지 않고 있다. 그러나 1923년 개천절(음력 10월 3일-필자)에 안중근安重根의 이토 히로부미伊藤博文 척살을 연상케 하는 쾌극快劇 공연으로 박수갈채를 받는 성황을 이뤘다는 정황을 상세하게 기록한 것으로 볼 때, 원병상의 학교 설립과 운영은

---

23) 『昭和 9年~11年 滿洲國建國功勞章』(국가기록원 소장).

24) 『(全滿朝鮮人民會聯合會)會報』 28(1935.6.15), 5쪽.

25) 박세환(1883~1948, 1996년 애국장 추서)은 평남 강서 출신으로 1919년 3월 이래 강서군 일대에서 대한민국 임시정부 연락원으로 활동하다 이해 여름 愛國婦人會 甑山支會를 설립해 군자금을 모집하던 중 중국으로 건너갔으나, 1923년 4월 長春警察署로부터 在留禁止處分을 받아 신의주경찰서로 이송 후 석방됐다. 이후 吉林省으로 건너가 義成團에 입단, 길림·장춘을 근거지로 활동했다(「독립유공자 공적정보」, 공훈전자사료관). 그렇다면 1923년 중반경부터 만주에 있었고 길림·장춘·봉천성을 근거지로 조직된 의성단에 가입해 활동한 '박세환'과 「자필 회고록」의 "동지 박세환"은 동일인일 가능성이 매우 높다. 추가 자료 조사와 확인이 필요하다.

사실로 봐도 무리가 없지 않을까 한다.

1924년 2월 조양진가朝陽鎭街에 있는 중국인 성달학교成達學校에서 수학하다가 부친의 귀국[26] 관계로 중퇴했다고 한다.

한편, 1929년 '금천현金川縣'(원문의 金泉縣은 오기－필자) 양자초樣子哨에서 신흥무관학교 동창이자 선배이고, 이탁李沰의 장남인 이정준李楨準[27]과 함께 정미소 보성공사普成公司를 열어 "동포들의 편리를 도모하는 한편, 독립군의 비밀연락기관으로 운영"했다. 이때 '금천현 일본영사 주구 숙청사건'을 겪고 산성진으로 피신했다가 서쪽 거리에 있던 협성協成이라는 정미소를 인수해 광신호廣信號로 변경하고 두 번째 정미업을 시작했으며, 1931년 3월에 다시 서쪽 동문東門에 있는 중국인 건물을 빌려 이전했다.

'금천현 일본영사 주구 숙청사건'은 정미소 보성공사를 운영하던 1929년에 "일본영사관에 근무하는 대표적인 악질주구 순포巡捕 이규하李圭夏를 사살"하기 위해 황교석黃敎石 이하 동지들이 거사한 것인데 거류민회장 아라이荒井一郎와 한인 조영로趙永魯만 살해하고 이규하는 도피했으며, 이규하는 관련자 황운환黃雲煥·황정걸黃正杰을 체포해 모질게 고문했는데 원병상도 붙잡혔다가 "기적적으로 도피"한 사건이라고 한다.[28] 이후 금천현 거리를 떠나 산성진에서 두 번째 정미소인 광신호를 운영하기 시작한 것이다.[29] 이러한 「회고록」의 기록은 실제 '이규하 살인 미수사건'의 대강과 일치하지만, 사건 발생 시점과 주모자 등의 차이가 있다. 실제 사건의 전말은 이렇다.

---

26) 「4. 가계와 만주 망명, 정착과 다섯 차례의 이주」 참조. 부친이 만주 망명 15년 만인 1924년 6월에 고향인 강원도 원주로 가서 『대동보』(전질 15권)를 가져온 일을 말한다.

27) 李楨準(또는 李禎準)은 평북 출신으로 1914년에 신흥무관학교를 졸업했다. 일제 첩보 문건에는 '元 不逞鮮人 首領 李沰의 아들 이정준(27세)'은 1923년 3월경까지 柳河縣 大肚子의 書堂에서 習字를 가르치다가 일제 경찰 調査班이 이곳에 도착과 동시에 다른 곳으로 갔다고 한다(「不逞鮮人의 狀況에 관한 건(本公第109號, 1923.4.11)」, 『不逞團關係雜件－朝鮮人의 部－在滿洲의 部(35)』). 1924년 4월에는 류허현 고산자에 東成學校를 설립하고 교장을 맡았다(生徒 28명). 1928년 12월에는 생도 32명, 교원 2명, 교장 이정준이다(「10年 一覽: 顯著히 發達된 燦然한 地方文化(14)－各郡別의 詳細調査內容」, 『東亞日報』 1929.1.16.5면). 부친 李沰·李溶熚의 본명은 李溶華(1897.4.18～미상)이고, 한족회와 정의부 등에서 활동했지만 1934년 4월 "吉林省에서 軍部의 지지하에 조직된 吉林朝鮮人協進會에 귀순했다(朝鮮總督府 警務局, 1934, 『國外ニ於ケル容疑朝鮮人名簿』, 309쪽).

28) 관련 내용은 원병상, 「신흥무관학교」(1976), 31쪽(「6.주구배 사살과 기타 활약상」)에도 사건의 전말이 간략하게 언급돼 있으나, 시기(1925년)와 장소(金泉縣)가 다르다. 한편, 신동아본에는 관련 내용이 없다.

29) 정미소 광신호는 1931년 3월에 다시 산성진 동문 쪽으로 옮겨 운영했다. 이해 11월 제5 주거지인 이팔석 농장으로 옮겨 농장개간사업을 시작했는데, 1933년 4월경에도 계속 광신호를 운영하고 있었다(『원병상 회고록』, 119, 126쪽).

1927년 7월 류허현 삼원포에 주둔한 정의부正義府 제6중대 중대장 이희연李禧演의 지시를 받은 대원 김용택金用澤(이명 金泉·金聲發)이 홍재명洪在明·조재균趙在均과 함께 금천현 양자초의 일본 경찰관파출소 소속 조선인 순사 이규하李圭夏가 양자초 북문에 있는 정미소 대동합大同合에 있다는 첩보를 받고 사살하려다가 일본인 거류민회장 아라이와 조선인 '밀정' 조영로 2명만 사살한 후 도피했고, 김용택이 2년여 후인 1929년 5월 고산자에 잠입해 있던 중 중국 관헌에게 체포되었다.[30] 주모자 김용택은 하이룽 일본영사관 분관을 거쳐 펑톈영사관으로 압송된 후 6월에 신의주경찰서로 압송돼 취조를 받고 신의주지방법원 검사국으로 송치됐다. 7월 말 신의주지방법원에서 '치안유지법위반, 살인, 살인미수' 혐의로 사형 선고를 받았다. 항소했으나 9월 5일 평양복심법원에서 사형 선고가 확정됐고, 다시 상고했지만 11월 11일 고등법원에서 기각됨으로써 형이 확정돼 12월 16일 평양형무소에서 형집행으로 순국했다.[31]

실제 알려진 '일본인 순사 살인미수 및 밀정 등 살인사건'과 원병상의 기록을 비교하면 다음과 같다.

	실제 사건	원병상 기록
사건 발생	1927년 7월 발생(1929년 5월 체포)	1929년/1925년
지역	金川縣 양자초	金泉縣 양자초
장소	정미소 대동합	정미소 보성공사(대략)
주모자	김용택	황교석
관련자	홍재명·조재균 행적 미상	황운환·황정걸 행적 미상/원병상
사살 대상자	이규하	이규하
판결	사형 선고(3급3심), 집행(1929.12)	미확인

원병상과 '악질주구 순사 이규하'의 악연은 이후에도 이어졌다고 한다. 1933년 2월경

30) 사건의 전말은 『동아일보』, 『조선일보』, 『중외일보』의 주요 내용을 정리한 것이다. 기사 내용이 약간씩 차이가 있지만, 큰 줄거리는 같다.

31) 「官廳事項-司法,警察及監獄, 死刑執行」, 『조선총독부관보』 1929.12.24. '彙報'. 김용택(1995년 건국훈장 애국장 추서)에 대해서는 「독립유공자 공적정보」; 『한국독립운동인명사전』(독립기념관 한국독립운동사연구소) 참조.

'공산분자'가 정미소 광신호에 잠입해 금품을 강요하고 도주한 사건을 추적하던 이규하가 패악질을 벌이던 중 동향인으로 농사일을 돕던 최영선崔永善에게 총을 쏴 왼쪽 어깨에 관통하는 사건이 발생한 것이다.

한편, 황교석은 강원도 출신으로 신흥무관학교를 졸업했다.[32] 이 외에 행적이나 「회고록」에 기록된 위의 사건에 실제 관련이 있는지 등은 확인되지 않는다. 다만, 강원도 울진 출신의 '공산당원 황교석黃交錫'이 1931년 1월경 길돈선吉敦線 향수하자香樹河子 조선인 촌락을 습격한 중국 관헌에게 사살된 사건,[33] 함경도 출생으로 1922년 10월경 양창익楊昌益 등과 함께 대한통의부大韓統義府에 가입한 '황교석黃敎錫'이 1924년 1월경 통의부원과 함께 평북 벽동군 오복면에서 독립군자금 모집 및 벽동경찰서 용연주재소를 습격한 사건[34] 등에서 '황교석'이 확인된다. 동일인 또는 동명이인 여부의 조사가 필요하다.

제5의 주거지는 1931년 11월 말 친척과 동지들이 모여 살기 위해 산성진에서 얼마 떨어진(거리는 알 수 없음) 이팔석농장二八石農場(이팔석은 일명 백가보百家堡 또는 중화촌中和村-「자필 이력서」)을 만들어 개간에 착수했다. 제4의 주거지 흑위자에서의 힘겨웠던 13년여의 생활을 접고 이곳에서 농장개간사업을 위한 수도공사를 시작했다. 산성진 대유하大柳河 강물을 두팔석頭八石(일명 동하보東下堡)을 거쳐 이팔석 동쪽 끝에 있는 평야에 끌어들이는 대공사였다. 여러 난관을 뚫고 공사를 진행했으나 농기農期를 놓쳐 실패하고 해가 지나면서 자금도 소진되는 등 실패와 좌절을 겪으면서 십수 년을 지냈다.

1945년 8월 15일 산성진 시내에서 해방을 맞았다. 1946년 음력 4월 5일 큰아들과 함께 귀국길에 올라 이해 5월 말 서울에 도착했다.

---

32) 원병상, 「신흥무관학교」(1976), 35쪽.

33) 「敦化에 大事件 또 突發, 被檢同胞 60餘名, 潛入 共産員 取締로 事態擴大, 兩名은 現場에서 被殺」, 『東亞日報』 1931.1.27.2면.

34) 「龍淵駐在所 襲擊한 楊昌益을 起訴, 지난 3일 신의주법원에서」, 『朝鮮中央日報』 1934.2.6.5면 ; 「碧潼警察 襲擊犯 7年만에 被捉되어 起訴, 자기 고향에 잠복하고 있다가, 統義府員 楊昌益」, 『東亞日報』 1934.2.6.(朝)2면. 황교석의 체포 여부는 확인되지 않는다. 한편, 양창익은 사건 발생 후 10여 년이 지난 1934년 1월 고향인 평북 벽동군 오북면에서 체포돼, 이해 2월 신의주지방법원에서 징역 2년형을 선고받고 옥고를 치렀다. 2016년 건국훈장 애족장을 추서했다.

5. 원병상과 신흥무관학교

신흥무관학교는 일제 강점기 만주 일대에 설립된 최대 규모이자 대표적인 독립군 양성기관이다. 신민회의 독립운동기지 건설 의지가 실현된 것이고, 이것이 독립운동기지로서 막대한 재력을 투자해 건립한 목적이기도 했다.[35] 통칭 '신흥무관학교'라고 하지만 설립 당시는 '신흥강습소'였고 대외적으로는 '(신흥)학교'였다. 그래서 "신해년(1911년-필자) 여름 경학사耕學社를 설립하고 신흥강습소를 열어 군사·학술로 청년들을 교련하였다"라고 했고, '(신흥)학교'가 1911년 6월 10일(음력 5.14-이하 필자가 음력을 양력으로 환산함) 류허현 삼원보 추가가鄒家街에서 설립되고, 이달 21일(음력 5.25)에 개학했다고 한 것이다.[36]

초기 류허현 추가가에 '신흥강습소'가 설립됐으나 통칭으로나 대외적으로 '(신흥)학교'로 불렸고, 퉁화현 합니하에 별도의 학교를 신축하던 중에 추가가의 학교가 불탄 후에는 1912년 7월 20일(음력 6.7)에 합니하 학교의 낙성식이 개최됐으며,[37] 1919년 5월 3일 류허현 고산자孤山子 부근의 하동河東 대두자大肚子로 이전하면서 실질적인 '무관학교'의 면모를 갖췄고, 이로써 통칭 '신흥무관학교'라고 불린 것으로 이해할 수 있다. '학교'였지만 대외적으로 '강습소'로 알려진 것은 중국 당국과 중국인, 일본 관헌의 눈총을 피하기 위한 것이었고, 해산될 때까지도 공식적으로는 '신흥강습소'였다.[38] 결과적으로 '신흥강습소 창설' → '신흥중학교로 개칭' → '신흥무관학교로 개칭'[39] 등의 단계를 거친 것은 아니라는 것이다.

1919년 5월 당시의 신흥무관학교는 4월 초 발족한 한족회韓族會·군정부軍政府 산하에 편입돼 있었고, 모두 세 곳에서 독립군을 양성했다.

---

35) 서중석, 『신흥무관학교와 망명자들』, 123쪽.

36) 『국역 석주유고』 상, 215~216쪽 ; 『국역 백하일기』, 85쪽, 89쪽 ; 「신흥강습소 정형」, 『新韓民報』 1915.12.23.3면.

37) 『국역 백하일기』, 256~257쪽. 합니하 학교의 신축공사는 4월 18일[음력 3.2]에 시작됐고(『국역 백하일기』, 227~228쪽), 추가가 학교가 화재로 소실된 것은 4월 30일[음력 3.14]이었다(『국역 백하일기』, 231쪽).

38) 서중석, 『신흥무관학교와 망명자들, 174~177쪽.

39) 蔡根植, 1948, 『武裝獨立運動秘史』, 大韓民國公報處, 48·53쪽 ; 김승학, 『한국독립사』(상), 351~352쪽에서 이를 도식화하고 있다. 특히, 원의상, 「신흥무관학교」(1969), 238쪽과 원병상, 「신흥무관학교」(1976), 15쪽은 시기와 명칭을 "1913년 5월……신흥무관학교로 승격"이라고 잘못 기록하였다.

> 신흥학교는 간도 사회의 중심이 되어 10년간 노력 양성한 1,000여의 군인을 기본 삼고 또다시 內地로서 계속 渡來하는 열혈 청년과 本地에서 農具를 던지고 일어나는 농촌 壯少年 등 400~500인을 모집하여 6개월을 1기씩 삼고 3개 처소에 나눠 훈련하였다. 第1部는 약 200명을 선발하여 유하현 고산자 本校에서 尹琦爕·成俊用 선생이 책임을 지고(교장 李世永 선생은 군정부 직무에 분망하므로 윤기섭 선생이 교장의 직무를 대리하였다) 훈련하고, 第2部 약 200여 인은 통화현 합니하 원래 校舍(地主 중국인 張九卿 선생이 無償貸供하였다)에서 梁圭烈 씨(무관학교 출신으로서 한국 시대의 장교인데 수년 전부터 신흥학교에서 教務를 담임하였다)로 책임을 지고 훈련케 하고, 第3部 약 100여 인은 통화현 快當帽子에서(고산자 본교에서 약 170리, 합니하에서 약 100리 되는 통화현 남방) 金昌煥 선생으로 책임을 지고 훈련케 하고, 군정부에서는 작전군의 편성 및 그 작전에 관한 계획과 후방 策源地의 방어 준비와 군비 및 무기의 조달에 전력하였다.[40](밑줄은 필자)

신흥무관학교는 10여 년간 1,000여 명의 훈련받은 군인을 배출하고, 1919년 4월 현재 500여 명의 생도가 존재한다는 것이다. 모두 3곳인데, 1부는 류허현 고산자 본교에 200명, 2부는 퉁화현 합니하 분교에 200명, 3부는 퉁화현 쾌당모자(쾌대무자快大茂子·쾌대무快大茂라고도 함)에서 100명이다. 이외에 한족회·군정부에도 졸업생들로 조직된 교성대教成隊[41] 수백 명 등이 속해 있었다.

신흥무관학교 관련자에는 신흥무관학교 설립 및 운영 관계자와 교관·생도·졸업생 등 직접적인 연관성이 있는 인물과 경학사(1911년 늦봄에서 6월 10일 이전 여름~1913)-공리

---

40) 「革命聖地 巡禮, 間島 新興學校 回憶-熱血健兒 屯田制로 羣山秋月에 讀兵書(10)」, 『앞길』 제13호(1937.5.24), 3면. 『앞길』은 1935년 7월 南京에서 창당된 조선민족혁명당의 선전기관지이다. 『黨報』, 『민족혁명』, 『우리들의 생활』 등에 이어, 1937년 3월부터 1945년 6월까지 발행됐다. 신흥무관학교 관련 내용은 제14호(1937.5.31)까지 11회 연재됐다(국사편찬위원회, 2009, 대한민국임시정부자료집 37:조선민족혁명당 및 기타 정당).

41) 교성대는 1919년 4월 초 扶民團(1915년 10월 설립)을 확대 개편한 한족회·군정부가 발족하기 전부터 신흥무관학교 졸업생 중에서 선발한 군대로 존재했고, 군정부가 1920년 3월 이후 西路軍政署로 전환하면서 산하에 생도 중심의 군대로 편성됐다. 정확한 조직 시기는 여전히 불명확하지만 빠르면 1919년 이전에, 늦어도 5월 이전에는 조직돼 있었던 것으로 보고 있다. 한편, 義勇隊는 신흥 관련자로 각 지역에서 군사훈련을 받은 군인들로 구성된 군대이다. 즉, 교성대는 신흥 생도 중심, 의용대는 신흥 관련자가 중심이다(서중석, 『신흥무관학교와 망명자들』, 197~200쪽).

회共理會(1913.6[음]~)–부민단扶民團(1915.10~)–한족회·군정부(1919.4.초~)–서로군정서(1920.3.말 이전 또는 1919.11.17~) 등 배후 지원 단체 또는 관련 독립운동 단체에 소속되어 간접적인 관계를 맺고 있는 인물들이 모두 포함된다.[42] 이 중에서 직접적인 관련자는 ① 신흥강습소·신흥(중)학교·신흥무관학교 출신(자)과 교직원, 이들을 중심으로 조직한 신흥교우단新興校友團과 신흥학우단新興學友團, 그리고 백서농장白西農庄(1915.봄~1919.3.직후), 교성대, 학우단學友團(신흥학우단을 계승한 단체로 1923.7.이전 조직 추정) 관련자, ② 최초 신흥강습소 설립·운영 참여자와 재정 등 지원자, '(신흥)교육회(1913.11~, 1914.2.중앙교육회로 개칭)'[43] 관련자, ③ 의성중학교義成中學校(1915.4)[44]와 검성학교儉成(儉城)學校(1922.초 여준呂準이 독립군 양성을 위해 설립) 관련자 등으로 구분할 수 있다.

엄밀한 의미에서 신흥무관학교 '출신(자)'은 통칭 신흥무관학교의 생도와 졸업생을 지칭하는 것으로 해석하는 것이 타당해 보인다. 김승학은 『한국독립사』에서 "1920년 8월까지 3,000여 명의 졸업생"이라고 하면서 1~4기까지 연도별 졸업생 3,152명, 이 중 203명의 명단을 밝혔다.[45]

---

42) 신흥무관학교 '출신(자)'의 범주와 분류는 이용창, 「신흥무관학교 '출신(자)' 현황 분석과 독립운동」, 독립전쟁 선포 100주년 기념 학술회의(2020.10.23), 『신흥무관학교와 독립전쟁』 발표문 참조.

43) 「신흥교우보를 위하여 중앙교육회를 조직」, 『國民報』 1914.4.8.4면.

44) 「在外朝鮮人經營學校書堂一覽表送付ニ關スル件(朝憲機第582號, 1916.12.28), 『不逞團關係雜件–朝鮮人의 部–在滿洲의 部(6)』에는 朝鮮駐箚憲兵隊司令部가 1916년 12월 현재 조사한 260여 개 학교의 지역, 校名, 교원, 연혁 등이 기록돼 있다. 이 중에 '의성중학교'는 「鴨綠江對岸地方之部(其2)」에 포함돼 있다. 연혁에 의하면 "처음 大東中學校였고 이후 新興學校로 고쳤으며 다시 1915년 4월 의성중학교로 개칭"이라고 했다. 지금까지는 이 자료를 활자화한 姜德相, 1970, 『現代史資料』 27(朝鮮3–獨立運動1), みすず書房, 141~170쪽의 내용을 활용했으나, 원본 자료가 제공되면서 많은 오기가 확인된다. 『現代史資料』 27, 160쪽의 '養成'은 '義成', '敎師 '金長五'는 '金養五', 그리고 '敎師' 史仁植·申基禹·尹振玉은 '事務員'의 오기이다.

45) 김승학, 『한국독립사』(상), 353~354쪽. 현재까지 『한국독립사』는 5차례 발간된 것으로 확인된다. 이 중 '신흥무관학교 관련 활동 내용과 졸업생 203명의 명단이 수록'된 것은 ③번째 발간본(증보로는 2번째)부터이다. 그 경위를 정리하면 다음과 같다. ① **1965년 9월의 초판 단행본(편저자 金承學, 발행인 金國堡, 인쇄인 朴生用. 김승학은 초판본 발간 중이던 1964년 12월 별세)**: '신흥무관학교 관련 활동 내용'은 「신흥학교와 학우단」과 「서로군정서의 조직과 활동」에 간략하게 언급되어 있고, '졸업생' 명단은 아예 없다. ② **6개월여 만인 1966년 3월의 증보 발행 단행본(편저자 金承學, 발행인 金國堡, 출판책임자 金德堡)**: 초판 단행본과 목차상의 쪽수는 같으나 전체 쪽수(773쪽;791쪽)에 약간의 차이가 있을 뿐이다. '신흥무관학교 관련'은 ①과 같다. 한편, ②에는 希山 김승학의 承重孫 金啓業이 『독립운동사』 발간의 과정을 언급한 내용이 주목된다(「韓國獨立史를 안고서」, ③에도 실렸으나 이후에는 없음. 또한 ③·④의 「편집후기」, ⑤의 「발간사」에도 『한국독립사』의 발간 과정을 비슷한 맥락으로 설명하고 있음). 즉, '상해 독립신문사를 경영했던 김승학이 수집한 사료와 초고를 편철하여 출판하려던 차에 사단법인 애국동지원호회의 文一民을 시켜 1956년 3월경 『한국독립운동사』를 간행했으나 김승학의 목적과는 다른 점이 많아 직접 이를 보완한 『한국독립사』 발간을 추진하던 중 별세하였다.'라고 내막을 밝히면서 '김국보·김덕보 두 선생이 私財를 들여 자료를 수집하고 출판까지 맡아 주었다.'라

기수	학교	졸업 연도	명단	전체
1기	신흥강습소	1911	11명	50여 명
2기	신흥학교	1913	15명	48명
3기	신흥학교	1914	66명	178명
4기 이하	신흥(무관)학교	1915~1920	111명	6년간 2,876명 ※ 고산자 본교와 합니하분교, 각 지역 분교 포함
합계		1911~1920	203명	3,152명(내용의 3,253명은 오기)

고 하였다. 실제로, 『한국독립사』는 『한국독립운동사』와 큰 틀에서 구성이 같다. 『한국독립운동사』의 「범례」에도 "本史의 記事는 3·1운동 당시까지지는 백암 박은식의 『한국독립운동지혈사』를 臺本으로 하였고 그 이후 사실은 本史 편찬위원장인 김승학 옹이 1920년 상해 독립신문 주필 시부터 本史 편찬에 유의하여 자료를 수집하여 둔 소장기록을 자료로 한 외에 내외 운동자의 구술과 각처의 通報와 좌기 문헌을 참고 취재하였다."라고 하였다. 좀 더 구체적인 사정은 『서간도실록』(독립기념관 소장)에서 확인할 수 있다. 허영백(허식)은 자필로 기록해 1965년 孟冬(음력 10월)에 엮은 『서간도실록』의 「엮음의 말」에서 '일찍이 6·25 전쟁으로 부산에 피난해 있던 시절에 애국동지원호회의 문화국에 한국독립운동사편찬위원회를 두고 김승학 주도로 한국독립운동사를 3년에 걸쳐 준비하여 출간했다'라고 하면서, 그러나 내용이 충분치 못해 동지들의 도움으로 자료를 수집하고 독지가 김국보·김계업·민영기의 도움으로 본인이 '서간도사'를 쓰게 된 것이라고 밝혔다. 특히, 『서간도실록』에 처음으로 '독립운동가들의 서간도 이주'와 '신흥무관학교의 설립 전후의 활동' 및 '졸업생 200명의 명단'을 꼼꼼하게 복원한 것은 역사적으로 중요한 의미가 있다. 『한국독립운동사』(1956.2), 『한국독립사』(1965.9, 1966.3)와 그 사이에 집필된 『서간도실록』(1965.음10) 등의 발간 주체는 모두 하나로 봐도 무관할 것이다. 그렇기에 ③ **1966년 10월의 증보 발행본(편저자 金承學, 증보편집 겸 발행인 金國堡, 출판책임자 金德堡, 인쇄인 黃圭煥)**의 345~354쪽(「경학사의 조직과 활동」·「공민회와 부민회」·「서로군정서의 조직과 활동」·「신흥학교와 학우단」·「교육회」)에는 『서간도실록』의 '독립운동가들의 서간도 이주'와 '신흥무관학교의 설립 전후의 활동' 및 '졸업생 명단'을 체계적으로 정리하여 수록하였다. 다만, 『한국독립사』에는 『서간도실록』에는 없는 3명(睦榮昌·劉善柱·承永濟)의 '졸업자'가 추가되었고, 필사본 『서간도실록』을 활자화하는 과정에서 일부 한자명이 달리 판독된 사례도 있다. 이로써, 현재 국가보훈부가 독립유공자 서훈을 위해 1차 검증 자료로 활용하고 있는 『한국독립사』의 탄생 배경이 대략 파악된다. 정리하면, 생존 독립운동가들이 해방 후 독립운동의 역사를 제대로 알리기 위한 논의를 시작해 자료(사료)를 수집하고 여기에 구술 채록이나 회고 등을 더해 피난지 부산에서 이를 집대성한 통칭 문일민의 『한국독립운동사』(1956.2)를 발간했으나, 미흡한 점이 있다고 판단한 허영백(허식)은 서간도 지역의 독립운동과 신흥무관학교를 중심으로 『서간도실록』을 기록했고(1965년 음력10월), 김승학은 별도의 독립운동사를 준비하던 중 별세(1964.12)한 후 후손과 후원자들이 『한국독립사』 초판을 발간한 것이다(1965.9). 다만, 초판본 『독립운동사』는 김승학의 병세가 악화하면서 서둘러 발간한 듯하다. ①과 ②에는 『서간도실록』의 내용이 반영되지 않았기 때문이다. 이외 내용은 내용 비교·분석이 필요하겠지만, 적어도 ③과 이후의 발간본에는 그동안 비어있던 서간도 지역 독립운동사, 특히 신흥무관학교 관련 내용이 충실하게 반영되었기에 이후의 독립운동가 발굴, 독립운동사의 인적 구조와 연결, 이를 통한 독립운동사 연구의 활성화 등에 진전을 이룰 수 있게 된 것이다. 『한국독립운동사』·『서간도실록』·『한국독립사』는 뗄 수 없는 연결고리가 있는 귀중한 자료인 것은 분명하다. ④ **1970년 6월 상·하권으로 분책한 증보 발행본(편저자 金承學, 증보편집 겸 발행인 金國堡)**: 앞서 단행 발간본에 수록된 내용을 두 권으로 나눠 (상)에는 '한국독립운동의 역사'를, (하)에는 '義烈士 및 독립운동자 약전'으로 수록하였다. 현재 국가보훈부가 활용하고 있는 것이 상·하의 증보 발행본이다. ⑤ **1983년 3월의 증보 발행본(공편 저자 金承學·金國堡, 발행인 朴榮淳)**: 다시 단행본으로 발간되었으나 전반부는 「독립사」 상편(독립운동 및 기록화), 후반부는 「독립사」 하편(독립유공자 사진·약전 및 명단)으로 구분하였다.

앞서 「2. '수기', 두 개의 판본」에서 보았듯이 원병상은 「신흥무관학교」에서 '10년간 졸업생 3,500명'을 배출했다고 하면서, 각각 "동지" 116명과 147명의 이름을 회고했다. 두 명단에는 동일 인물도 있으나 한자명이 다르거나, 지역이 다른 수치상 31명의 차이가 있다. 시기적으로 보면 『독립운동사자료집』에 추가한 인물이 있고, 본명과 이명을 각각 기재하면서 1명이 2명이 된 경우도 확인된다.

학제는 원래 본과 4년제였지만 속성반(3개월과 6개월)과 특별생·특기생 등이 섞여 있고, 본교와 분교 등에서 각각 졸업생이 배출되면서 기수와 졸업 연도가 약간씩 다르기에 사실 여부를 가리는 것은 큰 의미가 없는 것으로 보인다.[46)]

한편, 신흥무관학교의 존속 기간에 대해서도 여러 가지 다른 설이 있다.[47)] 원병상은 수기에서 '1919년 11월 폐교 후 최후 수단으로 교성대(대장 이청천李靑天)를 편성해 재기를 모색했지만 좌절'[48)]이라고 해서 시기와 내용을 잘못 서술했다. 그러나 「회고록」에는 "신흥무관학교가 대두자에서 철수한 뒤 이청천 지휘 아래 약간 명의 생도로 교성대를 편성하여 장백산 밑으로 들어가 목책木柵 교실에서 훈련을 시도해 보았으나 여의치 않아 해산의 비운을 면치 못했다."라고 하면서 "3천여의 생도"를 배출했다고 기록했다. 시기적으로 착오가 있기는 하지만, 김승학이 "1920년 8월까지 3,000여 명의 졸업생"이라고 한 것과 같은 맥락으로 볼 수 있다. 당시 상황을 정리하면 다음과 같다.

1920년 5월 일제는 '중·일 합동수색대'를 편성했다. 이해 6월 북간도에서 봉오동전투가 치러지면서 서간도 일대 독립운동에 타격을 위한 활동에 돌입해 잔인한 학살을 자행했다.[49)] 이즈음에 교성대가 안투현安圖縣으로 이동했다. 자료에는 ① 1920년에 김창

46) 4년제 본과를 기준으로 다양한 수료 기간이 있어 당시 기록물을 확인하지 않는 한 연도와 기수를 가리는 것은 큰 의미가 없다. 예컨대, 1911년과 제1회(기)의 경우, ① '1911년 제1회 특기생', '1911년 12월 제1회 특기생'(원의상, 「신흥무관학교」(1969), 237쪽 ; 원병상, 「신흥무관학교」(1976), 13쪽), ② '1911년 1기 졸업생'(김승학, 『한국독립사』(상), 353쪽), ③ '1912년 가을 제1회 특별과 수료'(이정규, 「우당 이회영 약전」, 49쪽 ; 이관직, 「우당 이회영 실기」, 156쪽) 등으로 차이가 있다. 한편, 「신흥교의 졸업생」, 『新韓民報』 1915.4.29.3면에 '황병우·이영·박돈서·엄주관·이규학·강한년·이규준·황병탕·이규연·이의직' 등이 "월전에 신흥학교 제1회 졸업식에서 졸업증서를 받았다"라고 기록되어 있어 이들이 1911년 6월 추가가 신흥강습소의 4년제 1기 입학생이며, 1915년 3월 본과(4년제) 1회 졸업생으로 특정할 수 있다. 『신한민보』의 10명 중 9명에 대해 김승학, 『한국독립사』(상), 353쪽과 허영백(허식), 『서간도실록』, 38쪽에는 '1913년 제2회 신흥학교 졸업'으로, 황병탕은 '1914년 제3회 졸업'으로 각각 기록되어 있다.

47) 대체적인 정리는 서중석, 『신흥무관학교와 망명자들』, 196~197쪽 참조.

48) 원의상, 「신흥무관학교」(1969), 244쪽 ; 원병상, 「신흥무관학교」(1976), 32쪽.

49) 서중석, 『신흥무관학교와 망명자들』, 191~202쪽 참조.

환이 교성대를 인솔하고 안투에서 러시아령까지 진출[50], ② 1920년 7월 서로군정서 사령관 이청천 이하 사관학도(교성대-필자) 약 300명이 안투현 삼인방三仁坊에 주둔[51], ③ 1920년 8월 18일경 서로군정서는 피난키로 작정하고 군인 400~500명을 교성대로 편성해 무기 5정을 가지고 대장 이청천의 영도하에 안도현 삼림의 제2 군사기지로 보냄,[52] ④ 서로군정서는 1920년 초가을 교성대를 안투현으로 이동[53] 등으로 시기를 다르게 기록하고 있다. 대체로 1920년 7~8월 교성대가 안투현으로 이동해 10월에 청산리 전투에 참여했다는 것에서, 신흥무관학교도 최대한 1920년 8월까지 존재했던 것으로 추정할 수 있다.

신흥무관학교의 명칭, 졸업생 숫자, 존립 시기 등은 앞으로 풀어야 할 숙제이기도 하다. 10여 년 존립 기간 중 생산된 신흥무관학교 자체에 대한 1차 기록은 『신흥교우보』와 『신흥학우보』 외에 없는 것이 현실이기에 원병상이 남긴 관련 기록은 더더욱 귀중하다. 이 또한 검증이 필요하지만, 그러기 위해서는 비교할만한 자료(사료)를 발굴해야 한다.

이번에 공개하는 「회고록」에는 두 개의 수기에는 없거나, 시공간적으로 서로 다른 부분도 있다. 만주 망명 35년의 전 시기를 다루다 보니, 생존을 위한 삶의 여정과 신흥무관학교가 맞물려 있기 때문이다. 두 개의 '수기'와 「회고록」을 중심으로 비교하면서 살펴보자.[54]

①-① 1911년 겨울 17세의 홍안 소년으로 통화현에서 북쪽으로 150여 리의 눈길을 헤쳐 밀림이 하늘에 닿는 듯한 신개령新開嶺을 넘어 추가가 우탕구溝란 곳에 우거하는 교장 이동녕李東寧 선생을 찾아가 무관학교[강습소] 입학을 지원했을 때, 선생은 반기시며 "맞아주시던"(Ⓐ-237쪽);"진학의 시급을 강조하고, 아울러 따뜻한 지도로 격려하시던"

50) 「我軍界의 好人物, 軍政署附 義勇隊의 總指揮官 金秋堂氏」, 『獨立新聞』 1922.7.22.3면.

51) 李楨, 『陣中日誌』, 1920.7.29(음력 6.14)[독립운동사편찬위원회, 1976 『한국독립운동사자료집』 10, 50쪽].

52) 채근식, 『무장독립운동비사』, 54~55쪽(500명). 99쪽(400명).

53) 「間島 新興學校 回憶-熱血 健兒 屯田制로 羣山秋月에 讀兵書(完)」, 『앞길』 제14호(1937.5.31), 3면. 원문의 "4254年 庚申 初"는 오기이다. 4254년은 辛酉로 1921년이고, 경신은 4253년으로 1920년이다.

54) Ⓐ=신동아본(원의상, 「신흥무관학교」, 1969), Ⓑ=자료집본(원병상, 「신흥무관학교」, 1976). Ⓐ와 Ⓑ의 내용이 서로 다르게 기록된 것은 [ ]로 표기했다.

(Ⓑ-13쪽) 기억이 지금도 새롭다.

①-② 나는 1912년 2월에 추가가에서 이동녕 선생의 지도로 동흥소학교東興小學校 최종 학년에서 1년간 무관학교[차기] 진학 준비를 마치고 1913년 2월에는 합니하 무관학교 본과 3기생으로 입학했다. 이후 "3개년간 전교의 생도 반장 복무"(Ⓐ-239쪽)와 "아울러 만 4년 만에 졸업하였다"(Ⓑ-16쪽).

①-③ (1913년 당시) "본인(원병상-원문)은 여기서 3년간 전교 생도반장으로 복무하면서 겪은 기숙사 생활을 기록하면 다음과 같다"(Ⓑ-19쪽. 이하 생략).

【회고록】 원병상이 신흥무관학교에 뜻을 두게 된 것은 만주 이주 후 정착한 제1주거지에서였다. 부친이 "면학의 길로 떠날 것을 하명"함에 따라 1912년 음력 3월 통화현 북구에서 북쪽으로 150리 떨어진 류허현 삼원포 추가가의 '신흥강습소'를 찾았다. 만주 이주 후 신변을 보호하기 위해 변발하고 청국인으로 변장했다가, 학교 찾아가는 길에 변발을 깎았다는 이야기도 함께 전한다. 교장[55] 이동녕 선생을 만나 격려를 받기도 했지만, 서당에서 한문 공부를 하던 자신의 수학 실력이 부족한 것을 깨닫게 됐다. 1년간 소학교를 다닐 생각으로 당시 교감(초대 교감을 맡은 김달金達로 추정됨 - 필자)의 동의를 받아 인근의 동흥소학교 최고학년으로 편입했다. 학교에서 20여 리 떨어진 동포의 집에서 통학하면서 수학 공부 등에 매진해 1~2등을 놓치지 않았다. 1년 만인 1913년 2월에 제2 주거지인 기가골로 옮기면서 소학교도 마쳤다. 동시에 통화현에서 북쪽으로 80리 떨어진 합니하 '신흥무관학교' 4년제 본과 제3기생으로 입학해 1916년 12월에 졸업했다.[56]

② 1913년 3월 우리는 '신흥학우단'을 조직하였다. 이 학우단은 무관학교 교직원과 졸

55) 대외적으로 '학교'로 알려졌기에 '교장'이라 했고, 실질적으로 '강습소'였으므로 '소장'일 수도 있다. 실제로 윤기섭·여준·이광·이세영은 소장으로 확인되기도 한다(「신흥교우보를 위하여 중앙교육회를 조직」, 『國民報』 1914.4.8.4면 ; 「신흥강습소 정형」, 『新韓民報』 1915.12.23.3면 ; 김승학, 『한국독립사』(상), 347쪽, 351쪽과 (하) 211쪽.

56) 「여감-이력서」에는 '1916년 10월', 「제2장 황야의 장」의 '13. 모교의 유지난과 학비난'에는 '1916년 12월'이라고 각각 기록했다. 1913년 3월경 4년제로 입학한 것으로 보면 '1916년 12월 졸업'으로 봐야 한다. 김승학, 『한국독립사』(상), 353쪽 ; 허영백(허식), 『서간도실록』, 38쪽에는 '1914년 신흥학교 제3기 졸업자'라고 했다. 한편, 막내 삼촌 元世基(1897~1938)도 1917년 3월에 신흥무관학교 속성반을 수료했다고 한다.

업생이 정단원正團員이 되고 재학생은 준단원準團員이 되는 일종 동창회 성격의 단체였다. 처음에는 명칭을 '다물단多勿團'이라고 했다가 이후 부르기 쉽게 '학우단'이라고 개칭하였다(Ⓐ–238쪽;Ⓑ–16쪽).……"편집부에서는 월간잡지, 주보週報를 발행"(Ⓐ–239쪽);"편집에서는 월간잡지 단보團報를 발행하여(Ⓑ–17쪽)……그해 7월(6월–필자)에 발행된 창간호는(Ⓐ–239쪽;Ⓑ–17쪽)……제3대 부서, 총무부장 원병상(Ⓑ–18쪽).

【회고록】 관련한 언급이 전혀 없다. 다만, 해방 이후 신흥무관학교의 정신과 역사를 계승해 성재 이시영이 설립한 신흥전문학원(1947.2), 이후 재단법인 성재학원 신흥대학(1949.2.15.인가, 1960년 3월 경희대학교로 변경)에서[57] 학도감을 맡게 된 전후 이야기를 기록했다.[58]

한편, 수기의 '신흥학우단'과 관련해 몇 가지 사실관계를 확인할 필요가 있다. '신흥학우단'에 앞서, 1913년 5월 6일 '신흥교우단'을 조직했기 때문이다.[59] 1915년 4월에는 명칭을 '신흥학우단'으로 개칭(본부는 류허현 삼원포 대화사大花斜)하면서 원병상이 서기[60]에 이어 1917년에 제3대 총무부장을 맡은 것이다.[61] 즉, 위의 ②(Ⓐ–238쪽;Ⓑ–16쪽)의 내용은 날짜(1913.3→1913.5)와 명칭(신흥학우단→신흥교우단)의 일부가 착오였다. 다만, 수기의 Ⓑ(18쪽)에 '제3대'라고 한 것은 '신흥학우단'이다.[62] '신흥학우단'은 1916년 12월 제10회 정기총회를 열고 보결補缺 상태인 단장에 이영李英을 선임한 것으로

57) 독립투쟁사연구회, 2000, 『광야에서–신흥무관학교 항일무장투쟁기–』, 도서출판 선우, 180~189쪽 ; 신흥무관학교 100주년기념사업준비위원회, 2010, 「신흥무관학교」 ; 주동욱, 2013, 『항일독립운동의 요람, 신흥무관학교: 경희대학교의 뿌리를 찾아서』, 삼인, 194~222쪽 ; 이계형, 2016, 「해방 이후 신흥무관학교 부흥운동과 신흥대학 설립」, 『한국학논총』 45, 국민대학교 한국학연구소.

58) 해방 이후의 내용은 원의상, 「신흥무관학교」(1969), 244~245쪽에만 있다.

59) 「新興校友團 歷史의 大槪」, 『新興學友報』 2(1913.9.15), 91쪽 ; 「新興校友報의 出世」, 『國民報』 1913.10.22.8면. '통화현 합니하의 신흥강습소 내'에서 조직했다.

60) 「원동소식–신흥학우단 직원·신흥교의 졸업생」, 『新韓民報』 1915.4.29.3면.

61) 원의상, 「신흥무관학교」(1969)에는 언급이 없다. 김승학, 『한국독립사』(하), 196쪽에 "졸업 후 학우단 총무부장으로 3년간 시무"라고 한 것의 "3년간 시무"는 알 수 없으나 "졸업 후"는 맞을 것이다. 「여감–이력서」에 "1915년 7월 신흥학우단 총무부장으로 재임"이라고 한 것의 "1915년 7월"은 착오이다.

62) 단장: 李英, 총무부장: 元秉常, 편집부장: 張廷根, 기자: 李義直·李秉瓚, 운동부장: 李炳世, 토론부장: 裵憲, 재정부장: 康翰年, 조사부장: 嚴杜寬.

기록되어 있다.[63] 따라서 Ⓑ(18쪽)의 '신흥학우단 제3대 부서와 명단'은 맞는 것으로 볼 수 있다.

신흥학우단은 "동삼성東三省 한국 혁명운동 초창시草創時의 핵심 조직"이었고 "국내외 혁명 공작에는 빠짐없이 참석"할 만큼 당시 서간도 일대 민중들에게는 '신앙적인 존재'였다.[64] 신흥학우단이 언제까지 유지됐는지 알 수 없지만, 적어도 신흥무관학교가 폐지되는 1920년 8월까지는 유지됐을 것으로 추정된다. 당시까지도 700여 명의 단원이 활동했던 것으로 알려져 있다.[65]

③ 본교 졸업생들은 교칙에 따라 모교가 지정해주는 임무에 2년간 의무적으로 복무해야 한다.……나도 졸업 후 유하현 대사탄大沙灘 소학교로 배치되었다(Ⓐ-242쪽;Ⓑ-25쪽). 이곳에는 이탁李鐸·이장녕李章寧·남상복南相復 등 애국 선배가 주거하고 있었다(Ⓑ-25쪽).

【회고록】 이에 앞서 1915년 7월에, 몇 년 전부터 이어진 대흉작으로 학교 운영과 유지도 어려워지자 졸업생과 생도들에게 여름방학 1개월 동안 일해서 등교하라는 명령이 내렸다. 원병상도 학우 최상봉崔相奉[66]과 함께 이틀 동안 밭매기 품팔이(하루 노임 20원)를 했지만 그만두고, 부친에게 부탁해 짚신 30켤레를 1개당 10원씩, 총 300원을 모아 학교에 냈다고 한다. 계속되는 가뭄으로 농사도 어려워졌고, 그만큼 학교 운영과 유지도 얼마나 힘들었는지는 많은 자료에서 확인할 수 있다.

---

63) 「團中記事」, 『신흥학우보』 제2권 제2호(1917.1.13), 64쪽. 제10회 정기총회(1916.12.26)에서 단장 宋熙, 交通員 吳正炫이 身病으로 제출한 辞任請願書를 접수하고 단장에 李英, 교통원에 文一球를 선임하였다.

64) 채근식, 『무장독립운동비사』, 53~54쪽.

65) 「새소식: 學友團의 復興」, 『倍達公論』 창간호(1923.9.1)[국사편찬위원회, 2010, 『대한민국임시정부자료집』 별책3, 37쪽(원본)]. 한편, 같은 소식에 신흥무관학교와 교우단·학우단의 정신을 계승한 '학우단'이 조직됐고, 기관지 『學友通信』을 발행한 것으로 전한다. 학우단은 1923년 7월 이전 北間島 寧古塔에서 신흥무관학교 생도들이 신흥학우단의 정신을 계승해 조직했고 서간도 일대를 아우르면서 활동했다. 당시 단원이 최대 500여 명으로 알려져 있다. 『학우통신』은 1호(1923.7.1)부터 14호(1924.4.28)까지 발행된 것으로 확인된다. 편집원: 金鐵·宋虎(일명 韓憲, 해방 후 宋虎聲으로 개명)[이용창, 「신흥무관학교 '출신(자)' 현황 분석과 독립운동」, 56~59쪽].

66) 평북 벽동 출신으로 신흥무관학교를 졸업하고 독립운동에 참여했지만, 이후 상하이에서 양말업을 하면서 안투현의 밀정 李泰和와 연락하며 독립운동가들에 대한 귀화공작 업무를 했다. 이후 평북 의주 등지에서 형사로 활동했다고 한다(「人面獸心 崔相奉」, 『獨立新聞』 1922.8.29.2면).

졸업 후 2년간 의무적으로 한인 학교에서 교원으로 복무하는 것이 교칙이었다. 「회고록」에도 1917년 류허현 대사탄에 있는 소학교에 배치돼 낮에는 아동교육, 밤에는 지방 청년의 군사훈련에 매진했으며, 이곳에는 이탁·이장녕·남상복 등 선배들이 살고 있었다고 했다. 교칙에 따른다면, 1916년 12월에 '신흥무관학교'를 졸업했으므로 1917~1918년에 2년간 소학교에 재직한 것이 맞다. 소학교 재직 중에 원병상의 집안은 4년여 만에 제3 주거지로, 다시 1918년에는 제4 주거지로 이주했다. 제4 주거지 관련 기록에서 '1918년 3월 소학교를 그만두고 고산자 하동 대두자 소재 신흥무관학교 교관으로 임명되어 부임'이라는 것도 착오이다.

④ 본교에서는 (서로)군정서의 지령에 의하여 졸업생들에게 비상 소집령을 내려 각 지방의 ("일반 교포들에게 부과된 의무 헌금 징수와 아울러"Ⓑ-28쪽) 분교分校·지교支校 및 노동강습소에 배치하여 농촌 청년들의[청년층에] 긴급 군사훈련을 강화함으로써 진공 태세 일보 직전에서 시국의 추이를 주시하였다"(Ⓐ-243쪽). ……이 무렵(고산자로 옮긴 후의 서술임-필자) 나는 삼원보의 한족회 학무부장 김규식金奎植 선생의 부름을 받고, "신흥무관학교로 가서"(Ⓐ-243쪽);"전날 성적이 우수한 졸업생을 선발하여"(Ⓑ-28쪽) 모교의 교관이 됐다. 즉, "교세가 확장되어 교관이 많이 필요하게 되자 학교 당국은 졸업생 중 성적이 우수했던 자들을 소환하여 교관으로 임명했던 것이다. 나는 그 길로 모교로 부임하였는데"(Ⓐ-243쪽);"모교의 교관으로 임명한다는 취지의 하명을 받고, 즉시 본교로 부임하니"(Ⓑ-28쪽) 합니하는 분교로 삼아 교관(김창교金昌敎Ⓐ-243쪽;김창환金昌煥Ⓑ-28쪽)이 남아 있었고, 본교는 이미 고산자의 새로운 기지로 이동한 뒤였다.

【회고록】 원병상은 1913년 2월 통화현 합니하의 신축 학교에 입학했고, 1915년 4월 신흥교우단이 신흥학우단으로 개칭하면서 서기로 활동했다. 재학 중에는 3년간 전교의 생도 반장을 맡았고 1916년 12월 졸업했다. 이어서 2년간(1917~1918) 대사탄 소학교 교원으로 근무했다. 이 시기에 주거지도 두 번(제3, 제4) 옮겼다. 이어서 1919년 5월 3일 본교를 고산자로 옮겨 개교한 즈음에 교관에 임명됐다.

그러므로 교관 임명 시기를 '1917년 3월', '1917년 7월 모교가 합니하에서 고산자로 이전한 뒤', '1918년 3월' 등으로 기록한 것은 모두 착오이다. 이와 관련해 「회고록」의 착오는 크게 3가지이다. 먼저, 지청천이 일본 육사를 졸업(26기)하고 만주로 망명해 신흥무관학교 교관으로 참여한 것은 '1917년'이 아니라, 1919년 5월 고산자 본교 개교 당시였다.[67] 원병상도 이즈음에 교관으로 임명됐다. 특히, 「회고록」에는 1919년에 발생한 두 차례의 사건[68]을 두 개의 수기보다는 상세하게 기록하고 있다. 그러나 마찬가지로 이 사건을 '1917년'으로 혼동했다. 먼저, 1919년 7월 하순에 마적당 일당이 고산자의 본교를 습격해 교감(또는 학감) 윤기섭尹琦燮과 교관 박장섭朴章燮(본명 박영희朴寧熙), 생도 수십 명을 납치했다가 한족회 본부의 교섭으로 풀려난 사건이 있었다. 이른바 '마적당 습격 사건'이다. 이어서 8월에는 고산자 본교 생도 윤치국尹致國이 동료들에게 구타를 당해 사망하는 사건으로 생도들이 정학 처분되는 사건이 발생했다. 이른바 '윤치국 치사 사건'이다. 이 사건으로 고산자 학교는 9월 하순부터 10월 7일까지 중국 관헌의 정학 명령을 받아 학무가 정지됐다.[69] 원병상은 교관으로 재직하면서 이 두 사건을 수습하기 위해 "고심을 거듭"했다는 것도 밝히고 있다.

한편, 교관 임명 전후의 행적과 관련해 1919년 4월 합니하 학교를 고산자로 이전하는 과정에서 병영사兵營舍 40여 칸 신축과 수만 평의 연병장 부설 공사를 지휘, 감독해 준공했다(「여감-이력서」. 1918년은 착오이다-필자). 이해 5월경 교관에 임명된 후에는 지청천 등과 함께, 3·1운동 후 망명해 온 청장년 600여 명을 입교시켜 독립군 중견 간부로 양성해 일선에 파견했고, 7~8월에는 '마적단 습격 사건'과 '윤치국 치사 사건' 수습에 노력했다(이상 「회고록」). 1920년 3월 이후에는 서로군정서의 운영을 위해 유동柳東·유서柳西(류허현 동쪽과 서쪽)의 군자금 모집과 유사시 동원준비를 위해 방학을 이용한 청년 군사훈련에 진력했다(「여감-이력서」. 1919년은 착오이다-필자).

---

67) 「여감-이력서」에는 "1918년 2월 삼일운동 당시 본과 교관으로 피명 되어 이청천 교관과……"라고 한 것은 "1918년 2월"과 "삼일운동 당시"를 혼동한 것으로 보면 된다. 김승학, 『한국독립사』(하), 196쪽에 "1918년 신흥학교 교관"이라고 한 것도 착오이다.

68) 원의상, 「신흥무관학교」(1969), 243쪽 ; 원병상, 「신흥무관학교」(1969), 30쪽 ; 김승학, 『한국독립사』(상), 353쪽 ; 허영백(허식), 『서간도실록』, 40쪽 ; 「朝特報第74號 通化及柳河縣方面ノ情況(1919.11.10)」(『大正8年乃至同10年 朝鮮騷擾事件關係書類 共7冊 其4』)[국사편찬위원회 한국사데이터베이스] ; 서중석, 『신흥무관학교와 망명자들』, 188~190쪽.

69) 「新興學校의 停學」, 『獨立』 1919.9.20.3면 ; 「新興學校의 開學」, 『獨立』 1919.9.30.4면 ; 「新興學校 開學」, 『獨立』 1919.10.28.3면.

「회고록」은 사건과 일자를 혼동해 기록한 내용이 몇 군데에서 발견된다. 그렇지만 해당 연도의 사건을 기록할 때는 잘못된 곳에 줄을 긋고 "중복"이라거나, "前記 ○○페이지를 보라"라고 기재함으로써 오류를 최소화하려고 노력한 흔적이 있다. 일부분의 이러한 착오를 내용 자체의 오류로 볼 수는 없다. 역사적이고 객관적인 사건과 흐름을 파악하면 「회고록」의 내용이 크게 잘못됐다거나 문제가 되지 않기 때문이다.

⑤ 80노령의 기억을 더듬어 「신흥」을 거쳐나간 동지들의 이름을 적어보겠다. '116명의 지역과 한자명'(Ⓐ-245쪽). 본교 졸업생 수는 본·지·분교를 통해서 3천 5백에 달한 것으로 추산된다.……기억에 남은 신흥학교 동지들의 명단. '147명의 지역과 이름(한글명·한자명)'(Ⓑ-33~35쪽).

【회고록】 명단 자체는 없다. 관련 내용은 「2. 수기, 두 개의 판본」에서 살펴본 바와 같다. 한편, '신흥무관학교가 배출한 3,000여 명의 생도 또는 중견 간부'라고 하면서 이들이 지청천이 이끄는 교성대에 참여하고, 봉오동·청산리 전쟁의 주역으로서 큰 전공을 세웠다는 것을 강조하고 있다.

6. 귀국, 이후의 삶

원병상은 1911년 8월(음력) 고향인 강원도 평해를 떠나 1945년 8월 해방을 맞이할 때까지 35년여를 망명지 만주에서 지냈다. 「회고록」에는 부친이 대가족을 이끌고 만주 망명길에 올라 통화현에 정착할 때까지 3개월여의 여정을 이동하며 가족들이 겪은 경험들을 시대와 지역의 상황을 곁들여 섬세하게 묘사했다. 이에 못지않게, 제5 주거지의 중심지인 류허현 산성진에서 해방을 맞이하고 1946년 5월 말 서울에 도착할 때까지 겪은 '수난'도 매우 사실적으로 전하고 있다. 이후 서울에서 만난 옛 선후배와 동지들, 해방된 조국의 장래에 대한 희망, 그러나 이념적 갈등과 정치적 분열, 친일파들의 준동, 공산주의 추종(자)에 대한 반감, 늦은 나이에 입대해 소위로 임관하고 6·25전쟁에 참여한 경험 등도 세세하게 기록했다.

무엇보다 「회고록」에 생생하게 묘사된 1개월 반여의 귀국 여정은 다른 어떤 자료에서도 보지 못한 귀중한 기록이다. 「제3장 환국의 장」 25개 절 중에 1/3가량의 분량을 차지할 정도로 귀국 길에 거쳐 간 지역과 사람의 이야기, 수십 년 만에 다시 찾은 대동강이나 개성 등에서의 감회 등을 특유의 감성으로 표현했다. 귀국 여정의 대략을 정리하면 다음과 같다.

1946년 4월 초 큰아들과 하이룽현 산성진 출발 → 류허현 유수하자榆樹河子 → 통화현 통화역 → 중공군 화물차로 지안輯安으로 이동 → 압록강을 건너 고국 땅을 밟고 평안북도 강계군 만포진滿浦鎭 도착, 이곳에서 지인 및 동지를 만나고 자신이 떠난 후 5일 후 고국으로 떠난 부인 등 가족 3명과의 상봉, 1개월여의 주거 → 5월 중순 만포역에서 기차를 타고 희천熙川, 평남 순천順天을 거쳐 평양에 도착해 피난민수용소와 시내 여관에 머물다가 평양역 출발 → 평남 중화中和, 황해도 황주黃州, 사리원沙里院, 해주海州 학현역鶴峴驛, 다시 38선 접경 해주수용소 수용 → 소달구지를 구해 38선을 넘어 경의선 청단역靑丹驛에서 피난민 수송 기차를 타고 토성역土城驛(현재의 개풍역) 도착 → 개성으로 수송되어 개성수용소에서 1주일여를 보내고 기차를 타고 1946년 5월 말 서울역 도착

해방된 서울에서 만난 재종숙 원세걸元世杰(신흥무관학교 졸업)이 제공해 준 방 한 칸에서 3개월을 보내고, 부근 용산 남영동 근처 "원효로元曉路라는 원자元字 지명을 택하여" 전세를 얻어서 이곳에서 26년을 지냈다.[70]

생사고락을 했던 동지들도 만났다. 신흥무관학교 교관으로 함께 있던 성준용成駿用을 이준李儁 추도식에서 만났다. 다음날 '고려혁명당' 사무실로 찾아가 성준용과 이야기를 나눴으나 사회주의에 치우쳐 있어 이후에는 발길을 끊었다. '신흥무관학교 4회 졸업생' 오광선吳光鮮은 청년운동에 전념하고 있었다. 오광선의 요청으로 광복청년회光復靑年會에서 중앙본부 정훈 업무를, 이청천 귀국 후 대동청년단大同靑年團으로 개편되면서 총무부장을

70) 정확한 주소는 "서울특별시 용산구 원효로 1가 27번지의 14호"이고, 이곳을 택한 것은 "우리 姓 元字가 들어있기 때문"이었다(「여감–녹음기 구입에 대한 나의 소감」).

맡아 활동했으나 부패와 분열하는 모습에 실망해 그만뒀다. 윤기섭을 중심으로 해외독립운동자들이 한 곳에 모여 "옛날 투쟁 정신을 살려 새 나라 건설에 이바지"할 목적으로 조직한 '독립운동자동맹'에 참여했으나 대부분 '감투'와 '영예'에만 급급하고, 여기에 좌익이 개입해 북한 정권과 교섭하려는 소행을 벌이는 등 유야무야 해체상태가 되기도 했다. 좌나 우나 모두 야만과 모략으로 "갑작 애국자"를 자처하니 "대의명분이니 민족정기니 어느 곳에서도 찾아볼 수가 없"어 좌절했다.

> 모두가 한다는 것이 이 모양이었고 믿을 것이 없고 할 것도 없다. 이 무질서한 혼탁 속에서 무엇을 하여 보려는 것도 어리석은 자밖에 될 것이 없다. 이로부터는 어떠한 단체이고 조직이고 교언미사를 한다 하여도 자숙자계하여 일절 관계하지 않을 것을 맹서하였다(『원병상 회고록』, 171쪽).

한편, 서간도 망명과 정착, 신흥무관학교 설립 등에 초석을 놓은 이시영도 만나 신흥무관학교의 '후신'으로 설립한 신흥대학(전신은 신흥전문학원)에서 학도감을 맡았다. 더 나아가 서울에 있던 신흥학우단 단우 40여 명 등을 규합해 신흥무관학교와 교우단·학우단의 정신을 계승한 '신흥무관학교학우단'(제1회 학우단장 송호성宋虎聲, 개명 전 송호宋虎)을 재건하는 데에도 참여했다.[71] 그러나 문·무인文武人을 양성하는 '신흥무관학교학우단'이 무인을 양성했던 '신흥학우단'을 계승할 수 있는가 없는가로 나뉘어 분열 조짐까지 보였다.

「회고록」에는 우익에 대한 비판도 있으나 좌익에 대한 '적대감'이 곳곳에서 보인다. 이러한 적대감이 언제, 어디서부터 유래했는지는 알 수 없으나, 아마도 해방 직후 겪은 '만주인'(「회고록」에는 '중국인'[漢人]과 이외의 '만주인', '토인' 등을 구별해 서술하고 있다)들의 '횡포', 무혈입성한 '중국 팔로군의 위압', 한국인으로 편성된 조선의용군 입성과 잔인한 민족반역자 숙청, 팔로군과 조선의용군의 '위협과 박해', 팔로군에 의한 1개월여의

71) 「新興武官學校學友團規約」(독립기념관 한국독립운동사연구소, 2013, 『청산리대첩 이우석 수기·신흥무관학교』, 503~514쪽). 신흥교우단(1913.5) → 신흥학우단(1915.4~1920.8) → 학우단(1923.7.이전) → 신흥무관학교학우단의 계보가 이어진다.

구금 및 모략에 의한 토지의 '강탈', 귀국 길에 경험한 북쪽의 실상 등이 이후의 '공산세력'에 대한 반감, 더 나아가 '반공'으로 이어진 것이 아닌가 생각된다.

해방 공간의 극심한 혼란 속에서 원병상이 길을 찾은 건 육군사관학교 입교였다. "멀지 않은 여년餘年이나마 이 나라를 위해 이 민족에 한 사람 된 책임을 함으로써 전날의 원한을 풀고 앞날의 광명을 기대하는 희망"으로 이시영의 추천서를 받아 육군사관학교에 사관후보생으로 자원한 것이다.

육군 장교 양성은 미군정 시기 군사영어학교(1945.12.5.~1946.4.30)에 이어 조선경비사관학교(1946.5.1.~1948.9.4)의 과도기를 거쳐 육군사관학교(1948.9.5~현재)로 이어졌다.[72] 육군사관학교의 연혁은 조선경비사관학교 제1기를 시작으로 7기까지로 하고, 이 과정에서 대한민국 정부수립 직후 7기 특별반(1948.8.17~10.12)과 7기 후반(11.22~12.21)으로 이어졌다. 정부수립과 함께 국무총리 겸 초대 국방장관에 취임한 이범석李範奭은 일제시기 광복군·독립군뿐만 아니라 중국·만주·일본군 출신을 장교로 육성하는 방침을 세웠다. 이들의 나이는 체력이 뒷받침되면 크게 문제가 되지 않았다. 이에 따라 이들이 7기 특별반과 제8기 특별1반(1·2·3반 입교는 1948.12.7.로 같고, 교육 기간은 각각 3주[~1949.1.1], 5주[~1.14], 12주[~3.2]로 달랐음)부터 특별4반(1·2차 입교는 1949.2.21.로 같고, 교육 기간은 각각 5주[~3.29], 9주[~4.27]로 달랐음)에 대거 입교해 교육을 받고 장교로 임관했다. 특히, 제8기 특별2반은 광복군·독립군 중심으로 160명이 입교(1948.12.7)해 5주의 군사 간부 훈련을 받고 145명이 임관(1949.1.14)했다.

원병상은 1949년 12월 54세의 늦깎이로 육군사관학교 제8기 특별2반에 입교해 간부훈련을 받았다.[73] 1949년 1월 소위로 임관해 중위(7.15)를 거쳐 대위(1950.5.1)로 진급해 6·25전쟁에 참전했고, 전쟁이 가장 치열했던 시기인 1951년 9월 1일 소령으로 진급

---

72) 여기에 대해서는 김홍, 2003, 『한국의 군제사』, 학연문화사, 219~255쪽, 295~307쪽을 참조해 정리했다.

73) 『將校任官順臺帳: 陸軍(1946~1972)』. 이 자료에 '신흥무관학교 출신 元義常'이라고 기록돼 있다. 신흥무관학교 졸업생으로 大韓獨立團, 獨立團同志會 등에서 활동한 金鍊(본명 金煉, 1888~미상, 평북 강계, 1977년 대통령표창 → 1990년 애족장)도 원병상과 함께 육사 8기 특별2반에 지원해 소위로 임관, 6·25 전쟁에 참전했다가 행방불명되었다고 한다. 해방 후 서울 의주로에 사는 그의 가족을 직접 만났다는 기록도 있다(『원병상 회고록』, 196쪽). 다만, 김련의 육사 관련 기록은 추가 조사가 필요하다.

했으며, 62세 정년을 맞아 1956년 5월 31일 대령으로 예편했다.

육군사관학교 입교와 전쟁 참전 기록은 「제3장 환국의 장(1945~1967)」의 25개 절 중 「종결에 즈음하여」를 뺀 마지막 10개 절(15~24)에 달하고, 6·25전쟁에서 겪은 일들도 상세하게 기록하였다. 늦은 나이에 입대한 많은 지원자가 그랬듯이, 원병상은 해방된 조국에서 사관후보생이 되고 장교로 임관한 것이 "국은國恩"이라 여겼고, 우리 역사에서 처음인 '민족적으로 비참한 전쟁'을 도발한 '공산세력'을 물리치는 것이 국은에 보답하는 것이라 믿었다. 그러나 여전히 통일은 이뤄지지 않았고, 분단으로 모친의 유골을 고국에 안장하지 못했으며(당시는 한중 수교가 이뤄지지 않았다), 타지에서 수십 년 일군 재산으로 조국의 교육사업에 쓰지 못한 한이 가슴에 맺힐 뿐이었다(「여감-나의 말년 가슴에 맺힌 여한」).

신흥무관학교 입학과 생도 반장, 신흥학우단 서기와 총무부장을 지냈고, 이후에도 신흥무관학교 교관에 임명돼 1920년 8월 폐교될 때까지 이청천 등과 함께 생도 교육에 전념했으며, 독립군으로 양성된 생도들이 봉오동·청산리 전투나 이후의 독립운동 전선에 참여했다는 상징이 원병상과 독립운동을 연결하는 중요한 열쇳말이 되고 있다. 김승학의 『독립운동사』 등의 관련 기록은 원병상의 '수기'와 「회고록」의 기록을 입증한다. 특히, 「회고록」에는 신흥무관학교가 일제의 강압으로 폐교된 후 '경신참변'을 겪으면서 만주에서 농사를 지으며 상업에 종사하고, 학교를 세워 교무를 맡는 한편, 원병상 자신의 배움을 위해 중국인 학교에 다녔으며, 친척과 동지들의 집단생활을 위한 농장 경영과 독립운동 연락기관으로 정미소를 운영한 일 등이 상세하게 기록돼 있다.

망국의 시공간에서, 누구도 돌보지 않은 채 온전히 개인으로서 감내해야 했던 수많은 '원병상들'의 삶을 후대의 역사는 제대로 인정하고 평가했으면 하는 바람이다.

일러두기

1. 최대한 원문에 가깝게 저자의 어투와 사투리를 살려서 옮겼다. 다만 오탈자나 맞춤법 오류는 수정하였으며, 의미가 분명치 않은 경우에는 원문 그대로 두었다. 한자의 오기는 병기한 경우에만 각주로 이를 표시하였으며, 고유명사나 지명 등에 보이는 명백한 한글 오기는 따로 표시하지 않고 수정했다.
2. 한자는 처음 나올 때에만 한글과 병기하는 것을 원칙으로 했으나, 의미 전달이 어려운 경우 이와 상관없이 나올 때마다 한자를 병기했다. 원문에 나오는 한자의 약자와 속자는 정자로 고쳤다.
3. 土人, 土語, 滿人과 같이 당대 사용했던 용어들은 번역하지 않고 원문 그대로 표기한 후 한자를 병기했다.
4. 문장이 너무 길어 이해하기 힘든 경우에는 쉼표를 찍거나 맥락을 살펴 문단을 나누었다.
5. 중복·삭제 표시가 있는 단어나 문구는 별도의 설명 없이 삭제하였으나, 전체 내용을 이해하는데 도움이 될 경우에는 본문에 포함시키고 주석으로 중복·삭제 표시가 있는 문장임을 밝혔다.
6. 중국 지명과 인명은 외래어표기법에 따라 표기했다. 단, 중국어 원음으로 표기했을 때 전달이 어렵거나 검색이 불가능해지는 경우에는 한자 독음으로 표기했다.
7. 본문에 나오는 ( )는 모두 저자가 붙인 것이다. 본문 이해를 돕기 위해 교주자가 덧붙인 설명은 [ ]안에 넣어 구분했다. 모든 각주는 교주자의 부기付記이다.
8. 독자의 이해를 돕기 위해 본문과 관련된 사진과 지도 등을 추가하여 수록했다.
9. 유족들의 요청에 따라 공개하기 어려운 가족사 등 일부는 삭제했다. 교주본에서는 삭제 후 [중략]이라고 표시했고, 원문에서는 회색 먹선으로 표시했다.

차례

머리말

때는 1951년 신묘辛卯 10월 1일경이었다. 내가 전시戰時 계엄령하 영동지역 강릉·삼척·울진 3개 군의 병사·민사 업무를 삼척군에서 수행하고 있을 때 그 근무 여가를 이용하여 이 글을 써보기로 붓을 들어보기 시작한 것이다.[1)]

세월은 흘러 처참한 6·25사변도 벌써 두 번째 맞이하는 가을의 계절은 또다시 돌아왔다. 청명한 일기에 쌀쌀한 찬바람은 사야四野의 오곡으로 하여금 금파金波로 굽이치며 별 반짝이는 밤하늘 찬 서리는 만산초목萬山草木으로 하여금 오색단장으로 물들여 꿈같은 인생의 감회를 더한층 새롭게 한다.

아직도 38 전선에는 피 끓는 청년들이 조국 통일을 위하여 용감히 싸우고 있는 한편 저 개성 북방 판문점에서는 적이 흉계를 꿈꾸면서 휴전회담을 계속하고 있는 이 시점에도 전지戰地로 달리는 전투 비행기들은 오락가락 요란히 천공天空을 울리고 있다. 비절참절悲切慘切한 전화戰火에서 허덕이며 시시각각으로 자유와 평화를 기원하는 민생들은 도탄塗炭 중에서 공산 적도赤徒들의 [만행에 대한] 원한이 하늘에 사무치는 듯. 천재일우千載一遇[2)]로 해방을 맞아 또 불행일로不幸一路의 시련을 받게 된 오늘, 이 민족의 비운을 슬퍼하면서 나의 한 많은 전날을 회고할 때, 꽃다운 청춘은 이역異域의 거친 벌판에서 하염없이 헛되이 잃어버리고 백발이 성성하여 36년간이나 이별이었던 고국을 찾아오니 뜻하지 못했던 혼돈과 탁류와 전화가 함께 휩쓸어 정치·경제·문화·사회 모든 분야에 굽이치는

---

1) 저자가 집필을 시작한 때는 1951년 10월경이지만, 글의 내용을 볼 때 1973년 1월 사망하기 얼마 전까지도 작업이 계속된 것으로 추정된다.

2) 천년에 한번 만난다는 뜻으로 좀처럼 얻기 힘든 좋은 기회를 이르는 말

노도怒濤는 이 민족의 일대 반성과 각오가 새로이 촉구되지 않을 수 없었다.

회상해보건대 금석일관今昔一貫으로 검산도수劍山刀水[3] 그 험난의 사선死線을 넘어 오늘에 이르기까지 실 같은 목숨을 이어왔다는 것은 한갓 기적 같은 무량의 감개 속에 일생의 밟아 나온 가시밭길을 다시 한 번 더듬어 보고 싶었다.

그러나 이 세상은 옛날이나 지금이나 야심에 날뛰는 군상들의 쟁패전爭覇戰으로 말미암아 인생 도탄의 전화는 끊일 날이 없었고, 또는 왜적의 장구한 질곡桎梏 아래서 기구한 생애는 무정처無定處 유랑으로 신변과 주위는 시간마다 간 곳마다 사사事事에 부자연이었고 불가능뿐으로 참고의 자료 하나 보수保守하여 오지 못한 것이 가슴 아픈 한이었다. 그리하여 오늘에 와서 모두 전망후실前忘後失이었으나 기억에 남은 과거와 금일에 감상되는 현실 그대로 적어본 솔직한 기록이었다.

나라 없는 인생의 비참을 생각할 때 모골이 송연하다. 인간과 자유, 민족과 국가, 순식간에도 불가분의 깊은 인연은 귀하고도 중重함이여.

일찍이 패트릭 헨리가 "노예로 살기보다는 죽음을 택하겠다"[4] 하였으니 과연 비장하고도 존엄한 이 교훈이 한민족의 한 사람이라면 누구나 뼈저리게 느낀 체험일 것이다. 어찌 가슴속 깊이 새겨 맹서盟誓치 않으랴. 그러나 또 오늘 조국의 현실은 어디로 지향하고 있는지 일대 각성이 촉구된다.

1951년 신묘辛卯(고력古曆[5] 10월 1일)

어於 삼척 오십천 강안江岸에서

---

3) 칼을 심어 놓은 것 같은 산수라는 뜻으로 몹시 험하고 위험한 지경을 이르는 말

4) 패트릭 헨리(1736~1799)는 미국의 정치가, 미국 '건국의 아버지들' 중 1인. 독립전쟁 당시 버지니아군 사령관, 독립 이후 초대와 6대 버지니아 주지사. 제2차 버지니아 협의회에서 영국과의 전투를 위해 민병대 창설을 주창하면서 "자유가 아니면 죽음을 달라"고 설파했다.

5) 태음력을 가리키는 일본어. 그러나 저자가 명확한 양력 날짜에도 고력으로 표시한 경우가 있어 주의가 필요하다.

제1장
고향의 장章

1. 고향의 유래

우리의 본관은 강원도 원주原州이며 원래 고향도 원주였다. 우리 득성得姓 시조始祖 대로서는 18대손이며 원산군原山君[6] 대로서는 10대손 휘諱[7] 빈자斌字 할아버지가 – 할머니 금성임씨錦城林氏는 이미 원주에서 서세逝世하시었고 – 선조조宣祖朝 신임사화辛壬士禍[8] 당시 슬하 삼남매를 앞세우시고 기관귀은棄官歸隱[9]하신 곳이 곧 강원도 평해군平海郡 화구리花邱里(현 경북 울진군 평해면)[10] 낙향 이거移居하시었다.

별책別冊 비문 기록 내용을 보라.[11]

그 후 나의 4대조 휘 정인貞仁 할아버지 대에서는 또다시 동군同郡 약 30리가량 떨어진 한송동寒松洞(일명 상암동霜岩洞 또는 설[서리]바위)이란 지방으로 이전하시었다. 휘 재일在一 증조부님 대에서는 삼형제분 중 그 둘째 아우만 데리시고 다시 동군 온정면溫井面 소태리蘇台里 녹정동祿井洞으로 이주하셨다.

2. 선조의 유적遺蹟

(공산 公山)	원덕윤 元德潤		기축 己丑 유학 幼學
(후면 後面)	기유己酉	요당면要堂面 제第 제第	문성리文城里 통統 호戶

---

6) 조선 태종대의 문신 원황元晃(元滉)의 시호이다. 1405년(태종 5)에 식년시式年試에 급제하여 우정언右正言을 지냈고, 원산군에 추봉되었다.

7) 고인故人의 살아있을 때의 이름

8) 1721년(신축년)부터 1722년(임인년)까지 일어났던 노론과 소론 간의 당쟁으로, 연잉군(영조)의 왕세제 책봉과 대리청정 과정에서 발생했다. 이 사건은 경종 재위 초의 일로 '선조조'는 저자의 착오이다.

9) 관직을 버리고 은둔함

10) 본래 강원도 평해군 북하리면北下里面 화구리였으나, 1914년 행정구역 개편 때 울진군 평해면 월송리로 통합 개칭되었다. 울진군이 경상북도로 편입된 시기는 1963년이다.

11) 현재 이 회고록에서는 비문의 내용을 확인할 수는 없다. 저자가 별도로 기록한 자료가 있는데 분실되었거나, 별도로 기록할 계획이었는데 미처 정리하지 못한 것으로 보인다.

(유학幼學) 원정인 元貞仁 무자 戊子

(후면 後面) 평해平海 원북遠北 입식立式

(평해平海) 유학幼學 원석우 元錫祐 본本 원주原州
생生 을사乙巳

(후면 後面) 식式

이상은 그 당시 문패인 듯[12)]

원석우 元錫祐

덕릉참봉德陵參奉 서판임관팔등자敍判任官八等者

광무9년光武九年 4월四月 3일三日

궁내부宮內府 임시서리臨時署理 법부대신法部大臣

이지용李址鎔

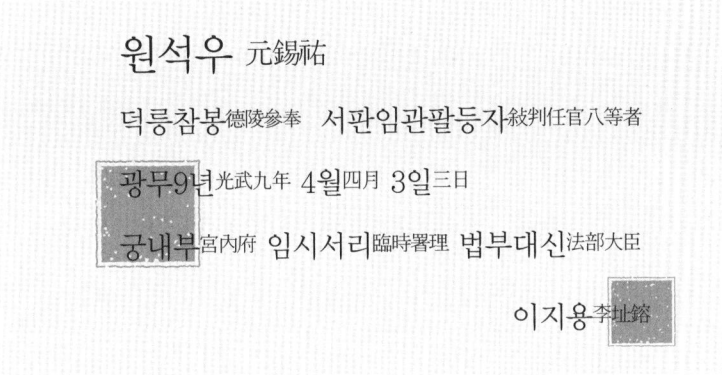

이상 선조 유적들은 현재 종가宗家에 보존되고 있다.

조부님은 큰집에 양자로 들어가신 후 전후취前後娶[전처와 후처]에서 슬하 육남매를 두셨는데 그중 아버님이 차남이시며 재취再娶 안동권씨 할머니에게는 장남이셨다.

3. 고향의 위치와 전설

이곳은 뒤에는 백암산白巖山이 높이 솟아 길이 뻗친 산록山麓[산기슭] 약 십 리 허許[13)]에는

12) 성명·신분·생년 등 기재 내용과 앞뒷면이 있음을 고려하면 문패가 아닌 호패號牌일 가능성이 크다.

13) 허許는 '~쯤 되는 곳'이라는 뜻이다.

주야불식晝夜不息 솟는 천연 온천 약수가 관광·요병療病 등 내외 각지 손님들을 부르고 있어 찾아드는 사람들은 끊일 날이 없다.

앞에는 서화산西華山이라는 고산준령高山峻嶺이었고 좌우에는 반석들로 형성된 청계유수묘연거淸溪流水杳然去 별유천지비인간別有天地非人間[14] 같이 도원유취桃源幽趣가 풍기는 승지勝地의 조용한 산골짜기였다. 그 뒷산 아래 옛날 사원이 있었기 때문에 그 이름을 절터골이라고 일러오는데 그때 이 골짜기 어느 우물 속에 쌀이 솟아오르므로 이 동명洞名을 녹정祿井이라고 불러온다는 것이다. 그 후 어떠한 욕심쟁이가 쌀이 더 많이 쏟아져 나오기를 바라고 파 뒤진 다음부터는 영영 끊어지고 말았다는 오랜 전설을 지니고 유서 깊게 전해오는 동명이었다.

조부님은 심산유곡深山幽谷에서 등산임수登山臨水하시며 불문세사不問世事하고 자경자초自耕自樵 숨어 산다[15]는 취지趣旨로 전기 동명 녹정에서 녹자祿字를 부쳐 호를 녹은옹祿隱翁이라고 불러오시었다. 녹은옹 서문序文과 수연운壽宴韻 수십 수가 유전遺傳되었으나 불우한 시대 유리세애流離世涯[16]의 거듭하는 전화戰禍 속에서 보존해오지 못한 것이 오늘의 한이었다.

4. 휘諱 석해 종조부님의 오언시五言詩 일수一首

이제 생가를 이어가실 휘 석해錫海 종조부님께서는 전기 '설바위'에서 종조모님 별세하신 뒤 입양문제에 형제간 의견 차이의 합의를 보시지 못한 나머지 무남이녀無男二女를 앞세우시고 북으로 험산험령險山險嶺을 넘어 삼척군三陟郡 소달면所達面이라는 산촌 벽지로 들어가시어 어린이들을 모아 훈학訓學을 하시다가 그곳서 여생을 마치시었다.

이 종조부님은 한쪽 눈이 실명이시었다. 그런데 한학에 조예가 있었던 듯 어느 해 8월 중추仲秋[추석]에 고향에서 영남 방면으로 여행을 가시었다가 '무실' 유씨촌柳氏村에 이르러

14) 이백李白의 시 「산중문답山中問答」에 나오는 표현을 변형한 문장으로 '맑은 시냇물 아득히 흘러가니 별천지로세, 인간세상이 아니로다'라는 뜻이다.

15) 깊은 산 그윽한 골짜기에서 때로는 산에 오르고 때로는 물가에 나가며 세상일을 묻지 않고 스스로 밭 갈고 스스로 땔감을 베며 숨어 산다는 뜻

16) 유리생애流離生涯, 이곳저곳으로 떠도는 세상살이

일모도궁日暮途窮[해가 지고 길도 끊어짐]하여 지나가는 길손의 일야숙一夜宿의 딱한 사정인 요청에 거절하는 유씨들의 비정을 탄식하면서 지었다는 오언시 한 수가 다음과 같다.

고추팔월시高秋八月時 하사객남지何事客南之
대야여쇠류大野餘衰柳 석무계마지惜無繫馬枝[17)]

〈해석〉 이 시 내용은 여정 길을 한恨하시었고 또는 유문柳門의 비정에 일침을 가하신 명작이었다.

5. 나의 어린 시절

나의 출생 연월일시는 서기 1895년 을미乙未 고력古歷 8월 5일 야반夜半[한밤중] 자시子時라 하며 태생지는 전前 강원도 평해군 온정면 금천리金川里 외가 외조모님 거실에서 출생하였다 한다. 때는 곧 갑오년甲午年 동학난東學亂이 일어나던 그 이듬해이며 또는 의분을 금할 수 없는 을미사변乙未事變이 있을 때이니 태어나던 그날부터 세상은 조용하지 않았고, 민생고는 날이 갈수록 도탄에 허덕이고 있었다는 것을 잘 짐작할 수 있다.

유명幼名은 외조부님이 지어주시었다. 일곱 살부터 이웃 남조[옥]南朝[玉] 스승에게 한문을 배우기 시작하였다. 이 스승의 성격은 대단히 정결하고 강직하시었다. 그러나 막걸리 술을 너무나 좋아하신 애주가였다. 이 한문 서당에서 동학同學한 동창들 명단은 다음과 같다.

유명幼名	관명冠名	적요摘要
남기록南奇祿		사師의 종질從姪[종조카]
원기환元璣環	의상義常	[본인]

17) 깊은 가을 8월에 / 객은 무슨 일로 남으로 가는가 / 큰 들에 시든 버들 가득하나 / 말 매놓을 가지 없음을 애석히 여기노라

김석록金石祿	해진海鎭	
원석만元石滿	응상應常	나의 재종형再從兄
남인출南仁出	태호太鎬	사師의 장남長男
남구봉南九鳳		사師의 종손從孫
남삼록南三祿		사師의 종질從姪(서당 접장격)

그런데 내 나이 13세 때 일이다. 금천리 외종부[18]님이 서세逝世하시어 부모님은 장례 전석前夕[전날 저녁]에 '기정[忌正]'[19]의 예를 드릴 계획으로 사전[에] 남조옥 스승에게 의뢰해 두신 제문祭文을 작성해 오신 뒤 그날 저녁에 낭독하라는 하명이시었다. 이미 예정대로 당일 제전祭典 앞에서 순한문의 장문을 거침없이 내려읽었더니 그 수많은 원근복인遠近服人[20]과 내외 조객弔客들이 모두 놀라는 듯 이구동성異口同聲으로 분에 넘치는 찬사와 아울러 외조모님 사랑은 더욱 그러했다.

이같이 정들고 아름다운 고향 마을에서 아침이면 책을 옆에 끼고 서당에 나가 종아리를 맞아가며 공자[21]·맹자·중용·대학 배우기와 여름이면 감나무 아래 모여 글 짓고 글쓰기, 또 석양이 기울어질 때가 되면 소 먹이려 동무들과 짝을 지어 이 산 저 산 뛰어다니며 부모님 슬하에서 순진난만으로 세상이 어떻게 돌아가든지 마음껏 뛰어노는 것만을 만족으로 알던 행복스럽던 어린 정서情緖 시절도 한 세대의 순간에 불과하였다.

6. 아버님의 활동면

아버님은 가난한 가문에서 태어나시어 큰집에서 분가해 나오실 때 가산집물家產什物[집안살림살이] 하나, 유산이라고는 아무 것 없이 적수공권赤手空拳으로 할머니와 삼촌 두 분까

18) 외종조부의 오기
19) 장례식 전까지 살아있는 사람이 죽은 사람의 앞에서 사는 기간
20) 상복을 입는 가깝고 먼 친척
21) 논어의 오기

지 함께 나오신 뒤, 신접新接[22] 살림살이에 특히 금천리 외가의 지대한 원조와 꾸준한 노력으로 단시일 내 자수성가自手成家하시어 온정면 새 부자 났다고 찬성贊成이 자자하는 행복의 터전을 이루어 놓았다.

이 시대는 향중鄕中에서 공부자孔夫子 춘추제향春秋祭享 참여 여부로 가벌家閥 반상班常(상놈·양반)을 구별하였고 또는 향교鄕校 출입을 한갓 가문의 자랑으로 여기던 때였다. 1908년 무신戊申 8월 아버님의 33세 때 일이다. 당시 평해군 향교 추계 공부자 연례 석전釋奠 집전執典에 독축관讀祝官으로 선정되어 장편의 축문을 쾌활하신 어조로 송독誦讀하시자 제관祭官들에게 격찬을 받았다고 하시었다.

7. 잊지 못할 외조부모님의 은덕

전기 외조부님이 지어주신 유명幼名은 천자문에 '선기현알璇璣懸斡'이란 구슬 기璣자와 '회백환조晦魄環照'[23]라는 구슬 환環자를 적용해서 기환璣環이라고 지어주었으니, 구슬같이 사랑한다는 의미는 이 이름자에도 나타나고 있거니와 특히 외조모님의 따뜻한 사랑은 가[끝]없었다. 그 사랑의 품 안에서 나의 쓸쓸한 가정으로 돌아가지 않겠다고 논들판으로 도망질치던 기억도 아직 의히[의희依稀]하다[24]. 전기 외종조부님 제전祭奠[제사] 때 제문 낭독에 있어서도 외조모님은 더욱 기쁨을 금禁치 못하시어 하신 말씀, "어찌 그렇게도 낭랑한 목소리로 잘 읽었느냐" 하시면서 업어주고 안아주시며 곳감 대추 과지 쥐어 주시던 그 깊은 사랑의 감격은 아직도 가슴속 깊이 새겨져 있다.

그뿐이랴. 분가신접지초分家新接之初에 가용기구家用器具 등 마련은 물론이요, 생계면에 있어서도 논과 밭 등 온갖 편익을 도모해 주셨고, 우리의 도만渡滿 후에는 어머님을 위해 대농우大農牛 한 쌍까지 팔아서 그 대금을 만리타국에 보내왔다. 이같이 두터운 애

---

22) 타향에서 새로 옮겨 와서 사는 것을 이르는 말

23) 璇璣懸斡 晦魄環照 : 천자문의 한 구절로 풀이하면 "璇璣玉衡(고대에 천체를 관찰하던 기구)은 달려 있는 채 돌고 어두워졌다가 다시 밝아져 순환하여 비춘다"이다.

24) 물체 따위가 희미하고 흐릿하다는 뜻

정 무엇에 비하랴. 옛말에 외손자를 귀여워하느니보다 방아꼬[25]를 귀히 여기라는 속담이 조금도 틀림없음이 새삼 느껴진다. 그 태산 같은 은혜 무엇으로 보답할 길이 없구나.

8. 경술국치의 비분

독립운동관계철[26]에 망명할 때의 국내정세란 제하題下 약육강식弱肉强食하는 20세기의 험한 파도를 보라.

아시아 동단東端 한반도까지 휩쓸어 들어 이조李朝 말엽 300여 년간 관료들이 파쟁 싸움으로 멸망의 길을 걷는 이 나라의 내외정세는 다시 살려볼 길은 전혀 없었던 것이다. 그리하여 이웃 나라 강적은 호시탐탐 약한 자에게 침략의 마수를 뻗쳐 멀리 현해탄玄海灘을 건너 사갈蛇蝎 같은 흉계로 갖은 수단과 총칼의 위협을 가하여 이 땅 이 민족을 자기 나라에 붙이려고 합병협약을 체결한 때가 서기 1910년(단기檀紀 4243년) 경술庚戌 고력古歷 8월 29일[27]이었다.

이로부터 왜적의 발길에 인권과 자유는 여지없이 짓밟히게 되자 만사는 이미 절망인지라 국민들은 비분 통한을 못 이겨 연도에는 땅을 치며 통곡하는 사람들 또는 차라리 이 꼴을 보지 않겠다고 칼로 배를 갈라 자결하는 사람들, 단식으로 굶어 죽는 사람 등 황천黃泉의 길을 택하는 우국지사들도 많았거니와, 그래도 행여나 잃어버린 국운을 만회하여 보려고 의병이란 기치 아래 동지들을 모아 바지저고리를 군복으로, 갓 망건을 군모로, 행전[行纏][28]과 짚신을 군화 대용에다, 화승총火繩銃을 메고 왜놈들을 몰아내 보겠다고

25) '방앗공이'의 방언
26) 저자가 회고록을 작성하던 무렵에 『독립운동관계철』이라는 제목으로 된 참고문헌 혹은 저자가 별도로 기록한 자료가 있었던 것으로 보이나 현재는 그 실체를 확인할 수 없다.
27) 저자의 착오. 경술국치일인 1910년 8월 29일은 음력이 아니라 양력
28) 한복의 바지나 고의를 입을 때, 움직임을 가볍게 하려고 바짓가랑이를 정강이에 감아 무릎 아래에 매는 물건. 흔히 각반脚絆이라고도 하나 행전이 순화된 용어이다.

산간벽지에 장사진을 이루어 동치서구東馳西驅[29]하던 열혈 청장년들도 그 수를 헤아릴 수가 없었다. 또는 앞날의 기회를 기다려 다시 조국을 찾아보려고 원대한 포부와 희망을 가지고 세전世傳의 가재家財도, 사랑의 고향산천도 홀연히 떠나 휴기처자携其妻子[처자식을 이끌고] 혹은 혈혈단신으로 국외 탈출하는 우국지사들도 끊일 날이 없었다.

간 곳마다 왜적들은 의기양양하게 날이 갈수록 도처에서 갖은 만행을 자행하니 이로부터 극도로 흉흉한 민심은 통분에 넘쳐 하루인들 불안 공포의 와중에서 어찌 견딜 수 있으랴. 그리하여 이 강산의 천지는 암흑으로 변하였고 이 겨레의 앞길은 피눈물의 바다로 화하고 말았던 것이다.

서기 1910년 경술庚戌 고력古歷 8월 29일[30] 조국이 망하던 그때

9. 고향을 떠나게 된 동기

이 겨레의 천추에 씻지 못할 국치國恥에 뒤이어 당시 영덕 출신 신돌석申乭石 의병부대가 항전상 현주지現住地 백암산록白巖山麓을 중심으로 빈번히 내주來駐할 때[31] 민심은 긴장과 비분이 넘치는 주위와 환경 속에 아버님은 대의에 입각하여 그들 숙소와 식사 기타 모든 편의를 제공 등 주야 구별 없이 지성껏 협조에 전력을 다하시었다.

이 반면 간악한 왜병과 호가호위狐假虎威의 주구走狗들은 동조한다는 혐의로 매일 취체取締와 강압 협박과 검거에 안일安日이 없으므로 땀 흘려 이룩한 행복의 터전도 보전할 길이 없음을 한恨하시며 망국의 치욕을 잊을 수 없다는 체념하에서 국치의 치자恥字를 붙여 호를 치헌恥軒이라고 하시었다.

29) 사방으로 이리저리 몹시 바쁘게 돌아다님

30) 주27 참조

31) 신돌석 장군이 백암산 일대를 무대로 유격전을 벌인 것은 맞지만 만주 망명을 계획하던 중 1908년 말 살해되었으므로, 국치에 뒤이어 신돌석 의병부대가 백암산록을 빈번히 내주했다는 내용은 사실과 부합하지 않는다.

10. 아버님의 용단과 고향을 떠나던 그날 밤

1911년 신해辛亥 춘春 아버님은 고훈古訓[옛 가르침]에 영위계구寧爲鷄口언정 무위우후無爲牛后[32]라는 교훈에 의해 차라리 청국淸國 사람이 될지언정 왜놈의 노예는 되지 않겠다는 결의로 동향인同鄕人 주진수朱鎭洙[33], 황만영黃萬英[34] 양 선생의 항일사상에 호응하여 당시 신민회新民會에서 선정한 독립기지 서간도로 떠나실 것을 결심하시어 비장한 결의로 항일투쟁 대열에 낙후되지 않을 것을 거듭 다짐하시었다.

이 땅에 생을 가진 자로서 이 처참한 운명의 길을 누구나 아니 걸을 수 있으며 이 죄악의 보따리를 누가 아니 질 수 있으랴. 17세의 약관시대 어린 나의 몸도 커다란 죄罪짐을 걸머지고 눈물 자국을 밟아가면서 부모님의 뒤를 따르지 않을 수 없었던 것이다.

그러니까 15세 때 8월 가을 평해 화구리 주거 안성이씨安城李氏와 결혼한 후 만 2년이 되던 해였다. 그리하여 동년 고력古曆 18일 새벽 미명未明에 아버님은 할머니 이하 노유老幼 13[열세 명] 가족을 동시 인솔하시고 그 외 고모가姑母家의 다섯 명도 일행이 되어 남부여대男負女戴로 눈물을 뿌리며 정든 고향을 떠나실 때가 조모님의 시년時年이 57세였고 아버님이 36세, 어머님이 37세 때였다.

별 반짝이는 밤하늘 검은 장막은 아직 대지를 둘러싸고 나뭇가지를 우수수 흔드는 바람 소리는 기약 없이 떠나가는 인생길을 더욱 산란케만 하여준다. 사면四面에서 어지러이 들려오는 닭소리는 새벽날을 재촉하는 듯 일가친척들은 죽음의 길이나 떠나가는 것처럼 서로 손목을 잡고 언제 다시 만나보나 하며 마지막 통곡으로 이별을 하면서 마지막 고향을 떠나가는 13[열세 명] 가족은 침묵 속에 정든 골목길을 나와 더티재[35]를 넘어 한 걸

---

32) 닭의 부리가 될지언정 소의 꼬리가 되지 말라는 뜻

33) 주진수(1875~1936) : 경북 울진 출신. 호는 백운白雲. 울진군 원남면에서 만흥학교를 설립하였으며, 1911년 105인 사건으로 체포되어 옥고를 치렀다. 출옥 뒤에는 가족을 이끌고 만주로 망명하여 경학사와 신흥학교 설립에 참여하였다. 1926년 4월 정의부의 유일당 촉성에 참여하기 위하여 소련에서 길림으로 돌아와 중앙위원에 선임되어 정의부를 이끌었다. 1991년 건국훈장 애국장이 추서되었다.

34) 황만영(1875~1939) : 1907년 신민회원으로 대흥학교를 설립하여 인재를 양성했으며, 1912년 만주로 건너가 신흥학교에 재정을 지원하는 등 독립운동에 참여했다. 1927년 신간회 울진지부장에 선임되었다. 1995년 건국훈장 애족장이 추서되었다.

35) 경북 울진군 온정면 선구리에 있는 고개

음 한 걸음씩 북쪽으로 향하기 시작하였다. 촉도蜀道[36] 같이 험한 '구슬령'[37]을 넘어 영양·예안·안동을 거쳐 예천·점촌·상주를 지나 김천 정거장까지 500여 리를 도보로 전진하는 도중에는 곳곳이 날뛰는 왜놈들 꼴세가 밉고도 미웠다.

11. 고향을 떠나던 감상

이로부터 고향길은 점점 멀어져만 간다. 그러나 마음의 애향심은 깊숙이 품 안으로 점점 가까워져 가는 느낌이었다. 오늘 눈물로 적신 이향離鄕에 제際하여 우리 가정으로서는 입향入鄕 시조의 낙향지인 화구리로부터 '설바위'를 거쳐 녹정동에 이르기까지 나의 대代로서는 연면連綿[잇닿아] 6대가 되었으니 소념溯念[돌이켜 생각함]해보건대 거의 200년이란 세월이 흘러간 것 같다.

회고해보건대 조선祖先들은 낙향 후 심산유곡深山幽谷에서 세사世事를 불문하고 다만 산수를 즐기며 경전이식耕田而食하고 착정이음鑿井而飮[38]을 유일한 본업으로 삼아 수백 년 세월을 별 업적도 없이 흘려보내온 것 같다.

1911년 신해辛亥 8월 18일 고향 녹정동에서

12. 고국 땅 슬픈 여정

이제는 북으로 북으로 향해 가야만 한다. 1보 1보, 1일 또 1일 지나가는 사이 경북 김천역까지 도보로 도착하자 이곳에서 고향 방면으로부터 떠나오는 십여 가호家戶를 서로 만나 일행이 되어 이 역에서 비로소 기차를 타고 이 나라 수도 서울을 지나올 때 병

---

36) 중국 쓰촨성四川省으로 통하는 매우 험준한 길

37) 저자는 '구슬령'이라고 표기하였으나 현지에서는 구슬의 경상도 사투리인 구실을 따 '구실령'으로 불렸다. 경북 영양군 수비면과 울진군 온정면 사이의 경계에 있는 구주령九珠嶺을 가리킨다.

38) 밭 갈아 먹고 우물 파서 마신다는 의미

자호란丙子胡亂 뒤 고국을 작별한 김상헌金尙憲 시詩의 연상戀想에는 그 애달픈 심정, 동정이 간다.

이 착잡 수울愁鬱[근심스럽고 답답함]에 잠긴 동안 달리는 기차는 검은 연기를 뿜으며 어느 사이 벌써 대동강 철교에 다다라 작별의 신호처럼 처량하게 들려오는 기적 소리에 모란봉菽丹峯[39] 아름다운 산천을 바라보며 차창에 앉아 아래와 같은 노래를 엮어서 설움의 눈물과 아픈 가슴을 자위自慰해 보기도 했다.

고국작별가故國作別歌

신흥무관학교편新興武官學校編 제第 엽頁을 보라.[40]

원통怨痛하게도 가기 싫은 길이건마는 달리는 기차는 서러운 사정 모르는 채 달리고 또 달려 벌써 조국의 변역邊域인 신의주역에 도착이란 기적 소리가 고막을 울린다. 문밖 10리도 나가기 어려워하던 노약老弱이 수천 리 노역路役에 육로에서 기차에서 그 차훈車暈[멀미]과 피로는 형언할 수 없는 통고痛苦였으나 아직도 고국 땅도 아닌 이역의 여정에서 가야 할 길은 호호망망浩浩茫茫[41]이었다.

이 신의주는 백두산으로부터 내려오는 압록강 푸른 물이 길게 흘러 이웃 나라의 경계선으로 그어진 이 강을 건너려고 강 둔덕으로 나가니 이때 아직 압록강 철교는 공사 중이라 내왕하는 풍선風船[돛단배] 한 척을 불러 타고 눈물의 금수강산을 돌아보며 쓸쓸하고도 컴컴한 이역 땅에 올라서니 여기가 곧 중국 영토인 남만주 초입初入 도시인 안둥현安東縣이었다.

서기 1911년 신해辛亥 고력古歷 9월 초순

39) 모란봉牧丹峯의 오기

40) 저자가 추후 보충할 예정이었거나 또는 별도로 서술한 부분이 멸실된 것으로 보인다. 『독립운동사자료집 제10집』과 『신동아』에 실린 저자의 수기에도 해당 부분은 존재하지 않는다. 엽頁은 쪽 즉 페이지를 말한다.

41) 끝없이 넓고 멀어서 아득하다는 뜻

제2장
황야의 장章

1. 이국 제1보의 첫 감상

이역의 첫 도시인 안둥현에 제1보를 내어 디딜 때 고국과는 달리 일위대수一葦帶水[42]를 두고 언어도 풍속도 의복도 그 심한 차이는 그렇게도 어둠침침하게만 보였던가, 보이는 것마다 가슴이 아득할 뿐이었다.

여정에서 본 그때 서간도 풍속의 이모저모는 신흥편을 보라.

2. 자국마다 눈물 고인 이역 천리 원정

안둥현을 떠나 종일 노역路役에 한없는 피로한 몸이건만 따뜻한 온돌방에서 한 번 피로도 풀어보지 못한 채 고국에서는 흡사 집물용什物用 헛간이나 저장용 창고 같은 데로 안내하는 방안 구조는 우리들에게 쓸쓸한 찬바람에 기대하지 못한 실망을 주었다. 가족들은 "아, 이런 데서 어떻게 사람이 거처하나?" 하며 부지불식간 한심恨心[43]짓는 말들이었다. 언어는 한문으로 혹은 손가락질로 상호의사를 교환해왔다. 한문은 동일했기 때문이다.

식사로는 일모도궁日暮途窮하면 토인土人의 여관으로 찾아든다. 조석으로 옥수수빵과 고량죽高粮粥이 일상 주식이었다. 쌀밥이라고는 돈 주고 구경하재도 할 수 없는 지방이었으니 노역路役에 시달려 영양실조에다 기아지경에서 형영形影이 상조相弔하는 유리流離 민족이 불쌍하기만 하였다. 주택 주변에는 오물들이 산적되어 악취가 코를 찌르고 황막한 광야에는 사체노곽死體露廓[44]이 허무한 인생들을 더한층 서글픈 감만 던져주고 있다.

수색愁色이 만면해서 바삭거리는 낙엽을 밟으며 하루 종일 터덕터덕 걸어가는 여정에는 배도 고프고 발도 부르터 지쳐진 심한 피로로 연도沿途에 힘없이 주저앉으면 한심밖에 나오지 않았다. 1보 1보 북으로 콴뎬寬甸을 경유, 횡도천橫道川이란 곳까지 사오백리

---

42) 갈대처럼 가늘고 좁은 강. 일의대수一衣帶水와 같이 강폭이 좁은 것을 비유함

43) 한숨, 한스러운 마음

44) 시체가 노출된 관곽

길을 걸어야 했다. 업고 지고 이고 만천萬千의 수심愁心으로 하루 이삼십 리 정도로 더 나가지 못하는 한 많은 나그네들이었다. 가는 도중에는 인가도 매우 드물게 보인다. 하루 해가 저물면 아픈 다리를 끌면서 또 토인土人 여관을 찾아 들어가면 첫인사가 따신 방이 있느냐는 것이 제일 첫 대화였다. 차건 따시건 간에 하루 저녁 빵과 죽으로 배를 채우고 그 이튿날 새벽이면 또 떠나간다.

가는 도중에는 하루에도 몇 번씩 겪어야 하는 고민거리가 있다. 개떼들과의 공방전이다. 도적이 많은 지방인지라 집집마다 대개 담장 안에 범 같은 개 6~7마리씩 양육하고 있는 것이 보통이다. 지나가는 백의족白衣族의 초라한 행색을 보면 목에 '소심구小心狗[개 조심]'란 패牌 한 개씩 차고는 서로 용맹을 자랑하는 듯 쏜살같이 제각기 뛰어나와 포위 작전으로 길길이 뛰며 일대 격전이 벌어진다. 이런 때 방법은 자꾸 개를 보고 절을 해야 된다는 것이 구래舊來 동포들의 체험담이었다. 이것은 자주 허리를 굽혀 돌을 집어 던지는 것만이 진공하는 개들을 막을 수 있다는 것이다. 인가를 지날 때면 큰 두통거리의 하나이다. 귀찮고 괴롭히는 이 개떼들이 밉상스럽기도 했다. 이 땅에 발을 들여놓은 백의족으로서 한 번씩 안 물려본 사람도 드물리라.

이때 이역 천리 길에는 동족이 그리웠다. 오늘 가고 내일 가도 매일 우리 일행 외에는 동족 한 사람도 만날 수 없었다. 어느 날 하루는 천만뜻밖에 가는 도중에서 한 사람을 만나게 될 때면 참으로 반가웠다. 부모 형제나 무슨 큰 은인이나 만난 듯이 손을 맞잡고 모두 심금心襟을 털어놓았다. 이역에서 처음 만나게 된 그 동족 얼마나 기뻤으랴.

이 사람의 차림을 훑어보건대, 상투 머리에 흰 수건만 질러매고 동저고리 바람으로 아마 세수는 일생에 한 번도 안 한 모양인 듯. 그러나 토어土語는 능숙하여 여관에 안내도 하여주고 식사도 알선하며 술도 받아 힘껏 권하면서 대단히 고맙게 군다. 우리 일행들은 조금도 사이 없이 감사히 생각할 뿐이었다. 이까지는 좋았다. 어찌 알았으랴. 밤이 깊도록 술만 마시면서 취한 체 취침도 하지 않고 돌아가더니, 노역路役의 피로에 술잔이나 마신 다음 마음 놓고 곤하게 잠든 시간을 이용하여 여기저기 흩어놓은 의복가지, 행리行李[45]들을 거두어 걸머지고 야반에 도주하고 말았으니 불행한 운명은 자빠져도 코가 깨지

45) 여행에 쓰는 여러 가지 물건이나 차림

는 격이었다. 이것이 강변 7읍江邊七邑[46] 구래민舊來民이라고 칭하는 동족들로서 대개가 죄를 짓고 월경한 무뢰한들이었다. 이로부터는 이들의 상대에 한갓 좋은 교훈을 남기었던 것이다.

안둥현에서부터 전지도지顚之倒之[엎어지고 넘어지고] 콴덴을 경유 약 1개월 만에 겨우 5백여 리나 되는 횡도천이란 곳에 이르니 각 도에서 들어온 사람들이 모여 정류장 같이 잠깐씩 [쉬는] 휴식처인 듯 했다. 그러나 옛날의 지위와 영예를 자랑하는 듯 무슨 참판댁이니 진사댁이니 하면서 노역路役에 지친 동포에게 조금도 동정이라고는 찾아볼 수 없이 먼저 들어온 노고老姑[할머니]들은 모여앉아 위로의 말은 못 할지언정 오히려 냉정한 태도로 수군거린 말이 "한 주먹씩 뺄 것들은 안 들어오고 시시한 것들만 들어온다" 하면서 흡사 그 노고들이 무슨 큰 주먹이나 뺄 것같이 남을 무시하면서 그 교만하던 꼴을 보이었으나 시대는 이미 바뀌었고 인과응보의 현실 앞에 너나 할 것 없이 겪는 현실은 오직 비절참절悲切慘切뿐이었다.

이곳에서 가족들의 아픈 다리를 얼음 같은 냉지에 약 1주일간 체류하여 피로의 숨기를 돌리면서 행리를 재정비하는 한편, 또 내일의 갈 길을 준비해야 했다. 파저강婆潴江 물이 얼어붙는 첫 이역의 추위를 무릅쓰고 또 300여 리나 되는 통화현通化縣까지 아니 갈 수 없는 실정이었다.

통화현에는 경북 영해서 왔다는 박경종朴慶鍾이란 자가 경영하고 있다는 동래잔東來棧 여관으로 찾아가는 길이었다. 이때 벌써 한파가 몰아쳐 우리들 몸도 마음도 함께 얼어붙는 것 같기도.

아픈 다리, 부르튼 발, 천신만고를 무릅쓰고 큰 은인이나 기다리고 있는 듯이 근어近於[거의] 8, 9일 만에 겨우 목적지까지 도착은 하였으나 때는 마침 중국 쑨이센孫逸仙[47]의 신해혁명辛亥革命 당시였다. 그 혁명이 성공됨에 따라 구 화폐를 새 화폐로 즉시 교환하지 않으면 전부 버리게 된다고 모두가 법석을 떨고 있었다. 처음 오자마자 설상가상으로 정신도 차릴 여가 없이 언어도 지방 실정도 전연 모르는 우리에게는 깜짝 놀랄 일이었다.

---

46) 압록강 연변에 위치한 의주義州·강계江界·초산楚山·창성昌城·삭주朔州·위원渭原·벽동碧潼 등 7개 고을을 말한다.
47) 일선逸仙은 쑨원孫文의 자. 중산中山은 호이다.

부득이 대처방법이라고는 만사를 여관주인 박씨에게 하늘같이 믿지 않을 수 없는 사정이었다. 그리하여 약간의 나머지 여비는 가족들 주머니 안에 분전分錢[푼돈]까지 긁어모아 몽땅 쓸어 주인 박씨에게 맡겨 교환을 의뢰하게 되자 십여 생명이 죽느냐 사느냐 문제는 앞에 놓여있다.

1911년 9월 말 펑톈성奉天省 퉁화현通化縣 동래잔東來棧에서

3. 이역의 첫 선물은 실망뿐

그 당시 박씨는 선입자先入者이며 선도자라고 자처하면서 이주동포의 신접新接 안내에 편의를 도모한다는 구실 아래 오는 동포, 가는 동포의 여비를 뜯어 호의호식, 보약 등 남의 딱한 사정과 쓰라린 가슴은 잘 알아주지 않았다.

이 얼마 안 되는 금액이나마 우리 13[열세 명] 가족에게는 사활문제가 좌우되므로 지성으로 부난구위扶難救危의 견지에서 동정적 환상還償해 줄 것을 간청하였으나 종국에는 착복하여 불쌍한 10여 인명으로 하여금 눈물의 구렁으로 빠뜨려주고 말았던 것이다. 참으로 비도의적이었다.

1911년 10월 말. 산 설고 물 선 황야의 빙천설지氷天雪地에 적수공권赤手空拳으로 한심지으며 그 여관에서 외무外務[바깥일]에 종사하고 있는 평북 선천宣川 사람 홍 노인의 인도 아래 퉁화현 북쪽 피저강을 건너 15리 허許 되는 북구北溝라는 조그마한 골짜기에 역시 구래민 이정수李正秀 씨의 협실 한 칸을 빌려 우선 행리를 풀기는 했으나 일로 좇아 고향에서 퉁화현까지 걸린 시일은 거의 2개월 동안 기차라고는 김천역서 신의주역까지 편승한 이외에는 근 수천 리 육로를 1보 1보로 답파踏破하는 이 2개월이야말로 자죽[자국]마다 눈물 고인 발자욱이 아닐 수 없었다.

전기 이씨에게 빌린 협실은 두 사람이 마주 앉으면 그저 맞을 정도였다. 그러나 우리는 고모 집 가족까지 18명이 이 좁은 방 안에서 밤이면 이웃집에 일부 잠자리를 찾아가고도 나머지 식구들은 밤을 앉아 새워야 했다. 참 좁은 방이었다. 그래도 다른 도리가 없었다.

활인지불活人之佛 곡곡유지谷谷有之[48]라더니, 방주인 이씨는 매우 후덕한 인품으로서 기한饑寒에 헤매는 우리에게 다방면으로 동정적 그 선심은 잊지 못할 활인지불로 경의를 표하지 않을 수 없었다.

이제부터는 근본根本 독립운동이란 명제 이외 또 이역의 생계와 병마의 가혹한 이중삼중의 시련대 위에서 미지수의 운명을 앞에 두고 촌각의 여천餘喘[49]도 돌릴 여가 없이 처절한 투쟁의 가시밭길을 피눈물로 헤치기에 바빠야만 했다.

신해년辛亥年[1911년]의 동지冬至를 이 좁은 방에서 적설이 산 같고 삭풍이 살을 오리는 듯 이 엄동에 부모님은 기아동한饑餓凍寒을 무릅쓰고 절박한 가족들의 연명을 위해 하루하루의 품팔이로 생계 지속持續에 급급하지 않을 수 없었다. 이 땅에 와서 처음 겪는 이 겨울의 폭한暴寒은 과연 대경실색大驚失色이었다. 대지가 얼어 터지고 방안에 서리가 몇 두께씩 쌓인다. 8월 달에 내린 눈이 명년明年 5월경에 가서야 녹아내린다.

4. 신접新接 가족의 이역 첫 시련(1911년 11월 초)[50]

독립운동관계철에 백의족의 피눈물로 적셔온 서간도란 제하題下 기록을 보라.[51]

1912년 임자壬子 춘春, 압록강을 건너던 신해년[1911년]도 불쌍한 인생들의 뼈저린 상흔을 남기고 한심 속에 어언간於焉間[어느덧] 새해를 맞이하여 그립던 봄날이 왔건만 뜻하지 못한 수토병水土病이란 악질惡疾이 뒤를 따라 방방곡곡에 원한의 울음소리가 끊일 날이 없었다. 이와 때를 같이하여 우리 집에도 어린 동생들이 죽어간 슬픔은 가이[끝이] 없었다. 불쌍한 생명들을 무참하게도 앗아가 영영 폐문閉門된 집도 허다했다.

금수강산, 아름다운 기후 풍토, 고국산천을 빼앗기고 황야로 쫓겨나가 설움의 눈물, 원한의 고혼孤魂이 어찌 왜놈들 죄악이 아니었으랴. 이 원통한 죽음 속에 민족 철천徹天의

48) 사람을 살리는 부처는 골마다 있다는 뜻

49) 거의 죽을 지경에 이르렀으나 겨우 부지하고 있는 목숨, 여명餘命

50) '1911년 11월 초'로 기록되어 있으나 본문에는 '1912년 임자 춘春'으로 기록되어 있다. 연월 표기 오류로 보인다.

51) 주26 참조

한이 서려 있다.

1911년[52] 임자壬子 춘春

5. 구래민舊來民의 특권기

이 지방에는 옛날부터 강변 7읍 동포들이 많이 이주하여 살아왔다. 보통 4, 50년씩 된 사람들이 대부분이었으며 거의 전부가 독신 남성들뿐이었다. 속칭 토질土疾[풍토병]에서 부녀자들은 모두 요사夭死해 버렸다는 것이다.

이들은 어떠한 곳을 막론하고 상투 머리에 흰 수건만 이마에 질러매고 돔방 바지저고리만 입은 대로 수백 리, 수천 리 어디든지 또는 혼상례婚喪禮 석상 참여에도 주저 없이 유일한 외출복으로 사용되어 있으며 여자치고는 노소간 치마 입고 다니는 것을 한 사람도 볼 수가 없었다.

이들 남성의 하는 일이라고는 매일 몰려다니면서 장취불원성長醉不願醒[53]으로 후주詬酒[욕설과 음주], 도박이 장기인 것처럼 형님, 저그니[54]하면서 의형제 맺기와 남의 길흉사나 제사 등은 미리 수첩에 적어두어 빠지는 법이 없이 불원천리不遠千里하고 찾아가 보통 5, 6일 혹은 7, 8일씩 음주투전飮酒偷錢이 전업全業이었다.

무슨 가정행사가 있을 때는 일률적으로 사용되고 있는 음식물은 뫼물[55]국수와 차좁쌀떡이 전반적으로 통용되고 있으며 모인 좌석에는 몰염치한 욕설이 항용어恒用語로서 어느 모로 보나 배달족倍達族의 전통적인 예의라고는 찾아볼 수가 없었던 몽매한 무뢰한들이었다.

경술국치 후 국내에서 왜놈의 그물을 벗어나 국외로 쏟아져 나온 동포들은 남북 만주 각지 산골짝 어느 곳을 막론하고 발자취 안 간 곳이 없게 되자 이 현실을 기화奇貨로 이

---

52) 1912년의 오기
53) 오랫동안 술에 취해 깨기를 원치 않음
54) '동생'의 평안도 방언
55) '메밀'의 강원도 방언

들은 토어土語가 능하고 지방이 설지 않다는 선익감先益感에서 토인土人들을 배경으로 지주를 교섭하느니 토지와 주택을 알선하느니 하는 구실 아래 좋은 시기를 만났다고 모든 면으로 특권 행사를 자행하며 여자와 재산 등 갖은 비행과 횡포로 가증스럽게 날뛰던 때였다.

그러나 이러한 특권도 머지않은 앞날에 몰락 시기는 돌아오고 말았던 것이다. 신입 동포들 가운데는 피해자도 적지 않았으나 이들이 우리 집은 예의가禮儀家라고 칭송하면서 아버님 앞에 와서는 언제나 항상 고개를 숙이며 경건한 태도를 가져왔다.

6. 무변광야無邊曠野 황무荒蕪의 서간도

이 겨레의 인연 깊은 무진장 보고寶庫의 서간도는 불쌍한 백의족을 기다리고 있은 듯하다. 이때 지광인희地廣人稀한 만주벌에는 기후가 아직 한랭하여 벼농사에는 맞지 않아 이주 교포들은 모두 산전농山田農으로 특히 옥수수 기타 잡곡 등을 심기가 전반적이었다.

주택은 목책木柵이 아니면 토막土幕 움집으로서 그때 유행어가 하늘서 내려오면 첫 집은 조선사람의 집이라고 하였다. 산복山腹[산중턱]·산록山麓은 물론이요 '수가적성신手可摘星辰'[56]이라는 옛글도 있거니와 손으로 별을 딸듯한 최고 산정山頂에서도 황전荒田을 캐고 있었다.

어느 집이든지 가보면 모두 처참한 현상이었으나 오랫동안 썩은 나뭇잎과 검은 흙은 농경지로서는 매우 좋았다. 몇 길을 파도 돌 한 덩어리 찾아볼 수 없는 비옥한 토질로서 산이 보이지 않는 옥야천리沃野千里 무변광야無邊曠野였다. 곡식 씨를 심기만 하면 한없이 잘 되기는 하나 아직 개척이 안 된 지방인지라 매년 조상강早霜降[이른 서리 내림]으로 흉년이 계속되었다. 벌써 7월 말만 되면 독한 서리가 내려 일조一朝에 오곡이 삶아지므로 일 년 땀 흘려 지은 농가의 노력도 수포에 돌아가고 말 뿐 아니라 매년 한재旱災도 빈번하여 우리들의 비참한 생활을 한층 더 위협을 가해주었다.

---

56) 중국 당나라 시인 이백李白의 시 「산사의 밤夜宿山寺」에 나오는 표현으로 손을 내밀어 별도 따겠다는 내용이다.

인가가 희소한 지역에는 밀림이 울창하여 종일 가도 노상에는 일광日光을 볼 수 없는 곳이 허다하며 좁은 길에는 연포지목連抱之木[57]이 어지러이 넘어져 내왕하는 사람들로 하여금 심히 괴롭게 하였고 몇 백 년씩이나 자랐는지 나무뿌리 하나에 보통 5, 6명씩 둘러앉을 수 있는 넓이를 가진 나무들이 태반이나 보인다. 유리流離 민족에 유일무이한 낙원지인 것은 틀림이 없었다.

이 땅이 옛날 우리 선조들의 말 달리고 칼춤 추어 동방웅국東方雄國이란 칭호를 받아오던 활무대活舞台가 여기였다. 어찌하여 이 땅에 오랫동안 우리 배달족의 발자취가 끊어지고 이족異族의 손으로 넘어가 도리어 오늘의 설움을 받게 되는 것을 생각할 때 통석痛惜을 금할 수 없었다. 옛 고구려 성적聖蹟이 그립고도 새로워 언제나 이 땅이 다시 옛 주인의 강역으로 돌아올 것인가. 조국의 옛날이 한층 더 그립기도 했다.

이로부터 폭한暴寒은 점점 그 도수가 높아만 가는 이 겨울 진퇴양난의 동래잔 체류도 근어近於[거의] 1개월에 가까워감에 따라 모든 얽힌 사정은 초조와 불안만이 마음을 설레게만 한다. 그럼에도 뒤를 이어 꼬리를 물고 밀려들어오는 동포들은 산간벽지 어느 곳에도 점차 발자취가 안 간 곳이 없게 되었다.

7. 이국 신접新接 제1거지居地 통화현 북구

1912년 임자壬子 2월 지난 엄동嚴冬을 전기 북구 이정수 씨 협실에서 생불여사生不如死[58]의 역경 속에서도 이 딱한 현실 앞에 조금도 위축함이 없이 그래도 일루一縷[한 가닥] 희망을 걸고 통화현 성내城內 토인土人 왕일봉王一峯의 찌그러진 구옥舊屋 일동一棟과 산전 1단段[59]을 방주인房主人 이씨 소개로 임차하여 빈손 들고 농사 준비에 착수 계획이었으나 가공가경可恐可驚할 유행성 토질土疾[풍토병]에다 화불단행禍不單行[60]으로 우리가 고향에서 떠난

57) 아름드리 큰 나무
58) 몹시 곤란한 지경에 빠져 삶이 차라리 죽음만 같지 못하다는 뜻
59) 땅의 넓이를 나타내는 단위로 1단은 300평에 상당한다.
60) 재앙은 번번이 겹쳐 온다는 뜻

뒤 금천리 외가에서는 어머님을 생각해 대농우 한 마리를 팔아 들어오는 친척 편에 부쳐 보낸 대금으로 현지 농경을 위해 대체하였던 농우와 그에 딸린 송아지, 기타 저猪[돼지], 계鷄[닭] 등 가축 전부가 시역時疫[돌림병]으로 일조몰사一朝沒死하는 재해가 겹쳐 궁차극窮且極한 생계는 가일층 설상가상이었다. 동년 5월 22일 오래 대망待望해오던 덕상德常 아우의 출생이란 기쁨도 있었으나 기쁨이 무엇인지 생각할 여지조차 없었다.

고국에서 지고 온 보따리를 통화현 북구에 와서 풀어놓은 지도 벌써 4, 5개월이 지나고도 임자년 봄이 돌아왔다. 조국의 요구와 시대의 사조는 청소년들로 하여금 하루빨리 교문으로 나갈 것을 재촉한다. 천길만길 기아의 마굴魔窟 속에서 무슨 여념이 있으랴마는 세불아연歲不我延[61]으로 잠시도 천연遷延[62]할 수 없는 시점인지라 아버님은 그 심한 고난 속에서도 교육의 시급을 인정하시고 곧 수학修學의 길로 떠날 것을 하명하시었다.

어머님은 산전을 쪼다가 산기産氣가 있어 집에 내려와 산고産故가 있은 뒤 산후조양産后調養은커녕 한참 마음 놓고 쉴 사이도 없이 그날 또 산전에 올라가 그 중노역을 계속하셨다 한다. 그뿐이랴. 산전 쪼던 괭이로 토질에 죽은 아이들을 갖다 묻고 집에 돌아올 여가도 없이 또 그 길에서 산전을 쪼았다 하니 이 얼마나 가슴 아픈 일이며 고통스럽던 삶이었던가.

동년 7월 우기雨期에는 찌그러진 담벽이 갑자기 방안으로 무너져 어머니와 어린 아우가 호리지차毫釐之差[아주 근소한 차이]에서 아슬아슬한 참화를 면했다 하니 하늘의 도움이 아닌가. 참으로 아찔한 순간이었다.

8. 구국 투쟁 대열에 참여 제1보

신흥무관학교편을 보라.

(1912년 임자壬子 춘春) 고력古歷 3월 아버님의 진학 하명에 의해 북으로 150리 허許 류

61) 주자의 권학문勸學文에 나오는 '일월서의日月逝矣 세불아연歲不我延'에서 따온 말이다. 세월이 흘러가노니 세월은 나를 위해 기다리지 않는다는 뜻이다.

62) 오래 끌어 미룸

허현柳河縣 삼원보三源堡 추가가鄒家街 신흥강습소新興講習所로 찾아가는 길이었다. 이 도중에는 신개령新開嶺이라는 험한 재[고개]가 가로놓여 전후 30리 거리 되는 울창한 수림 속에는 종일 가도 일광을 볼 수 없는 무인지경으로 양의 창자 같은 고불고불 좁은 길이었다. 그 영상嶺上 깊은 숲속에 마침 동향 사람 이명세李明世 씨가 살고 있었다.

신접지초新接之初에 토인土人 관민官民들 배척 때문에 본의 아닌 청국 사람으로 변장하였던 편발編髮[변발]을 이곳에서 깎아버리고 당당한 학생의 자태로 제2일 만에 목적지까지 산적된 눈길을 헤치며 미끄러져 자빠진 수는 십에서 백번까지도 넘을 정도였다. 그 익일翌日 우탕구牛湯溝 이동녕李東寧 교장을 찾아가 입교를 지원하였더니 즉석에서 쾌락과 아울러 격려까지 하시었다.

그러나 14, 5세까지 구습에 젖어 이웃 서당에서 한문이나 전공하던 나로서는 첫째 중학에서 수학이 실력 부족을 느끼지 않을 수 없었다. 그리하며 다만 1년간이라도 소학교를 거쳐 올라가는 것이 순서적이라는 각오에서 그 당시 교감에게 그 사유를 진언하였더니 좋은 의견이라고 쾌히 수락하기에 곧 그 부근에 설치되어 있는 동흥소학교東興小學校 최고학년에 편입되어 1년간 수학 실력 준비에 치중한 결과, 학년 내에서 월종月終·학년 시험을 막론하고 석차 1, 2호는 벗어난 적이 없었다.

이때 학교로부터 약 20리 허許에 있는 서묘자西廟子라는 산골짝 구래동포 장천책張天策 씨 집에 기식하면서 물 건너 재 넘어 통학이었으나 시종일관 원기왕성하게 우수한 성적으로 그 학년을 마치고 본격적으로 그 이듬해 중학 입교 준비에 만전을 기하여 왔다. 동년 9월 가혹한 수난 중 천신만고로 지은 농사는 조상강早霜降으로 완전 실패되고 말았으니 1석에 2석씩 주어야 하는 '태량太粮'이란 무서운 현물 고리채가 질식을 강요하는 참상을 면할 길이 없었다. 가계를 담당하신 부모님의 걱정 근심은 갈수록 태산이었다. 이상은 북구 왕일봉王一峯 구방舊房에서 1년간 생활 경위였다.

신흥무관학교 교사校舍와 생도들

9. 제2거지第二居地 북구 기가골 눈물의 간황墾荒

1913년 계축癸丑 2월 아버님은 당면 절박한 생계 지속과 채무 해결의 길은 오직 농사밖에 없다는 굳센 집념에서 지난해 실패도 아랑곳없이 또다시 현주지現住地 서북쪽 1마장 거리 '기가골'이란 데 토인土人 왕승王昇의 소유 산황山荒 1단을 5년간 기한부 임차하시었다. 전기 임차한 산기슭 샘솟는 두렁 옆에 조그마한 토막집 1동을 신축하여 전주前住 왕일봉 구옥에서 이전하는 한편, 나는 통화현서 북으로 80리 허許 소재 합니하哈泥河 신흥무관학교新興武官學校 4년제 본과 제3기생으로 입교는 하였으나 다만 불타는 향학열 반응에 불과하였고 가정 사정으로는 천만 불가능한 일이 아닐 수 없었다.

가족들은 수림이 울밀鬱密한 산황 개간에 총력을 기울여 주린 배를 졸라매면서 억센 초근황림草根荒林을 개간하고 옥수수 기타 잡곡 등을 심어놓았으나 이 막대한 간황의 중노동에는 가족들이 흘린 피와 땀과 눈물은 그 땅을 적시고도 남음이 있으리라.

10. 변장의 설움과 가혹한 토인土人들 착취

제 강토는 두 손 들어 남에게 빼앗기고 그 압박과 노예의 멍에가 싫어서 불원천리 만리 남의 땅으로 탈출해 나가서라도 생산과 교육으로 조국을 광복하여 보려는 것이 국치 당시 서간도 이주의 근본 목적이라 하겠다.

그러나 허다許多 난관은 앞길을 저해하는 일이 한두 가지가 아니었다. 특히 토인土人 관민들은 [우리를] 왜놈의 앞잡이가 아닌가 또는 무슨 피해나 없을까 두려워하는 반면, 토지도 가옥도 임차를 불허할 뿐 아니라 모두 퇴출한다는 위협과 공갈로 배척 운동은 날로 고조되었다. 지도층에서는 이 같은 긴장과 불안을 퇴치코자 관공리 기타 지방유지들 상대로 친교 운동을 전개하는 한편, 남녀노소를 막론하고 일제히 토인土人과 동일한 변장을 하였다. 친선결과는 매우 양호하여 비로소 긴장 상태는 점차 완화되었으나 유리민족의 그 뼈저린 설움 무엇에 비하랴. 가슴 아픈 변장이었다.

이 같은 경지에서도 또 상재霜災는 계속되어 사활문제가 달려있는 이 농사는 또 실망이었으니 하늘도 너무나 가혹한 시련이었다. 초년 간황에다 상재까지 겪은 수확은 불과

3할 정도였으나 이것도 누적되어오는 고리채 태량주太粮主들이 가을마당에서 젯창[줄곧] 지켜보는 대로 몰수해가고도 부족량은 또 다음 해로 넘겨 이자에다 이자를 배가 환상還償할 것을 다짐하면서 작인들의 초미지급焦眉之急[63]을 호소함에도 아랑곳없이 1승一升 1합一合[한 되 한 홉]도 선심 없었다. 이 토인土人들 착취수법은 구래자들을 중간에 내세워 혹은 쑹凶이니 태량이니 하여 '쑹'이란 것은 공연[히] 과실過失을 조작하여 물질을 강요하는가 하면, '태량'이란 것은 봄에 적은 수의 돈이나 곡식을 빌려주고서는 가을에 가면 10배, 20배 이상의 현물을 강요함으로써 폭리를 보게 되는 것이다.

이주 동포들은 1년간 피땀 흘려 경작을 하여도 이 고리채 청산을 못해서 말경에는 '태량'의 노예가 되어 3년 혹은 5, 6년간에도 솟아나지 못하는 비참한 처지에 빠져 갖은 비행非行을 받을 뿐 아니라 간 곳마다 무례한 '쑹'으로 해를 입은 동포들은 그 수를 헤아릴 수 없을 것이다. 이 착취법이 이역에서 불쌍하고도 굶주린 동포들의 눈물은 얼마나 흘리게 하였으며 피는 얼마나 빨았던가. 이 농노생활의 참극은 갈수록 가열하기만 하였다.

11. 나와 신흥무관학교

신흥편을 보라.

12. 연속되는 흉년과 농노생활

1914년 갑인甲寅 춘春, 금년도 전기 왕씨 산황 연한에 의해 계속 경작하고 있었다. 여름방학이 되어 귀성歸省해오면 5, 6월 염천炎天[무더위] 하下 [한]길이 넘는 옥수수 밭골에서

63) 눈썹에 불이 붙었다는 뜻으로, 매우 위급한 상태를 이름

기심매기[김매기]에 숨이 칵칵 막혀 19세의 아내와 17세의 동생 두 남매는[64] 밭골에 엎드려 눈물 흘리지 않은 날이 없었다는 이야기였다.

대가족을 거느리신 부모님의 통고痛苦는 어떠하였을까. 그 외에도 빈곤이 가져오는 가정의 불화로 하루도 상심을 면할 날이 없었다는 어머님의 애타는 말씀이었다. 금년 추확秋穫[가을걷이]도 겨우 면흉免凶 정도로서 여전[히] 중압되어 오는 고리채주高利債主의 농노생활이었다.

동년 12월 24일은 조모님의 갑년甲年[회갑]이시었다. 쌀은 구할 수 없는 지방인지라 자가自家 농산인 뫼물[메밀]국수와 차좁쌀떡으로 자손들이 모여 간단한 축수연祝壽宴이 있었다. 이와 때를 같이해서 아버님은 알 수 없는 속탈로 그 후부터 시시時時 통증을 일으켜 가정에는 항상 우수불안憂愁不安이 가시지 않았다.

13. 모교의 유지난과 학비난

1915년 을묘乙卯 2월, 금춘今春 경작도 전前 왕씨 지주의 농지에서 또 계속하였다. 동년 7월, 임자[1912년] 계축[1913년] 양년의 대흉작에 교포들의 기근은 모교 운영에 직접적 영향이 미쳐 유지난維持難에까지 봉착하였다. 이 타개책을 위해 졸업생까지 각 생도들은 하기방학 1개월 기간을 이용하여 각자 기능대로 수입되는 금액을 지참 등교하라는 교명校命을 받았다.

나는 학우 최상봉崔相奉과 동반하여 통화현 금두화金斗伙 지방으로 나가 밭매기 품팔이 하루 노임 20원씩에 이틀간 노역을 해보았으나 염천하炎天下 도저히 소기의 목적 달성이 어려우므로 부득이 집으로 돌아오니 아버님은 학교의 운영난을 들으시고 불같이 내려쬐는 복염伏炎임에도 즉시 3일간에 걸쳐 초혜草鞋[짚신] 30쌍을 만들어 출매出賣한 대가 매쌍 10원에 전액 300원을 마련해주시면서 귀교를 명하시었다. 이것은 그때 가정도 학교도

64) 문맥상으로는 저자의 아내와 아내의 남동생을 말하는 것으로 보이나 아내의 남동생이 함께 만주로 이주한 것인지는 더 이상의 언급이 없어 확인할 수 없다.

그 심각한 고난의 일단을 말해준 것이다. 이해 농작은 약간 양호한 편이었으나 역시 누적된 고리채가 항상 뒤를 따르고 있었다.

1916년 병진丙辰 2월 전기 황지 경작에 있어 수년간 통화성通化城 내 병원 개업 중인 김필순金弼舜[65] 박사의 후원이 지대하였다. 동년 11월 세기世基 계숙季叔[막내삼촌]이 합니하무관학교 부근 주거하고 있는 고향인 정세영鄭世永 씨의 장녀와 결혼하였다. 동년 12월에는 내가 졸업한 해다.

통화현 시기 신흥무관학교 생도들의 영농 광경

지난 4년간을 회상해 볼 때 최고 절정의 생활난은 학비도 복장도 공급할 여지가 없었다. 4년간 교복이라고는 가처家妻의 신혼 의품衣品으로 개조 충당해왔고 신발이라고는 아버님의 손수 만들어 보내는 초혜로서 1개월 300원 정도의 식비 지불도 제대로 주지 못해 하숙주下宿主의 온갖 미움과 괄시도 많이 받아왔다. 그러나 이 쓰라린 고난에도 학업을 중단할 수는 없었다. 불굴의 기백에서 시종일관 소기所期대로 이해 12월에 졸업까지 하게 된 것은 부모님의 피어린 걱정과 아내의 순결한 지성에서 이 결실을 가져온 것이었다.

14. 아농교육과 청년 군사훈련

1917년 정사丁巳 세월은 흘러 파저강 언덕에서 아침저녁 배를 타고 건너다니면서 총을 메고 산비탈에서 돌격 앞으로 하던 때도, 책상 앞에서 학업을 닦으면서 석양 하늘 넓은 운동장 축구경기에 날뛰던 때도, 산황 개간에 괭이를 메고 유술가柔術家 이극李剋 선생의 함경도 사투리에 산타령을 들으며 산전山田 풀뿌리 뒤지던 때도 어느 사이 4년이란 세월

65) 김필순金弼淳(1880~1922) 한국 최초의 면허 의사로 내몽골 치치하얼에서 개원해 독립군 치료와 군자금 조성, 서간도 지역 독립운동기지 개척에 힘썼다. 김규식과 결혼한 김순애의 오빠이자 김마리아의 숙부이다. 1997년 건국훈장 애족장이 추서되었다.

이 지나갔다.

그리하여 졸업기가 닥쳐오면 정들고 사랑하는 모교를 작별해야 했다. 그때 교규校規[교칙]가 졸업생은 모교의 명에 의하여 의무적으로 2개년간은 [한인 학교에서] 복무한다는 규정과 아울러 졸업기가 되면 각 지방 학부형들은 큰 기대를 가지고 교사 초빙에 서로 앞을 다투었다.

그 당시 나는 김창무金昌武 씨 아우 김창화金昌華 동지와 함께 류허현 대사탄소학교大沙灘小學校로 배치되어 복무하게 되었다. 이곳에는 애국지사 이탁李鐸, 이장녕李章寧, 남상복南相復 제諸 선배가 살고 있어 많은 지도와 협조 아래 주간에는 아동교육과 야간에는 지방 청년 군사훈련에 오직 희생정신으로 맡은 바 임무에 심혈을 기울여왔다.

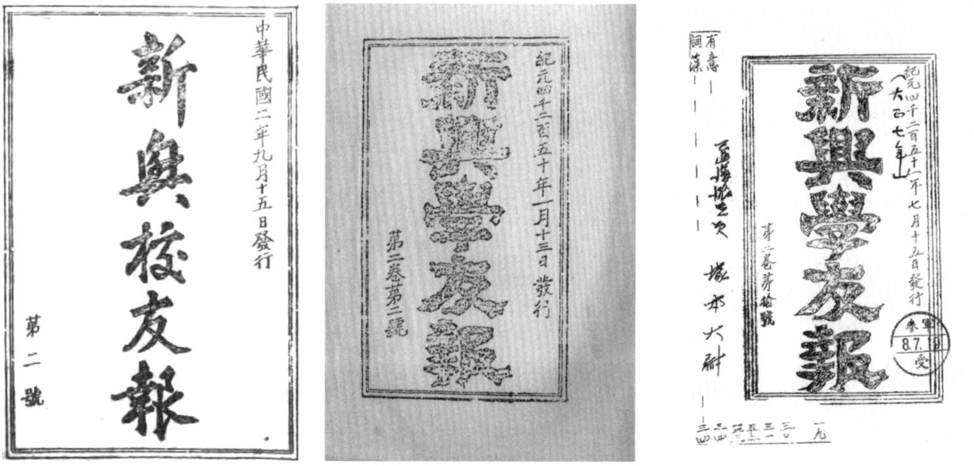

신흥무관학교 생도와 졸업생·교직원이 참여해 조직한 신흥교우단(1913.5)과 신흥학우단(1915.4)의 기관지 「신흥교우보」·「신흥학우보」. 원병상은 신흥학우단 서기와 총무부장을 맡았다.

15. 모교 교직에서 남은 기억

때는 1917년[66] 정사丁巳 3월, 내가 모교 교관으로 재직할 당시이다.

66) 지청천 장군과 김경천 장군이 신흥무관학교에 합류한 시점은 1919년 3월이며 '1917년'은 저자의 착오이다.

신흥무관학교편을 보라.

본 성명 지대영池大永[67]은 일본군 청도전역靑島戰役에 계급 대위로 연대 부관까지 재임 복무라 한다. 그러나 자신의 지위도 명예도 초월한 이李[지청천]는 국내외 정세의 동향을 직감하고 원대한 포부로 군용지도와 신식 군사 서적 등을 지참한 뒤 본 성명을 이청천李靑天이라고 변성명한 다음 동지 수 명과 결합하여 국외로 탈출을 기도했다. 이 망명의 길은 결코 순탄치는 않았다. 첩첩이 쌓인 경계망을 넘어야 했고 적의 눈초리를 피하기에 신경은 민감하여야만 했다. 그러나 이 사선을 넘어 쓸쓸하고도 황량한 만주벌을 향해 제1착이 본교 교관으로 부임하자 침체상태를 면치 못했던 군사교육훈련은 획기적인 일대 혁신을 가져왔으나 지도 훈련상 왜어倭語[일본어]의 관습으로 애로도 불무不無하였다. 광복대업에 한갓 일익一翼을 담당해 보려고 원대한 이 교관의 장지壯志에는 당시 명망도 기대도 큰 바 있었다.

1917년 정사丁巳 어於 고산자孤山子 하동河東 대두자大肚子

16. 접종接踵[68]하는 모교 사고 수습에 고심

모교가 합니하에서 고산자로 이전한 뒤 일이다. 때는 1917년 정사丁巳 7월경이었다.[69] (별책別冊 신흥편을 보라) 랴오둥 반도까지도 왜적의 세력이 점점 팽창함에 따라 한족회韓族會에서는 급전되는 정세에 순응하여 대량으로 무인 양성의 긴급을 요하는 견지에서 합니하와 쏘베차, 쾌대묘자快大廟子[70]에는 분교를 두고 본교를 류허현 고산자 하동 대두자

67) 지대형池大亨의 오기. 만주로 망명하면서 이청천李靑天으로 변성명하였으며, 환국한 뒤 UN의 한국 승인을 계기로 성명을 복구(『경향신문』, 『독립신보』 1948.12.22.)했다가 다시 지청천池靑天으로 개명했다(『동아일보』 1950.1.29.). 자세한 내용은 『민족사랑』 2023년 2월호 28~32쪽 참조. 일본 육사 동기 김경천과 함께 일본군 중위의 신분으로 탈영해 신흥무관학교 교관, 서로군정서 사령관, 한국독립군 총사령관, 한국광복군 총사령관으로 독립전쟁의 일선에서 큰 공적을 남겼다. 1962년 건국훈장 대통령장이 추서되었다.

68) 사물이나 사건이 잇따라 일어남

69) 신흥무관학교가 고산자로 이전한 것은 1919년의 일이다. '1917'년은 저자의 착오이다. 뒤에 이어지는 윤기섭 납치사건이나 윤치국 치사사건도 모두 1919년에 있었던 일이다.

70) 저자는 쾌대묘자로 표기했으나 흔히 쾌대모자快大帽子 혹은 쾌대무자快大茂子로 표기한다.

지방의 일부 고지에 제3기지를 선정하여 40여 칸 거대한 건물을 신축하는 한편, 준공도 채 되지 않은 교실에 합니하로부터 이전을 하여왔다. 그러나 때는 벌써 급전직하로 걷잡을 수 없이 일변하여 주구들은 오늘도 어제도 주목과 질시로 무슨 조사니 무슨 사건이니 하면서 호가호위의 가혹한 독아毒牙를 긁기 시작하여 허제비[허수아비] 같은 토군土軍들을 앞세워 갖은 수단으로 끊임없이 방해로 시끄러이 군다. 그러한 가운데도 불행한 사고의 속출은 한 많은 일이었다.

뜻밖에 만주 명물 마적당馬賊黨들은 하기 수림 무성기를 기화奇貨로 사면 우거진 옥수수 밭과 야간 자욱한 운무를 타서 야습을 감행하매 [신흥무관학교] 교원과 생도 10여 명을 납치하여 갔다. 그 가운데 윤기섭尹琦燮 교감, 박장섭朴章燮 교관 두 명이 붙들려 갔고, 그 외 성준용成駿用 교관은 중도 어두움 속에 도피 탈출해왔으나 이슬에 젖은 전신은 흙감탕이 되어 사람 아닌 괴물같이 보이기도 했다.

첫째 본교의 주인공인 윤 교감의 납치로 교내에는 비분과 수울愁鬱이 싸고돌 뿐 아니라 지도 운영에도 커다란 지장을 초래하게 되었으므로 이것을 타개하려고 사면으로 무기를 구입하여 산간 진행을 기도하였으나 그 역시 여의치 않아 실현을 보지 못하고 있는 중에 곧 화불단행禍不單行으로 뒤이어 또 하나의 불행한 사고가 발생되었다.

본교 출신인 윤치국尹致國 치사사건인데 이 윤은 경상도민 조직체인 자신계自新契의 일원으로서 본교 6개월 반에서 훈련받은 졸업생이었다. 현주소 삼원보 이도구二道溝에서 고산자 거리로 내려와 어떤 여관에 들어있을 즈음, 본교 재학생인 함경도 출신 허항許沆[71] 과 김천수金千洙 외 수 명이 그 여관에 들어갔다. 그때 이 윤이 상대방에 대해 누워서 인사하는 것은 거만한 태도란 이유로 구타를 당했다. 윤은 분개하여 학교로 가서 교직원에게 호소하고자 대두자 교직원실로 들어오게 되자 전기 일부 학생들이 돌연 난입하여 두부頭部를 난타, 중상을 입혀 종내 소생하지 못하고 절명되고 말았다.

그 후 그 발단 내용인즉 간단하지 않아 이 문제가 사회화되어 그 가족들의 보복적 격분과 지방색적 파쟁으로 일시 공기가 험악하였다. 그러나 때는 벌써 살인자들은 도피 원주遠走되었고 실로 무죄한 학생들만이 도리어 고문拷問에 많은 질고疾苦를 받게 되었으며 보

71) 부록에 실린 「신흥무관학교」 『신동아』(1969년 6월호)에는 허황許滉으로 표기되어 있다.

복하겠다는 피해 측 완화 조정에는 김동삼金東三 선생의 노력이 적지 않았다. 이상과 같이 이중삼중의 복잡한 현실을 극복하면서 최종까지 사후수습에 최악의 고심을 거듭해왔다.

1917년 정사丁巳 고산자 대두자에서

17. 만주 명물의 마적당을 해부해본다

랴오둥 만주는 배달민족의 자취가 끊어진 후 오랫동안 마적당의 소굴로 변하고 말았다. 이 마적들은 청천백일[靑天白日] 아래 엄연히 대부대가 무장대열을 지어 기치旗幟와 창검을 휘두르며 수많은 큰 말들을 타고 다니면서 각 지방 산간 부락 또는 중소도시에도 횡행할 뿐만 아니라 소수 부대는 수십 명씩 집단 하에 산간 수림 지대를 근거로 막幕을 치고 주간이면 잠자고 야간이 되면 무기를 휴대하고 각 지방에 흩어져 남의 담과 울타리를 넘어 들어가 부가富家 집 주인이나 그 자녀 또는 통행 요로에 내왕하는 사람들을 인질로 붙들어 산속으로 들어가 움 속에 얽어매어놓고 보초를 세워 주야로 총을 메고 지키면서 금전으로 교환을 강요하는 것인데, 토인土人들은 이것을 '빵표'라고 이름한다.

그리하여 며칠이 지난 다음 그 부근 지방인을 시켜 연락을 보내되 어느 날 어느 지점까지 피랍被拉된 상대방 가족 대표를 오라고 지시한 후, 지정한 그 날 그 장소에 오지 않으면 인질을 죽여버리겠다고 위협과 공갈 통보를 하는 것이다. 그리하여 뜻밖에 갑자기 하룻밤 사이 그 화를 입은 가족들로서 누가 그대로 내버려 둘 수 있으랴.

그러나 그 요구에 자력資力이 못 미치면 부득이 그대로 버려두어 될 대로 되라는 식으로 방치하는 토인土人들도 없지 않다. 또는 그 연락을 받은 상대방에서는 위선爲先 제1차로 그 도적의 수고를 위로한다면서 근본 요구를 알기 위하여 수건, 신발, 내의 등 각양다량 물품을 준비 지참하고 지정장소에 찾아가서 첫인사부터 하게 된다. 토인土人들은 이를 '쌍'한다고 칭하는데 이것은 다 연락자의 역할에 불과한 것이요, 피해자 측의 직접 상대는 안 되는 것이다.

이 '쌍'을 받은 마적들은 제2차 요구에 들어간다. 그리하여 몇 날 며칠까지 현금 기천기백만 환과 군복, 신발 등 제시 수량을 어느 장소까지 지참 납입하라고 본격적으로 엄중한 지시를 한다. 중간 연락자가 이것을 전달해주면 이 통지 받은 관계방關係方에서는 자기 재산 소유로는 불가능하다는 태도로 얼마 삭감하여 주기를 재삼 애원을 하여 본다.

그러나 그 재산의 정도 여하를 사전 탐지하여 가지고 행동을 개시한 마적들은 강경한 주장을 지속하면서 4차, 5차 이상 교섭이 오락가락한 다음 비로소 낙착을 보게 되면 피해방被害方에서는 전 재산을 처분하여 일시에 갖다 바치고는 붙들려갔던 가족을 찾아오기도 하나, 오랜 시일이 지나도 마적들의 요구대로 되지 않으면 귀를 끊어서 그 납치된 사람의 집으로 보내기도 하며 최후에는 죽여버리기도 하는 것이다.

이것이 가장 여름 초목 무성기에 빈번하여 부잣집 주인들은 공포에 싸이어 일몰이 되면 안전한 곳으로 잠자리를 찾아다닌다. 그러나 하룻밤 사이 이 부락, 저 부락에서도 '빵표'란 소문이 끊일 날이 없이 들려온다. 어제까지 큰 부잣집도 일조一朝에 인망가패人亡家敗의 화를 입어 비참한 구렁에 빠지는 자가 허다한 것이 만주 마적당의 죄악상이거니와 모교 피습에 자신이 직접 체험하여본 현실이었기도 하다. 이 가경可驚할 만주 명물의 마적들이여, 생각만 해도 한심恨心을 짓지 않을 수 없다.

18. 만주농업의 전환기

황야로 이주한 이래 그 무시무시한 토질土疾에 대다수의 귀한 생명을 상실하고 10년에 가깝도록 토인土人들의 '태량' 착취에서 벗어나지 못하고 하루하루의 연명을 하여가면서 간 곳마다 울창한 무림茂林을 개간하여 양전옥토良田沃土를 만들어 농경에 필사의 힘을 다해 왔으나 여러 해 재해로 가가호호 모두 1년 땀을 흘려 지은 농사는 '태량' 백분지일百分之一도 부족하므로 해마다 농노가 되어 토인土人 고용살이 현실에 불과했다. 이 수백 년 황무荒蕪의 만주에도 흐르는 세월에는 한·중인 간 해마다 인구가 대증가되어 이에 따라 산황山荒이 개간되고 인구의 조밀로서 점차 기후도 온화한지라.

원래 고국에서 수전 농사에 경험이 풍부한 이주 교포들은 산골짝 샘물 흐르는 부근 토인土人들이 내어버린 초전草田 조각 땅에 벼농사를 시험하여 본 나머지 성적이 양호한 결과를 보게 되자 피눈물로 개척한 산전山田들을 지주에게 그저 돌려 바치고 산정 산곡에서 모두가 수원지水源地 부근으로 쟁선爭先[앞다투어] 이주하여 이제는 또 황무의 초전 개간에 착안함으로써 만주농업의 일대 전환을 보게 되었다.

불과 수년 내에 산전에서는 우리 교포들을 거의 볼 수가 없을 정도로 전부가 수전지에 진출하여 제1착으로 개간 가능한 황무지는 일편一片도 버림 없이 곳곳이 옥답沃畓을 이루었다. 추수기가 되면 고금을 통하여 돌아보지도 않은 황폐지荒廢地에서 곡식 가운데도 제일가는 벼와 쌀을 거두어들이게 된 토인土人들은 꿈같이 일조一朝에 일확천금을 얻게 되자 그다음부터는 도처에 광활한 양전도 인수引水할 수만 있으면 대대적 개간으로 수전 소유 지주들은 모두 갑작 부자가 되었다. 토인土人 자신들도 상상 이상의 행운에 착취의 수법도 일보 변모의 양상을 보여주었다.

그 개척 공적을 생각하여서도 교포들을 동정적 후대가 당연한 사리임에도 도리어 농노로 취급하여 그 괄시와 천대가 자심하였으니 참으로 인간 도의라고는 찾아볼 수 없는 소행이었던 것이다.

남북 만주 수천 년 황무의 산전 수답水畓 간황墾荒에는 동포의 손으로 개척 안 된 곳이 없고 눈물과 핏방울에 아니 얽힌 곳이 없을 것이다. 어찌하여 이 같은 값없는 피눈물을 뿌리게 되었을까. 국가와 민족을 초개草芥같이 버리어 사리사욕에만 눈이 어두워 수백 년 파쟁 싸움을 일삼던 죄악의 결과가 자손들에 미친 화액禍厄이 아닐까 싶었다.

1917년 정사丁巳

19. 정사년의 액운과 이역 제3거지第三居地 태평구太平溝

1917년 2월 아버님은 만주농업의 전환기에 따라 수전농을 희망하시고 처음 여장을 풀어 5년 3개월간으로 살아오던 통화현 북구에서 우리 가족도 북쪽 류허현 지방으로 이전하고자 피눈물로 개간해온 산황의 계약 기간 1년이 남은 채 지주 왕씨에게 반환과 동시 그 잔기殘期 대가인 근소의 여비를 만들어 북으로 오백여 리의 여정에 오르게 되었다.

이 앞길에는 두 가지 심각한 불안이 있었다. 이 인연 깊은 북구를 떠나기로 결정은 하였으나 첫째는 70 당년 조모님은 노환으로 오랜 신음 중[이어서] 토인土人의 '말파리'[72]로

72) 말이 끌어서 사람이나 짐을 실어 나르게 만든 도구

모셔야 했고, 다음은 어머님의 당산월當産月임에도 원정 보행을 하셔야 했다. 이 같은 불안한 현실 앞에 가는 앞길은 행이냐 불행이냐, 운명에 맡길 뿐 앞일을 모르는 것이 인생이었다. 일로 좇아 무서운 불행은 가는 중도에서부터 시작되었다.

어머님은 퉁화성을 거쳐 을밀乙密[73]을 지나 험준의 신개령新開嶺을 넘어 영춘원永春源이라는 지방에 들어서자 행보가 극히 곤란하시었다. 그러나 아니 갈 수 없는 길이라 험난한 산길을 밟아 대우구大牛溝 지역에 들어서자 일보도 더 전진할 수 없어 길가에 있는 아무 만인滿人 집이라도 들어가 잠깐 쉬어가자고 하시기에 부득이 조모님과 일부 가족은 선행시킨 다음, 어떤 만인滿人의 집에 동정을 얻어 들어간 즉시 무리한 노역路役에서 사산을 하시게 되었다.

토인土人들 풍속은 사람이 죽게 될 직전 반드시 온돌에서 땅바닥에 내려놓는 것이 엄격한 고유 통속通俗임을 우리는 잘 알고 있는 사실로서 말하지 않아도 가슴 두근거리던 중에도 주인 여자는 방에서 나오더니 조선 아이들은 처음 나서 어찌 울지 않느냐고 물어본다. 임기응변으로 우리 아이들은 출생 후 3일까지는 울지 않는다고 하였더니 그 여자는 산골짝에서 조선사람을 처음 상종해 봄인지 아마 그렇게 믿는 모양이었다.

그러나 잠시도 더 지체할 용기는 나지 않았다. 만일 사산이란 사실을 안다면 이것을 구실로 집탈해서[트집을 잡아서] 돈을 내라, 물건을 잡혀라는 등 토인土人들 항용 수법인 '쑹'이란 피해를 받게 되므로 당황해 살아있는 아이처럼 싸서 안고 황급히 그 집 문 앞을 나와 아버님은 죽은 어린이를 어느 산비탈에 묻어버리고 이미 밤이 되었건만 선행하신 조모님 병환이 걱정되시어 곧 뒤를 따라 급히 떠나시게 될 때 이 민족의 생명은 너무나 원통하고도 가련했다. 우리 남매만이 뒤에 남아 산후 어머님을 배행陪行하게 되었다.

창공에 밝은 초순初旬달[초승달]은 수심 속에 헤매는 인생길을 유난히 비춰주는 듯, 밤은 점점 깊어 오는 적막한 산골짝 좁은 오솔길에 바삭거리는 잔설을 밟으며 우리 세 모자만이 황황惶惶히 걷고 있는 한 많던 그날 저녁 그 산길 피눈물로 적시면서 또 멀지 않은 곳에 만인滿人 여관을 찾아 들어 하룻밤을 지냈다. 그 익일 아침 또 앞길을 향할 때 그날 그때부터 산후조양産後調養[은]커녕 계속하는 행역行役은 재하지도在下之道에 너무나 마음이

73) 저자의 기록 세 곳에 을밀乙密이란 지명이 나오지만 통화현의 당시 지도에는 보이지 않고 유사한 이밀二密만 확인된다.

졸이고 안타깝던 중에도 오도구五道溝 재를 넘을 무렵 하나님도 무심하게 갑자기 천기天氣가 음산하여지면서 폭풍한설暴風寒雪이 가는 앞길을 둘러쳐 지척불변咫尺不辨[74]이었다. 이 모진 설풍 속에 무인지경 적막한 잿길에 어머님을 업어야 했고 모자가 서로 붙들고 흐느껴 울어야만 했다.

이제 회상해보아도 아직 가슴이 미어지고 뼈에 사무치는 눈물이 앞을 가리운다. 그뿐이랴. 불행은 거듭 계속이다. 선행하신 조모님 병환은 수백 리 노역路役에서 얼마나 신음하였으랴. 우두거우(五道溝)를 지나 누벨린(鹿尾把林)[75] 뒤 전후 30리 거리나 되는 하늘 높이 솟은 거령巨嶺을 아버님은 병환에 계신 조모님을 업으시고 그 정상에 올라오시다 모자분이 서로 맞잡고 통곡을 하시었다 한다. 여기서도 저기서도 울음으로 일관해온 여정이었다. 10여 명 가족의 앞길은 암담하였고 걱정 근심은 태산이었다. 아아, 망국의 설움이여. 유리민족의 비극이여. 죽어 백골이 되어도 왜놈들 죄악은 잊을 수 없을 것 같다.

전기 쏘퉁구(小通溝)[76] 재 밑에 고향 사람 신태기申泰基 씨를 찾아가니 이 지명은 흐왜즈(黑茂子)[77] 골짜기라 한다. 이곳에서 수일을 쉬어가지고 신씨에 부탁하여 살 곳을 찾는바, 등 넘어 20리 거리 밖에 태평거우(太平溝)[78]라는 곳에 토인土人 이명림李明林의 구옥舊屋 1동과 건답乾畓 1단을 임차하여 이전 입주하게 되었다.

이곳으로 옮기어간 지 불과 며칠도 되지 않아 화불단행으로 동년 2월 24일 오전 7시경에 조모님은 종내 회소回溯[79]하시지 못하고 향년 64세로 한 많은 이 세상을 떠나시어 자손들은 이중삼중의 불행 속에서 애통을 머금고 지주 이명림의 소유 산으로 장지를 정하고 장례를 치루었다.

동년 3월 세권世權 숙부님은 통화성通化城 내에서 병원을 경영하고 있는 김필순 박사의 구국운동에 새 기지를 건설하려는 북만 헤이룽장성黑龍江省 치치하얼齊齊哈爾[80] '할나이' 농

---

74) 어두워서 한 치 앞을 내다볼 수 없음

75) 루웨이바린

76) 시아오퉁거우

77) 흐이마오즈

78) 타이핑거우

79) 회소回蘇의 오기, 죽어가다가 다시 살아남

80) 원문에는 치치하얼을 齊齊哈爾라고 쓰지 않고 齊齊哈爾濱으로 쓰고 있는데 이것은 저자의 오기이다. 이후에도 몇 차례 동일한 오기가 나온다.

장 관리 임무를 가지고 출발하시었고, 세기世基 계숙季叔은 합니하 소재 신흥무관학교 속성반 수료차 출발하였다.

그러나 일방一方 만주 이주 이후 처음으로 시작하려는 이 벼농사는 10여 가족의 사활 문제를 좌우하는 절박한 문제로서 한갓 일대 희망을 걸고 창황愴惶 중에도 백방으로 농사 준비에 여념이 없었다. 그러나 적수공권으로 전반적 남의 채무에 의존하여 사면에서 구입한 종자로 광범한 지역에 파종은 하였으나 특히 이곳만이 조춘早春부터 한발旱魃이 극심하여 유일한 기대마저 농사는 전패全敗되고 종자 채무에 중압을 면치 못하는 경지에서도 좌이대사坐而待死[81]는 할 수 없다는 결의로 다시 활로를 찾아보려고 이미 농기가 만시지경晩時之境이지만 일왕一往 30리나 되는 '쏘퉁거우'(小通溝) 최고 산정 그 지방 유력지주 토인土人 신경신申庚臣(취궁천) 소유 산황을 임차하였다. 6, 7월 장림長霖[장마] 속에도 불구하고 천신만고를 겪으며 또 거창巨倉한 수림 산황 개간에 착수하지 않고는 우선 가족 생계의 족상지화足上之火[82]를 면할 길이 없었다. 그러나 하늘의 시련은 더욱 가혹으로 일관했다. 동리 사람들은 그 딱한 사정을 보고 1일간의 집단조력集團助力[품앗이]이라도 해주겠다는 날에는 반드시 또 우천이 저해沮害하므로 도와주겠다는 선심도 종내 수삼차 허사로 돌아가곤 했다.

어머님은 이 여름 습기濕氣에 하루에도 수없이 설사를 거듭하시면서도 그 억센 개간 노역에 한참도 빠진 시간이 없었다 한다. 추확기秋穫期에 있어 수농水農은 이미 전폐되었으나 고난의 결정인 산황 소득은 뫼물[메밀], 기장 등 약간의 수확으로 가을마당 수곡收穀은 어머니와 아내가 내왕 40리나 되는 좁은 산길 깊은 밤에 머리 위로 다 여날여[이고 날라] 옮기었다 한다. 불행일로不幸一路 1년 365일 한결같은 가시밭에서 헤매는 가운데 15, 6명의 가족생계에 책임을 가지신 부모님의 초심焦心과 우울憂鬱은 하늘이나 알고 땅이나 알았을는지.

이해 11월에 산전의 소산인 메물[메밀], 기장 등으로 가년嫁年한 순남順男 매妹 혼례식을 치렀다. 평해황씨平海黃氏에 황만오黃晩晤 씨 장남인 황재곤黃載坤 군과 결혼하였으나 성례成

81) 앉아서 죽음을 기다림

82) 발등에 떨어진 불

禮의 첫날밤에는 신혼 금침衾枕 준비할 여력이 없어 나의 신혼 이불을 대용하는 등 눈물겨운 정경이었다.

이해 태평구 이명림의 농막에서 고향인 4, 5가호가 모여 살면서 경작을 하여왔는데 농사가 한재로 적패赤敗되고 보니 초겨울부터 제각기 일가친척을 찾아 다 가버렸고 다만 찌그러진 커다란 고옥 한 귀퉁이에 갈 곳 없는 우리 가족만이 남아 있었다. 외로이 빙천설한氷天雪寒이 집안 벽창으로 숨어드는 찬바람에 먹을 것도 입을 것도 없는 생활 양상은 비절처절悲切悽切을 거듭하는 가운데도 그때 6세 되던 어린 동생 덕상이가 화롯불 앞에서 바들바들 떨며 불쌍해 보이던 모양이 지금도 눈에 삼삼하다.

아아, 처절한 인생의 삶이여. 이 정사년의 고난이여. 어찌 필설로 형언할 수 있으랴. 지난 1년을 회고해 볼 때 층생첩출層生疊出[83]의 가혹한 비운을 사람은 몰랐어도 짐승은 알았던 모양 같다. 한 가지 기이한 생각이 드는 것은 통화현 북구에서 떠날 때 양견養犬 일척一隻이 있었다. 수백 리 이사 길에 시종 알짱알짱 서서 꼬리를 설레며 꾸준히 길잡이 노릇을 해왔다. 이주지 태평구[에] 도착한 후 며칠 사이 이 양견은 간 곳이 없어졌다. 나중에 소식을 듣고 보니 수백 리 거리 통화현 북구 살던 곳으로 되돌아갔다는 것이다. 아마 이해의 불행을 예고해주는 전조인 듯 짐승의 영리함을 새삼 느끼기도 했다.

1917년 정사丁巳 유하현 형통산즈 태평거우(柳河縣 亨通山子 太平溝)에서

20. 활로 찾는 헤이룽장성 치치하얼 기행

통화현 성내에서 병원을 개업하고 있는 김필순 박사는 자기 병원을 중심으로 당시 광복사업을 위한 토인土人 교섭 방면에 유능한 역할을 하여왔다. 이 김박사는 공적으로도 존경을 받았거니와 사적으로도 상호 친근한 사이로서 빈곤 속에서 허덕이는 우리에게 많은 협조도 해주었다.

시국이 날로 긴박하여짐을 보고 원대한 포부로서 통화성내 유력한 관민층을 움직이어

---

83) 일이 여러 가지로 겹쳐서 자꾸 생겨나는 것을 이르는 말

헤이룽장성 치치하얼 북단 지역에다 광범한 농장을 설계하고 남만南滿에 있는 동포들을 이주시키는 동시에 독립운동의 제2기지를 마련해서 생산과 교육에 재출발하여 볼 계획으로 모든 준비에 착수하여 선발대를 파견할 때 전기와 같이 세권 숙부님과 이제민李濟民씨가 개척책임자로 선정되어 최선두에서 농장 기초 건설을 추진하게 되었다.

지난해 12월 초순에는 지긋지긋한 현주지 태평구를 떠나야 하였고 위급에 직면한 생계 활로를 위해서도 하루빨리 살길을 찾아보아야 했다.[84] 지난해 12월 초순 치치하얼 세권 숙부님을 찾아가 신개간 중인 '할나이' 농장부터 1차 답사해보고서 방향을 결정하려고 동지 인재석, 조희원과 작행作行하여 엄동설한을 무릅쓰고 치치하얼을 향해 출발하였다.

현주지 태평구에서 창춘長春까지 400여 리를 도보로 가는 노변路邊에는 마적 출몰도 빈번하고 혹한의 계절 [등] 모든 난관을 극복하면서 창춘역 토인土人 여관에 일박한 다음 그 여관주인에게 낭낭치郎郎齊까지 가는 3등 차표를 의뢰했더니 간 곳마다 토인土人들의 마음은 모두 음흉하다. 뜻밖에 4등 기차표를 끊어가지고 3등차로 속여 태웠다.

너무나 바빠서 일야지숙一夜之宿도 만리성을 쌓는다는 말과 같이 주인을 신망하고 주는 대로 받아가지면서 승차하자 차는 이어 떠난다. 한구석 좌석을 찾아 앉아 차표를 비로소 들고 보니 생각지 못한 4등 차표였다. 아아, 또 속았구나 놀라면서도 달리는 차 안에서는 어찌할 도리가 없으므로 부득이 시침을 뚝 떼고 눈치만 보고 있을 뿐이다.

하얼빈哈爾濱을 지나 낭낭치浪浪齊[85] 가는 도중 깊은 밤은 벌써 오후午後 12시경 야반이었다. 차창으로 내다보니 대지는 흑막으로 둘러싸 오직 천공에 찬별만 반짝이고 삭풍한설은 눈땅을 쌩쌩 스쳐 간다.

마침 차장인 노인露人(노스끼)[86]이 나와서 차표검사를 외친 다음 한 사람 두 사람씩 지나 어느 사이 우리 일행 앞에 닥쳐 차표를 내놓으라고 한다. 이 차장은 한참 들고 보더니 통역으로 하여금 왜서[87] 4등 차표를 가지고 3등차를 탔느냐고 힐문하기에 창춘에서

---

84) 원문에는 중복, 삭제 표시가 되어있는 구절이다.

85) 저자는 낭낭치의 한자 표기를 郎郎齊와 浪浪齊 두 가지로 하고 있다.

86) 로스케露助(ろすけ), 러시아 또는 러시아인을 가리키는 루스키의 일본식 비칭

87) 왜, 무슨 까닭에, 무엇 때문에

그 여관주인의 부당한 처사의 경위를 해명하고 양해를 간구懇求해 보았으나 불고잡담不顧雜談하고 사정없이 암흑의 깊은 밤, 낯선 허허벌판에 당장 내리라고 호통을 치면서 끌어 내릴 표정이었다. 구구히 양해를 간청한 나머지 비로소 그들의 지시하는 대로 다시 3등 차표를 사고 보니 동일 노선에 차표 두 번 산 셈이었다. [중략]

이곳에서 치치하얼까지는 경편철도輕便鐵道[88]였다. 이 차를 타고 치치하얼 역에 내려 김병원金病院[김필순의 병원]을 찾아가자 노역路役에 시달려온 몸은 독한 감기와 몸살까지 걸리어 수삼 일 통고痛苦를 겪은 다음 목적지인 농장 소재지를 물은즉 시내에서도 북으로 120리를 더 들어가야 한다는 것이다. 당시 병원장 김박사는 헤이룽장성 전속 군의관으로 재임 중 매우 우대를 받고 있었다.

이곳에서 농장 건설용 재료 수송 차편에 편승하여 출발은 하였으나 이곳 기후는 북빙양北氷洋[북극해]에 가까운 탓인지 남만에 비해 그 가열苛烈한 한도寒度는 대경실색할 정도였다. 가는 무인지경 황량한 광야에는 삭풍한설이 살을 오리는 듯 마음까지 얼어붙는 일망무제一望無際[89] 사면을 돌아보니 산 하나 볼 수 없고 오직 안력眼力이 부족不足한[미치지 않는] 거친 벌판에는 칼날같이 내려쏟는 찬바람에 갈대와 양초洋草만이 한들거리는 것밖에 보이는 것이 없다. 인가는 5, 60리를 가도 한 집 볼 수 없으며, 해는 서산을 넘고, 무거운 목재 실은 마차 바퀴는 얼어 터진 대지 틈에 굴러 박히어 한 차에도 5, 6필씩 메운 용마勇馬들은 끌어 당기라고 채찍질을 할수록 뒷걸음질만 치고 코만 실룩거리며 거듭하는 채찍질에도 말을 잘 듣지 않는다. 때는 고력古歷 12월경이라. 무인지경, 다만 정적만 싸고도는 넓은 들판 찬 밝은 달 아래는 우리 일행만이 말 쫓는 소리만 적막을 깨뜨린다.

밤이 새도록 말들과 싸우다가 새벽이 되어서야 비로소 차는 전진을 시작한다. 한 촌락에 이르니 새벽 닭 소리가 들려온다. 잠깐 쉬어 먼동이 밝으려 할 때 또 앞으로 향하여 이틀만인 그날 석양에 목적지 농장에 도착하니 조그마한 토막집 한 채가 아주 고립된 독가촌獨家村으로서 여기에는 농장관리인 이제민 동지의 가족이 들어와 살고 있었는데 쓸쓸하고 신산辛酸하기가 너무나 한심恨心스러운 느낌이었다.

---

88) 대도시권에서 중간급 규모의 역내 교통수단으로 이용되는 철도망 또는 산업용의 임시철도. 동력을 고가전선을 통해 공급받는 경우가 많으며 주로 협궤열차로 운용된다.

89) 한눈에 바라볼 수 없을 정도로 아득히 멀고 넓어서 끝이 없음

이 지방 원주민들은 '다구리'라고 칭한다. 이것은 옛날 고구려 시대부터 전해오는 족속 명칭이라는데 언어와 풍속은 전연 남만과 달라 또 중국 이외 타국인을 상대하는 것 같이 서로 말하는 벙어리였다. 이 지방에도 펑톈奉天 방면 토인土人들이 혹시 와서 살고 있어 다년간 서로 접촉한 관계로 대단히 반갑게 친절히 대해 준다.

경작 지형은 대개 고원지대로서 노스끼 후치[90]에 큰 말 두 필씩 매어 갈아엎는 황지荒地는 이쪽에서 저쪽 변단邊端[가장자리 끝]을 바라볼 수 없는 기나긴 밭골[밭고랑]들이었다. 토질은 약간 황색 사질沙質로서 그리 좋은 편은 아니었다. 곡식은 대부분이 옥수수와 밀, 뫼밀[메밀]뿐으로 주식품도 그것뿐이었고 주민들 생활은 모두 토막집에서 빈곤에 허덕이는 것 같기만 했다.

이 광막한 고원에는 인도印度 방면 채약상採藥商들이 모여들어 땅굴 속에 움집을 짓고 장기 주거하면서 주로 세신細辛[족두리풀]과 감초 등을 채취하고 있는 모양이 모두가 도적들 소굴 같기만 해 보였다. 채취된 감초는 엄청나게 큰 뿌리를 볼 수 있으며, 세신은 열대지방 살충제로 수출된다는 것이다. 마적당 소동은 대단하였다. 여기도 약탈, 저기서도 출몰, 주민들은 잠시도 안심하지 못하고 전율 속에서 살고 있어 무법의 별천지 같기도 했다. 그런데 답사해보는 이 고원이 옛날에는 바닷물이 흐르던 해저인지 지면에는 청황적흑백青黃赤黑白 오색 새알 같은 괴석怪石이 산재하여 참으로 볼수록 아름다워 여행 기념으로 색색이 주워 가져오기도 하였다. 분명코 창해滄海가 육지로 변한 지역인 듯했다.

수일 동안 체류하면서 이 지방 실정을 시찰해볼 때 지광인희地廣人稀한 무변광야無邊曠野 미개척지대로서 기후가 한랭하고 또는 건조하여 농경 실태가 아직 시기상조한 감感이었다. 반면 이에 따라 도저히 식생활문제가 해결되지 않는 한 독립운동 제2기지 건설계획은 곤란할 뿐 아니라 사처四處에서 마적 약탈 소동이 끊일 날이 없어 민심을 불안, 공포의 구렁으로 몰아넣고 있으므로 안착을 기할 수 없을 것을 간파함에 따라 모든 기대는 실망한 나머지 이전계획은 단념하였다. 시내로 돌아와 수일 휴식한 다음 숙부님을 눈물

90) 이랑을 일구거나 흙을 잘게 부수는 데 쓰는 연장으로, 지역에 따라 쟁기 보습 극젱이의 방언으로도 쓰인다. 여기서는 러시아의 땅을 가는 농기구를 의미한다.

로 작별함에 있어 숙모님만 들여보내기로 약속하고 남만으로 향하니 때는 고력古歷 12월 27일 경이었다.

낭낭치와 하얼빈을 경유, 창춘에 내려 구유수孤柳樹에 도착하니 마침 고력古歷 정사년丁巳年[1917년]의 제석除夕[섣달그믐날 밤]인지라 거리에는 내왕하는 사람들도 드물었고 여관에는 집집마다 오늘은 손님을 맞지 않는다고 냉정하게 거절한다. 이미 날은 저물어 어두움 속에서 이 여관 저 여관 찾아다니면서 일박을 간청한 나머지 마침 한 여관에 들어가 사정을 한즉 특례인 것처럼 숙박을 허락한다. 행장을 풀고 하룻밤 신세를 지게 되는 중 야반이 이르자 이 나라 사람들의 송구영신送舊迎新하는 연례행사로 곳곳이 딱총 소리가 폭음을 내더니 그 여관주인 이하 종업원들은 제각기 두 주먹을 들어 "궈년빠채過年發財"라는 신년인사를 분주히 서로 한다. 이 인사가 끝난 다음 주인, 나그네를 구별하지 않고 "이양궈년一樣過年"이라 하면서 진수성찬을 차려와 서로 마주 앉아 조금도 소홀 없이 친절한 대우를 한다. 이 후대를 받은 나로서는 오직 "시에시에謝謝"라는 무한 감사를 표할 뿐이

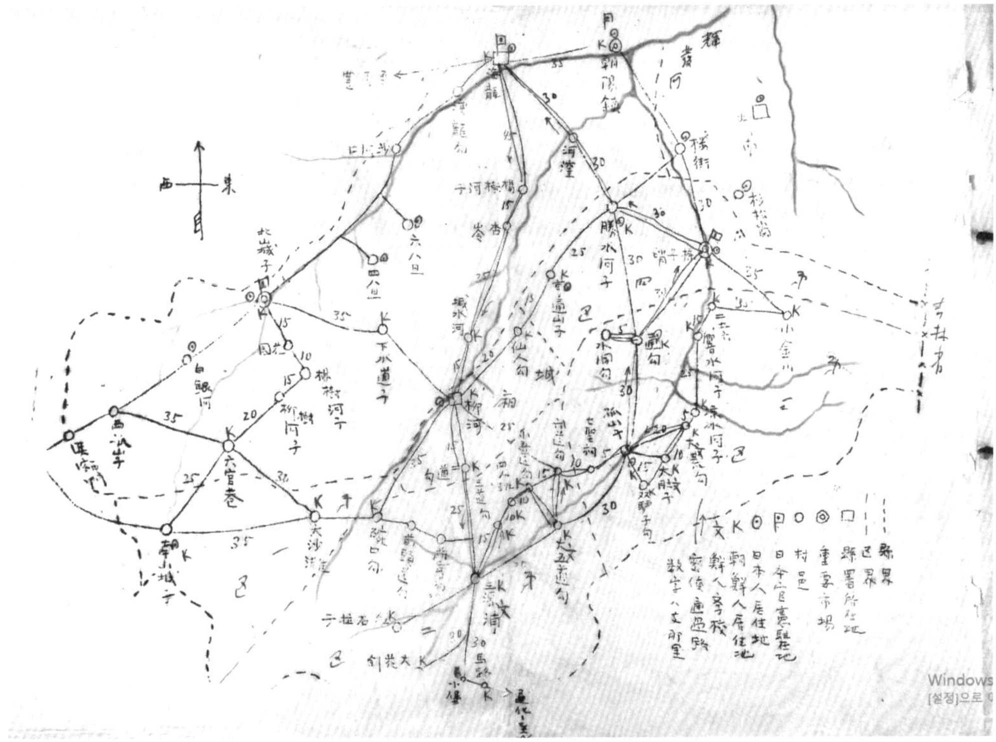

일제 당국이 고용한 중국인 밀정이 그린 류허현 지도. 조선인 거주지와 학교가 표시되어 있다.(출처 : 柳河縣地方 朝鮮人에 관한 調査進達의 건(機密公 第21號; 秘受 9152號, 1917.08.14), 不逞團關係雜件-朝鮮人의 部-在滿洲의 部 6)

었다. 알고 보니 전날 김원장과 숙부님이 들어갈 때도 자기 여관에서 유숙留宿하고 갔다는 이야기에 한갓 약속 없는 무슨 기연奇緣 같기도 했다.

아침 일찍 일어나서 식대를 지급하려 하니 결코 사절하기에 뜻있는 작별을 하고 일로一路 무사히 현주지 태평구로 돌아와 전 가족 이전계획은 중지해 버리고 말았으나 지긋지긋한 태평구는 떠나야 하겠고 위급에 직면하고 있는 생계 지속을 위하여서도 하루빨리 제2차 살길을 모색하기에 바빠야 했다.

1917년 정사丁巳

21. 이역 제4거지第四居地 흑위자黑葳子 – 강태정康太楨의 단칸방

1918년 무오戊午 새해를 맞이하여 전기 태평구를 떠나야 한다는 것은 기정방침이나 천길만길 궁지에 빠져 멀리 떠날래야 갈 여력도 없었다. 지난해 쓰라린 경험에서 수전농은 첫째 수원水源이 좋아야 하겠다는 것을 절실히 통감하고 부득이 근접 산골 수원을 찾아 탐색해본 결과, 등 너머 15리 허許 형통산자亨通山子 남南 흑위자黑葳子 골짝에 토인土人 강태정의 1칸방과 그의 종형 강태생康太生의 수전 1단段을 임차하게 되어 즉각 이전과 아울러 8전 9기의 수전농 경작에 재출발했다.

이해 3월 나는 류허현 대사탄소학교를 물러 나와 고산자 하동 대두자 소재 신흥무관학교 교관으로 임명되어 부임했다.

신흥편을 보라.

작년 겨울 이제시離齊時[치치하얼을 떠날 때] 약속한 숙부님 명命에 의하여 금년 4월 중순경 숙모님만이 헤이룽장성으로 아쉬운 눈물의 석별을 했다. 동년 8월 5일 인접 토인土人 손도강孫道江 농막에 분거하고 있는 세기 계숙이 득남하고 아이 이름을 경상慶常이라고 했다. 금년 추확秋穫은 수원이 좋은 관계로 다소 양호한 편이었으나 누적된 고리채 질식은 여전[히] 중압을 면치 못하였다.

1918년 무오戊午

22. 기미己未만세운동 여파

1914년 7월에 제1차 세계대전이 일어나자 만 4년여인 1918년 11월에 독일 오태리墺太利[91)]의 굴복으로 휴전됨에 미국 윌슨 대통령으로부터 민족자결주의를 제창하게 되자 그 파문은 전 세계 특히 피압박 약소국가들에 파급되어 멀리 태평양을 건너 아시아 동단東端 한반도까지 그 사조思潮는 밀려 왔던 것이다.

그리하여 왜놈이 한국을 병탄한 지 10년이란 세월에는 그들의 무단정치 아래 탄압과 착취에 질곡의 고통을 신음해온 가운데는 한없이 인권과 자유가 그립고도 철천의 원願이던 즈음, 마침 1919년 기미己未 1월 25일(음陰 12월 20일)[92)] 고종황제 하세下世한 후 3월 3일 국장의 기회를 이용하여 3월 1일 10시 민족대표 손병희孫秉熙 선생 이하 33인이 서명한 조선독립선언서를 서울 파고다공원 육모정 대중 모인 앞에서 낭독하고 뒤이어 대한독립만세를 부르니[93)] 수천 군중은 이에 호응하여 순식간에 만세 소리로서 백만 장안을 감격의 와중으로 휩쓸게 되었다. 이에 따라 경향 각지 방방곡곡에서도 남녀노소를 막론하고 10년간의 자취를 감추었던 태극기를 휘날리며 고함鼓喊 소리가 이 강산의 천지를 뒤흔들게 되었다. 왜놈들은 돌발사태에 당황망조唐慌忘措[94)]로 어쩔 줄을 모르다가 빈손 들고 인간 천부天賦인 자유를 부르짖음에도 불구하고 나중에는 총칼을 휘두르며 폭력과 살육으로 자행하여 이 땅에는 처참하게도 선혈로 물들인 피비린 냄새가 간 곳마다 비참을 연출했다.

그러나 그 영원불멸의 정신과 적을 증오하는 의분은 가일층 이 민족의 골수에 맺히고 맥박에 흘러 일제 통치상 한층 더 항일의 장벽을 굳게 만들어 놓은 결과를 남겨놓았다.

그리하여 3월 1일부터 5월 말일까지 그 통계 숫자를 보면[95)]

---

91) 오지리墺地利와 함께 오스트리아의 한자 표기로 사용

92) 1919년 1월 21일(음력 12월 20일)의 오류이다.

93) 사실관계 오류. 민족대표들은 학생들의 격앙된 분위기를 우려하여 3월 1일 오후 2시 대회장인 탑골공원으로 가지 않고 29명이 명월관지점에 모여 따로 독립선언식을 가졌다. 이에 현장에 있던 200여 명의 학생·시민들은 자체적으로 독립선언식을 강행하였는데 이날 집회는 곧 수천 명에 달하는 대규모 시위로 발전했다.

94) 당황망조唐慌罔措의 오기. 뜻밖의 일에 당황하여 어찌할 바를 모름

95) 이 통계는 저자가 박은식의 『한국독립운동지혈사』에서 인용한 것이다.

집회수	1,542	검거 투옥	46,948
참가인원	2,023,000	소각된 교회	47
사망자	7,509	소각된 학교	2
부상자	15,961	소각된 민가	715

이로부터 매일 검거자, 투옥자가 부지기수로 계속되자 국내에서는 압록강을 건너 서간도 벌판으로 뛰어나와 최후 목적을 달성하여 보려고 안둥현서부터 환런桓仁 경유, 퉁화, 류허까지 수십 리 행로에는 국내에서 탈출해나오는 청장년들이 장사진을 이루어 홍수 같이 쏟아져 나왔다. 이들은 대다수가 신흥무관학교 입교를 지원하기 때문에 일시 청장년 600여 명을 편입시켜 당시 이청천 이하 제 교관과 함께 재직 중 맹훈련猛訓練과 아울러 국내 파동에 수반하여 일거 진공進攻의 직전에서 시국의 추이를 주시해 왔다.

신흥편을 보라.

이와 때를 같이하여 세기 계숙은 하얼빈 주둔 백계白系 노露[러시아] 군대 내 특설 한인청년부가 별도 설치되어 있어 이에 참가하여 훈련을 받아오다가 왜적의 간계로 해산됨에 따라 귀환하였다. 이때 가족들은 전기 강태정의 농막에서 주거 중에는 남출공가男出空家인 형편이었다.

동년 3월 15일에는 헤이룽장성 할나이 농장에서 숙모 평해황씨가 한 많은 별세를 하시었다는 내신來信을 접수, 불행히도 그 농장 산모퉁이에서 영원 불귀의 고혼孤魂이 [되셨기에] 가통可痛스러웠다. 동년 4월 전기 지주 강태정의 농막에서 여아가 출생하니 대망의 아들을 갈망한다는 의미에서 부모님은 그 어린이 이름을 '놈'이라고 불렀는데 곧 용숙容淑의 유명幼名이었다.

동년 7월 재직 중인 무관학교 내외 정세는 복잡다난하였다. 마적의 피습, 살인사건, 토인土人 군경의 박해, 주구들의 난무 등 모든 사고 접종接踵으로 사후 수습에 최후까지 선두에서 최대의 노력을 기울여 오기도 했다.[96]

전기 16페이지를 보라.[97]

96) 원문에 이 문장은 중복, 삭제 표시가 되어있다.

97) '16페이지'는 저자의 착오이다. 이것은 제2장 황야의 장 16번째 절인 '접종接踵하는 모교 사고 수습에 고심'을 보라는 의미이다.

동년 9월 제4거지第四居地 흑위자로 이전한 뒤에는 영농상 수원이 좋은 편이었으므로 도작稻作 실농失農은 없어 사선의 생계에서 약간의 진전을 보았다. 이것이 강태정의 1칸 실에서 1년간 생활 경위였다.

1919년 기미己未

23. 왜적의 대참살 만행[98] (오순일吳純一의 단칸방에서 2년)

1920년 경신庚申 2월 [거주는] 오순일 농막에서, 경작지는 강태생, 오순일 양 지주의 소유인데 전기 오씨 1칸실로 이전한 때였다. 이해 10월경 왜적들은 경술국치 후 10유여 년간의 세월에 걸쳐 남북 만주를 중심으로 광복사업에 활약하는 애국지사들을 왜놈들은 저희 눈에 쌍심으로 알아 이 운동을 하루빨리 저지함으로써 발본색원拔本塞源하여 영원히 동아에서 패주霸主를 존속하려 했다. 그 발악적인 야망으로 그 연출된 흉계의 일면이 펑톈으로부터 완전무장한 1개 중대 병력을 출동시켜 북만을 위시하여 남만 일대를 거쳐 안둥현에 이르기까지 애국지사들의 명부를 작성하여 가지고 주구들을 앞장세워 낱낱이 사출查出하여 통과도로 연변沿辺, 독수毒手가 뻗치는 곳마다 무참히 살육을 감행한 것이었다.

그 희생자 수는 거의 헤아릴 수 없이 산비탈 수풀 속, 시냇가 밑, 파저강변에는 총칼로 또는 작두에다 한꺼번에 수십 명씩 목을 자르는 등 천인天人이 공노할 만행을 자행하였다. 이 살해대상자 명단에는 나 자신도 그중 한 사람으로 기입되어 있다는 정보였다. 그러나 요행히 주거지가 대로변이 아닌 산간벽지임에 도피로 근僅히[겨우] 아슬아슬한 참화를 면케 된 그 순간을 생각하니 신의 도움인 것 같기도 했다. 아아, 분노에 넘치는 만행이여.

98) 경신참변, 간도대학살. 일제는 독립군 토벌을 명분으로 관동군에 조선주둔군까지 합류시켜 대규모 병력을 간도에 파견하였으나 오히려 청산리 전투 등에서 참패를 겪었다. 이에 대한 보복으로 조선인 마을에 대한 초토화작전을 감행해 3,700여 명을 학살(『독립신문』)하는 만행을 저질렀다.

류허현 삼원보 지방은 왜놈들이 가장 주시가 컸던 유일한 지역으로서 이곳에 왜병을 안내해주던 윤학동尹學東이란 자가 앞잡이 노릇을 했다. 그때 이 윤은 고산자 하동 대두자 폐문閉門된 신흥무관학교 비어있는 교사까지 가서 교포들의 피땀으로 신축된 40여 칸 건물에 있어 왜병들은 소각하여 버리겠다 할 때 전기 윤은 "사람이 죄가 있지, 건물이 무슨 죄가 있느냐" 하여서 소각되지는 않았다 하나 그때 벌써 학교는 폐쇄된 공실에 하등 소각 여부가 별 중요성을 느낄 바는 없으나 그 본의가 학교를 위한 양심의 소발所發이라면 어찌 동족을 또는 애국지사들을 자의대로 살해하는 적의 앞잡이가 되었으랴. 위선자에 불과할 뿐이었다.

1920년 경신庚申

24. 독립군의 활동상황 개요

국치 후 왜정의 폭압하에서 국내로부터 탈출해 나오는 애국지사들은 남북 만주를 근거하여 지안輯安, 싱징興京, 통화, 류허를 중심으로 최초 경학사耕學社 창설을 비롯하여 신민부新民府, 부민단扶民團, 의군부義軍府, 통의부統義府, 정의부正義府, 의열단義烈團, 서로군정서西路軍政署, 북로군정서北路軍政署, 한족회 등 그 외에도 일일이 매거枚擧할 수 없이 모두 항일기관단체를 조직하고 특히 독립운동의 중추기관으로서 민관 양성의 대본영인 신흥무관학교에서 배출된 수삼천 중견간부들의 활약은 더욱 장쾌하였다.

주목표인 이주 동포의 보호와 적의 침략정책의 배격, 주구들 박멸, 강변 7읍 왜경주재소와 각 도시에 산재한 소위 영사관 습격이며 국내외 적의 수뇌 요인 암살계획 등이 그 임무의 전부였다. 이때 류허현 삼원보 지방은 원래 독립운동의 요람지로서 본거지이기도 했다. 중요기관이 모두 이곳에 설치되어 있었고 지도인물이 거의 이곳에 집결되어 있어 발전기에는 집집마다 간판이요, 날마다 집회로서 광복 대업은 차츰 정궤正軌에 올라 착착 성과를 거두게 되자 만주 전역은 독립군의 독점하는 활동무대로 등장되었다. 이에 즈음하여 왜적들은 총칼을 들고도 전율 속에서 일시적 당황하기까지에 이르렀다.

그러나 호사다마好事多魔로 이 운동 도상에는 여러 가지 난관이 시시각각으로 앞길의 저해가 뒤를 따르고 있었다. 첫째는 왜놈들이 직접, 간접으로 박해와 그 다음 인면수심의 주구들과 피동적被動的 허재비[허수아비] 같은 토인土人 군경과 그 외 군자금 문제 또는 자체 파벌 등으로 단결의 결여가 일대 장애 조건들이었다.

이 가운데도 가장 가증스러운 것이 주구들이었다. 그도 백의족의 한 사람이겠지만 이족異族의 앞잡이로 날뛰며 자신의 영예를 위해서는 수단, 방법을 가리지 않고 운동 선상의 갖은 방해와 애국자들을 자신의 독아毒牙에 물어주기가 유일한 공적으로 알던 기실其實한 충복들이었다. 그리하여 무참한 희생과 철창 속에서 신음하다가 원혼이 된 위국지사爲國志士, 어찌 그 수를 헤아릴 수 있으랴. 그러나 독립군들은 조국을 구출하겠다는 대의에서 고국을 떠나 부모처자도 이별하고 황량한 이역에서 생명을 홍모鴻毛같이 풍찬노숙風餐露宿으로 선혈을 뿌리며 결사적인 반항과 박멸에 꾸준히 활약해왔다.

제2차 세계대전 전후해서는 소위 만주사변이니 지나사변이니 할 때는 중국에 협조하여 항일구국전을 전개해왔고 1941년에는 충칭重慶에 위치하고 있는 임시정부로부터 12월 9일[99]을 기하여 선전포고까지 하고 연합국의 일익一翼으로서 견견堅堅히 항전하다가 해방에 제際하여는 광복군으로 개편성改編成되었던 것이다.

이때 이주 동포의 애국심과 협조력은 실로 놀랄만하였다. 산전을 캐며 옥수수로 연명하는 처참한 생활현상이었지만 어떠한 깊은 밤중에라도 독립군들이 찾아 들어가면 유감없이 기쁘게 맞아준다. 절대적인 비밀 속에서 침식과 주야 경계 등 흔연欣然 자진하여 지성차성至誠且誠으로 조금도 소홀을 엿볼 수 없었다. 어떤 때에는 전 가족이 피습을 당하는 위험한 고비가 허다하기도 했다. 이것은 독립군이나 교포들은 과연 구국이라는 대의적 견지에서 이신일체異身一體가 되어 시종일관 상호 협조해왔다.

그때 중국인 중에도 한촌 벽지에는 순결한 농민들의 의거가 없지 않았다. 일례를 들어 보건대, 지린吉林 방면에서 어느 날 어느 촌가에 독립군 한 사람이 적에 피습되어 그 농가로 뛰어들어가 은신해 줄 것을 요청하자 그 주인집 여자는 임기응변으로 급히 의복을 바꿔 입히고 자가 침구를 내려 방안에 덮어주자 이 왜경은 눈알이 빨개서 뒤를 따라와 이제 방금 너의 집에 불령선인不逞鮮人이 들어왔으니 솔직히 말하라고 호령과 강요를 한다.

그 여자는 천연한 태도로 여기 누운 사람은 주인이 병이 나서 앓고 있으니 집안을 뒤

99) 12월 10일의 오류

져 보라고 대답해주었다. 그 왜경은 그것을 사실로 알고 돌아서게 되자, 다행히 이 독립군은 구출되었다는 의담義談도 있었다. 이러한 토인土人들이 몇 명이나 있었으랴. 이 운동에 있어 교포들의 구국 사상과 협조력은 매우 좋았으나 지도층의 단결력은 크게 결핍되어 암암리에 파쟁 싸움은 숨길 수 없는 운동 선상 일대 결함이 아닐 수 없었다.

1920년 경신庚申

25. 만주 정세의 일변과 피동적인 토인土人 군경

남북만주 대참살사건 이후 왜적의 세력은 만주벌판 산간벽지까지 점차 침투되어 각 지방 대소 도시마다 소위 영사관이니 보민회保民會니 자치단自治團이니 하는 등 요소마다 가혹한 철망을 늘리고 주구들은 오뉴월 쉬파리떼같이 이 틈 저 틈으로 숨어들었다. 독립군을 불령선인不逞鮮人이라는 명칭을 붙여 갖은 악질적인 만행은 만주 전역에 뻗치게 되어 정세는 하루하루가 왜적에게 유리한 방향으로 기울어지기 시작되었다. 이 긴박한 정세에 따라 독립운동 보따리도 차츰 남만에서 북만으로, 다음 북만에서는 또 서비리아西比利亞[100]로 혹은 중국 본토로 흩어지지 않을 수 없었다.

그 노선과 정신만은 확호부동確乎不動이었으나 대세에 제한을 받는 운동력은 점차 표면화는 곤란한 처지에 임하자 독립운동의 유일한 중추기관인 신흥무관학교도 대두자에서 철수한 뒤 이청천 지휘 아래 약간 명의 생도로 교성대敎成隊를 편성하여 장백산長白山 밑으로 들어가 목책木柵 교실에서 훈련을 시도해 보았으나 여의치 않아 해산의 비운을 면치 못하게 되었다.

그러나 이 학교에서 배양한 정신을 가진 수삼천의 생도들은 국내, 국외 각지에 잠입하여 지하운동으로 재출발하게 되었다. 북으로 이동기에 있어 북로군정서 총사령관 김좌진金佐鎭 장군의 요청으로 신흥무관학교 교관을 다수 파견하여 그곳 사관 훈련 교육을 실시하여온바 세칭 청산리전역 중요간부가 대부분이 신흥 출신 및 그곳 사관생들로서 일

100) 서백리아西伯利亞와 함께 통용된 시베리아의 한자 음역어. 이하 시베리아로 표기

대 전첩戰捷을 가져왔다.

1920년 경신庚申

26. 만인滿人의 가경可驚할 망국적 아편중독

이 땅 군경들은 군기나 규율적인 행동은 전연 찾아볼 수가 없었다. 그 일례로 거리 행진을 보면 복장은 단추를 꽂은 자, 잡아 헤친 자, 모자는 뒤집어쓴 자, 가로쓴 자, 손에 벗어든 자, 총은 거꾸로 멘 자, 가로 멘 자, 어깨에 걸머진 자로서 길 가운데 한 명, 두 명씩 늘어서 환소잡담歡笑雜談으로 행렬도 없고 시간도 없고 지휘자도 없는 듯한 일종의 난군亂軍 같은 감을 주게 되는 것이 보통 상례이다.

그리하여 가는 길가에는 조선사람의 집이 있으면 서로 쟁선爭先하여 백미와 계란 등을 요구한다. 남의 땅에 곁방살이에서 무슨 이유가 있으랴. 있는 대로 집어주면 "시에시에"란 인사를 하고 물러가나, 없다고 하면 흘긴 눈길로 "타마바 꺼우리빵즈"[101]라는 욕을 하면서 돌아선다. 이 토인土人들은 군경뿐 아니라 대개가 마음이 검어서 도적질만 잘하는 것이 한갓 장기로 안다.

그러한 까닭에 어떠한 고관대작이라도 교제 석상에 반드시 아편 수회 덩어리와 아편 담배만 있으면 만사는 다 '싱, 싱'으로 이루어진다. 그러므로 아편 덩어리 안 가진 교제가 없고 아편 담배 아니 피우는 고급좌석이 없다. 일률적으로 통용되는 예절이며 유일한 교제 수법이었다. 그러니 이자들에게 무슨 사상이 있고 무슨 주의가 있으랴. 국가도 민족도 이것은 논할 여지조차 없이 도외시였고 하등 관념조차 엿볼 수 없었다.

왜놈들은 이것을 기화奇貨로 중소도시에 소위 일인 거류민들은 아편 판매상을 공공연히 묵허默許 또는 지원 장려하여 일조一朝에 일확천금의 거금을 착취하기에 혈안이 되어 왔다. 이 아편중독으로 인하여 공직에서 중임을 가진 관리들의 정신상태는 썩고 썩어 저 이웃 강적의 이용 도구가 되어 왜적의 명령이라면 공사간公私間 무조건 절대복종하였다.

---

101) 타마바는 심한 욕설이며 꺼우리빵즈高麗棒子는 중국인이 조선인을 비하하여 부르는 말이다.

더욱이 망국의 한을 품고 우방으로 찾아온 이웃 민족에게 오랜 역사를 가지고 내려온 전날 한중 친선의 순치脣齒적 관계를 보더라도 서로 동정할 여지가 없지 않으나 이들은 오히려 왜놈의 선두에서 우리 광복 운동에 음으로 양으로 방해하는 한편 애국지사들을 붙들어 적의 철창 속으로 압송 인계하는 것이 당연한 의무로 알았다. 그리하여 독립군들은 만주벌판에서 실로 왜놈보다 적이 아닌 왜놈의 앞잡이 토인土人 군경과 총부리를 서로 마주 댈 때가 없지 않았으니 어찌 가탄가석可嘆可惜지 않으랴.

동양평화를 위하여 정의를 위하여 공통된 약소민족의 위치에서 동심동력同心同力 상호 협조로만이 이 강적을 배격하였더라면 한민족의 광복 대업에 일보 전진이 있었을 것은 물론이요, 그 민족 전도前途에도 광휘 있는 업적을 남기는 좋은 기회였건만 이 토인土人 군경들은 피압박 노예적 대우를 자원, 감수하였으니 그 민족의 장래도 검은 그림자 속에 비관치 않을 수 없었던바 오늘의 그 광범한 강역을 공산도당에게 빼앗기고 저 조그마한 대만 섬 가운데서 여천餘喘[102]을 허덕이는 결과를 가져왔다.

이 토인土人들의 아편 교제 말로는 어떠하였던가. 그 독은 부지불식간에 살에 배고 피가 말라져 창백한 얼굴로 사지육체는 살이 빠지고 뼈만 앙상하게 남는 날에는 관리도 떨어지고 재산도 탕진하고 그래도 이것을 먹어야 하루라도 연명이 되겠으니 그 다음부터는 사랑하는 아내도 자식도 팔고 입은 옷가지도 마저 팔아먹는다. 그 다음에는 돌아가면서 닥치는 대로 도적질을 하여 아편상에게 갖다 잡히고 약을 사서 먹으려다가 두드려 맞아 뼈도 부러지고 유혈이 만신滿身일 뿐 아니라 아편 기운이 다해지면 기진맥진하여 저어느 집 굴뚝 옆이나 길모퉁이에 죽어 넘어져 그 부락 사람들의 신세를 지게 되는 비참한 말로의 광경이었다.

아, 이 가공할 아편중독의 무서움이여. 망신亡身, 망가亡家, 망국지본亡國之本이로다. 이 어찌 경계치 않으랴. 36년 긴 세월 호지胡地의 마굴 속에서 만천萬千의 신고辛苦 가운데서도 시종일관 올바른 바탕 위에서 사수해온 정신자세는 지금에 생각해 보아도 그 마굴에 휩쓸려 들지 않은 것이 천만다행이 아니었던가 싶다.

1921년 신유辛酉

102) 주49 참조

27. 아버님의 용감성

1921년 신유辛酉 남만에서도 왜놈의 세력이 점차 만연되고 있어 아버님은 또다시 새로운 주거지를 탐색하기 위하여 북만 마도석磨刀石이라는 지방 고향 사람 황무영黃武英 씨를 찾아가고자 출발하시었다. 동년 4월경에는 치치하얼 할나이 농장 주역인 김필순 원장이 급환으로 영서永逝하자 경영 농장은 일대 치명적 타격으로서 개간 초부터 선두에서 관리 실무에 종사해오던 세권 숙부님도 아무 성과 없이 숙모님의 한 많은 무덤만 남겨두고 그곳서 철수하여 고독히 남만으로 귀정歸程하고 말았다.

동년 10월경 아버님은 신산한 객지에서 1년을 지내시다가 남만으로 돌아오시는 길 창춘역을 내려 고유수孤楡樹라는 시내에서 1박하신 뒤 다음날 새벽 미명에 또 앞길을 향할 때 생면미지生面未知의 만인滿人 한 명이 뒤를 따르면서 가장 가까운 지름길을 안내할 것이니 동행하자고 말을 던질 때 강도 놈인 줄은 모르시고 오히려 고맙게 생각했을 뿐 앞뒤에서서 앞당겨가는 길은 갈수록 무인지경 가장 좁은 적막한 산길로만 들어가고 있었다.

어느 산모퉁이에 이르자 이 강도 놈은 뒤에 따라오면서 미리 준비했던 도끼로 갈기며 달려들자 죽느냐 사느냐 하는 아슬아슬한 순간, 이 강도 놈을 붙들고 억죽박죽, 뒤치락재치락 격투 끝에 천우신조로 그놈의 도끼를 빼앗아 들고 반격을 가하여 종내 꺼꾸러뜨린 다음 다시 정신을 차려보니 머리에 중상을 입어 피투성이가 된지라. 우선 응급조처로 옷자락을 찢어 상처를 싸맨 다음 고유수 시내로 되돌아가 병원을 찾아 간단한 응급치료를 받고 그 이튿날 또 여정에 올라 도보로 구사일생 현주소까지 도착하셨다. 이 같은 끔찍한 사고를 이야기하실 때 듣는 가족들은 그 놀라움에 정신이 아찔했고, 더구나 독행

류허현 흑위자 거주 당시의 가족사진. 사진 뒷면에 1921년 8월경 만인 지주 강태생의 소작인 주택 담 아래에서 찍었다고 기록되어 있다.

여정獨行旅程 무인지경 낯선 산골에서 위험천만의 순간을 생각할 때 가슴이 서늘하여 눈물이 앞을 가리우지 않을 수 없었다.

회고해보건대 인간성을 잃은 그 야만 무리 속에서 30여 년이라는 긴 세월에 불안과 공포 없이 살아온 날이 하루라도 있었을까. 상상만 하여도 모골이 송연하다. 아버님의 천품天稟은 일생을 통해 활발하고 용감하시었다. 국치 후 단연 이향離鄕이 그러하셨고 강도에게도 단신 격퇴한 것은 한 예에 불과했다. 언제나 대소사 간 불의에 대하여는 굽혀 본 적이 없었다.

동년 12월 20일 인접 지주 토인土人 손도강 농막에서 계숙모[계숙 원세기의 부인] 연일정씨延日鄭氏가 별세하여 화장으로 장례를 치루었다. 소생은 경상慶常, 경희慶喜 두 남매를 남기었다. 이상은 흑위자 오순일의 소옥小屋에서 2년간 생활로서 가장 좁은 단칸방에서 아버님의 병환까지 겹쳐 걱정 근심 놓일 날이 없이 지나온 2년이었다.

28. 신성소학교 설립과 대동보 전질 봉환
– 강태생의 신축 농막 3칸옥에서

1922년 임술壬戌 2월 지주 강태생의 신축 농막으로 이전하여 농경을 계속하였다. 동년 3월 시국時局에 수반隨伴하여 지하운동으로 돌아가 흑위자구黑葳子溝 토인土人 진노인陳老人의 건물을 임차하여 신성소학교新惺小學校를 설립하고 동리 아동들을 모아 소학小學 교육을 실시했다. 그러던 중 1923년 계해癸亥 봄에는 형통산자가亨通山子街로 이전하였다가 그 해 8월에는 노두립자老頭砬子 거산하巨山下 마의구螞蟻溝로 이전하고 박세환朴世煥 동지와 함께 운영과 교무를 전담하고 있었다. 이해 개천절을 기하여 안의사의 의거를 연상케 하는 쾌극快劇은 학부형들의 위안의 밤으로서 박수갈채의 성황을 이룬 때도 있었다.

1922년 임술壬戌 2월 세권 숙부님은 경주이씨慶州李氏에 재취로 새 숙모님을 맞이하여 그곳 토인土人 장전은張殿恩 5칸 방 일부를 임차 분거分居해왔다. 익년 봄 속현續絃[103]하신

103) 끊어진 금슬의 줄을 다시 잇는다는 뜻으로, 아내를 여읜 뒤 다시 새 아내를 맞음

후 귀한 득남을 하시었다.

1924년 갑자甲子 2월 조양진가朝陽鎭街 소재 중국인 성달학교成達學校에서 수학하다가 아버님 귀국 관계로 중퇴하였다. 동년 6월 아버님은 원주에서 원도상元道常 족친의 주재하에 원주원씨原州元氏 대동보 간행업무가 착수 진행 중이라는 연락을 받고 이역에서 장래將來 자손들을 위해 입만入滿 이후 15년 만에 처음 귀국하시어 고향 경유 원주까지 친히 원근 족친 방문과 아울러 대동보大同譜[104] 책 전질 15권을 봉환하시었다.

29. 참혹한 가화家禍 접종接踵

1924년 갑자甲子 7월 17일 세권 숙부님이 졸연猝然 중년 서세하시고 동년 8월 18일 뒤이어 숙모 경주이씨가 또 불의不意에 종부從夫 사절死節하시어 20대 청춘이 애석도 했다. 그 후 몇 달이 안 되어 작년 소생인 어린 것까지 죽어버려 뒤를 계승해갈 길까지 절망으로서 끝없는 여한을 남기고 영영 떠나간 인생길을 통곡하지 않을 수 없었다.

1925년 을축乙丑 5월 10일 금년 소학교 졸업을 앞둔 14세의 덕상 아우는 가정 지시에 의하여 학교수업이 끝난 다음 고종사촌인 장대환張大煥과 동반하여 산골 중국인 약방에 가서 신생 조카 어린이 약을 지어가지고 돌아오는 길에 전년 별세하신 숙부님 내외분 무덤 앞길에 지날 때 갑자기 다리를 움직이지 못해 집까지 겨우 기어와 말 한마디 못하고 불과 일주이야一晝二夜 반에 사몰死沒하였다. 지주 강태생의 소유 전산前山에 매장하고 나니 만천의 고난 속에 금지옥엽같이 귀엽게 키워오다 하나밖에 없는 이 아우를 삽시간에 잃어버린 원통은 가슴이 무너지는 듯 눈앞이 캄캄하였다. 유리생활 20년 사이 토질土疾과 빈곤에서 부모님은 자손 양육에까지 수없이 쓰라린 실패를 거듭해 오셨다.

더욱이 갑자甲子[1924], 을축乙丑[1925] 양년兩年은 참혹한 가화家禍가 첩출疊出하여 지나간 해에는 숙부님 가족 전부가 사별하는가 하면 금년에는 또 이러한 참상慘喪을 보게 된 어머님의 애타는 말씀, "불우한 시대 빈곤한 가정에 태어나서 불쌍하게도 영영 가고 말았

104) 『원주원씨세보原州元氏世譜』(전 15권)는 1925년 강원도 고성에서 발간되었다.

으니 좋은 세상에 다시 태어나서 행복한 세월을 보라"는 최후 이별의 말씀이 아직도 가슴속 깊이 박혀 사라지지 않는다. 통곡 속에 한마디 애절한 말씀으로서 참으로 꿈결 같은 가정 참화였다.

알 수 없는 이역풍토의 급질急疾로 아무 의료시설도 없는 변역邊域에서 창황망조愴荒忘措[105] 치료 한 번 옳게 해보지 못한 채 애매曖昧하게도 구천으로 보내버린 가련한 생명에 불쌍한 단장斷腸의 비통을 겪게 된 이역 생활의 비참이 한없이 원통하기만 하였다.

1925년 을축乙丑

1926년 병인丙寅 4월 아버님은 할머니 갑년[회갑]부터 발작하신 속탈은 매년 몇 차례씩 특히 명절날에 재발되는 때가 많았다. 침침칠야沉沉漆夜 깊은 밤중 두근거리는 가슴을 안고 험한 산골짝 만인滿人 한의사의 대문도 수없이 두드리며 범 같은 5, 6마리 개떼들이 무시무시하게 달려드는 공포의 시간을 겪은 때도 한두 번이 아니었다.

이해 봄에 또 재발하시어 항상 그럴 때마다 침을 소원하심으로 하와河窪 지방에 유명한 침의鍼醫가 있다는 말을 듣고 황급히 뛰어가 요행히 이리 뛰고 저리 뛰고 해서 겨우 찾아 초빙은 해왔으나 이 자의 침술은 무지 몰상식하였다. 가슴에다 한꺼번에 동침 7개를 콩기름에 달구어 차례차례 꽂아두고는 이웃집에 놀러 가버린다. 그 후 환자가 심히 고민苦悶한다는 연락을 하자 다시 와서는 한 개씩 쑥쑥 뽑는[데] 마지막 침을 뽑을 순간 실신과 아울러 운명하시는 표현을 짓자 가족들의 호곡號哭 속에 이 자는 당황하여 어느 사이 도망가고 말았다.

그리하여 회생하실 가망이 없음으로 사후 준비에 초급焦急하던 중 약 1시간가량 지난 뒤 미약한 호흡이 통하고 기맥이 약간 돌아오자 그 다음부터는 대소변이 막히고 언어가 굳어져 당황망조唐慌忘措[106]하여 백방으로 구급 시탕侍湯에 전 심혈을 기울여 다행히 주효奏效를 보게 되었다. 만 3개월 만에 비로소 점차 회소[回蘇][107]는 하시었으나 여질餘疾은 냉큼 완쾌를 보시지 못하였다. 속담에 엉터리 의사가 생사람 죽인다더니 참 아찔한 순간이었다. 만인滿人들은 모든 범사凡事에 이렇게도 무지하고 미련한 것은 일례에 불과한 것이다.

---

105) 창황망조蒼黃罔措의 오기. 너무 급하여 어찌할 줄을 모른다는 뜻

106) 당황망조唐慌罔措의 오기

107) 주79 참조

동년 10월 아버님은 조모님 서세 당시 묘지를 처음 전기 제3 거지居地 태평구 만인滿人 지주 이명림의 소유 산에 모시었는데 그 후 현주지 흑위자 토인土人 장전은의 소유 산록山麓에 한 곳 형곡形谷이 명산이라 하여 그리로 이장하시었다가 가화 접종이 너무나 참혹하여 조모님 유해와 역시 장전은의 소유 산에 매장했던 숙부님 내외분 유해도 아울러 화장을 하시고 말았다.

동년 11월 득환得環 매제妹弟[108]는 전주이씨 이정호李正浩와 결혼하여 익년 봄에 하얼빈 어느 친척의 농장으로 이전하는 도중 산성진山城鎮까지 근친覲親 왔다가 역두驛頭에서 아쉬운 눈물의 송별이 있었다. 그 후 다시 한 번 상봉도 못한 채 그 내외는 모두 사망하였다는데 이역에서 한 번 작별이 영별永別되고 말 줄이야. 서러운 심정 한이 없었다. 그 혈육을 하나 남기고 죽었다는데 해방 후 6·25 당시 행방을 모른다고 한다.

30. 뼈저린 망국민의 설움

갈수록 망국민의 설움이 뼈저리게 느껴진다. 우리 조상들이 유전遺傳하여준 수만 리 강역을 오늘 와서는 입추지지立錐之地도 없이 모조리 이족異族에게 내어 맡기고 유리표박流離漂迫하여 부평浮萍같이 떠돌아다니면서 몸 하나 담을 곳 없이 입이 있어도 말을 못하고, 손이 있어도 마음대로 글을 쓰지 못하고, 발을 가지고도 자유스럽게 다니지 못하는 신세가 되어 간 곳마다 견마犬馬의 구사驅使[109]로 이 민족의 정상情狀[110]이 불쌍하고도 서러웠다.

왜서 나라를 잃어버렸으며 어찌하다가 이 모양 요 꼴이 되었을까. 생각할수록 그 원인이 원망스럽고 원통하면서 다시 회복할 길이 그리웠다. 왜놈들은 비단 같은 강산을 저희들의 놀이터로 만들어 놓고 영원히 잘 살아보겠다고 곳곳에 귀신당鬼神堂[111]을 세워 참배를 강요할 뿐 아니라 문자, 언어 심지어 성명까지 박탈하였다. [나아가] 이 땅 주인 백의

108) 남자의 나이 어린 여자형제. 지금은 손아래 누이의 남편을 가리키는 말로 많이 쓰인다.

109) 사람이나 가축을 함부로 몰아서 부림

110) 딱하고 가엾은 형편

111) 신도神道의 사당(神宮·神社·神祠)을 이름

족을 해마다 정든 고향산천으로부터 쓸쓸하고도 황량한 만주벌판으로 몰아내어 호시탐탐 만주침략의 이용 도구로 만들었으며, 토인土人들을 사주하여 농노제를 실시시킴으로써 여하한 압박에도 반항할 여념이 없도록 사상동향 방지에 혈안이 되었다. 토인土人들은 이 농노제에 폭리를 착취함으로써 수백 년의 묵땅을 개간 수확해 일조一朝에 거부가 되었으나, [돌아온 것은] 도덕도 의리도 없는 호인胡人들의 비양심적인 멸시뿐이었다. 어느 모로 보아도 현시대 낙오된 국민이었음에도 간 곳마다 '왕궈누亡國奴'라고 손가락질을 볼 때 아니꼽기도 하거니와 어찌 뼈가 저리지 않았으랴.

언제나 우리도 저 불공대천不共戴天의 원수들을 몰아내고 나라 있는 인생이 되어 내 땅에서 인권 자유와 생명 재산을 보전하면서 인간 세상에 남과 같이 사람답게 살아볼 날이 있을까 하는 것이 철천지한徹天之恨이며 가슴 깊이 맺힌 원이었다.

나라가 없으면 생명도 자신의 소유가 못 되는 이상 만사가 다 헛것이라는 것을 알아야 한다. 그러므로 나라 없는 민족이 되려면 차라리 죽음을 달라는 패트릭 헨리의 말이 있다. 이것이 우리들의 체험이며 영원히 뼛속에 새겨진 교훈이었다. 이백李白의 「정야사靜夜思」[112]에 거두망산월擧頭望山月이요, 저두사고향低頭思故鄕이라. 번역해 본다면 머리를 들어서는 산 달을 바라보고 머리를 숙이면 고향을 생각한다 하였으니 이 시와 같이 보내온 세월은 36년이었다.

1927년 봄에 세기 계숙은 후취에 전의이씨全義李氏로서, 그 부父에 이현중李鉉重, 남제男第에 이성호李聖浩가 있었다.

1927년 정묘丁卯

31. 소공蘇共 앞잡이 엠엘당(주중청총駐中靑總)

만주는 왜놈의 세력에 독점되자 공산 소련은 부단히 음흉한 야심을 품고 그 세력을 남

112) 이 시의 전문과 번역은 다음과 같다. 牀前看月光 疑是地上霜 擧頭望山月 低頭思故鄕 침상 앞에 비친 달빛을 바라보고 / 땅위에 내린 서린가 여겼네 / 머리 들어 산의 달을 바라보다 / 머릴 숙여 고향을 생각하네

북만주에다 부식하여 보려고 항상 호시탐탐 기회를 노리고 있었으나 왜놈들 물샐 틈 없는 방공태세 아래는 그리 쉽게 침투되지는 않았다.

그러나 시베리아 방면에 다년 이주한 조선청년들을 모스크바공산대학에 교육을 시켜 제3 국제공산당 지배 아래 남북만주로 파견하였다. 이들은 주중청총駐中青總이니 엠엘[ML]당이니 이 등等[이 같은] 명칭의 비밀조직을 가지고 산간벽지로 잠입하여 농민들을 공산세력권내 흡수시키려고 수단 방법을 가리지 않는 갖은 발악적인 횡포로 주민들은 적색 선풍에 일시적 공포를 느끼지 않을 수 없었다.

이들의 잔인한 수법을 보면 순진한 농촌 젊은 부녀자들을 감언이설로 유혹하여 당원에 가입시켜 이것을 이용해서 가족사이라도 반대하는 부모 형제를 음모 살해케 함으로써 가정적 비극을 연출시키는가 하면, 그들 주의에 틀릴 때는 야밤을 타서 뇌수에 못을 박아 죽이기, 또는 순종에 바늘을 찔러 죽이기, 또는 전 가족을 몰아다 산비탈 한 구덩이에 집단 생매장, 그 외 금품 강요, 공갈 협박 등 잔인한 만행은 천인이 공노할 죄악이었다. 그리하여 저 반석현磐石縣 호란집창자呼蘭集廠子(호란지창즈) 방면 산골짝에는 한 집안 가족 10여 명씩 한꺼번에 생매장 몰살시켜 봄날이 되면 시체 냄새에 지나가는 사람들 코를 찌를 정도라 하였다.

이때 우리 가족도 금품요구에 불응한다 해서 비밀몰살계획으로 가옥 주변에 잠입하여 출입구 밀탐密探까지 해가고 실천 행동 단계 직전에 시국의 급전急轉으로 천우신조 요행 참화를 면한 아슬아슬한 순간을 넘기기도 했다. 만일 시국 변천이 3일 이상만 지연되었나면 이 참화는 불가피할 기경可驚 가공可恐할 순간이었다.

이로부터 산간 부락에는 적색 정신이 물들어 항상 기회가 오기만 엿보는 교포들도 적지 않았다. 황야 유리 36년간 빨갱이 무리도 그러했거니와 이외에도 간악한 왜영사倭領事, 반역 주구走狗, 우상偶像같은 토인土人 군경, 난무하는 대소 마적당 등 이 모두가 우리들에게 못살게만 구는 존재들이었다. 이상과 같이 이중삼중의 가해와 핍박으로 인한 당면한 고통꺼리 문제들이었다.

이해 2월 15일 세기 계숙은 후취에서 득남하여 이름을 대상大常이라고 지었다. 아버님은 금년에도 흑위자 심곡에서 계속 경농耕農으로 생활난 해결에 시종일관 매진하는 한편 항일투쟁선에도 항상 방념放念하신 적이 없었다.

1928년 무진戊辰

32. 금천현金泉縣[113] 일본영사 주구 숙청사건의 파문

입산 활동에는 도적의 성화에 견딜 수 없고 시가市街로 나가자니 왜놈들의 주목이 아니 꼬웠다. 어떠한 방법으로 도적의 소굴을 떠날 수 있으며 시가지 거리에서 왜놈의 주목을 벗어날 수 있을까. 이것이 한갓 숙제의 고충이었다. 무직 무업無業으로는 도저히 도시 생활은 불가능으로 이때 각 농촌에서 교포들 손으로 생산되는 다량의 벼를 용정 精[도정]하는 정미업이 시가지 은신책으로는 가장 적당한 방법이었다.

그리하여 류허현 고산자에 거주하는 이탁李沰 선생의 장남 이정준李楨準은 원래 신흥학교의 동창이며 선배이기도 했다. 다 같이 주목을 받는 처지인지라 금천현 양자초樣子哨 거리에다 상호商號 보성공사普成公司라는 표면 간판을 걸고 용정하는 정미업 상인으로 가장하였다. 그리하여 동포들의 편리를 도모하는 한편 독립군의 비밀연락기관으로 운영 도상途上[도중] 그때 소위 일본영사관(주임 中原榮介)에 근무하는 대표적인 악질주구 순포巡捕 이규하李圭夏를 사살하려 잠입한 황교석黃敎石 이하 수 명의 동지들은 마침 회의 중인 왜인거류민회장 아라이 이치로荒井一郎와 한인 조영로趙永魯를 사살하는 한편, 본 대상자인 이규하는 교묘히 은피隱避하였다. 그후 포학이 절정에 달한 이李는 이 사건에 사전 정情을 알면서 동조 주모하였다는 혐의로 가혹한 심문을 하였으나 기적적 도피로 근僅히[겨우] 압송을 면하였지만, 그 시時[때] 소위 보민회장 황운환黃雲煥은 타상打傷으로 사망하였고, 황정걸黃正杰은 압송으로 1년간 복형服刑까지 하였다. 이 당시 피의자 색출에 광분한 이李는 산천초목도 벌벌 떨었다는 주민들의 일시 소동이었다.[114]

그리하여 부득이 금천현 거리도 떠나지 않을 수 없는 환경에서 운영하던 사업까지도 실패로 돌아가고 말았다. 그 후 산곡으로부터 산성진 거리로 피신 잠닉潛匿 중 동가同街[서가西街]에서 여관업을 경영하는 신태성愼台晟 씨와 협의 끝에 도시 은신책은 역시 농촌 상대로

---

113) 금천현金川縣의 오기

114) 이 사건은 1927년 7월 금천현 양자초에서 김용택 등 정의부 부대원들이 친일인사를 처단하려고 하면서 발생했다. 이 사건으로 일본인거류민회장 아라이 이치로와 조영로가 사살되고 주요 목표였던 악명높은 조선인 순사 이규하는 피신해 목숨을 건졌다. 그런데 2년 후인 1929년 사건의 주모자 김용택이 검거되면서 사건에 대한 수사가 재개됐고 이때 저자가 연루되어 조사를 받았던 것으로 보인다.(동아일보1929.6.23, 1929.11.15 참조) 저자는 이 사건을 여러 차례 기록했으나 연도는 조금씩 차이가 난다. 독립운동사자료집 제10집에서는 1925년에 일어난 일로 기록했고, 부록에 실은 「건의서」와 「국치후 독립운동의 경위 사실」에는 1930년에 일어난 일로 기록하고 있다.

용정사업이 유일한 수단이라는 의견의 일치로 그 거리 서단西端에 기설旣設되어 있는 협성정미소協成精米所를 매수하여 그 명칭을 광신호廣信號라고 변경하는 한편 제2차적으로 정미업을 시작하였다. 그러나 [일제의] 주목은 가혹하여 하루도 안심할 날이 없었다.

1929년 기사己巳

33. 만보산사건의 여파와 가정적 실망

1930년 경오庚午 춘春 4월, 긴 세월에 걸쳐 바라고 바라던 어린이가 출생하여 이름을 용호容虎라고 불렀다. 온 가정에서 기쁨은 물론 그 생김이 비범한 모습에 한중인 모두 보는 사람마다 흠선[欽羨][115]을 마지않았다.

1931년 신미辛未 춘春, 창춘 관내 만보산萬寶山 평야 수전 개간에서 수선水線으로 인한 한·만인韓滿人 격돌로 결국 한인 측에서 사상자가 발생되자 왜놈들은 이 사상死傷 분규를 정책적 간계로 이용하였다. 그리하여 국내 각지 중국인 타살사건의 파문은 만주 전역까지 파급되어 재만 한인들에게 토인土人들은 보복하겠다는 만인滿人들 광상狂相은 언제 어디서 난동이 일어날지 민족적 감정이 극도로 악화되고 있는 시점, 산간 경농耕農에 있어 시시각각으로 떨고 있었다.

동년 3월 서가西街 소재 광신호 사업장소를 동 시가 동문東門 리裡[안] 중국인 송연영宋連英의 선물을 임차 이진하였다. 이때 전후를 기해서 산간 자가 경작의 소산과 인접 농촌 교포들의 농산물 등 용정사업은 점차 좋은 경기로 성장하였다.

동년 4월 조물주의 작희作戱였던지 어린이 용호가 작년 출생하던 그 날 그 시까지 꼭 한 돌 만에 사망하여 금지옥엽으로 여기던 어머님의 실망은 가[끝]없었다. 부모님은 이와 같은 낙심 속에서도 아픈 가슴을 견디며 또 흑위자 농경지로 들어가시어 생계를 위해 농경을 계속해야할 가정사정이었다.

그리하여 내가 어머님을 모시고 쓸쓸한 산곡으로 백여 리 들어가는 여정, 여숙旅宿에서

---

115) 우러러 공경하고 부러워 함

모자간 만천萬千의 소회를 주고받으며 눈물겨운 정경을 이루던 그 길, 그날 밤 기억이 아직도 머리에서 사라지지 않는다.

1931년 신미辛未

34. 대도회大刀會 동란과 가족의 수난

1932년 임신壬申 9월[116]에 왜놈들은 침략적 야심으로 만몽滿蒙을 일거 탄식呑食하고자 군대를 출동시켜 펑톈奉天으로부터 성장省長 장작림張作霖의 아들 장학량張學良을 축출하고 그의 군대를 도처에서 격파하여 만주 전역을 석권한 다음, 이 지역이 강점되자 소위 만주국이란 명칭을 붙여 전 청나라 선통제宣統帝였던 부의溥儀를 추대하여 1934년 다시 황제로 즉위시킴으로서 한 개 국가 형성을 음모했다. 그러자 만인滿人들은 풍무학려風舞鶴唳[117]로 반기를 들어 방방곡곡에서 대도회大刀會라는 깃발 아래 벌떼같이 일어나 총, 칼, 창, 막대기 등을 제각기 들고 왜놈들을 반격한다고 호언장담을 하나 기실은 명령계통도 군율도 없는 난당亂黨인 오합지졸로서 그 행동은 전부가 강도이며 폭도들이었다.

[대도회는] 왜놈들에게는 실지 상대도 못하고 다만 산간벽지에서 양같이 순진하게 땅이나 파고 있는 백의민족에게 가해가 유일한 수단이었다. 이 동란 가운데서 교포들은 농사도 가산도 그대로 내어버리고 침침칠야沉沉漆夜에 산을 넘고 물을 건너 좁은 길 깊은 숲 속으로 그들의 눈을 피해 적수적신赤手赤身으로 십에 팔구는 거의 도회지로 망명 탈출하는 도중에는 총에 맞고 칼에 찔려 비참하게 죽어간 사람도 그 수가 없거니와 모진 전염병까지 겹쳐 피난길에서 불쌍히 죽은 인명은 그 얼마나 되었는가.

이때 나는 산성진 거리에서 용정사업 중이었으나 부모님 이하 일부 가족들은 흑위자 산골짝 경작지에서 길이 막히어 탈출하지 못하고 구사일생의 화란禍亂을 겪어야만 했다. 동년 9월경 시국이 소강상태로 돌아가자 현지로 달려가 본 실정은 이러했다.

---

116) 저자의 착오. 일본 관동군은 1931년 9월 18일 만선철도 폭파 자작극인 류탸오후사건柳條湖事件을 빌미로 만주사변을 일으켰다.

117) 바람이 춤추고 학이 운다는 뜻으로 무질서함을 비유

대도회 난당들은 3개월 동안 하루 24시간 주야 구별 없이 부락에 흩어져 위협과 공갈, 구타, 약탈, 살해 등 갖은 난폭적인 만행으로 식량, 의복, 침구, 기구, 집물 등 일체 가산을 모조리 뒤져 털어가기 위해 실내외는 물론이요 가옥 주변 땅이고 벽이고 어느 곳이든지 창끝 칼끝 아니 찔러본 곳 없이 과연 문자 그대로 백공천창百孔千瘡[118]이었다.

이같이 위급한 사태 하에서 어머님은 내가 오래전부터 땅굴을 만들어 다년간 비밀장치로 보관해오던 졸업장과 임명장, 군사 서적, 기타 중요서류 등 도저히 보존할 길이 없어, 발각이 되는 날에는 당장 총살의 화를 면치 못할 순간 최종적 조처로 가슴 아픈 소각을 하고 말았다 하시었다. 그 중요서류들은 오늘에도 필요성이 느껴진다.

화불단행으로 어머님은 그 난도亂徒들의 협박에 견디다 못해 지주 강태생의 담장 안에 피신하려 굳게 닫힌 대문 앞에 가셨다가 삼사 척隻 범 같은 개떼들에게 심한 교상咬傷까지 입어 그 화란 중 염천炎天 3개월이나 치료 한 번 없이 신음과 통고痛苦의 설움, 하늘이나 알고 땅이나 알았을는지, 지주의 위문 한마디 없었다는 호지胡地 토인土人들 비인도적 악덕 행위를 상기할 때 가슴이 찢어지는 듯 분노를 금할 수 없었다.

이때 농촌에서 부모님의 농역農役을 협조하고 있던 동향인 최영선崔永善 군의 다년간 시종일관 이 화란 중 상부상조하여준 은공恩功은 영원히 잊을 수 없는 인정이었다. 이와 같이 3개월간 교통도 통신도 완전 두절되어 사생존망死生存亡조차 알지 못한 나는 일분 일각이 삼추三秋같이 초조 우울에 미칠 것 같기만 하였다. 이러한 경지에 처하여 아래와 같은 두보杜甫의 시[119] 내용에 동감하기도 하였다.

> 감시화천루感時花淺淚 아아 이 세월이 야속하구려 한하니 피는 꽃이 눈물을 뿌리게 하고
> 한별조경심恨別鳥驚心 서로 헤어졌음을 슬퍼하니 부모처자 친구들이 그립구나. 나뭇가지에서 노니는 새들의 노랫소리조차 내 마음을 놀랍게 하여

118) 백 개의 구멍과 천 개의 상처라는 뜻으로 갖가지 폐단으로 엉망이 된 상태를 이르는 말

119) 두보의 시 「춘망春望」의 전문과 풀이는 다음과 같다.

國破山河在 조정은 망했어도 산하는 그대로요. / 城春草木深 성안은 봄이 되어 초목이 무성하네.
感時花淺淚 시대를 슬퍼하여 꽃도 눈물 흘리고 / 恨別鳥驚心 한 맺힌 이별에 나는 새도 놀라는구나.
烽火連三月 봉화불은 석 달이나 계속 오르고 / 家書抵萬金 집에서 온 편지 너무나 소중하여라.
白頭搔更短 흰 머리를 긁으니 자꾸 짧아져 / 渾欲不勝簪 이제는 아무리 애써도 비녀도 못 꼽겠네.

주는구려

봉화연삼월烽火連三月 난리를 알리는 횃불이 석 달 동안 끊일 새 없이 있었더니

가서저만금家書抵萬金 고향 집의 소식은 만금을 주어도 싸리만큼 얻어보기 어렵다

시인 두보도 아마 이러한 난중에서 지은 시가 아닌가 싶다.

1931년[120] 임신壬申

35. 이역 제5거지第五居地 이팔석농장 개간, 농부로 가장

1931년 11월 하순에는 지난 20여 년간 산간벽지 이중삼중의 고난, 역경에서 가족들의 정신적 통고痛苦와 산전수답山田水畓에서 육체적 중노동에 흘린 피와 땀은 너무나 처참했고 가혹하였다. 더구나 몸서리가 치는 저 대도회 난동까지 겪고서는 도시 부근 집단생활이 절실히 희구되어 황야에서 유리流離하는 일가친척과 동지들이 한 곳에 모이어 서로 의지하고 위로하면서 외롭지 않게 살고자 이제는 농부로 위장하여 주목을 피하려 했다. 이것이 이팔석농장二八石農場 개간운동의 기인起因이었다. 그래서 이 운동에 착안하여 제1착으로 지방유력자이며 지주의 한 사람인 백향신白向宸이라는 자와 교섭을 시작해서 이해 연말까지 착착 진전을 보게 되었다. 그러나 전날 이 토지개간에 착수했다가 소송에서 패소로 포기한 동가同街 이석영李碩英 형제의 선득권先得權 연고자라는 주장으로 암암리 방해공작도 맹렬猛烈히 시도해보았으나 이유부당理由不當이라는 일축으로 종내 손 떼고 말았다.

1933년 계유癸酉 2월 어머님은 그 비극적인 대도회 화란과 중重한 교상咬傷까지 겪으시고도 시종일관 그 피땀으로 근로하신 농작물 수확과 아울러 동란으로 인한 혼잡된 가산집물 등 일일이 수습하신 다음 15년간이나 우수憂愁, 질고疾苦와 가화 첩출疊出해오던 흑위자에서 잔여 슬하들을 인솔하시고 신개간에 착수하려는 이팔석농장으로 이전해 오셨다. 이상이 이역 제4거지第四居地 흑위자에서 강태생의 소작 13년간 생활이었다.

---

120) 1932년의 오기

농장개간사업은 일대 희망을 걸고 시작은 하였으나 착수일부터 복잡다난했다. 예정 수도공사계획은 산성진 대유하大柳河 강물을 인상引上하여 두팔석頭八石(일명 동하보東下堡) 경유 이팔석(일명 백가보百家堡 또는 중화촌中和村) 동단東端에 있는 고지高地 70일경日耕 평야에다 10리 허許나 되는 장거리까지 인수引水할 예정이었으나 지형이 전부 고원이기 때문에 미래 성여불성成與不成[성공여부]은 누구나 목측目測으로 예측하기는 매우 곤란한 공사가 아닐 수 없었다. 경작 토지는 거의 선금으로 임차하여 별문제가 없었으나 원거리 3, 40명 소유 지주들의 선로를 거쳐야하기 때문에 분규를 면치 못할 것이 예상되었던바 그 가운데 어떤 지주는 무난히 승인하는 자도 있었으나 완강히 저항하는 자도 있었다. 특히 두팔석 유치림于其林과 이팔석 장푸궁張富弓 등은 인수로引水路 공사장에 도끼와 칼과 기타 흉기로 전 가족이 결사적인 반항으로 생生이냐 사死냐 하는 위험천만의 순간도 겪었다.

그러나 이미 만주 전역에 수전 가경加耕 지역은 거의 개간되어가는 현시점에 있어 이 농장만이 한두 명의 저항으로 시대의 조류에 수반되는 사업이 중단될 수는 없었다. 각 지주들 교섭과 농호農戶 편성 및 공사 기구 등 제반 준비가 십에 칠팔은 완료되어 춘경기春耕期부터 개공開工은 시작되었으나 인수로에 있어 정확한 측량을 하지 못하여 막대한 금액과 수천 명의 인공人工으로 수개월간 최대의 노력을 기울여왔으나 농기農期가 이미 지나버려 소기하던 희망은 수포화되고 말았다.

부득이 선금으로 임차한 토지인지라 그대로 버려둘 수는 없어 만시지경晩時之境임에도 70일경 전역에 각 농호별로 입종入種을 실시하였으나 그 역시 실기失期로 선금先金은 전연 실패로 돌아갔다. 이제는 명년 계획으로 옮겨 2차, 3차에 걸쳐 꾸준히 노력하였으나 말경에는 재궁역진財窮力盡하여 전반前般 계약된 토지는 지형상 인수引水 불능을 간파하고 관계 지주들과 해약하는 동시 인수가 용이한 저지대 개간에 착안하여 방침을 변경 추진하였으나 그 역시 좋은 성과를 얻지 못하였을 뿐 아니라 여러 가지 애로와 난관에서 쓰라린 실패와 고충을 거듭하여왔다.

이 수선水線 공사가 끝난 뒤 만인滿人 지주 한 명이 일본영사 앞잡이로 재직 중인 조선인 곽인수郭仁洙에게 토지를 매도하였다. 이 곽씨가 수선 지주 가운데 한 사람으로 가입이 되자 왜세倭勢의 호가호위狐假虎威로 삼십여 농호를 상대하여 방해를 자행함에는 방농기方農期에 수선을 절단 또는 노력勞力을 강요 등 농호들은 피와 땀으로 이룬 수선이건만은 곽씨의 왜세에 안심할 날이 없을 뿐 아니라 농작에 미치는 영향도 막대하지 않을 수 없었다.

이 수선은 원래 만인滿人 소유로 있을 때 이미 시설된 지가 오래였고 상단으로부터 하단에 이르기까지 대부분이 초전과 황무지를 이용 개설되었으므로 만인滿人 지주들은 임차료도 요구치 않음에도 곽씨는 동족이면서도 특외特外로 상당한 '주자[酒資金값]'까지 매년 받아들이면서 도리어 왜세를 배경으로 무리한 압박을 가하여 농호들의 흘린 피땀을 희생시키려는 일제 충복의 소행이야말로 가증스럽지 않을 수 없었다.

이로부터 세월은 흘러 십여 성상星霜이 지나갔다.

1932년[121] 계유癸酉

36. 원통한 어머님의 서세와 최영선 군의 총상

1932년[122] 계유癸酉 고력古歷 3월 3일 앛익[123] 8시경 뜻밖에 어머님은 '뇌일혈'이라는 급증을 일으켜 향년 59세로 갑자기 영영 가시었다. 거친 벌판 만천의 풍상 속에 모자가 서로 의지하면서 태산같이 믿어오던 자식의 심정, 참으로 호천규지呼天叫地[124] 통곡을 금할 길이 없었다. 인생 고해세상苦海世上이라 하지만 우리 어머님같이 고난 일생은 없으리라고 생각된다. 일생을 통해 몇 날이나 기쁜 날이 있었을까.

도강지년渡江之年에는 원래 약하신 체력으로 홀몸도 아니신 가운데 수삼천리數三千里 행역行役을 겪으시고 북구 6년간에는 15명이란 대가족으로 살인적 폭한暴寒 속에 절정의 빈곤이 초래하는 집안의 불화와 생계면의 중노역으로 정신적 육체적 고통은 끊일 날이 없었다. 통화 북구에서 류허 지방으로 이전 도상 몸소 겪은 참혹은 형언할 수도 없거니와, 태평구와 흑위자 걸쳐 15, 6년간에는 접종接踵되는 가화家禍의 사망 통고痛苦와 아울러 자손 양육에까지 계속 실패에 주야 상심으로 애태워 오셨다. 그런 중에도 더구나 난폭 무쌍한 대도회 무리의 거듭하는 박해에 경겁驚怯과 공포에다 아울러 심한 교상까지 입어

---

121) 1933년의 오기

122) 위와 같음

123) '아침'의 방언

124) 하늘에 울부짖고 땅에 절규함

이역 유리생애의 일관해온 뼈저린 통고는 평소 건강유지에 커다란 영향을 끼쳐 촌각을 불허하는 불치의 중환으로 약 한 첩도 미미 한술도 구료救療해 보지 못한 여한은 영영 죽는 날까지 가슴에 풀리지 않을 것 같다.

운명하시던 전날까지도 하신 말씀 "숨이 떨어지는 그 시간까지 움직여야 되지 않나" 하시면서 괴로우심을 견디시고 가정사를 친히 돌보시며 몸소 시범으로 엄숙한 교훈을 남기시었다. 재세지시在世之時에는 일가친척이나 향려鄕閭에서도 항상 화기춘풍和氣春風으로 불쾌한 표정을 지어본 적이 없었고 일생을 통해서는 1년이 하루같이 바쁘시어 종용從容히 쉬어본 시간도 없었다. 어떻게 몸이 괴로워도 슬하들이 걱정한다 하여 입 밖으로 신음하시는 소리나 괴로워하시는 표정을 보이는 적이 없었다. 자식이 외출할 때면 길 가다가 점심 요기하라고 꼭 식품을 손수 만들어 친히 쥐어준 다음 가는 길을 바라보며 멀리 보이지 않아야만이 집으로 들어가시곤 하였다. 어느 부모가 자식에 대한 애정이 없으리오마는 어머님 같은 애정은 이 세상에서 보기 드물리라.

황야의 험한 파도를 헤치면서도 다만 오나가나 산 같고 바다 같은 애정 속에서 기쁨과 희망을 가지고 그 따뜻한 사랑의 품 안에서 감화에 젖어오던 나로서는 영원 불귀의 이별이야말로 하늘이 무너지는 듯 앞이 캄캄하지 않을 수 없었다. 평생에 자나 깨나 원願이시던 손자도 세상을 떠나신 후 불과 1개월 3일인 그해 고력古歷 4월 5일에 이동李棟(용철容喆의 유명幼名)아兒의 출생[중략]이 있었건만 바라고 바라던 기쁨도 보시지 못하고 돌아가셨으니 이 모두가 인생 운명의 소치가 아니었던가 싶었다.

그립고 그립던 고국을 다시 돌아오시지 못하고 이역 고혼이 [되셨으니] 원통한 심정 금할 길이 없다. 묘지는 남만주 하이룽현海龍縣 산성진 북산 일우一隅[한 모퉁이]에 모시었으나 이제 호지胡地의 유리난총流離亂塚[125] 가운데 자손들이 무덤까지도 찾을 길이 없겠으니 세월이 흐를수록 잠들기 전 걱정과 송구의 심정 한이 없다.

하루빨리 공산 철의 장막이 걷히고 인류평화가 돌아와 통일된 조국 산천에 안장安葬의 소원을 성취할 날만 기다려왔으나 이제 황혼길이 바쁜 80 당년 나로서는 이 역시 영영 절망으로서 천추千秋의 한을 안고 어머님의 뒤를 따를 것 같다.

---

125) 유리하는 삶으로 인해 어지러이 흩어져있는 무덤

동년 2월경 광신호 뜰 안에는 새벽 미명에 공산분자가 잠입하여 금품을 강요한 뒤 도주해버렸다. 이 정보를 접하고 추적해온 왜영사倭領事 주구 순포巡捕 이규하는 눈알이 뒤집혀 달려와 대문에 들어서자 무죄한 양민에 대해 망동적인 난사로 사생고락을 함께 해오던 최영선 군을 향해 발사하였다. 최군의 좌견左肩 총탄관통사고가 돌발되자 "선생님, 이제 나는 죽어요"하고 눈물로 애원. 그 애처로운 순간 인접 병원에 즉각 입원시켜 응급치료 결과 생명 위험이 호리지차毫厘之差에서 불행중행不幸中幸으로 1개월에 걸쳐 완치는 되었으나 그 애매한 총상에 그 놀라움과 안타깝던 심정 가[끝]이 없었다.

37. 계유[1933]~경진[1940] 8년간의 가정적 희비 쌍선

1932년[126] 계유癸酉 고력古歷 4월 5일 새벽 4시경 산성진 동가東街 광신호 원내院內 만인滿人 송연영의 셋방에서 이동 아兒의 출생은 가정적 일대 경사였다. 그러나 손자를 못 보아 밤낮 애태워 오시던 어머님이 서세하신 불과 1개월 3일인 슬픔 속에 가정환경은 기뻐도 기쁜 줄을 몰랐다. 그러한 가운데도 초생 어린이는 대변 부정상이란 선천적 여증餘症으로 항상 걱정을 면치 못해 왔다. 이때가 나와 저 모母의 동갑 나이 49세[127]인지라 득남을 못해 안절부절못해 오던 아내의 여한도 이제 좀 풀리게 되던 날이라 하겠다.

1934년 갑술甲戌 고력古歷 3월 3일[삼짇날]은 어언 어머님의 서세 1주년 소상일小祥日이었다. [중략]

동년 봄에 이역에서 망국의 한을 품고 무정처無定處 표박漂迫 생애로 입추지지立錐之地 소유권도 없는 인생이 서러웠다. 이 여한을 뼈저리게 느껴오던 나머지 마침 괴정傀政[괴뢰정부] 만주국 법령에 한인도 소유권을 부여한다는 조례에 의해 이팔석농장에서 제1착으로 토지매수에 착안하여 만인滿人 정보산丁寶山 소유의 한전旱田 1단을 매입한 다음 장차 수답으로 개조할 계획이었다. 동년 9월 금년 농작 상황은 이미 임차한 70일경 한전은 고원

126) 1933년의 오기

127) 저자의 착오. 1933년 당시 부부의 우리 나이는 39세

인지라 도저히 인수引水 불가능하여 제2차년도에도 또 쓰라린 실패를 거듭하지 않을 수 없었다. [중략]

동년 고력古歷 7월 24일 용분容賁(인숙仁淑의 유명幼名) 아兒가 역시 전기 송연영의 셋방에서 출생했다. 그날 저녁 그 산실産室 앞마당에서 내가 처음 자전거 타기 실습하던 날 저녁 7시경이었다. 동년 고력古歷 10월 24일은 어머님의 갑년[회갑]이시었다. 생신일을 맞이하여 통곡의 기념 제례가 있었다. 동년 농작은 인수 난難인 고지대는 포기하고 인수가 용이한 저지低地를 새로 임차해서 약간 개답開畓 결과 제 3년 만에 추확秋穫[가을걷이]도 다소 수입을 보게 되었다.

1936년 병자丙子 고력古歷 4월 28일은 아버님의 갑년[회갑]이시었다. 인근 친지들이 모인 가운데 간소한 축수연도 있었다. [중략]

1937년 정축丁丑 가을에 놈[용숙의 유명幼名]이가 지린성吉林省 연용산烟甬山에 주거하고 있는 동향인 신안주씨新安朱氏 주진철朱鎭哲과 결혼하니 그 부父에 주병순朱秉順, 조부에 주운조朱運祖였다. 동년 왜놈들은 독일, 이태리 합세로 추축국을 형성하고 중원대지에 침략전을 개시하여 시국은 또다시 어수선해가고 있었다.

1938년 무인戊寅 세기 계숙은 고력古歷 6월 26일 생신날에 2, 3일째 부패된 우육牛肉 독에 갑자기 서세하시었다. 묘는 이팔석 태평구 만인滿人 이모李某의 전산前山에 안장하였으나 애석하고도 원통한 영별永別이었다. 항상 정신적만으로나마 조카를 도와주려고 은근 유정有情 심신心身을 아끼지 않았고 험난에 제際하여서도 앞장서기에 주저함이 없었을 뿐 아니라 투쟁선에서도 루시 일관해왔다.

1939년 기묘己卯 2월 15일 전기 계숙주季叔主 서세하신 뒤 후취後娶 전의이씨全義李氏에서 어린이가 출생하여 그 이름을 유복遺腹이라고 지어 불렀다.

38. 가인家人의 영별永別과 자녀의 상처

1940년 경진庚辰 고력古歷 2월 23일 가인 안성이씨安城李氏가 별세하였다. 수일 전 이웃 잔칫집에 모자가 갔다 와서 동시에 감기 증상으로 시발하여 자신의 병病은 조금도 생각지 않고 다만 어린 것에게만 치료에 당황하다가 결국 복막염이라는 난치증으로 종내 회복되지 못하고 말았다. 고향에서 15세 동갑으로 결혼한 뒤이어 17세 때 황야로 나가 간 곳마다 죽던 그날까지 짧은 44세[128)]라는 청춘임에도 안팎 중노동에서 하루도 안일安日 없는 인생살이에 허덕이다가 가엾게도 가고 말았다. 병석에서 신음할 때 "어린아이들은 어떻게 하고 가겠다하느냐" 할 때 그의 말인즉 "이제 밥 먹으면 살겠지, 무슨 걱정이냐"고 정을 끊는 최후의 답변이었고, "내가 죽더라도 어린 이동 아兒를 10세 전에는 내 무덤 앞에 보내지 말라"는 한 마디 부탁을 남길 뿐이었다. 남같이 아들을 얻지 못해 포원抱願이던 그 천금 같은 어린 것이지만 모진 병 신음에 못 이겨 어서 가야 하겠다는 초조뿐 조금도 아이들이 불쌍하다는 표정은 보이지 않았다. 당시 이동이가 8세였고 용분이가 6세 때였으니 아이들에게 남긴 상처는 가슴 아픈 눈물을 금할 길이 없었다.

그 일생을 회고해 볼 때, 대가족 중에서 상봉하솔上奉下率과 일가친척 사이에나 치가지도治家之道에도 부족함이 없는 능소능대한 성격이었고 특히 범사凡事 예의범절과 기억 방면에도 미덕을 겸비한 재능 소지자였다. 묘지는 산성진 북산록北山麓 공동묘지 선비묘소先妣墓所[어머니 묘소] 우측 약 3보 외外 약간 아래로 당겨서 묻혀있다. 어머님과 그의 무덤 사이에는 딸애 한 명도 갖다 묻은 자리가 있다.

동년 고력古歷 4월 류허가柳河街에 주거하고 있는 당년 22세의 의흥예씨義興芮氏와 속현續鉉[絃][129)]하게 되었다. 세기 계숙모 부친이신 이현중 사장査丈의 소개로 그 부친에 예명수芮明洙, 남제男第에 예석기芮碩基, 예용기芮龍基가 있었다. [중략]

39. 대동아침략전과 우리의 분노

1941년 신사辛巳 왜놈들은 동아에서 한국을 탄식呑食한 지 30유여有餘 년간 통치에 거의 만족을 느낄 정도로 이르자 또 침략적인 수단으로 일단 중국 영역인 만몽滿蒙 대륙까지 독수를 뻗쳐 대병력을 출동하여 무자비한 만행을 자행하면서 강점한 다음, 만주국이라는 한

128) 1895년생인 저자와 동갑이므로 졸년인 1940년엔 우리 나이로 46세
129) 주103 참조

괴뢰국가를 형성했다. 만인滿人 통치에도 단시일 내 놀랄 만한 발전을 이룩하자 1937년 7월에는 제3착으로 중국 전역을 저희 지배하에 두려는 야욕에서 노구교사건蘆溝橋事件을 조작하여 독일, 이태리 두 나라와 서로 손을 잡고 공영권 내의 추축국樞軸國이라는 합세 아래 만몽 전역을 탄식하고 중원 대지를 진격하면서 이것을 대동아전쟁이라고 호칭하였다. 이 전쟁이 점차 확대됨에 따라 호시탐탐 그 야심은 더욱 팽배하여 이로부터는 전 세계를 제패하여 보려는 야욕으로 1941년 12월에는 돌연히 태평양을 건너 진주만을 기습함으로써 태평양전쟁까지 도발하게 되자 결국 제2차 세계대전을 일으키고 말았다.

동년 가을에 전기 송연영의 셋방에서 행자幸子가 출생하니 의흥예씨의 첫 소생이었다. 1942년 임오壬午 왜놈들은 허울 좋은 침략전 수행을 위해 농산물 기타 대소 물자를 강포强暴한 통제로 모조리 수탈해가는가 하면, 인적으로는 징용, 지원병, 보국대保[報]國隊, 학도병 등 강제로 청장년들을 뽑아 전선으로 몰아내어 모두 희생을 강요해왔다. 유일한 시가市街 은신 방법이었던 용정업舂精業[정미업]도 양곡 통제에 의해 폐업하지 않을 수 없었다.

이때 장질長姪[장조카] 아兒 용구容九와 사위 주진철이 학도병으로 끌려나가 용구는 통화현까지 가다가 돌아왔고 진철은 오키나와로 끌려가 종전까지 돌아오지 못했다. 종전 후 압록강을 건너가는 것을 본 사람이 있다는데 철의 장막 속의 소식은 들을 길이 없었다.

1943년 계미癸未 소위 대동아침략전은 징용, 징병, 공출, 비행기 헌납금 등 적의 단말마적 광태狂態는 절정에 달하는 반면, 민생고는 더욱 날이 갈수록 민원民怨이 높아가는 꼴이 패전 기운의 예조豫兆는 이미 엿볼 수가 있었으나 그렇게 쉽사리 망해버릴 줄은 상상 밖이었다.

그들의 매일 선선방법은 기만과 허위로 무처불승無處不勝이라는 보도로서 대중의 이목을 현혹시키기에 급급하였으나 한민족으로서, 진실한 충복들을 제除한 이외 그 누가 하루빨리 망해버리기를 축원하지 않은 사람이 있었으랴. 동년 11월 그리하여 하늘도 무심치 않아 세계제패라는 야욕도 수포로 돌아가 최후까지 갖은 발악을 다하여 왔으나 미·영·중 3국 거두가 카이로에 모이어 전후 수습책을 타합打合하였다고 한다.

40. 건물과 토지소유로 자녀교육 기반 조성도 허로虛勞

1944년 갑신甲申 적의 비행기 헌납금 강요 또는 농산 수탈에 시종 회피 거부하는 한편 도강지후渡江之後 수십 년간 토인土人들의 가혹한 농노農奴 착취에 질식의 마굴을 면치 못하는 운명은 투쟁선에도 가족생활면에도 절대적인 초미지급焦眉之急이 경제문제 해결이란 것을 재인식했다. 결심은 성공의 반이라는 선인들의 경험담을 신조로 이 문제해결을 위한 제일보가 전기 갑술년[1934년] 봄 지주 정보선丁寶善 한전 1단 매수를 비롯하여 그 후 10여 년 사이 각고 분투한 결과 이팔석(일명 중화촌 또는 백가보白家堡)과 두팔석(일명 동하보 또는 곽가가郭家街) 전 농장에 걸쳐 수전 가경지 10분의 7 이상인 700여 묘畝를 점유한 뒤 수답으로 변조하였다. 그리고 침수지점[에] 장거리의 방파제를 축조하는 한편 소유토지 변경邊境과 가옥 부근에는 매년 춘추春秋로 묘목을 입식하여 방파防波, 미관美觀 등 장림長林을 이루어 놓았다. (별지 약도를 보라)[130]

건물로는 이팔석에 농경용 주택으로 초가 매每 동 3칸씩 계計 4동 신축과, 두팔석 농경용 기성旣成 초가 매 동 3칸씩 계 3동은 토지 부대附帶 매수하였고, 매하구梅河口 역전에 신시가 점포용 18칸 신축에 내유內有 응상應常 종형 소유 4칸이 본 건물에 연접連接되고 있으며, 산성진 동가 북쪽 포가鮑家 장외牆外[담 밖] 채지菜地 8묘가 부수된 기성 초가 8칸을 매수해 둔 것이 있다. 이상 소유 중 전답 토지가 700여 묘와 가옥 중 농막이 29칸이요, 점포가 14칸 등 건물이 43칸으로 계산이 된다. [중략] 이 토지문서들은 1946년 봄에 공산적도들에게 모조리 피탈되고 말았다. 방울방울 피땀 흘려 이룩된 공답功蹋[131]이건만은 공짜로 빼앗고 공짜로 먹어 삼키는 것이 적도들의 수법이요, 소위 공산당이란 집단들이었다.

괴정傀政 만주국이 수립된 후 한교韓僑에게도 토지매매 법령이 실시되자 토인土人들 중 쟁선爭先 방매하고자 하는 자들은 대개 아편중독자들로서 소유지 연경連境에 있는 이들 토지는 아니 살 수가 없었다. 그들은 우선 아편을 사서 하루라도 더 연명을 지속하기 위해 매일 찾아와 애걸복걸하는 까닭이었다.

전기 매수된 토지 건물로 경제문제는 점차 서광이 보이게 되었다. 불우한 시대 내가 배우지 못하고 하지 못한 한 많은 일들을 장래 다음 세대에나 만유감萬遺憾없이 소원대로 새 시대 조류에 낙오되지 않도록 국가, 민족에 유용의 인재를 만들어 보려는 굳은 결의

---

130) 별지 약도는 현재 존재하지 않는다. 저자가 추후 작성하려고 했다가 하지 못했거나 유실된 것으로 보인다.

131) 공탑불탑功塔不塌. '공든 탑은 무너지지 않는다'에서 나온 말로 '공답功蹋'은 저자의 오기. 이하 모두 '공탑功塔'으로 고쳤다.

로 악전고투해온 피땀의 결정이 희망찬 기대에 뜻대로 이루어지려는지 다만 정신적 바탕 위에서 현실에 살고 희망에 살 뿐 미래는 모르는 것이 인생임을 깨닫지는 못했다. 그리하여 일대 변천되는 시국은 결국 허로虛勞와 후회와 허탄虛嘆만 짓는, 만사는 수포로 돌아가 실망의 구렁에 빠지고 말았다. 자고로 공탑불붕功塔不崩이라 하였으니 조만간 동양평화가 돌아올 날이 있을 것을 믿고 아직도 미련은 남아 있다. 언제라도 중국이 본토 수복으로 철의 장막이 걷히는 날에는 국제적 공통된 규례·원칙에 의해 사유권 주장은 철저히 규명해 보아야 할 것이다.

41. 히로시마廣島의 원자폭탄에 대동아침략전 붕괴

1945년 을유乙酉 7월, 포츠담에서 1943년 3거두 회담 내용을 재검토한 다음 뒤이어 히로시마에 원자폭탄이 투하되자 일왕日王[132] 히로히토裕仁는 정의의 연합군 앞에 두 손 들어 항복하고야 말았다. 동년 8월 15일 12시 일왕 히로히토의 종전 방송 내용은 다음과 같다.

궁중 용어로 서투른 녹음을 통하여

"충량忠良한 시민[신민]들이여, 세계의 일반적 추세와 오늘날에 있어서 외국내外國內의 세조건을 숙고한 끝에 우리는 비상조치를 취함으로써 현 사태를 해결하기로 결정하였다."[133]

히로히토는 '항복'이라는 말은 단 한 번도 입에 담지 않고 그 정부에 대하여 연합국 측의 종전조건을 수락하는 것을 명령하였다고 말하였다. 불과 3분 동안 속속續續된 이 간단한 방송이었다.

---

132) 원문에는 '일황日皇'으로 표기되어 있다. 이하 모두 '일왕日王'으로 고쳤다.

133) 일왕의 실제 항복 방송과는 내용상 차이가 있다.

42. 해방의 종소리와 그날의 감격

때는 1945년 을유乙酉 8월 15일이었다. 나는 현주지現住地 이팔석농원으로부터 산성진 시내로 들어와 어떤 만인滿人 친구를 찾아갔더니 그 사람 말인즉 오늘 12시에 중대방송이 있다고 말하여 준다. 그 중대라는 내용은 무엇을 의미하는 것인지 한갓 궁금하고도 패전 보도가 아닌가 의문도 없지 않았다.

그 다음은 식산은행殖産銀行 지배인 김모金某를 찾아갔더니 그때 김모는 어느 관공리와 함께 앉아 뜻밖에 귀국하여야 되겠다는 의논을 하고 있었다. 그러나 그 시대 만주국 관리들과 나 농부와는 정신적으로나 심리적으로도 장벽이 가로막혀 있다는 것은 나 자신이 잘 알고 있는 사실이지만 그들은 만주국 영예의 관공리라는 우월감에서 농부들과는 상대가 안 된다는 것이 상식화되고 있어 전에 듣지 못하던 환국을 걱정하면서도 나에게는 내용에 대한 하등의 언급이 없었다. 그러나 그들은 관리라는 지위에서 상전上典으로부터 패전 항복의 징후는 농촌에 묻혀있는 농부보다는 좀 먼저 알았던 모양이었다. 이 비밀에 부친 그들에게 나 역시 알려고 하지도 않았다. 이것이 모두 그날 오전午前 12시 전 사실들이다.

그 후 12시가 지나자 벌써 시내에서는 일왕 항복이라는 특별방송을 들었다고 이 구석 저 구석에서 모이어 수군 수군거리는 것을 볼 수가 있었다. 어제까지도 비행기가 쉴 사이 없이 천공天空에서 서로 다투어 음향을 높이며 분주히 오락가락하던 것이 오늘 와서는 그림자도 볼 수 없이 자취를 감추고 말았다. 그런데 이 패전이 이미 짐작은 하던 바이나 그렇게 쉽사리 항복할 것은 예상 밖이었다.

이로부터 그 민족은 도처에서 눈으로 차마 볼 수 없었고 입으로 형언할 수 없는 그 비참상을 볼 때 우리의 원수였지만 인간애로 보아서는 가긍 가련한 참상이었다. 그들 야욕의 산물인 패전의 고배는 인생들에게 한갓 교훈이 되었으며 "자작지얼自作之蘖[134]은 불가활不可活"[135]이란 입증 같기도 했다. 그러나 일본군들은 패전 장병이지만 항복의 보

---

134) 自作之孽의 오기

135) 『맹자孟子』 이루상離婁上 편에 나오는 "天作孽, 猶可違, 自作孽, 不可活"에서 따온 말이다. 하늘이 지은 죄는 오히려 피할 수 있지만 스스로 지은 죄는 살아날 방도가 없다는 뜻

도가 전해지자 조금도 혼란 없이 질서 있게 무기와 군복을 해제하고 우울의 표정으로 서서히 각귀기소各歸其所하고 있었다. 이 전쟁목적을 달성하여 보려고 최후까지 상하 일치 분전 감투하는 그들의 충군애국지성忠君愛國之誠은 과연 가찬加贊할만한 민족성이라 하겠다.

노예의 질곡에서 36년간 행시주육行尸走肉[136]으로 유리하던 우리들 귀에 해방의 종소리가 들려왔다. 이 보도가 전해지자 그 순간이야말로 새 광명과 새 희망에 감격과 환호는 지축을 흔들 듯 가슴은 끝없이 부풀어 올랐다. 특히 이날 청명한 일기는 더욱 명랑하고도 정적靜寂한 듯 여러 해로 전화戰禍에 시달려온 인생들은 이상한 침묵 속에서 기상천외의 무엇, 새로운 탐구를 하려는 것 같기만 보였다. 이제 다만 우리 앞에는 희망의 환희만이 다가올 것을 기약할 뿐이었다.

1945년 을유乙酉

43. 해방경축대회 경축사

해방을 맞이하여 당지 교민회 주최로 경축대회가 개최되었다. 이른 아침부터 가가호호에서는 태극기를 높이 달고 대중들은 역전 국민학교 광장으로 수천이 운집하였다. 이날부터 우리 국기에 대한 경례도 할 수 있었고 애국가도 높이 부르게 되었다. 회순에 따라 대회 경축사는 국치 후 투쟁 일관해온 애국투사에게 의뢰해야 한다는 대중들의 고함소리와 함께 만장일치로 나를 지명 추천하는 것이었다. 이것은 시대의 변천에 따라 자연양심의 지배持配[137]에서 발로發露된 표시라 하겠다.

이에 등단하여 단군성조檀君聖祖 건국 이래 동방웅국東邦雄國의 칭송稱頌을 받아오던 시대의 유업遺業을 상기하면서 과거의 분노와 오늘의 감격과 내일의 희망을 다음과 같이 축사에 대代하였다.

---

136) 살아 있는 송장이요, 걸어 다니는 고깃덩어리라는 뜻으로 아무 쓸모가 없는 사람을 이르는 말

137) 支配의 오기

정의는 필승이다. 우리 앞에는 해방이 오고야 말았다. 오천 년의 유구한 역사를 가진 배달민족이 왜족의 노예가 되어왔다는 것은 천추의 치욕이며 원통한 일이 아닐 수 없었다. 이것은 적을 원망할 것이 아니라 우리들 죄악의 결과였다. 이제는 해방이 되었으니 한마음 한뜻으로 함께 뭉치어 자손만대 행복된 새 나라 건설에 총력을 기울여야 할 것이다.

대중들은 박수 갈채하는 한편 교민회보에 수록 등 격찬을 받기도 하였다. 대회장 경축사에 피선被選은 특히 시대적 일대 전환 시점인지라 이것은 인민 대중의 엄숙한 심판이었고 투쟁 일관한 사실을 입증한 것이었다. 그 다음 만세삼창이 끝나자 시가행진으로 들어가 선두 지휘에서 태극기를 휘날리며 열광적인 환호로 이민족에게 새로운 인식을 주는 한편, 이제부터 우리도 자유 국민임을 자랑하였다. 그러나 장차의 시국은 어떻게 전개될 것인지 의문은 가시지 않고 남아 있었다.

44. 국치 36년간의 회고

경술국치 후 망국의 한을 품고 이역 황야에서 풍찬노숙 만천의 통고痛苦와 신산辛酸을 겪으면서 독립운동의 중견간부 양성인 무관학교의 군사교육에도, 운동선상의 다방면 암중暗中 활약도, 이주 교포의 자녀교육에도, 지방 청년의 군사훈련에도, 조국광복을 위하여 오직 일편단심 성誠과 열熱을 기울여 분투를 거듭하여왔다. 그러나 대세 변천에 따라 어떤 때는 상인도, 농부도 되어 가슴을 움켜 안고 형극荊棘 속에서 일각이 삼추같이 지나온 세월은 어느 사이 36년이 흘러갔다.

천장단애千丈斷崖[천 길 낭떠러지]의 투쟁선상에서 하루도 안일이 없는 파란곡절과 험난 역경은 인생으로서 처절한 비극이었다. 그러나 긴 세월 속에는 왜倭 기관이나 괴뢰 만주국 관문官門 또는 소위 협화회協和會 등 전반에 걸쳐 영욕이나 권력을 위해 비굴이나 아부, 추종한 적도 없었고 여하한 대소 관공직에도 참여나 가담한 사례도 없었던 반면에는 유혹과 강압 또는 취체取締와 주목 등 갖은 교활한 수법이 끊일 때가 없이 뒤를 따랐으나 지난날 머릿속에 새겨진 마음의 정신은 그대로 생생하게 살아 있어 불의를 항거함에 유랑과 망명으로 또는 농부도 상인도 된 위장으로 적의 눈을 가루기도[가리기도] 하여 해방의 그날까지 불굴불요不屈不撓 시종 민족혼을 사수해온 길을 회상해볼 때 모골이 송연하다. 그러나 적의 가혹한 유린과 박해도 나의 마음은 짓밟지 못하였다.

회고하여 볼 때 서산에 지는 해와 동천東天에 솟는 달 아래 쓰라린 고독은 얼마나 겪어 왔으며 논들과 밭골에서 사국가思國歌와 망향가는 얼마나 불렀으며 춘풍추우春風秋雨 지난 해에 도연명陶淵明의 전원사田園辭 등은 고난 생애의 한갓 벗이었으며 또한 위안의 일단一端이기도 하였다.

그리하여 간교한 왜적들은 [나를] 이용해 보려고 갖은 술책도 핍박과 위협에도 무언無言 항거에서 그 본연의 정신 변함없었고 권리와 세력에 아부하여 영예에 날뛰고 지위에 자랑하는 무리들도 부러워하지 않았다. 다만 36년간을 통하여 시종일관 숭고한 신흥무관학교의 민족정신만은 그대로 사수하여 온 것은 나의 일생 부끄럽지 않는 한 가지 신념이었다.

그러나 오늘에 와서 원통한 것은 새파란 청춘이 이역의 처참한 흑운암야黑雲暗夜에서 방황과 유리표박遊離漂迫으로 국가, 민족에게 하욤있는[138] 업적을 남기지 못하고 세불아연歲不我延의 아까운 세월만 헛되이 썩어버려 조국 해방의 종소리를 맞이하는 때는 벌써 나의 머리 위에 흰 머리가 휠휠 날리니 이 여한을 생각할 때 침략자 왜놈을 증오하는 심정 더욱 간절할 뿐 아니라 비분통절悲憤痛切을 금할 수 없다.

1945년 8월 15일

45. 종전과 만인滿人의 난동

고대하던 종전이 만인滿人들에게는 난동의 좋은 기회가 되었다. 오랜 세월 우리들 체험에 비추어 이들은 관민 물론하고 음흉한 절도성竊盜性은 제2 천성 같기도 하였다. 일

138) 사투리인지 오기인지 분명하지 않지만 문맥상으로는 '하염직하다'는 의미로 쓰인 것으로 보인다. 하염직하다는 할 가치가 있다는 뜻이다.

왕 항복이라는 방송에 뒤따라 왜병들의 무장해제로 전패戰敗의 말로에 이르자 지난날 전쟁 수행을 위해 곳곳에 산같이 쌓아둔 군수물자나 왜倭 기관의 공유 물품과 거류민居留民들 사유재산 등 어느 것을 막론하고 닥치는 대로 수수만數數萬이 불개미떼 같이 밀려다니면서 약탈, 폭행, 타살, 총살 등 졸연卒然[猝然] 무법천지 수라장酬羅場[139]으로 화化하고 말았다. 전무후무의 대혼란 와중에서 왜인들은 차마 볼 수 없는 참상이었다.

적으로 보아서는 자작지얼이니 천벌이라 하겠지만 인류 박애 면으로 보아서는 측은한 감도 없지 않았으나 침략자들의 그 말로를 새삼 느끼기도 하였다. 허욕에 날뛰는 만인滿人들은 적의 물자 약탈이 거의 완료되자 제2단계로 다음 목표는 우리 교포들에게 혈안이 되어 처처處處에 약탈소동은 계속 종식을 모르니 이같이 시국은 또 걷잡을 수 없이 험악일로險惡一路로 우리들의 앞길은 다시 암흑의 구렁에서 갈피를 잡을 수 없게 되었다. 이 만인滿人들은 심지어는 왜인이 주거하고 있던 주택 건물까지 제각기 뜯어가기에 눈이 붉었으니 그 민족들의 국가 관념이라고는 찾아볼 수 없는 광상狂相이 보는 자로 하여금 한심 짓지 않을 수 없었다.

동년 10월 해방은 갈수록 우리들의 여천餘喘[140]을 질식시키려는 대혼란의 와중에서 어서 장제스蔣介石 중앙군이 진주하여 우선 질서 안정이 일루一縷 갈망이었다. 이것은 우리 교포들이 더욱 그러했다.

하루빨리 평화가 돌아와 공포와 위급에서 벗어나기 위한 희망이었으나 중앙군은 종내 들어오지 않는다. 유언비어는 날이 갈수록 혼잡을 타서 민심을 동요케 하고 강도들은 사처四處에서 출몰 난무하여 우수, 공포에 사로잡혀 방안에서 문 앞도 못 나가는 절박한 상황 아래 거리에는 차디찬 돌풍만 쓸쓸하게 불어오고 있다.

1945년

139) 수라장修羅場의 오기
140) 주49 참조

46. 만주는 중공의 천지로 돌변

동년同年[1945년] 10월 말 그 어느 날 만인자치회滿人自治會에서는 오늘 몇 시경에 군대가 입성하니 각 기관대표들은 환영 나가자는 연락이 왔다. 교민회 대표로 역전에 나가 수 시간을 기다리자 비로소 화물열차로 일개 중대 가량 되는 병력이 와서 내린다.

무슨 군대인지 모르나 그 처음 행색을 보아서는 너저분한 차림이 정규군답게 보이지 않는다. 그 지휘관은 우리 환영 일행을 일방一方에 모아놓고 일장 연설을 하는데 첫 벽두부터 끝까지 전면적으로 장제스의 비행과 그 군대의 불법성을 지적 열거하여 정면공격과 타도되어야 한다는 내용뿐이었다. 그제야 팔로군八路軍이라는 적색 군대로 알게 되자 환영 갔던 각 기관장 및 시민들은 낙심천만으로 얼굴에 수색愁色이 만면이었다.

이로부터 시내 공기는 일변하였고 일부 시민들은 평화스럽지 않은 분위기에서 장제스 중앙군이 들어오면 저것들이 쫓기어 가느니, 머지않아 중앙군이 오느니 이 구석 저 구석 수군거리기에 바빴다.

그 반면 무혈 입성한 팔로군들은 날로 각 기관 공무원, 학생들을 모아놓고 의기양양하게 공산군의 목적을 역설 선전한 다음 절대복종을 강요하는 한편, 일반 빈민층에 대하여는 가장 온순하고도 친절하여 세궁민細窮民들은 차츰 공산당에 대한 칭송과 추종하는 경향이 날로 증가해가는 현상이었다. 이 까닭은 첫째 그들의 유혹수단인 유산자 재산 탈취 분배와 또는 토지분배를 유일한 자랑으로 민심을 현혹시키는 까닭이었다. 그러나 전날 관공리와 유산층, 유식계급에게는 무조건 강압적이었다.

동년 12월경에는 가두街頭 사면四面에 혈채싼장血債算賬[141]이라는 문구를 주서특필朱書特筆로 대서첩부大書帖付하였다. 그러나 이것이 무슨 의미인지 처음 보는 우리로서는 해석하기 곤란한 문구로서 그 실시방법을 알기에 한갓 의문 속에 궁금하던바 멀지 않은 시일에 나 자신이 그 가혹한 불법을 직접 겪어야 했다.

1945년 을유乙酉

141) '피의 빚을 청산하다'란 뜻으로 본래 일본군의 잔혹행위에 대한 보복을 의미했으나, 공산당 점령지에서는 일제 부역자와 지주 계급 등에 대한 징벌과 재산몰수를 상징하는 구호로도 사용됐다.

47. 중공中共 지배하의 조선의용군

1945년 10월경 중공 팔로군이 무혈 진주하자 그 뒤를 이어 그 지배하의 조선인 남녀로 편성된 의용군[142]이라는 군대 600여 명이 이 지방을 통과할 때 내가 교민회의 대표로서 부대장 이하 각 참모들을 초대하게 된 그 석상에서 아래와 같이 강조하였다.

1. 해방의 기쁨 속에 우리 군대를 맞이하게 되니 무한 감개무량입니다.
2. 조국 재건과 국토방위에 위대한 역군이 되어주기 바라며
3. 고구려의 옛 성역 랴오둥 벌판에 백의족이 영원히 행복하게 살 수 있는 터전이 이룩되기 바라며
4. 국치 후 36년간 망국의 한을 품고 황야를 개척한 동포들 피눈물의 가치가 헛되이 돌아가지 않도록 분투하여 주기 바란다고

상기와 같은 소회의 일단을 던져주었다. 그들은 감사하다는 표정이었다.

그 후 각 도시에는 소위 의용군이라는 병력이 배치되고 아울러 연안계延安系의 조직 책임자로서 김형식金炯植[143]이란 자가 파견되어왔다. 극도의 혼란과 불안에 초조한 우리 교포들은 생명·재산 보호와 치안 질서 회복에 도움이 될까 하여 매우 기뻐하기도 했다. 그러나 날이 갈수록 희망과 기대는 전연 상반되는 방향으로만 달리고 있었다.

동년 11월경 전기前記 조직책 김씨는 매일 날도 새기 전에 사택으로 찾아와 농민위원회를 조직하고 위원장에 취임해 달라는 요구와 그 외에도 독립동맹이니 여성동맹이니 청년동맹이니 등 단체들에 빨리 가입할 것과 또는 지방 책임 대표가 되어 달라는 촉구 등 유혹에 급급하고 있으나 공산주의자들의 만주 각지에서 전날 비인도적 만행을 이미 잘 알고 있기 때문에 쉽사리 동의도 쾌락快諾도 하지 않는 태도를 견지하고 경이원지敬而

---

142) 조선독립동맹의 부대인 조선의용군을 가리킨다. 원문에서는 조선인의용군, 의용군, 조선의용군을 혼용하고 있다.

143) 김형식金衡植의 오기, 호는 월송月松. 1877년 안동에서 김대락金大洛의 2남으로 태어났다. 1910년 서간도 망명, 경학사·한족회·부민단 조직에 관여하고 신흥무관학교 운영에 참여했다, 1944년 연안 독립동맹 북만지부 책임자, 1945년 북한에서 혁명자후원회 회장. 1950년 금강산 구룡폭포에서 투신 자결했다.

遠之하면서 시국 추이의 주시에만 여념이 없었다.

그들의 선전하는 소위 6대 강령 내용은 대단[히] 좋았다. 그대로만 실천된다면 우리도 남같이 행복하게 잘 살 수 있다는 기대도 없지 않으나 우선 한 가지 알고 싶은 것은 오늘이라도 장제스 중앙군이 빨리 들어오기를 기다리는 것이 대중들 전반적인 심리인 듯하다. 이러한 현실에서 만약 중앙군이 진격해온다면 우리 의용군은 어떠한 행동을 취할 것인가 하고 관계자들에게 질의하였을 때, 그들은 대답하기를 우리 교포의 생명 재산에 침해가 없는 한 타민족의 동족상쟁에 가담도 협력도 하지 않을 것이라고 한다.

이것은 우리 군대의 취할 당연한 조처로서 당면한 문제의 초점인지라 앞으로 그들 행동에 대조해 보아야 알 일이었다.

그러나 말한 사실과는 반대로 차츰 군대가 주둔되고 상전上典 중공의 세력이 부식됨에 따라 실권이 장악되자 본질적인 행동은 날로 노골화되어 가고 있었다.

우선 해괴한 몇 가지 예를 들어보면

1. 제 나라 국기를 배척하고 적기赤旗를 날리며 소련을 조국으로 '스탈린' 사진을 걸어놓고 절대적으로 숭배하는 추태
2. 조국 5천 년의 역사를 무시하고 고유 전통의 민족문화를 말살시키려는 비민족적 행위
3. 한국교민회를 탄압하고 무식 대중을 상대로 농민위원회를 조직 강화시키는 한편, 유식층, 전 관공리 출신 및 유산자들을 탄압하기에 혈안이 되고 있는 사실
4. 라디오 방송 청취를 엄금하여 신앙 자유를 방해 핍박하는 행위
5. 그들은 구호를 잘 외치는데 그 구호내용에는 애국 선배를 모독하는 데 주안主眼을 두는 한편 양심상 허락되지 않는 [것을] 대중들에게 무조건 강요하는 사실 등

이상과 같은 사례들은 부지불식중 뜻있는 유식층과 공산당과의 거리는 날로 멀어져만 가는 요인이었다.

이때 금지되고 있는 라디오를 이불 속에 넣어놓고 비밀히 청취하는 국내 방송은 뜻하지 못한 모스크바삼상회의에서 국제신탁통치문제가 대두되고 있음을 기화奇貨로 적색분자들은 이를 지지한다는 기치를 들어 시국의 혼란과 사상의 분열을 조장하고 있었다.

그해 12월경 시민들은 공포와 불안 속에 소위 의용군의 위안慰安을 위해 악극을 개최하였는데 나도 시민의 일원으로서 그 위안회에 참가하여 그들의 반성을 촉구한 노래를 독창하였더니

노래집을 보라.[144)]

그 후부터는 그들 감시의 눈초리는 날로 날카로워지기만 하였다.

1945년 12월

48. 공산당의 인민재판

1946년 1월초 당지當地 진주한 의용군 간부들은 중공의 지배하에서 일제시대 민족반역자를 숙청한다고 전 시민은 한 사람도 빠짐없이 집집마다 지정장소인 역전 소학교 강당으로 집합하라는 지시였다. 그리하여 남녀노소 약 500여 명이 모여들었다. 참석하지 않으면 주목이 심한 까닭에 누구나 빠질 수도 없었다.

건물 주위 안팎에는 완전무장한 의용군이 각 요소에 배치되어 경비하고 있으며 좌석 앞에는 중공군 5명이 청색 정복으로 총 끝에 칼을 꽂아 들고 의기양양하게 들어와 강당 앞에 나란히 앉는다. 뒤이어 의용군 2명은 전날 왜영사倭領事 앞잡이 주구 집단인 보민회保民會 5개 현縣 회장이던 윤학동尹學東과 현지 산성진 회장 한식韓湜 등 2명을 박승縛繩[포승줄로 묶음]하여 앞세우고 와서 중공군 옆에 앉힌다. 집합장 좌우에는 약 1개 분대 병력을 무장 정렬시켜 놓고 대중들로 하여금 두 주먹을 치켜들며 사면 벽에 이미 써 붙여놓은 각종 구호를 고함치도록 지휘하는 한편, 배치된 사병들은 적기가赤旗歌를 고창하며 장내 분위기를 긴장시킴으로써 부지불식 모인 대중들을 공포의 도가니로 몰아넣고 있다. 그 다음 강단講壇 옆에서 한 사람이 나오더니 이 지방 선전공작대 대표로 온 사람이라고 소개를 한다.

이 사람이 재판장인 모양인데 전기 윤·한 범죄사실을 열거 낭독하고는 대중을 향하여

144) 노래집은 전하지 않는다. 저자가 별도로 작성했지만 유실되었거나, 작성하려고 했다가 미처 작성하지 못한 것으로 보인다.

묻는 것이었다. "이제 발표한 죄목이 이러하니 이 두 사람은 죽여야 옳소" 하면 긴장한 대중들은 그들 외치는 대로 따라 "죽여야 옳소" 그 좌석에는 사형받을 자의 가족과 일가친척들도 모두 참석하였건만 변명 구출은 고사하고 그들과 같이 주먹을 쳐들며 "죽여야 옳소" 하니 그들 박해와 위협에 무서워 앵무새 흉내처럼 말하는 대로 따라 외치는 것을 흡사 대중의 총의總意인 듯이 이미 계획적인 조작극으로서 "여러분이 다 죽여야 옳다 하니 인민의 의사를 존중해서 죽이겠소" 하고 아주 판결은 간단하였다.

그즈음 윤씨는 재판장에게 최후 소원 한 마디를 간청하였으나 당장 거절함으로 당부당當不當 리불리理不理가 없다는 것이었다. 그 즉석에서 무장 의용군 2명이 들어오더니 방금 선고받은 두 사람을 교사 한 모퉁이에 내다 세우고 1인 2발씩 사살한 다음 시체 옆에는 누구도 가볼 수 없으며 또는 그 집에 조문도 할 수 없다. 그것은 내왕하는 자도 '개'와 같은 자라고 지적하여 가혹한 주목을 받게 되는 까닭이었다.

소위 내가 처음 보는 공산당의 인민재판이란 것으로 이로부터 계속되는 이들 재판장에는 부모 형제와 일가친척 상호 간이라도 사상이 같지 않으면 욕설, 구타, 살해 등 비인도적인 비극의 괴현상을 연출하는 광상狂相은 참으로 인간 지옥이 아닐 수 없었다.

1946년 병술丙戌

49. 적도赤徒의 박해와 나의 수난 – 꿈에 본 태극기

1946년 2월경 해방에 뒤이어 무법천지 진공상태인 만주로 무혈 진주한 중공 팔로군과 조선의용군은 차츰 실권이 장악되자 전면적으로 무시무시한 위협과 박해를 가해왔다. 어찌 상상이나 하였으랴. 해방이 되었으니 잘 살아보리란 꿈은 너무나 오산이었다.

제1차 인민재판장에 참관한 대중들은 누구나 공포가 아니면 아부하여 매일 음모와 흉계로써 전날 모든 양심은 어디로 도망갔는지 불과 몇 날 사이 거의 다 폭도 무리로 변하여 남의 재산 탈취, 음해, 폭행을 전업專業으로 날뛰는가 하면 간 곳마다 남녀노소 할 것 없이 매일 무슨 조직이니 무슨 집회이니 하여 늙은이 젊은이 어린이 할 것 없이 모두 '동무' 사태沙汰가 쏟아져 고불문古不聞 금불문今不聞인 괴현상에서 평화와 자유라고는 꿈에도 바랄 여지가 없었다.

이런 사태하에서 아버님께 먼저 귀국의 길을 떠나셔야 하겠다고 거듭 진언하였으나 아직 아이들도 어리고 간대도 살길이 막연하니 이미 생활토대가 잡힌 현주지에서 암만 세상이 험하다 해도 남이 살면 우리도 살 것이니 아이들도 좀 더 자라고 시국도 안정이 된 뒤에 고국에 나가도록 하라고 하명하시면서 치안이 회복될 때까지 귀국은 절대 거절하시었다.

험악일로險惡一路 긴박한 상황 아래 나 자신에도 무서운 시련이 닥쳐왔다. 하루는 중공의 지방자치기관인 구공소區公所에서 왔다는 수 명의 무장 팔로군이 주택에 찾아와 나를 찾는 것이었다. 그때 마침 외출 중이었고 가족들은 눈이 둥실하여 무슨 영문인지 당황하지 않을 수 없었다. 그들은 찾다가 없으니까 내일 아침 8시 정각에 지정장소로 반드시 오라는 말을 남기고 돌아갔다.

이러한 사태의 불안 속에서 그날 밤을 새우고 아무 죄 없는 나에게 저희들이 어찌하랴 하고 단순한 마음만으로 익일翌日 지시장소를 찾아가니 불문곡직하고 구류실에 갖다 구속을 시키는 것이었다. 소위 구공소 책임자는 중공군이 입성하기 전날까지 소 돼지 도살업자라는데 일약 구공소 구장區長으로 지명된 다음 흉악 무쌍한 악질행위를 자행하고 있는 분자였다.

때는 고력古歷 2월초인지라 사산四山에 잔설은 삭풍과 함께 아직 사람을 괴롭히는 첫 봄철, 불행히도 이 흉도凶徒들의 음모에 걸려들었다. 구류실 밖에는 보초병이 집총 감시하고 섰으며 그 안에는 냉돌 위에 볏짚을 깔고 검은 옷을 입은 만인滿人 20여 명이 구속되고 있었다. 좁은 틈을 빗시고 위서 몸을 의지하여 나의 전날 죄가 무엇인가 곰곰이 생각해 보아도 일생을 통해 범죄 사실은 전연 생각나지 않는다. 한갓 의심되는 점은 혼잡한 시국을 기화奇貨로 어떤 흉도들의 무고誣告가 아닌가 추측이 될 뿐이었다.

이십여 일이 지나도록 무슨 죄로 구류시키었는지 자신도 모를 뿐 아니라 아무 묻는 말도 없고 고문拷問도 하지 않으며 가족 면회도 서적도 일체 금지하여 오직 심신의 고통을 줌으로써 반성하는 기간을 준다는 것이 공산당의 죄인 교화법이란 것이다.

이 구류실에 들어와 있는 만인滿人들 가운데도 자기가 무슨 죄로 붙들려 왔는지 모르는 사람이 태반이었다. 이 사람들은 시시각각으로 한갓 희망이라고는 장제스 중앙군이 언제쯤 오나 하는 것이 오직 유일한 갈망이었다. 계속적으로 야반을 타서 붙들려 들어오는 사람들은 비밀히 어디까지 왔다고 전하는 말에 기뻐하는 표정으로 귀를 기울이며 멀리 비행기 소리만 들려와도 정신이 번쩍 들어 옳아 저놈들 도망할 날이 멀지 않았다는 것이 구류실 안에 일대 위안풀이가 되었다. 살창 밖에 총을 들고 서있는 보초병 자신도 반신반의하면서 만일을 염려하는 모양인지 동감하는 동정도 없지 않으나 시시時時로는 경비 책임을 위해서는 위협도 가하곤 한다.

이 공산 치하 관민들은 서로 공모하여 흉계를 실현화시키는데 한 방법으로 정문 앞에 큰 쇠북을 걸어놓고 아침저녁으로 둥당둥당 울린다. 이것은 원수진 사람이나 금전을 받지 못하였거나 사상이 공산주의와 다르거나 재산이 많거나 토지 소유자들을 누구든지 이 종소리 듣고 와서 밀고하여 달라는 연락종이며 여러 사람들이 많이 와서 그 그물에 걸어달라는 암호 술책이었다. 이 종이 울릴 때마다 오늘은 누가 걸려 들어오나 하고 민중들은 죄가 있건 없건 간에 몸에 소름이 치키는 종소리였다.

이 무시무시한 종소리에 나 역시 걸린 한 사람이었다. 창살 틈으로 새어 들어오는 말에 의하면 나의 죄명인즉 첫째 민족사상가이며, 둘째 토지소유자라는 죄목이었다. 원래 흉도성凶盜性을 가진 토인土人들은 토지 분배와 사유재산 분식分食에 광분하여, 소위 관官은 민民을 교준하여, 협동 연출하는 흉극凶劇인데 새로 걸려 들어오는 사람들이 전해오는 말인즉 수일 내에 인민재판에 회부하여 처단하게 된다는 것이다.

그리하여 이 재판시간만 다가오기를 기다리는 차제 그 어느 날 홀연 비몽사몽간에 천만의외千萬意外 어깨에 태극기를 걸어 보이는 기이한 꿈이었다. 이 꿈이 길조를 예고함이었든지 그 뒤이어 다시 들어오는 소식을 듣건대 민족사상자에 대하여는 인민재판 대상에 제외되고 다만 혈쇄쏸장이나 할 것이라고 하여 이세 제형體刑은 면하게 되었다ㄱ 한다. 꿈에 걸어본 태극기의 신기한 예조가 우연으로만 생각할 수 없는 천우신조가 아니었던가 싶었다. 이제 남은 죄목은 혈쇄쏸장이라는데 그 무엇을 말하는 것인지 두고 보아야 할 문제였다.

50. 중공의 혈쇄쏸장법과 시민의 진정

1945년 지난 고력古歷 연말연초에는 시내 사면 장벽墻壁에 '혈쇄쏸장血債算賬'이라고 주서특필朱書特筆로 곳곳에 써 붙인 것을 보고 그 내용과 실시방법에 있어 궁금하고도 의문시하지 않을 수 없었다. 구속된 지가 24일째 되던 그날 11시경에 심문한다고 보초병이 불러내더니 집총 경비병 2명이 [나를] 앞세우고 한쪽 토인土人의 건물 안으로 들어갔다. 낯익은 만인滿人 10여 명이 둘러서서 이 구석 저 구석 웅성거리고 돌아가더니 무슨 책임자인지 노동자 같은 차림으로 나와 나에게 고발이 들어왔다고 하면서 모두 엉터리없는[145] 조건들이었다.

그들 말인즉 수년 전 누구에게 금전 몇 원 지불하지 않은 것이 있다는데 생각이 나지 않느냐고 하면서 그것을 청산해 주어야 한다는 협박과 공갈이었다. 전연 천만의외의 무근無根한 사실로서 이 계산법에 있어서는 그 요구 액수가 다과多寡간에 전 재산을 탕진하여 갚아야 한다는 여기에는 이유도 증빙도 서류도 필요 없이 당부당當不當·리불리理不理를 막론하고 청산해 주어야 한다는 것이다. 이것은 엉터리 조작극을 구실로 그 목적인즉 재산 탈취가 주안인 것이었다. 이 계산법은 인간 사회생활에 있어 고불문古不聞 금불문今不聞의 강도들 수법이었다.

이들 모인 장소에는 어느 것이 법관인지 고발자인지 관민과 공사公私를 구별할 수 없이 이 구석 저 구석 모여 서서 수군거리기에 바삐 돌아가는 그 광상과 혼란은 명실공히 흉도들 난무장亂舞場이었다. 그들의 흉악무쌍한 작란作亂을 보고 너무나 어처구니가 없어 함구무언喊口無言[146]으로 보고만 듣기만 하고 있으니까 기억이 나지 않으면 다시 구류실로 돌아가 생각하여보라는 것이었다.

그 후 며칠이 지나자 시민 대중들은[의] 국치 후 36년간 티 없는 애국자이니 금전 문제는 나가서 해결키로 하고 석방해달라는 진정에 의해 비로소 구류실을 벗어났다. 월여간月餘間만에 물러나와 보니 남의 재산 탈취에 광분하여 혈안이 된 만인滿人들은 침해와 폭행으로 위협이 가심加甚하여 아버님께서는 그들 소행에 너무나 분노해서 병환으로 신음하시고 토지 방매放賣는 이미 때가 늦어 공산 치하에서는 토지 소유가 필요 없다는 것을 민중들은 벌써 잘 알게 된 까닭이었다.

부득이 이 적도赤徒들 강요의 우선 족상지화足上之火를 면해 보고자 소유토지문서를 전

145) 정도나 내용이 전혀 이치에 맞지 않다는 뜻

146) 함구무언緘口無言의 오기

부 그들에게 맡겨 시간적 여유를 획책해 보았으나 당장 현금 납부가 아니면 약속위반이라 하여 재구속을 각각刻刻으로 암시 위협 공갈하고 있으니 만일 다시 구속이 된다면 만사는 다 죽음으로 종결지을 것밖에 다른 도리가 없었다.

51. 부자간의 통곡과 가족의 생이별

1946년 봄 상봉하솔上奉下率하고 이 흉도들 가운데서 떠나자니 10유여有餘 명 가족의 안위가 걱정되고, 견디고 있자니 폭압과 공갈에 1분 1각도 견딜 수 없는 현실이야말로 진퇴양난의 함정에서 헤매지 않을 수 없었다. 동년 4월초 날이 갈수록 사위四圍의 형세는 위급을 고한다. 중공의 도마 위에서 사느냐 죽느냐 하는 분기점에서 백방으로 생각해보아도 삼천지계三千之計가 불여거자不如去字[147] 상책이라는 도리 밖에 아무 방법이 없었다.

인간의 심정인지라 천륜을 어찌하랴. 병환이 심중深重하신 아버님과 금지옥엽으로 키워오던 동생들과 귀한 자식들을 일단一旦에 이리떼 같은 강도들 무리 속에 남겨두고 나 한 몸 살자고 떠나기는 너무나 가슴이 뭉크러지고 눈앞이 캄캄하지 않을 수 없었다.

아버님 병상 앞에 머리 숙여,

"아버지 이 긴박한 정세하에서 어떻게 하면 좋겠어요?"

"나의 걱정 말고 곧 떠나서 고국으로 돌아갔다가 시국이 안정되면 다시 오라. 저 강도들 협박에 견디지 못할 것이니 나 죽는 것을 못 본다 하더라도 난세에 할 수 있나. 의지할 곳 없는 저 어린아이들이 불쌍하구나."

꿈에도 생각 못한 부자 생이별의 피눈물 스치는 순간이었다. 병석에서 이같이 말씀하시고 긴 한심恨心을 지으신다. 하나님이시여, 이 겨레에 해방을 주신 오늘에 또 이 같은 비애悲哀가 웬일이요. 이럴진댄 차라리 죽음을 주옵소서.

동년 고력古歷 4월 2일 밤에는 황야에서 20여 년간 희비고락喜悲苦樂을 같이하며 서로 의지해오던 응상 종형과 마주 앉아 각각으로 급急을 고하는 상황하 폭음爆音에 마음을 졸

147) 삼천 가지 계략이 떠나는 것만 못하다는 뜻

이며 시국담時局談으로 밤을 새웠다. 이 밤이 남달리 정든 종형제간 영원한 이별의 밤이 될 줄이야. 한 많은 그 밤이 잊혀지지 않는다.

그러나 이 비참한 현실에서 터지는 가슴을 안고 당장 멀리 떠나고 싶지는 않았다. 당분간이라도 우선 지린 방면으로 향하여 다가오는 사태의 귀추를 바라보고자 차를 달려 매하구 성 밖에 이르자 수일 전 장제스 중앙군의 비행기가 중공 포탄 수송 화물차를 폭격하여 폭음과 흑연黑煙이 충천동지衝天動地를 하고 있는데 이 적도들은 내왕하는 사람들을 모조리 붙들어가 노무 작업을 강요할 뿐 아니라 통행도 금지되고 있다니 더 앞으로 나갈 수는 없었다. 또 차머리를 돌려 가려던 길을 가지 못하는 그 순간 이것이 모두 나의 불행과 비운을 초래하는 전조가 아닌가 하여 마음은 더욱 초조하고도 우울한 가운데 다시 방향을 변경하지 않아서는 안 될 정세였다.

동년 4월 가야 되느냐, 아니 갈 수는 없나, 간다면 어디로 갈 것인가. 고국으로 가자니 산山 중중重重, 수水 첩첩疊疊 국경선을 넘어 수삼천리 저 38선까지 겹겹이 늘어놓은 적도들의 그물을 어떻게 통과할 수 있을까. 참으로 삼사만단三思萬端[148]이 아닐 수 없다. 이때 마침 이웃에 살고 있는 김지성金志成이도 이 그물을 벗어보려고 고국으로 떠나간다는 것이다. 여하간 이 김군과 함께 귀국의 길에 올라보려는 결심을 내렸다. [중략]

1946년 병술丙戌 4월

52. 중공의 도마 위에서 구사일생 탈출

1946년 병술丙戌 고력古歷 4월 5일 이동 아兒의 생일날이었다. 장제스 중앙군이 전패해서 영영 망하고 말지는 않을 것이라는 관측에서 9명의 가족을 이별과 아울러 가산도 그대로 남겨둘 뿐 다만 13세 장남인 이동 아兒만 앞세우고 적수공권으로 아무 준비도 없이 입은 옷 그대로 겨우 여비 정도만을 가지고 새벽 황혼을 타서 망명길로 탈출하기는 하였다. 그러나 일루一縷 희망이라고는 장제스 정권이 속히 들어와 치안만 회복되면

148) 여러 번 거듭해 생각해도 수없이 많은 갈래나 토막이 있다는 뜻

즉시 돌아온다는 계획이었으나 미래사를 예측하기 어려운 현실 앞에서 발자취가 떨어지지 않는다.

병석에 계신 아버님, 어린 동생과 자식들 또는 40년에 가깝도록 이역 호지胡地에서 생사고락을 같이하여 오던 일가친척들을 이리떼 같은 무리 속에 버려두고 눈물 뿌려 생이별을 하여야 하는 심정 눈앞이 캄캄할 뿐이었다. 그날 현주지 산성진을 등지고 떠나오던 첫날밤은 류허현을 거쳐 백여 리 되는 유수하자榆樹河子라는 곳에 이르러 하룻밤을 1박하게 되었는데 심신도 무심할 리가 없었다. [중략]

저 적도들의 야욕대로 채우지 못한 나머지 나에게 가할 폭행을 저 남아 있는 가족들과 어린 아이들까지 독수를 뻗쳐 갖은 흉계로 박해를 자행할 것이 눈앞에 보이는 듯 그러할 것이 예상된다. 떠나던 날부터 10리 100리 이내에서는 저놈들에게 잡혀가 죽는 한이 있더라도 다시 돌아가 불쌍한 가족들을 돌보려는 결심도 거듭해보았으나 이동 아兒는 결코 되돌아가서는 안된다는 의사를 거듭 말하고 있다. 과연 그러했다. 다시 들어간다는 것은 호혈虎穴에 들어가는 것같이 죽음의 길을 자취自取하는 것임은 틀림없는 사실이었다.

그리 저리 하루 이틀 전진하는 길은 살던 곳도 점점 멀어져 통화현까지는 무사히 도착하였으나 떠나오는 길에는 적도들이 뒤를 쫓아 곧 붙들러 오는 것 같기만 했다. 교포들 가운데는 탈출하는 중도에서 되잡혀가는 참상도 볼 수 있었다. 이 얼마나 아슬아슬한 순간이었으랴.

이 통화현은 1911년 가을 고국을 떠나 서간도로 들어와 여장을 풀고 첫 살림을 붙이던 35년 전 정들고 한 맺힌 곳이기도 하다. 이곳을 떠난 후 처음 지나게 된 나로서는 회고지감回顧之感에 감개무량 비통한 마음 금할 길이 없다. 그때 이곳서 살던 15명 가족 중에는 다 저 세상으로 가버렸고 나 혼자만이 남아 이 길을 다시 걷게 되었으니 세월의 흐름과 인생의 변천은 뼈저린 피눈물에 한심恨心만 지어진다.

이 통화역通化驛에서 기차를 타려고 기다리었으나 각 지방 피난민 수수數數 천 명이 이 역전 벌판에 모여들어 모두 비절참절悲切慘切한 현상으로 제각기 먼저 타보려고 서로 다투어 대혼잡을 이루고 있었다. 그러나 전쟁이 끝난 직후인지라 뒤따른 혼란으로 통행이 극히 곤란할 뿐 아니라 혹시 며칠 만에 한 번씩 가고 오는 기차도 공산군의 군수품의 수송차뿐이었고 피난민 수송차는 전혀 볼 수가 없었다.

이 역에서 지체하고 있을 때 지난해 고국으로 돌아갔던 장질아長姪兒 용구를 만났으나 이와 같이 일변한 만주 정세를 모르는 모양인 듯 나에게 양말 한 켤레 사다가 인정을 표하면서 또 살던 곳 산성진으로 들어간다고 하여 잘못된 생각이라고 강조해 보기도 하였다.

이곳서 수일을 기다리던 나머지 요행 중공 화물 무개無蓋 차편을 사정사정해서 근근이 몸을 올려타고 지안輯安으로 향하는 찻길은 너무나 험하고 지리했다. 그 도중에는 무슨 굴인지 이름 모를 그 안에 놓인 철길은 파괴상태인지 소걸음같이 꿈틀거려 오던 기차는 이 긴긴 검은 굴 중간에 딱 빼치고[149] 서서 장시간 움직일 줄 모른다. 덮개도 없는 짐차 위에 앉아 가득 찬 석탄 연기는 질식을 면치 못할 순간이었다. 이 같은 졸경[모진 시달림]을 몇 시간이나 겪다가 겨우 굴 밖에 빠져나오니 타고 오던 사람들은 모조리 흑인으로 변하여 요행히 살아 나왔다는 듯이 낯살을 찌푸리며 길고도 긴 그 험한 굴을 원망 않은 사람이 없었다.

근근이 지안현輯安縣 시내에 들어와 수일을 쉬어가지고 고국 땅 만포진滿浦鎭으로 건너가야 하겠는데 역시 중공 팔로군 경계가 심하여 도강시 발견만 되면 총살되기가 쉽다는 그곳 지방 사람들의 말이었다. 그러나 원래 단순한 여장旅裝인지라 요행 기회를 엿보아 압록강변의 간단한 조사를 마치고 무난히 고국 국경선인 이 강을 건너기는 하였다. 일력日力[150]은 벌써 서산을 넘어 어둠 속에 밤이 깊도록 어느 민가를 찾아 하룻밤 쉬어갈 것을 부탁하였다.

1946년 병술丙戌

53. 만주를 떠나는 나의 소감

내가 17세의 약관弱冠 홍안紅顔 시절 인생의 가장 꽃다운 청춘이었건만 망국의 한을 품

149) '버티고'의 방언

150) 그날의 해가 넘어갈 때까지 남아 있는 동안

고 이 압록강을 건너 북변北邊 호지胡地로 들어서던 때가 지금으로부터 36년 전 이제는 묘연한 옛날이었다. 그리하여 조국이 광복되기 전에는 이역의 고혼이 될지언정 이 땅에 왜적이 날뛰고 있는 한 이 강을 건너지 않을 것을 결심하기도 해왔다.

오늘 이 만주를 떠남에 있어 비분강개 한限이 없다. 오랜 세월의 흐름 속에 무시무시한 가시밭길에는 사갈蛇蝎도, 시랑豺狼도, 요귀妖鬼도, 온갖 악마들이 수없이 간 곳마다 앞길을 가로막기도 했고 집어삼키려고도 했다. 그러나 정의의 빼든 칼은 종내 굴복하지 않았고 투쟁으로 일관해왔다.

그러나 회고해 볼 때 구국 투쟁도, 생활토대도, 자녀교육 기반 조성의 꿈은 결국 허로虛勞에 불과했고 다만 여한만 남기었을 뿐이었다. 옛말에 공탑功塔이 무너지지 않는다 하였지만, 피눈물의 결정이 일단일석一旦一夕에 모두 수포로 돌아가고 말았으니 천의天意도 이렇게 무심하랴. 허탄虛嘆을 금할 길이 없다. 이상이 국치 후 북변 호지胡地의 유리생애流離生涯에서 피눈물로 얼룩지은 36년간의 기록이었다.

제3장
환국의 장章

1. 36년 만에 찾아온 고국, 첫날부터 앞길은 태산

1946년 5월초였다. 천재일우千載一遇로 하나님이 주신 해방을 맞이하여 고국 땅에 들어서기는 하였으나 여전[히] 험산險山 험령險嶺을 넘어야 했고 노도탁랑怒濤濁浪을 헤쳐야만 했다. 36년 만에 압록강 두런[두렁] 첫발을 내어 딛는 그 시점 일력日力은 벌써 서산을 넘어 밤이 짙어진 어두움 속에 자식 하나 앞세우고 수색愁色이 만면한 나그네 고독히 연도沿道 어떤 촌가에서 하루 밤을 쉬어갈 것을 부탁하였다.

그 이튿날 새벽 또 만포진 시내로 향해 들어갈 때는 고력古歷 5월인지라 녹음방초승화시綠陰芳草勝花時[151]라더니 이날 일기는 유달리 청명하여 편편片片히 비단 같은 산천에 초목금수草木禽獸들도 오래간만에 돌아오는 나에게 반가이 맞아주는 듯 호지胡地에 무화초無花草라는 쓸쓸하고도 신산한 황야에서 얼마나 그립던 고국이더냐. 말쑥한 하늘, 녹색으로 깊어진 산과 들, 맑은 강물, 이역에서 보지 못하던 신선한 기분이었다.

깊은 감상에 잠긴 순간 전지도지顚之倒之[152] 만천萬千의 신고辛苦를 겪으며 만포진까지도 무사히 도착하던 그날 아침, 뜻밖에 만주에서 나에게 교육도 받아왔고 사생고락死生苦樂도 같이해오던 최현덕崔鉉德 군을 거리에서 반가이 만났다. 최군은 산 설고 물 선 곳에서 초라한 행색으로 갈 바를 모르는 나에게 전날 투쟁선에서 생사를 같이하던 박병화朴炳華 동지의 집으로 안내하는 한편 이곳에서 당분간 휴양하는 것이 좋다고 말하여 주는 것이었다.

나는 감사히 생각하고 그 동지의 집으로 찾아가 행리行李를 풀며 화란禍亂의 고난 길에 반가이 박 동지를 만나 밤을 새워가면서 전날 만주운동을 통하여 쌓인 정담을 서로 털어 교환하였다. 그리고 전기 최군은 고국에 들어와 황해도 재령에서 주접住接[153]하고 있었는데 도저히 살아갈 길이 없어 만주 전주지前住地로 돌아가는 길이라고 한다.

이 만포진은 만주 접경인지라 박 동지의 후의를 받아가면서 금후 중공의 동향과 가족

---

151) 초여름의 녹음과 풀 내음이 꽃보다 나은 때. 당송팔대가의 한사람인 송나라 재상 왕안석王安石의 시 「초하즉사初夏卽事」의 '녹음유초승화시綠陰幽草勝花時'라는 구절에서 유래했다.

152) 엎어지고 넘어지며 몹시 급히 달아남

153) 임시로 잠시 머물러 삶

의 소식도 들어보려는 희망을 가지고 마음속으로 몇 날 체류하면서 아울러 노역路役의 피로도 풀어볼 심산이었다.

2. 뜻밖에 만난 가족과 행자의 사망

불과 하룻밤을 지난 그 이튿날 늦은 아침이었다. 산책 갔다 돌아오니 만주 전주지에서 이웃에 같이 살아오던 청년 한 사람이 뜻밖에 찾아왔다.

황급한 어조로,

"너, 어떻게 된 일이냐."

"예… 선생님 가족이 나왔어요."

"가족이 나오다니."

"예, 선생님 떠나신 5일 후 곧 뒤이어 그곳서 떠났습니다."

"그러면 어디까지 와서 있느냐."

"어제 밤중에 이곳 여관에 투숙하고 있습니다."

그러자 바쁘게 그 여관으로 쫓아가 보니 남겨두고 온 13명 직계가족 가운데 겨우 3명만이 나왔을 뿐 반드시 떨어지지 못할 5세 된 여아 행자까지도 보이지 않는다. 내가 떠날 때 이 아이는 오래전부터 속병으로 신음하고 있었다.

"행자는 어찌 되었나?"

"예…"

도중에서 읍밀이라는 지방을 지날 때 그만 죽어버려 그곳에 매장하고 왔다는 가인의 말이었다.

"인생이 불쌍하구나."

"어떻게 그놈들의 그물을 벗어났나? 그 경위는?"

당신이 떠난 후 소위 구공소에서는 흉도들이 계속하여 간 곳을 조사하기에 농촌으로 갔다, 혹은 지린 방면 친척 방문 갔다는 등 임기응변하였으나 그 말을 잘 믿어주지 않고 즉각 구공소로 와야 한다는 위협 공갈뿐이었다고 한다. 이것은 재구속하려는 흉계인데 당신이 류허현 유수하자 여숙旅宿에서 귀국하려고 통화현까지 가다가 되돌아오는 김모에게 비밀히 전해 보낸 편지를 받아본 그때, 농장에서는 시내 무슨 회의가 있다 하여 그날 저녁 우리 집에 모여 와서 대기 중인데 그 회의 내용인즉 적색 선전원들은 회의가 끝나는 직후부터 이 농촌에서 저 농촌으로, 이 동네에서 저 동네로, 이 집에서 저 집에 통행하는 왕래까지 서로 연대책임을 지고 경계 감시하는 조직 회의였다는 것이었다.

이 말을 듣자 내일부터는 문밖에도 자유로이 못 나갈 것을 생각하니 더욱 초조감에 일시도 견딜 수 없어 당황하던 중, 마침 이웃에 접린接隣해 살고 있던 강기봉姜基奉 씨 가家에도 이와 같은 공포감에서 야간을 이용하여 도망한다는 것이다. 이 기회를 놓치지 않으려고 동산성자東山城子에 주거하고 있는 친척 조해룡趙海龍(구상求常 종제 장인) 씨의 알선과 성의 어린 후원을 얻어 위급한 정세인지라 이팔석농장에 계시는 아버님도 찾아뵙지 못하고 가족 사이에도 서로 만나볼 형편이 못되어 친정어머니를 내려보내 아버님 수복壽服만 전달하는 한편 올라올 때 용분(인숙의 유명幼名)이를 꼭 데리고 오라고 한 뒤 가산 일체도 그대로 버려두고 4월 13일 오전 3시경 어두움을 타서 다만 몸만 빠져 당일 삼원보까지 달리는 도중에는 도로 붙들려가는 사람들도 보이므로 그와 같은 운명이 될까 더욱이 불안 공포였다는 것이다.

그 이튿날 통화현 을밀 지방에 이르자 여아 행자는 떠나기 전부터 신음 중이던 신병으로 도중 사망하여 그곳에서 매장하고, 그 다음날 종일 비를 맞으며 통화현역까지 도착한 다음 마침 중공 팔로군의 군용화물차가 요행 들어왔기에 사정사정 이 차편에 의뢰하여 지안현까지 이르렀다. 만인滿人 낭하廊下에서 비에 젖은 몸을 그대로 앉아 하룻밤을 새우고 그래도 화란禍亂 중 동족을 믿는 심정에서 벌벌 떨리는 몸이나 좀 녹이려고 일찍 시내 한인여관을 찾아가 잠시 쉬는 한편, 중요 행리도 보관시켰던 여관주인의 공산세력 만연을 기화奇貨로 음흉한 환장換腸[154]에서 몽땅 착복하므로 막대한 피해를 입고 압록강변의 혹심한 조사를 거쳐 근근이 만포진까지 도착하였다는 것이다.

154) 환심장換心腸의 준말. 마음이 전보다 막되게 아주 달라짐

3. 만포진 보안서保安署의 선의와 셋방살이 1개월

그리하여 지난밤 유숙한 여관으로부터 조그마한 의복 상자 한 개를 가지고 소위 보안서 앞을 지나다가 조사에 걸렸다. 통화현에서 떠날 때 아는 친구가 자기 명의로 된 여행증을 내어주면서 여행증이 없이는 결코 38선을 못 넘어갈 것이니 변성명하여서라도 이것을 사용하여 보라는 동정이었다.

우리는 망명자라 현주지에서 여행증도 얻을 수 없는 처지에서 탈출하였던 것으로 부득이 가짜 여행증이라도 혹 도움이 될까 하여 가지고 온 것을 가인을 시켜 조사하는 보안서원에게 내대어 보라고 하였더니 모든 반문에 증거 사실은 전혀 부합되지 않았다. 그 상자 속에 보존되어있는 나의 결혼 예장지禮狀紙와 여행증에 기재되어 있는 성명이 다름을 발견하고 완전히 가짜로 인지되자 이것은 도망가는 여자의 의복 상자가 틀림없다 하면서 즉시 압수와 아울러 구속시키겠다는 공갈이었다. 이 상자에 담겨 있는 옷가지와 약간의 여비까지 지봉紙封하여 두었기 때문에 우리 가족 일행의 사활 문제가 달려 있는 상자였다.

만일 사람이 구속되거나 의복 상자를 압수당하는 날에는 오도 가도 못하고 당장 중도에서 큰 낭패 지경에 빠지고 마는 위급한 사정이었다. 나 자신으로는 그들을 다시 대하지 않으려고 결심하였으나 당면사태가 이쯤 되고 보니 대하기 싫어도 어쩔 수 없는 딱한 형편인지라 부득이 새삼 용기를 내어 직접 달려가 여행증의 소지 경위를 언급한 다음 솔직하게 관후한 선처가 있어주기를 간칭하였더니 천만다행으로 다시는 그러한 허위를 하지 말라고 주의를 환기하면서 간단히 해결을 지어준다. 혼란한 시국의 부득이한 연유로 범한 과오였지만 해방 직후인지라 아직 양심이 좀 남아 있는 관계였던지 가혹한 추구追求가 없이 예상 밖으로 관대한 처분은 무한 감사할 일이었다.

뜻밖에 일부 가족이라도 만나게 되니 반갑기도 하나 탈출하지 못한 가족을 생각하니 기쁜 마음은 간 곳 없고 시봉지도侍奉之道에 부당을 원책하지 않을 수 없었다. 이제 후회무익으로 앞길의 방침을 다시 재검토해야만 했다.

작일昨日 최 군의 알선으로 박병화 동지 집에서 당분간 휴양하겠다던 방침을 바꾸어 전기 박씨에게 셋방 한 칸을 부탁한바 그 이웃 시냇가에 자기 친척 소유 가옥 한 칸을 흔연히 주선하여 준다. 이때 가인은 역시 태모胎母[임산부]로서 당산월當産月이었다. 셋방으로 옮기기는 하였으나 살길은 막연하였다.

청계 유수 시냇가에 깨끗한 산도 들도 공기도 말쑥하게 좋다마는 이 지방에서도 매일 무슨 회의이니 동맹이니 하여 낮에도 밤에도 오늘도 내일도 전주지前住地에서 보고 듣던 그 적색 바람이 몰아치고 있다. [중략] 그러나 회會를 하거니 무엇을 하거니 우리 앞에는 우선 살기가 급하여 앞산 뒷산에 올라가 가인은 나물 캐어오기, 이동 아兒는 나무하러 산에 올라갔다가 간수에게 낫까지 빼앗기는 등 나는 지안현에 가서 값싼 식량을 구해보려고 가는 사람을 따라 압록강변 가혹한 경비망을 넘어 식량을 구한 다음 검은 야반을 이용하여 도강하려던 것이 불행히도 무도한 팔로군이 추격하는 바람에 양식도 쌀자루도 다 내어버리고 도망쳐야 하는 사람들이 십에 팔구였다. 나도 이 가운데 한 사람으로서 한 끼라도 이어보려던 소망은 수포로 돌아간 반면 남는 것이라고는 손해와 고통과 우울 속에 빈손 들고 돌아오는 꼴이었다. 이같이 험난에서 헤매는 동안 세월은 흘러 만포진 셋방 생활도 벌써 1개월이 가까웠다.

4. 평화향平和鄕이 그리워 남으로, 가족 소식은 절망 중 어린이 출생

1946년 5월 중순경이었다. 이곳서 지체케 된 본의인즉 탈출 못한 가족들의 안신安信이나 만주 정세의 추이를 들어보려는 유일한 희망이었으나 날이 갈수록 가족의 안위는 알 수도 없고 중공의 세력은 축일逐日[날이 갈수록] 팽창일로라는 불길한 소식뿐 돌아가려는 희망은 절망이었으니 부득이 이제는 남으로 내려가야 하겠다는 생각에 초조할 뿐이었다. 만포도 고국 땅이지만 이 꼴 저 꼴들이 또 보기가 싫어 재귀再歸한다는 희망은 영영 불가능임을 간파하고 이제는 하루라도 빨리 떠나고만 싶었다. 그곳 체재 기간 박병화 동지의 커다란 신세를 지고 출발에 제際하여는 강계까지 따뜻한 송별을 받으면서 만포역을 떠나 남으로 달리는 찻길은 대소 50여 개소의 굴들을 연이어 지나는 것이었다. 태산험곡泰山險谷이 겹겹이 둘러싸인 희천熙川을 지나 군우리軍隅里를 경유 순천順天에 들어서니 새벽날은 차츰 먼동이 트기 시작한다.

여기서 평양平壤이 얼마 남지 않았다는데 당산월인 태모는 몹시 고초苦焦스러운 표정이었다. 그러나 소걸음같이 꿈틀거리는 기차는 정차하여 서서 냉큼 잘 떠나지 않는다. 급한 마음 한없이 졸이게 하던 차는 비로소 떠나기 시작하여 다행히도 당황히 평양까지는 겨우 도착하였다.

5. 평양수용소의 야박한 차별대우에 분노

피난민수용소를 초급焦急히 찾아가 사정 이야기를 하였으나 그 수용소 사무원들은 다만 냉정한 태도로 남의 급한 세정世情은 추호도 알아주지 않는다. 보안서에 수속절차가 끝나야만이 입소될 수 있다는 강경한 거절을 하므로 태모의 사정이 급한즉 우선 방 안으로 들어가게 해주면 모든 수속만은 규정된 지시대로 사후 이행하겠으니 선처해달라는 재삼 간청하였으나 종내 불응하면서 어디로 가는 피난민이냐고 묻는다.

사실 그대로 고향인 강원도로 찾아가는 길이라 하였더니 당장 불쾌한 어조로 끝내 수속이 끝나기 기다려 2층으로 된 큼직한 건물이건만 저 하층 한쪽 귀퉁이에 볏짚 북데기 깔린 암실 같은 방 안으로 들어가라고 한다. 현관 앞에 앉아 고민苦悶하던 태모는 들어가자 즉시 산고産故가 있었다. 다른 피난민의 말에 의하면 산모에게는 특별한 대우로 쌀과 미역 같은 것도 도와주었다는데 남하南下라는 한 마디에 인도적 동정이라고는 찾아볼 수 없는 가혹한 차별대우였다.

이같이 차디찬 분위기 속에서도 같은 피난길에서 고난을 겪고 있는[데] 어떤 중년 성명 미지의 여인 한 명이 이 딱한 사정을 보고 지성 끝 온정을 베풀어 돌보아주던 그 동족애가 아직도 기억에 생생하다. 다시 만나 감사할 길이 없는 우리의 현실이 한없이 원망스럽기만 하다.

6. 대동강의 홍수와 평양역의 '쓰리' 봉변

1946년 5월 23일 아버님이 하세下世하셨다는 전언은 확인할 도리가 전연 없었다. [중략] 5월 하순경 하늘도 무심하게 장맛비는 왜 그다지도 내리쏟는지 대동강물은 연광정鍊光亭까지 홍수로 창일漲溢하고 강 연안 주택들은 모조리 침수 붕괴 현상이었다. 그 북데기를 자리로 하여 차디찬 냉돌 위에서 괄시받으며 하루 낮 이틀 밤을 지나고 길에서 얻었다는 의미에서 초생 어린이 이름을 도숙道淑이라고(5월 24일 사시생巳時生) 지어주면서 곧 그 수용소를 떠났다.

아직도 아득한 갈 길을 앞에 두고 산후 행역行役이 걱정되지 않을 수 없어 부득이 여관으로 찾아가 겨우 1일 2야의 조양調養하는 한편 그 기회를 이용하여 이동 아兒를 앞세우고 36년 전에 눈물을 뿌리며 작별했던 연광정, 모란봉, 을밀대乙密臺, 부벽루浮壁樓 등[을] 두루 다니면서 관상觀賞하게 된 그 깊은 감회는 강개무량慷慨無量 한이 없었다. 대동강 철교 아래 굽이굽이 흐르는 물은 고금이 변함없구나. 이 비단 같은 강산을 이족異族의 난무장亂舞場으로 내어 맡기고 거친 광야에서 피눈물로 헤매던 생각을 할 때 새삼 통분을 금할 수 없었다.

수일간이라도 휴양 중이던 그 여관 여주인은 우리 용분아兒(인숙의 유명幼名)를 주면 키워 심부름시키겠다고 맡겨달라고 사정사정하였다. 아마 우리의 처지와 초라한 행색을 보아 말하면 되리라고 생각했던 모양이었다. 더 이상 지체할 사정이 못 되는 평양에서 떠나려고 역전으로 나오니 피난민들이 몰려들어 역 구내에는 수수천 명이 밀려 서로 앞서가려고 늙은이가 밟히느니 업은 아이가 터지느니 이 곳 저 곳 아우성 소리가 어지러이 들려온다.

우리도 그 난잡한 틈에 한 몫 끼어 나가보려고 밀린 군중 속에 찡기었더니 말소리만 듣고 남선南鮮놈들이라고 눈을 번들거리며 무슨 감정이나 있는 듯이 지방적 색안경으로 매우 사납게들 떠들어댄다. 청이불문聽而不聞하고 근근이 차에 올라탄 다음 호주머니를 만져보니 쓰리꾼 놈들이 지갑을 뽑아갔다. 이것은 참으로 아찔한 사고였다.

첫째 학현역鶴峴驛으로 부친 행리의 수하물표가 들어있고 또는 이 수하물을 찾지 못하면 당장 입을 옷가지도 문제려니와 그 상자 안에 당장에 써야 할 여비까지 밀봉하여 두었기 까닭이다.

당황망조唐慌忘措[155]로 가족은 차에 태워둔 채 나 혼자 다시 차에서 뛰어내려가 여기저기 눈을 돌려 보았으나 찾는다는 것은 천만 공상에 불과했고 차는 벌써 떠나려고 움직인다. 차까지 띄워버리면 가족까지도 잃어버릴 아찔한 순간이었다. 죽느냐 사느냐한 분기

155) 당황망조唐慌罔措의 오기

점에서 일단 운명에 맡기고 천만다행으로 다시 차에 올라타기는 하였으나 해방에 뒤따른 혼란 가운데 인심은 극도로 험악하여 악질도배들이 난무하는 때라 예상컨대 이 쓰리꾼 놈은 필경 먼저 앞질러가서 수하물을 찾아 달아나지 않았을까 하는 마음이 더욱 조리었다.

7. 학현역장의 신세와 해주수용소의 후의

평양을 출발, 중화·황주를 거쳐 사리원에 와서 해주 가는 경편철輕便鐵을 갈아타야 하는데 차에서 내리니 역전에서는 긴장한 경계 속에 조사도 심하거니와 시내 공기는 쌀쌀하고 차갑기만 하며 민가들은 거의 텅텅 비어 있었다. 학현역에 가는 마음이 시각에 급하나 불행히도 오늘은 학현 가는 차가 없다 하여 부득이 사리원 시내 빈집에서 안타까운 가슴을 안고 또 하룻밤을 지체해야만 했다.

초조한 시간은 흘러 그 익일 아침 비로소 해주 차를 타게 되었는데 이 차는 경편철이므로 더욱 복잡하여 차 칸은 콩나물 이상으로 배가 터질 정도였다. 서로 밀치고 밟히는 가운데는 대수롭지 않은 일에도 남선南鮮 놈들이 어떠니 경상도 문둥이가 어떠니 평양역 구내에서 듣던 바와 같이 이 차 안에서도 지방적 불쾌한 언사와 욕질이 곧장 잘 들린다.

흐르는 시간과 함께 차는 학현역까지 달려왔나. 차에서 내린 즉시 우선 구내에 들어가 수하물부터 눈 돌려보니 한쪽 편에 다행히도 우리 상자짝이 보이기에 우선 기쁜 마음 한이 없었다. 급급히 역장을 찾아가 모든 경위 사실을 말한즉 의외에도 친절한 태도로 사유서와 영수증을 써서 가지고 오라는 지시를 받고 지체 없이 이행하였더니 무난히 내어주겠다고 쾌락을 한다. 참으로 불행중행不幸中幸으로 현품 인수와 아울러 그 동정적인 신세에 무한 감사의 뜻을 표하였다. 그러나 산모는 여로旅路의 기아饑餓와 피로의 통고에 거의 기진맥진 극에 달하는 형편이었으나 이곳에서 요기饒飢 정도로 그치고 이 학현역을 떠나 또 해주수용소를 찾아가야 했다. 날은 이미 저물어 황혼이 깊었고 갈팡질팡 찾아가는 수용소 내에는 수많은 피난민들이 가득 차 있었다. 이곳에서 3일간의 구호를 받게 되었는데, 전기 평양수용소에 비하여서는 대단히 동정적 후대였으며 친절한 안내로 귀향

증명서도 이 수용소에서 책임자의 후의로 소지케 되었다.

1946년 병술丙戌 5월

8. 원한의 38선을 넘어, 고도古都 개성도 관광

해주는 원한의 38선에서 멀지 않는 접경도시였다. 학현서부터 내가 겪고 보는 38선은 어떠하였던가. 산천을 돌아보니 금수초목禽獸草木도 슬퍼하는 듯 가목수이번음佳木秀而繁陰[156]인 5월 풍경이지만 엄동설한이 몰아치는 기분이 들고 있다. [2차세계]대전 후 강자들이 인위적으로 조작한 것이 곧 38선이란 것이다. 이 마선魔線을 넘으려면 어떻게 가야 잘 넘어갈 수가 있느냐고 그 지방 원주민들에게 물어보았더니 그들은 말하기를, 제일 '로스끼'[157]에게 걸리면 위험천만인데 총살당하는 예가 종종 발생되고 있으니, 첫째 지리에 익숙하고 경험 있는 지로자指路者[길 안내자]가 특히 필요하다는 것이다.

이 부근에 사는 사람들을 돌아볼 때 모두가 흡사 무슨 큰 죄나 짓고 도망온 사람들 같기만 하다. 남이 볼까, 혹은 남이 들을까 전전긍긍하면서 모두 침울한 표정으로 숲속에 앉은 새처럼 웅크리고 모여앉아 한 사람도 기분 좋게 활기스러운 기색이라고는 전연 찾아볼 수 없이 다만 수색愁色만 감돌고 있을 뿐이었다.

특히 동정적 협조에 전력을 기울이는 해주수용소에서 소차[소달구지] 한 개를 구하여 행리를 주워 실은 다음 출발에 제하여 안내인을 앞세워주면서 어느 지점까지 가서 어두운 밤이 되어야 떠나게 된다고 하는데 해주를 떠나던 시간은 오후 2시경이었다.

지나가는 황해도 지방 길 연변에는 농부들이 모를 심기에 바빴으며 농악대 깃발 아래 농부가農夫歌 부르는 소리도 드높다. 한 부락에 이르러 서산으로 기울어가는 해를 바라보며 밤이 어서 오도록 기다리고 있어야 했다. 이때는 5월 첫여름이라 그 동리洞里에서는 저녁 식사가 끝난 다음 하루의 피로를 쉬고자 그늘진 나무 아래 남녀노소가 모여들어 담

---

156) 당송팔대가의 한사람인 송나라 문인 구양수歐陽修의 「취옹정기醉翁亭記」의 한 구절로 '아름다운 나무가 수려하게 자라 짙은 녹음을 이루네'라는 뜻이다.

157) 루스키, 러시아인. 여기서는 소련군

소가 벌어지는 한편 아이들은 떼를 지어 적기가赤旗歌만 불러댄다. 이러한 순간에도 이곳에 수없이 모이어 웅성거리는 피난민들은 마음속에 잠시도 놓이지 않는 걱정에 어떻게 가야 저 원한의 38괴선怪線을 아무 사고 없이 넘어갈 수 있겠느냐 하는 초조한 가슴으로 떠날 시간만 바쁘게 기다리고 있다.

검은 밤은 왔다. 대지는 흑막 속으로 들어가 지척도 알아볼 수 없다. 오직 하늘에 별만 반짝이는 고요한 깊은 밤에 안내자를 따라 떠나기는 하였으나 연일 폭우가 쏟아진 뒤라 물탕에 걸어야 하는 길은 한없이 험하기만 하다.

천방지축으로 지로자指路者 가는 대로만 따라가는 논둑, 밭둑 좁은 길, 산골짝 다리도 없는 넓은 강물을 건너며 밤이 깊어갈수록 자욱한 안개는 천지를 싸고돌아 지척불변咫尺不辨의 앞길은 더욱 찾기가 곤란하여 안내자 자신도 알쏭달쏭한 모양인 듯 여기저기 인가 부근에 이르러서는 소리소리 질러 남의 깊이 든 잠을 깨워서 남으로 가는 길이 옳으냐고 확인해보기도 한다. 일보일보 앞당기는 도중에는 경비 청년들이 곳곳이 뛰어나와 검문검색을 하고 있으나 아직 강제로 넘어가지 못하게는 막지 않는다.

이와 같이 죽음의 선을 넘어서는 때가 밤은 거의 지나 먼동이 밝아오자 경의선 철도가 보인다. 이 철도 부근에는 쑥대와 잡초가 무성하여 오랫동안 사람의 발자취가 끊어져 산과 들이 모두 황무의 폐허로 변하고 말았다.

이 지점에 이르자 안내자는 이제 38선은 넘어왔으니 안심하라는 말을 듣자 비로소 일행들은 가슴에 얽히었던 한심恨心을 내어 쉬면서 잔디밭 위에 힘없이 모여 앉아 아, 38선의 비참이여. 연합군의 무장해제를 위한 소위 임시조치라는 이 마선이 이 민족의 피눈물을 무자비하게 강요하고 있으니 이 약소민족의 원한이야말로 천추만대千秋萬代에 어찌 잊을 수 있으랴. 천인이 공노할 강자들의 죄악이었다.

이 도로 부근에는 몇 명씩 둘러앉은 사람들을 많이 볼 수 있었다. 모두가 지난밤에 넘어온 모양이다. 수울愁鬱이 만면滿面하여 원망과 한심짓는 표정들이었다. 늦은 아침 청단역靑丹驛까지 도착하였다. 또 수용소를 들어가 하룻밤을 지체하면서 남으로부터 피난민 수송화차가 오기만 기다린다. 이곳에 각처에서 모인 수수백명數數百名의 피난민들은 38선 저쪽 이북에서 보던 기분은 아닌 듯 대개가 평화스러운 표정들이었다.

그 익일 피난민 수송을 위한 기차가 달려왔기에 이 차를 타고서 토성역土城驛에 이르러 미군의 검문과 방역소독을 받은 다음 그곳 역장의 비민족적인 박대를 받으면서 역 구내

노천하에 하룻밤을 새우는 사이 미군들은 평양서 출생한 어린이(도숙)를 피난길에 피골이 상접한 처참한 모습을 보고는 그만 내어버리라는 말까지 듣게 된 형편이었다.

또 그 이튿날 토성역으로부터 개성으로 수송되어 수용소에 들어가자 타 지방에서 보지 못하던 우대일 뿐 아니라 자유스러운 감상이 평화의 품속으로 들어온 것 같은 느낌이었다. 그러나 가슴 한 구석 탈출 못한 가족 안위가 머리에서 사라지지 않는다. 이 개성수용소에서 특례의 후대를 받으면서 그곳 일주간 휴양의 기회를 이용하여 고려 500년 소장성쇠消長盛衰의 도읍지인 옛 터전을 더듬어 보기로 하였다. 송악산松岳山을 바라보며 뒷 산록山麓에 올라 밭 갈고 있는 농부에게 이성계李成桂의 등극할 때 유적을 물어보았더니 저 건너 산 밑 저 동네에 태조 대왕이 살던 건물이 아직 남아 있다고 한다.

등극 당시 고려말 애국 70 유현儒賢들이 돌팔매질하던 그 집이 아니었던가 생각된다. 그리고는 정포은鄭圃隱 선생의 묘각廟閣에 간수의 안내를 받으며 그 숭고한 충성심에 머리숙여 경배하는 그 비석 정면에는 「만고정충萬古貞忠 정포은」이라고 새겨져 있어 이 나라 영원불멸의 등불이 되고 있는 것 같기도 했다.

태종 이방원李芳遠의 하여가何如歌에 대답한 노래가 기억에 떠올랐다.

이 몸이 [죽고] 죽어 일백 번 고쳐 죽어
백골이 진토 되어 넋이라도 있고 없고
님 향한 일편단심이야 가실 줄[이] 있으랴

그때 순국했던 선죽교善竹橋의 그 성스러운 피 흔적을 자세히 살펴보며 그 다리 아래는 시냇물이 주야불식晝夜不息 흐르는 것을 볼 때 그 충혈忠血이 이 민족의 맥박에 저같이 흐르고 있는 상징인 것 같기도 했다. 오랜 역사를 가지고 거룩하게 전해오는 그 다리 위에서 감개무량 짐짓 배회하면서 당시 태종의 스승이시고 우리 선조의 한 분이신 원천석元天錫(호를 운곡耘谷, 자는 자정子正) 선생은 고려의 국운이 기울어짐을 슬퍼하며 강원도 치악산에 숨어 태종이 여러 번 초빙하였으나 거절하였다. 이조로 바뀐 뒤 개성 만월대滿月臺 폐허에서 옛 고려 시대를 추억하고 인생의 덧없음을 슬퍼하면서 읊은 시조가 새삼 감상이 느껴진다.

흥망이 유수有數하니 만월대도 추초秋草로다

오백년 왕업王業이 목적牧笛에 부쳤으니
석양에 다니는[지나는] 객客이 눈물겨워 하노라

인생 감회는 고금이 다를 것이 없다. 길재吉再 선생도 이러한 감회에서 아래와 같은 시조를 읊지 않았던가.

오백년 도읍지를 필마匹馬로 돌아드니
산천은 의구依舊한데[하되] 인걸人傑은 간 데 없네
어즈버 태평연월太平煙月이 꿈이런가 하노라

시름을 안고 피난민 길에서 더 배회할 시간은 없었다. 그 묘문廟門을 나와 뒷 골짝에 올라가니 청년 수십 명이 편을 지어 활쏘기 연습을 하고 있다. 그 궁수들이 머리에 쓰고 앞에 띈 것은 아마 고려시대부터 전해 오는 궁술 장비가 아닌가 싶었다.

개성수용소에도 벌써 1주일이 지났다. 이상 더 지체할 수 없는 사정이었다.

9. 수도 서울을 향하여, 첫 번 만난 옛 동지

1946년 5월 말경 개성 수용소의 따뜻한 신세를 지고 그립던 수도 서울을 향하여 역두驛頭에 나가 차에 올라 순식간 서울역에 내려서니 해는 벌써 서산에 걸렸고 음산한 폭풍은 사정없이 둘러쳐 더욱 침울한 마음을 어수선하게 하여준다. 역 구내에는 피난민들이 홍수같이 쏟아져 모두 비참하게 여기저기 늘어져 누운 현상은 목불인견目不忍見이었고 사면 안팎에 불결한 악취는 코를 들 수 없는 정도였다.

아, 그립던 조국의 수도 서울이여. 구사일생으로 36년 만에 찾아온 나에게 무슨 선물을 주려나. 10년이 지나면 강산도 변한다는데 산천도 사람도 인정풍속도 생소해진 오늘 누구를 찾아 어느 곳으로 가야 하느냐. 해는 지고 밤은 어두워 오는데 적수적신赤手赤身으로 갈 곳을 모르는 나로서는 당황치 않을 수 없었다.

우선 역 부근 조그마한 하숙집을 찾아들어 여장을 풀기는 하였으나 앞길은 암담할 뿐이었다. 수일을 쉬어 여관주인 방에서 자취를 시작하는 한편 서울의 실정을 좀 알아보려고 이제는 해방이 되었으니 옛날 만주 황야에서 사생고락을 같이하던 선배나 동지 중에 입국한 이들을 한번 찾아 만나보고 싶었다.

하루는 서울 거리로 나가노라니 이준李儁 선생의 추도식을 어느 천주교당[158]에서 거행한다는 벽보를 보고 그 장소로 찾아갔으나 장내는 벌써 초만원을 이루고 있었다. 식단式壇을 바라보니 옛날 황야에서 신흥무관학교 교관으로 함께 있던 성준용成駿用 동지가 추도사를 하고 있었다. 식이 끝난 다음 반가이 만나 오랫동안 보지 못한 악수 끝에 오늘은 바쁘니 다음날 황금정黃金町[159] 고려혁명당[160] 사무실로 찾아와 조용히 한번 만나자고 한다. 그 후 약속대로 찾아가 회고담을 교환한 다음 그의 식견과 포부를 타진해본 결과, 만주에서 공산당 간부들이 선전하던 말과 조금도 다름이 없었다. 그들 논리는 좋으나 과연 말과 같이 선전과 실천이 일치하였던가. 다만 독재와 허위와 기만이었다는 것을 체험한 나는 또다시 의심하지 않을 수 없었다. 전날 그 정신이 아님을 깨닫자 그 다음부터는 자경자계自警自戒하여 접촉을 삼가면서 발길을 돌렸다. 그 다음은 백만 장안長安 어디에 누가 있는지 알 도리가 없었다.

하숙집 셋방의 자취 생활도 벌써 반개월이 지났으나 아직 살길은 막연한 가운데 우연히 전 만주 거주지에서 동린상접同隣相接하여 오던 하재우河在禹 씨를 만났다. [그는] 나의 재종숙 세걸世杰 씨가 용산 어느 곳에 살고 있다는 것을 말하고 소거처所居處 아는 사람을 불러 즉시 안내하여 주기에 지체 없이 찾아갔더니 한없이 기쁘게 맞아주는 것이었다. 자수自手로 구르마[161]차를 끌어 행리를 운반하여주는 한편, 소유 넓직한 다다미방 한 칸도 빌려주므로 우선 얼마 동안이라도 안심하고 피로를 휴양케 되었으니 어려운 때 집안이 좋다는 느낌이었다.

---

158) 천도교당의 착오. 1946년 5월 이준열사추념대회준비회(위원장 홍명희)가 구성되었으며, 7월 14일 순국 40주년을 맞아 고故이준열사추념대회가 좌우 공동행사로 천도교당에서 열렸다. 여운형 이승만 김구 장건상과 함께 신흥무관학교 교관을 지낸 성주식(성준용)이 추도사를 했다.(『현대일보』 1946.7.15. ; 『동아일보』 1946.7.16.)

159) 경성부 황금정. 지금의 을지로

160) 1926년 만주 지린성에서 경성된 항일독립운동조직으로 사회주의적 지향을 띠고 있었다. 그러나 해방 후의 고려혁명당이 1926년의 조직과 어떤 관련이 있는지는 확인되지 않는다.

161) 구루마くるま[車]. 수레의 비표준어

10. 고국에 돌아와 첫 출발, 청년운동

1946년 5월 수수천 리 적도망赤徒網을 뚫고 호혈虎穴에서 사선을 넘어 평화의 품 안까지 도달한 경로를 회상하니 사중재생死中再生의 느낌이었다. 그 아찔한 순간마다 천우신조天佑神助가 아닐 수 없다. 그간 또 세월은 흘러 남영동 소재 재종숙이 희사한 곁방살이도 어느 사이 3개월이 가까웠다. 더 이상 신세를 질 수 없는 형편이므로 동년 8월 그 부근 원효로元曉路라는 원자元字 지명을 택하여 그 지역 거주하고 있는 전라인 김태원金太元 씨 방方에 1칸 다다미방[162]을 권리금 만 원 전세로 얻어 이전 입주한 것이 오늘까지 우리 주택으로 소유되고 있는지도 어언 26년간에 이르렀다.

그 후 6·25 전화 중 전 건물은 소실되고 그 후 그 대지상 또 새로 건축한 것이다. 이제는 방도 한 칸 얻어 정착지도 정하였으니 재건 조국을 위해 조금이라도 국민된 의무를 하여 보려는 것이 유일한 지향이었다. 그러나 혼란의 물결이 굽이치는 현실하에서 이러한 역할을 할 수 있는 길을 찾기가 난지난難之難인 당면 문제였다.

동년 8월 어느 날 듣는 바에 의하면 전날 황야 신흥무관학교 제4기생 오광선吳光鮮 동지가 명동에서 광복청년회光復青年會 간판을 걸고 청년운동을 하고 있다기에 하루는 찾아가 그 취지를 물어보았다. 그러자 광청光靑은 중국 충칭에서 창설된 광복군 총사령관 이청천의 지휘 하에 소속인 국내지대가 해체되고 그 후신으로 이 땅 청년들을 중심하여 옛날 구국 운동 정신을 다시 살려 재건 조국에 이바지하려는 것이 그 목적이라 하면서 중앙본부 정훈 업무를 담당하여 달라는 간청이었다. 순수한 청년운동인지라 동창이며 동지의 부탁에 동의하고 업무 수행상 이청천이 아직 귀국 전이므로 국내 청년들의 그 기대는 컸으나 기실은 현상유지에 불과했다.

그 후 1947년 5월 이청천의 환국과 아울러 일대 강화시키고자 그 명칭을 대동청년단大同青年團으로 개칭하고 광범한 조직체계를 확대할 무렵 총무부장에 선임되어 그 직무 수행에 활약하여 왔다. 그러나 시국의 혼란을 기화奇貨로 악질도배들의 난무하는 그 내부적 부패는 극에 달할 뿐 아니라 그 외에도 이범석李範奭의 영웅심에서 별개의 민족청년단

162) 일본식 돗자리 다다미를 깐 방

환국 후 저자가 거주했던 원효로 집터(원효로 1가 27-14번지). 지금은 회색 상가건물이 자리하고 있다.

이라는 단체를 새로 조직하여 이청천을 중심한 대청과 상호 대치함으로써 소위 혁명운동을 하여왔다는 지도자들이 함께 뭉쳐 시범적示範的인 행동을 못하고 민족의 기대에 어그러진 분열로 불명예스러운 행동은 통석痛惜할 일이 아닐 수 없었다.

적색분자들은 모스크바삼상회의 신탁안信託案을 지지한다는 깃발을 들고 파괴, 살인, 방화 등 비민족적 야만 행위를 도처에서 자행하는가 하면 정치 문화 경제 사회면에는 정치 브로커, 간상배奸商輩, 엽관獵官 무리들이 중상모략, 기만, 이간, 아부, 허위를 전업으로 입으로만 갑작 애국자가 홍수같이 쏟아져 노도탁랑怒濤濁浪이 굽이치는 가운데 옥석을 구분할 수 없는 현실에서 대의명분이니 민족정기니 어느 곳에서도 찾아볼 수가 없었다.

11. 한 많은 교육난

1947년 봄 내가 불행한 시대에 나서 배우려 해도 배울 길 없는 여한을 자식들에게나 원대로 가르쳐 새 시대의 유용한 인재를 만들어 보려고 굳은 결의로 공탑功塔도 이루어 놓았건만 뜻밖에 공짜로 삼키는 적도들에게 송두리째 빼앗기고 빈손 들고 탈출하여 구사일생으로 그립던 고국까지 오기는 했으나 나에게 첫 선물이 무엇이었던가. 오직 홍주먼에 배낭을 메고 시장 거리로 나가 하루 살 길이라도 찾아보기에 바빠야 했다. 그러니 이러한 처지에서 시급한 자녀교육은 염급念及조차 할 수 없는 사정이었다.

세월은 흐르고 시간은 아까워 장래를 그르칠까 걱정과 두려움은 잠들기 전 놓일 날이 없다. 그리하여 적수공권赤手空拳이지만 우선 이동 아兒는 노량진 상공중학교商工中學校로, 용분 아는 청파동 신광여자중학교信光女子中學校로 모집시험에 응시하였던바 합격은 되었으나 다음 문제는 학비 거출이란 일대 난관이 가로놓여 있었다. 정성이 부족한 것도 아니요. 다만 힘이 미치지 못한 것이 가슴 아픈 한이었으나 이것을 누가 알아주며 동정이나 이해해주는 자가 그 누구였으리오.

책보 끼고 교문으로 들어가는 학생을 사정없이 내쫓는 것만이 학교 당국의 학비 독촉에 유일한 수단 방법이었다. 시험 때가 되면 더욱 그러하여 양羊 같은 순진한 학생은 교문에 서서 뜨거운 눈물을 흘리며 빈굴貧窟의 가정으로 실망 없이 돌아와 학비 안 가지고는 등교치 못하겠다고 울며불며 졸라댄다. 부모 된 자 가슴이 터지고 뼈가 저리지 않을 수 있으랴.

이것이 혼란 시국의 소치所致이니 어찌할 수 있나. 자고로 문장출어곤궁文章出於困窮이라 하였으니 고난 속에 배워야 나중에 위대한 인물이 될 수 있을 것이다. 쫓으면 쫓겨오고 욕하면 욕을 달게 받으라 하면서 달래보기도 하였으나 한 달에도 수없이 쫓겨 다니다가 종내에는 그 학교에서 퇴학처분까지 받고야 말았다.

이것이 당시 해방 조국의 현실이었다. 이 나라 옛말에 삼대三代 원수가 져도 책을 끼고 배우러 가는 아이에게 글은 가르쳐 준다는 고훈古訓이 있다. 한민족의 전통적 도의에서 전해오는 미풍이었건만 이같이 비도의적인 가혹한 교육 조치는 비분悲憤을 금할 길이 없었다.

1947년 정해丁亥

12. 신흥대학을 찾아, 신흥학우단도 부활

1949년 신흥무관학교를 계승하여 출범한 신흥대학의 종로구 수송동 옛터에 세워진 표지석

신흥대학 입구를 알리는 표지판. 대학 뒤편 고황산에서 흘러내린 개천이 복개되기 전인 1950년대 중반의 모습이다.

신흥대학의 학생 모집 광고(『경향신문』 1949.6.17). 창립 연월일에서 만주신흥무관학교 계승을 분명히 밝히고 있다. 제1 교사는 서울시 종로구 수송동 82, 제2 교사는 서울시 종로구 청운동6(구 백운장)으로 표시되어있다.

1947년 정해丁亥 추추秋. 광복청년회 청년운동으로부터 비로소 선배와 동지들의 개황을 알게 되자 먼저 성재省齋 이시영李始榮 선생을 찾았더니 반가이 맞아주셨다. [선생은] 옛날 신흥무관학교 정신을 국내에 부식하기 위하여 신흥대학을 설립코자 유지 제씨의 협조로 기성회까지 결성하고 자금대책도 강구 중이며 불원 개교도 되겠으나 여러 가지 난관과 애로에 활발한 진전을 보지 못하고 있으니 모교의 재건을 위하여 적극 협력하여 달라는 요청을 하시었다.

공사간 옛 인연을 잊을 수 없을 뿐 아니라 이 나라 청년들에게 민족정기를 위하여 신흥의 정신을 배양시켜 영원한 기초를 닦는 것은 오늘의 긴급을 요하는 현실인지라 본교의 학도감學徒監이라는 직책을 가지고 교무에 종사하면서 발전을 도모하였다. 그러나 그때 해방 직후 미군정하에서 법이 확고히 서지 못한 관계로 질서가 문란하여도 제지할 도리가 없는 때라 이것을 기화奇貨로 브로커 김모란 자가 기성회에 개입하여 자아세력을 부식하고자 갖은 흉계로 학생 가운데도 적색 사상이 잠재되어 있는 자들을 이용

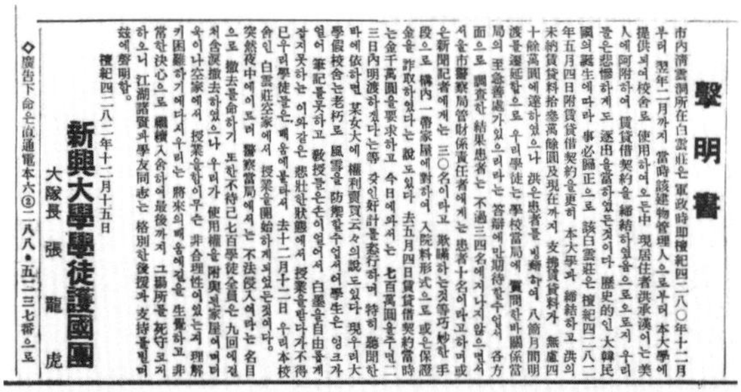

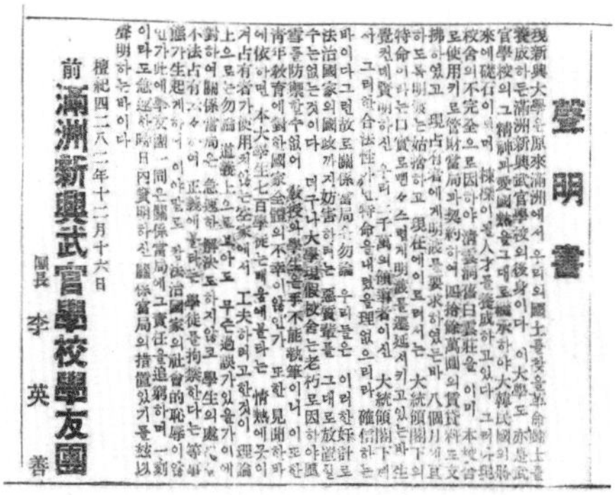

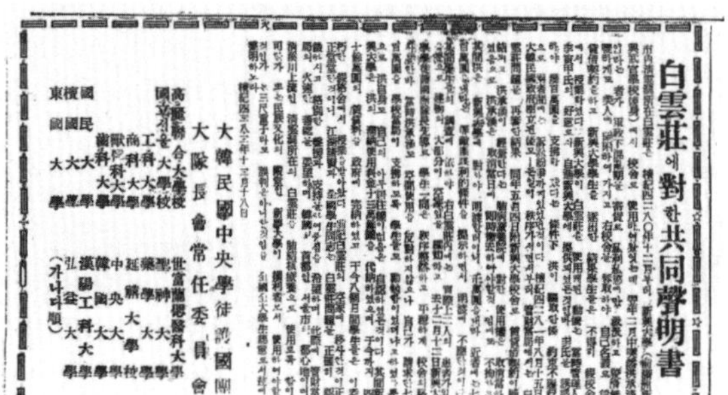

교사로 쓰던 백운장에 대한 분쟁이 벌어졌을 때 신흥대학학도호국단, 대한민국중앙학도호국단, 신흥무관학교학우단의 이름으로 발표한 성명서

선동하여 백운장白雲莊 교사문제를 위요하고 일대 분규 난투 등 가장 악질적으로 저해하여 왔다.

그러나 이 험악한 파란을 배제하면서 풍우[風雨]도, 주야도 불고하고 본 대학의 기초를 세워보려는 최선의 노력을 기울여왔으나 모든 환경은 용이히 해결되지 않고 혼란 복잡은 점점 계속되고 있었다.

[단기] 4280(1947)년 정해丁亥 수송동 신흥대학에서

옛날 황야에서 조국독립을 위하여 이주 동포의 계몽과 사상의 고취와 주구의 배격 등 광복사업에 커다란 역할을 하여오던 신흥무관학교 학우단이 오늘 해방된 조국의 혼란 속에 더욱이 그 정신이 요청되고 있다.

그리하여 국내에 들어온 후 차츰 선배도 찾고 동지들도 만나 학우단을 다시 살려 그 조직을 통해 함께 뭉쳐 보려고 산재한 동지들을 종합하여 본 결과 당시 재경 수만도 40여 명에 달하고 있음을 알게 되어 신흥대학 교실 내에 집합장소를 정하고 부활총회를 개최했다. 석상에는 연고 깊은 성재 이시영, 윤기섭, 이규봉李圭鳳, 이광조李光祖 제 선생의 임석하에 3, 40명의 단우團友와 유지들의 다수 참석으로 성재 선생의 훈화와 윤기섭 선생의 연혁과 내빈 축사로서 감개무량으로 단란하게 거행되어 부활 절차는 이로부터 끝나는 한편 임시 사무소를 회현동 최중산崔仲山 사택 일부를 빌려 간단한 사무를 취급하여왔다.

그 후 단원 가운데서는 설립 초기에 있는 신흥대학에 대하여 양론이 대두하였다. 일부는 무인 양성이 아닌 이상 본단과 관련이 없다고 주장하는가 하면, 일부에서는 문무 구별할 것 없이 그 정신에 입각한 교육이라면 모교로 인정하는 것이 타당하다는 등 이상과 같은 분규로 대립하였다. 전자는 기성회 김모와 합류하여 백방으로 저해하여왔고 후자는 그때 학장 이규봉 씨와 동조로서 나 역시 후자를 주장하는 한 사람이었다.

1947년 10월 19일 신흥학우단 부활 기념사진. 첫줄 가운데에 성재 이시영 선생이 자리하고 있다. 원 안의 인물이 저자이다.

호사다마로 국내 사정은 모두가 악조건이요, 주위환경은 가시밭이었다. 단우 중 송호성宋虎聲은 입국 이후 친척관계인 유동열柳東說 씨의 인도로 일약 해안경비사령부의 사령관에 재직중 학우단 운영문제와 동지들의 앞길 타개에 만일의 도움이 될까 하여 제1회 학우단장으로 추천 선출하였다. 그러나 자신의 영예와 명리에만 급급할 뿐 도리어 냉정한 태도로 입국 동지들이 금후 군정이 철수되면 조국 방위에 일원이 되어 보려는 희망이었으나 절대 거절하여왔다. 소위 단장이란 명의를 가지고도 그의 비양심적이며 비동정적인 태도는 이해하기 곤란할 뿐 아니라 가증스럽기도 하였다.

[단기] 4280(1947)년 정해丁亥

13. 독립운동자동맹을 엽관배獵官輩의 도구화로

1947년 정해丁亥 춘春. 사람이 일생을 통하여 한 번 박힌 정신은 그리 용이하게 변하지 않는다는 것은 나 자신을 생각하여볼 때 잘 알 수 있었다. 30여 년 전에 체득한 정신은 그대로 살아 있어 국내에 들어온 뒤에도 항상 가고 싶은 곳, 찾아보고 싶은 사람, 하고 싶은 일 모두가 그 정신에 따라 움직이어 암흑과 노도 속에서도 꾸준히 그러한 방면으로 정신을 기울여 더듬어 보기에 잠시도 여념이 없었다.

어느 날 어느 동지로부터 전하는 바에 의하면, 윤기섭 선생을 중심으로 해외독립운동자들이 1당에 모이어 한 개 단체를 조직하고 옛날 투쟁 정신을 살려 새 나라 건설에 이바지하자는 것인데 과거 운동선에 관련이 있는 자라면 누구나 환영하는 깨끗한 애국단체로서 그 명칭을 '독립운동자동맹'이라고 정하여 명실공히 그 결과도 훌륭할 것을 의심치 않고 기뻐하여 동맹의 일원으로 가입하였으나 모든 일은 난측이었다.

결성도 되자마자 미군 군정하에서 입법기관이 구성됨에 단체 명의를 이용하여 중요간부 수 명은 입법의원에 감투를 써볼 목적으로 암암리에 활약하여 계획대로 달성된 이 자들은 이 욕망을 이룬 다음부터 동맹에 대하여는 외막에 신 외 같이 보고 자아 영예에만 광분할 뿐 아니라 그 외에도 적색분자들이 개입되어 단체 명의를 팔아 군정하 물자배급을 타서 소위 북한 괴뢰집단 간부들과 평화교섭을 한다는 등 천부당만부당한 소행으로 단체 운영상 막대한 지장과 명예손상은 물론 단우 간의 점차 불신임을 초래하여 말경에는 유야무야로 자연 해체상태에 빠지고 말았던 것이다.

모두가 한다는 것이 이 모양이었고 믿을 것이 없고 할 것도 없다. 이 무질서한 혼탁 속에서 무엇을 하여 보려는 것도 어리석은 자밖에 될 것이 없다. 이로부터는 어떠한 단체이고 조직이고 교언미사[巧言美辭]를 한다 하여도 자숙자계[自肅自戒]하여 일절 관계하지 않을 것을 맹서하였다.

[단기] 4280(1947)년 정해丁亥

14. 혼란과 탁류 속에 적색분자들의 광상

1947년 정해丁亥 야욕이 땅보담도 두터운 왜놈들은 만주국을 건설한 후 만인滿人들의 충실한 복종과 협력으로 소기의 욕망을 십분 뜻대로 이루어지자 의기양양 일지사변[중일전쟁]을 일으키어 소위 대동아전쟁이라는 명목으로 중원 대지를 석권하고 진주만까지 기습하여 제2차 세계대전을 야기시켜 인류를 전쟁 와중으로 몰아넣었던 일왕 유인[히로히토]의 항복으로부터 연합군의 당당한 승리 아래 피압박민족에게도 해방의 혜택을 입게 되어 전날 카이로회담에서 적당한 시기에 조선을 독립시켜 준다는 약속에만 의존하고 우리는 무조건 환호 속에서 좌수어인지공[坐收漁人之功][163]으로 너무나 맹목적이며 무의식하게 날뛰어왔다.

그러나 귀중한 독립과 자유가 값없는 보배로 우리에게 선물이 될 리는 만무하였다. 그 뒤부터 모스크바에 삼상회의가 열리자 전 카이로회담에 명시되어 있는 조문도 무시하고 국제적 노예인 신탁통치론이 결의되었으며 전후 무장해제를 위하여 임시 군사적 조치라는 38선은 이미 해제 임무가 완료되었음에도 날이 갈수록 점점 굳어져 가는 정세만 보일 뿐 아니라 중국 연안으로부터 입국한 적색 도당들은 음흉한 소련의 교준을 받아 무의식 대중을 선동하여 신탁 반대 기旗를 불시에 신탁 지지 깃발로 둘러맞추면서 국가적 기

163) 가만히 앉아서 어부의 공을 차지한다는 뜻으로, 남이 다투는 틈을 타서 제삼자가 힘들이지 않고 이익을 취함을 비유적으로 이르는 말

념행사나 경축대회, 기타 대중회합 등 민족주의 진영이 서울운동장에 모이면 적색주의 도배들은 남산공원에 모여들어 기세를 올리면서 갖은 악선전으로 민중 심리를 현혹케 하는 기현상이었다.

군정은 한국의 모든 문제를 해결하려고 미소공동위원회를 구성하여 덕수궁에서 수차 개최한 다음 거듭 논의하였으나 가면적인 소련의 야심으로 종내 결렬되자 38선은 영구 철벽화시키는 한편 적색분자들은 소련을 배경으로 선전전을 대대적 전개와 함께 각 기관 각 부문에 걸쳐 세균과 같이 잠재하여 파괴·살인·방화·강도의 비인도적·비민족적 야만 행위를 강행하여온 그 일례를 들면 여수·순천 등지에서 연출한 참극이 곧 대표적인 증좌일 것이다.

역사를 회고하여볼 때, 배달족에 동방군자지국이니 예의지국이니 이와 같이 이족의 찬양을 받아오던 아름다운 민족성이었지만 이조 500년의 골육상쟁과 관료들의 파쟁 싸움과 사대사상의 악벽이 뿌리 깊이 그대로 남아 있고 또는 오랫동안 왜치하에서 동조동근[同祖同根]이라는 동화교육으로 기만착취에 젖은 이기주의와 아부·의뢰의 악습이 해방을 타서 정치·문화·경제·사회 전면에 그대로 흘러 혼란을 기화奇貨로 정치 브로커·간상배·엽관배 등 악질들이 중상·모략·기만·이간·아부·허위를 전업으로 일삼으면서 입으로만 애국자라고 자처하는 자들이 갑자기 홍수같이 쏟아지는 탁류노도가 전면에 굽이쳐 옥석을 구분할 수 없는 현실인지라 대의명분이니 민족정기니 어느 곳에서도 찾아볼 수 없었다. 어찌 한심 통탄한 일이 아니랴.

위국석년투쟁사 가석금일무뢰한　爲國昔年鬪爭士 可惜今日無賴漢
민족정기지자수 수세응변과시영　民族正氣知者誰 隨世應變誇是榮
(해석)
옛날 나라 위해 투쟁하던 용사들이　오늘 무뢰한 됨이 가석하구나
민족정기를 아는 자, 그 누구뇨　영예 위해 모두 수세응변만 자랑하네

연산조燕山朝 때 김정구金鼎九의 시조가 감상이 새롭다.

까마귀 싸우는 곳[골]에　백로야 가지 마라

성낸 까마귀　　　　　　　흰빛을 새우나니
창파에 조히[고이] 씻은 몸을　더럽힐까 하노라

[단기] 4280(1947)년 정해丁亥

15. 해방 조국 창군에 참여, 사관후보생이 되어

회고하건대 아까운 청춘을 하염없이 이역 황야에서 30여 년간 유리표박하다가 어언간 가는 세월은 흘러 백발이 성성하여 해방된 고국이라고 찾아온 나에게는 호사다마로 갈수록 태산이었다. 쓰라린 가슴을 움켜 안고 입국 이후 수개년 동안 혼란에서 갈팡질팡 험난을 거듭하고 있으나 이 몸이 아직 죽지 않고 살아 있는 이상 멀지 않은 여년餘年이나마 이 나라를 위해 이 민족에 한 사람 된 책임을 함으로써 전날의 원한을 풀고 앞날의 광명을 기대하는 희망이었다. 그러나 아직 이 땅에는 원치 않는 군정軍政이 실시되고 있는 이상 여하한 난고에 처하여도 우리 정부 수립되기 전에는 단념을 지속하여 왔던 것이다. 그 후 3년이 지난 단기 4281[서기 1948]년 8월 15일을 기하여 군정이 철수되고 우리 독립정부가 수립됨에 따라 비로소 소기의 목적을 관철하여 보려고 최대의 심신을 기울여 왔으나 주위 현실現實은 혼탁과 함께 모두가 악조건뿐이었고 사사[事事]에 장애였다.

어느 날 관계 측에서는 과거 군에 관련이 있는 자라면 노소를 막론하고 누구나 다 의원依願 입대시킬 방침이라 하여 어느 국민학교에 장소를 정하고 시험성적을 보아서 기용한다는 것이다. 이 방법도 우리 노령자들에게는 너무나 무리한 조처라고 아니할 수 없으나 민족정기라고는 그림자도 찾아볼 수 없는 시대의 현실인지라 부득이 지시대로 응하지 않을 수 없어 오랫동안 덮어버렸던 묵밭을 다시 일으켜 학과 및 구두 시문과 신체검사 등 빠짐없이 수속절차를 마치어왔으나 뜻밖에도 발표 당일에 와서 50세 이상은 접수치 않는다는 것이다.

절대적인 희망을 가지고 시험장까지 나갔던 것인데, 초창기를 기화[奇貨]로 주관자들의 농락하는 소행에는 격분한 불쾌감을 느끼지 않을 수 없는바 동지들 가운데는 전날 독립운동자들에 대하여 결코 입대가 되지 않을 것이니 헛수고들 하지 말라고 권하는 사람도 있다. 과연 그때 현실이 왜정하 일군 출신들은 대개가 시험도, 별 애로도 없이 고급 임관으로서 국가의 특혜를 입는 자가 거의 전반이었지만 독립군으로 투쟁하여오던 자들은 무슨 시험이니 노령이니 무슨 출신이니 이 탈 저 탈 배척하는 기현상으로써 또 50세 이상이라는 조건하에 소망은 실망으로 돌아가고 말았으나 하소연할 곳조차 없어 아심독비我心獨悲로 행여나 다음 기회를 기다릴 수밖에 다른 도리가 없었다.

[단기] 4281(1948)년 무자戊子 원효로에서

3년 만에 군정이 끝났다. 때는 단기 4281(1948)년 12월 7일이었다. 전기 실패를 살릴 기회를 바라던 차제 이번에는 연령 제한 없이 군사경험자는 모두 받아들인다고 하기에 기어이 내 나라 군인이 되어보려고 거듭 결의를 하면서 1949년 1월 용약勇躍 군문軍門에 들어가려고 성재 이시영 선생의 추천서를 얻어가지고 관계관을 찾아갔더니 며칠 전에 벼락감투를 쓴 이 고관은 다 같이 국외에서 들어와 조석으로 합석하여 간격 없이 간담을 통해오던 숙면인사熟面人士였다. 그러나 일약 고위에 오르자 처음 찾아간 나로서는 전날 동지적 견지에서 지원서를 제출하는 한편, 너무나 고통스러운 처지이기에 알고 싶은 한 가지를 물어보았다.

"사관학교 훈련 기간은?"

이 말을 들은 그는 불쾌감을 느끼면서 기고만장으로 하는 답변이었다.

"나도 독립군이에요. 동지들만 독립군이 아니에요. 그런 것을 물으려거든 그만두어요. 내 손으로 이 서류에 한 줄 그어버리면 그만이에요."

하고 권리와 지위를 자랑하는 듯이 땅땅 울린다.

내가 독립군이라고 자랑한 것도 아니요, 자처한 것도 아닌데 영예에만 도취한 이 망언妄言은 그 격분을 금할 수 없어 단연 반문하려는 순간 마침 동반하여 같이 갔던 당년 60세의 고령이신 김련金鍊 동지가 옆에서 여하한 교태驕態에도 참고 견디어 우리 목적만 달성하자고 은근히 지성으로 밀유密諭한다.

전기 김 동지도 군인이 되어보려고 함께 힘을 다하여 오던바 전날부터 동창이며 서로 의지가 소통되고 거취를 같이하여 나가자는 약속으로서 이번 사관학교 지원 수속도 함께 하게 된 한 자리에서 그와 같은 폭언을 듣게 되었던 것이다. 그리하여 그의 충고에 일시적 분을 참고 제출서류를 접수시킨 다음 출발할 때는 벌써 오후 1시가 지났다. 오늘 21시까지 태릉泰陵에 도착이 아니 되면 또 입교가 어려울 것이라고 독촉하기에 급급히 정문을 나와 앞에 닥치는 삭풍을 거슬러 일보 일보 보행으로 전진하난 처음 가는 길이라 오고가는 사람에게 자주 물어야 하였다.

해는 서산에 넘고 검은 장막은 대지를 덮어온다. 몸도 손발도 살을 오리는 듯한 찬바람을 무릅쓰고 이 늙은 두 학생은 가기는 가고 있으나 이마에 수색[愁色]이 만면이었다. 옛날을 회고하고 오늘의 현실을 돌아볼 때 참으로 한 많은 느낌 속에서 김 동지는 나에게 이렇게 말한다.

"오늘의 현실은 우리에게 너무나 가혹하다고 생각됩니다. 이제 우리가 소위 임관이 되겠으니 앞날 대위까지나 승급이 되어보고 죽겠소?"

하고 말을 던질 때 나는 이렇게 대답을 하였다.

"여보시오, 이제 우리가 계급에 무슨 관심을 두겠소. 소위로 일하다가 소위로 죽어도 내 나라를 위한 일이니 무슨 한이 있겠소. 그러나 사람의 운명은 모릅니다. 앞길을 누가 단언하겠소. 미리 낙심할 것은 없습니다. 해방 조국에 돌아와 사관후보생이 되었거나 장교로 임관되는 국은國恩을 황야에서 상상치 못하던 행복이 아니겠소. 우리 동지들이 투쟁선에서 죽은 수도 헤아릴 수 없지 않소?"

이같이 구둥구둥[164] 주거니 받거니 지친 다리를 끌고 시장한 배를 잘러[졸라] 매면서 신세타령으로 가는 길은 황혼 깊은 밤 저 산 모퉁이에 교사가 들여다보인다. 정문 앞에 이르자 초병에게 오는 사유를 말하고 교문에 들어가는 그 시간부터는 일설 과거를 청산하고 백지로 돌아가 동심童心을 가진 순진한 노학생이 되어야 하였던 것이다.

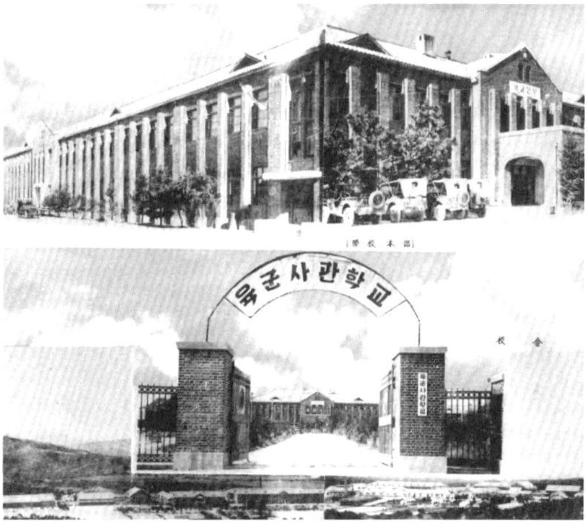

당시 육군사관학교 정문과 학교 본부의 모습(『육군사관학교 제7기 졸업기념사진첩』, 1969년 영인판)

그 다음에는 소양 시험이니 병학이니 대수·영어·물리·체격 검사 등 삼사십 년 내어버렸던 묵밭이 그리 쉽게 개척

164) '구시렁구시렁'의 방언

될 리는 없었다. 이것은 학교 당국에서도 이해하는 모양인지 합격자라고 해서 특별 8기 제2반에 편입되어 소정 과목에 훈련은 받게 되었다.

때는 동절이라 당년 53세란 쇠퇴衰頹 시절임에도 악풍한설에 우렁찬 교가를 부르며 맹렬한 훈련이었으나 노당익장으로 청년들에게 밀지지 않겠다는 용기로써 모든 면에 수범 자진하여 시종일관하였던 것이다. 특히 후보생 시대 1개월 사관학교의 식사량은 홍로점설[紅爐點雪][165]격으로 후보생 전원이 어찌 그렇게도 부족을 느끼었는지 모두 기갈饑渴을 면치 못하여오던 세월도 어언간 흘러 소정 기간이 완료됨에 따라 졸업이라는 명목하에 소위로 임관되어 교문을 물러나왔던 것이다.

그때 우렁차게 부르던 사관학교 교가(제1절)[166]

1. 태백산 삭풍 속에 정기 엄정타
   영봉에 천지 받아[바다] 길이[기리] 흐르는[흐름은]
   반만년의[에] 유구한 배달 민족성
   천만대의[에] 빛을[핏줄] 받은 청구의[에] 건아
   울창한 태릉 무대[武台] 우러러 서니
   새 대한에[의] 희망이[인] 사관학교다

2.[167]

아침마다 기상과 점호에 원기 찬 군가와 이 등 저 등, 이 골짝 저 골짝 야외훈련이며 앞에총 구보도 남에 뒤떨어지지 않겠다고 두 주먹을 부르쥐고 뛰던 감상도 기억에 새로웠다. 소정 훈련이 끝난 뒤 1주간의 휴가로서 교직원의 환송 속에 삼각지 주둔 제7여단의 배속 명령을 받고 또 그 여단에서는 시흥에서 신설되고 있는 제17연대로 재배치되었

---

165) 빨갛게 달아오른 화로 위에 한 송이의 눈을 뿌리면 순식간에 녹아 없어짐을 이르는 말

166) 1948년 육사 5기생 송주호가 작사하고 이화여대 임동혁 교수가 작곡한 육군사관학교의 옛 교가. 지금은 1951년 4년제로 바뀌기 직전 공모 채택된 공중인 작사, 김순애 작곡의 두 번째 교가를 사용하고 있다.(『대한민국 육군사관학교 50년사, 1946-1996』 44쪽)

167) 저자가 기억하지 못해 누락한 것으로 추정된다. 육군사관학교 옛 교가는 3절로 되어있다.(『대한민국 육군사관학교 50년사, 1946-1996』 45쪽)

던 것이다. 이 연대는 국경일이나 외빈들이 들어올 때 의례행사에 항상 담당은 물론 전군에 시범적인 부대로서 중외에 가찬을 받았으며 훈련에도 가장 우수하다고 이르던 연대였다.

[단기] 4281(1948)년 무자戊子 태릉사관학교에서

16. 전지 옹진甕津에서, 6·25의 전야

황해도 옹진군 강령에서 근무할 당시의 저자

1948년[168] 12월 26일 전기 연대가 삼각지 병영에서 출동하여 인천 출항, 부포阜浦[169]에 상륙, 강령康領[170] 옹진에 주둔함으로써 38선 방어전에 임하였던 것이다. 때는 겨울이었으나 웬 폭우는 그렇게도 내려부으며, 왜 그다지도 일기는 음산하였던가. 매일 폭풍한설이 천지를 뒤덮는다. 이와 같은 옹진 기후를 그 지방 사람들에게 물어보았더니 이곳은 보통 맑은 날씨가 적다한다. 산비탈 천막 속에는 밤이면 눈보라가 쳐서 발목이 잠기고 자는 침대 위에는 서리와 눈이 한 뚜끄[두께]씩 쌓인다.

1948년[171] 12월 산비탈 천막 속에서

1. 이 날도 저 날도 그칠 줄 모르는 음우
   민족 눈물의 표정이 아닌가 하노라
2. 낮에도 밤에도 둘러치는 살풍
   골육상쟁의 상징이 아닌가 하노라

---

168) 1949년의 오기. 저자는 1948년 12월 7일 육군사관학교에 입학해 1949년 1월 14일 소위로 임관했다.

169) 부포釜浦의 오기, 당시 황해도 옹진군 봉구면 부포리

170) 강령康翎의 오기, 당시 황해도 옹진군 부민면 강령리

171) 주168 참조

3. 이 밤도 저 밤도 구름 속에 잠긴 달빛
한 많은 동족의 시름이 아닌가 하노라
4. 운파산 저 기슭에 울고 가는 저 까마귀
쓰러진 충혼을 조상[弔喪]함이 아닌가 하노라
5. 38선 논귀 밭귀 방울방울 흘린 피
이 강산에 꽃이 되어 천추에 피고 피려 하노라

부대가 강령에서 옹진 시외로 이동 중에는 다른 곳에서 아직 보지 못하던 7, 8세 어린 이들도 만세를 부르며 경례를 표하는 정경을 볼 때 오랫동안 38 접경에서 시달려온 우리들을 편히 살게 하여달라는 표정인 듯도 하여 감격을 주고 있었다. 옹진에서는 광산건물을 사용하게 되었으나 모든 시설은 무참히도 파괴상태로서 건설 개발하여야 될 우리로서는 통석痛惜치 않을 수 없었다.

이 지형은 앞에는 38 장벽을 안고 뒤에는 바다를 등져 배수진 형세의 불리한 지역이었다. 용사들의 싸움터 운파산 고요한 밤 찬 서리 밝은 달 아래 시름의 북쪽 하늘을 바라보며 비분이 넘치는 순간에는 김종서 장군의 시조와 남이 장군의 노래가 우연히 흘러나온다.

삭풍은 나무 끝에 불고 명월은 눈 속에 찬데
만리 변역[변성]에 일장검 짚고 서서
긴 쉬파람[파람] 큰 한소리[에] 거칠 것이 없어라
– 문종 때 김종서 시조

장검을 빼어들고 백두산에 올라보니
일엽시잠이 호월에 잠겼어라[172)]

172) 일엽제잠一葉　岺의 오독, 조그맣게 보이는 우리나라를 은유한다. 호월胡越은 북호北胡와 남월南越을 가리킨다. 풀이하면 조그만 우리나라 땅이 남북 오랑캐 사이에 잠겨 있다는 의미. 다른 시구에는 중장이 '대명천지大明天地에 성진腥塵이 잠겼어라'로 되어 있기도 하다.

언제나 남북풍진[173]을 헤쳐 볼가 하노라

– 태종의 외손 남이 장군

일요일이 되면 온천장에 나가 목욕하던 기분도 상쾌하거니와 아침 기상이 되면 시내 청소작업으로 시민의 환영도 받아왔다. 일선의 소조한 분위기 속에서 미군 고문관사의 종종 보여주는 영화 가운데도 미국 기병대 창설 사진 같은 것은 흥미 있는 위안거리였다.

백설이 훨훨 날릴 때 정든 서울을 떠나 만화방창[174] 봄철도 다 지나고 초목이 무성하는 여름철이 되어도 1949년 4월 전지 아버지 소식을 모르는 어린이 노래.

1. 아버지는 눈내린날 아슬한밤 별빛일때
깊이든잠 나모르게 어디메로 가셨는지
2. 어머님이 하신말씀 명년3월 오신다기
그날부터 손꼽으며 3월달만 기다렸네
3. 겨울눈이 모두녹고 춘삼월이 다지나가
6월밤초 또왔건만 아직돌아 오지않네
4. 아버지가 보고싶어 북쪽하늘 바라보며
하루에도 몇 번씩을 울며불며 하였어요
5. 아버지의 가신곳을 어머님께 물었더니
어머님의 하신말씀 이나리와 겨레위해
6. 옹진북쪽 38선에 공비들과 싸운다네
아버지는 언제와요 오시는날 어머님과
7. 형님누나 동생함께 손목잡고 뛰어나가
노래하며 두팔들어 만세만세 부르지요

173) 남만南蠻과 북적北狄 오랑캐가 일으키는 병란

174) 만화방창萬化方暢, 따뜻한 봄날에 만물이 생장해 흐드러짐

이와 같이 전지 옹진 8개월의 세월은 너무나 지루하던 가운데 6·25 전란까지 이 전선에서 치열을 거듭하여 왔다.

[단기] 4282(1949)년 기축己丑 옹진에서

1950년 경인庚寅 6월, 당 연대가 하기 실탄사격 연습을 실시케 되자 나는 화기 중대 야외연습 책임을 가지고 30여 리 외 산곡으로 출동하여 천막 숙영을 하면서 박격포 실탄연습을 지도 교육시키어 성적은 매우 양호하다는 강평이 있었다. 이 연습이 끝나자 마침 6월 21일 서울운동장에서 제1차 전몰장병위령제를 거행한다는 통지에 따라 당 연대 전우 대표로 제전에 참가하라는 출장명령을 받고 부대로부터 출발한 후 부포 부두에서 일박하고 그 익일 출항하여 인천 입항으로 서울에 도착한 다음 20일[175] 아침 식전으로 나가니 하늘도 무심치 않았는지 천기는 매우 침울 신산한데 조포[弔砲]와 영면永眠의 나팔 소리는 모인 사람으로 하여금 애수와 함께 유가족 좌석에는 목 메인 울음소리가 식장을 덮어 비애는 더욱 간절하였다.

식이 끝난 다음 수많은 충혼의 위패가 남산 장충단으로 향하게 된 도중 의장대의 엄숙한 보법과 청량한 조악[弔樂]으로 봉안은 끝났으나 뒤이어 웬 폭우는 그렇게도 내려쏟는지 이것이 충혼들의 눈물이 아니면 내일의 닥쳐올 이 겨레 비운의 전조가 아니었을까?

이 임무를 마치고 용산구 원효로 한 구석 병마와 빈굴 속에서 처참히 헤매고 있는 가족을 작별하고 또 서울을 떠나지 않을 수 없어 24일 아스라한 찬 새벽 안개 속에 가족의 전송을 받으며 삼각지로부터 용산역에 승차, 인천 출항, 부포에 입항하여 일모[日暮]에도 불구하고 부대 주둔지 옹진까지 당일 귀영하니 시간은 벌써 오후 11시가 지났다. 영내에서는 무슨 극이 있다 하여 전 장병이 방금 관람 중이라 하며 그 후 12시경쯤 지나 연대장실에서 임무 수행 결과보고가 끝나자 뒤이어 연대장은 일간 38선 상황이 급변되어 부대가 비상경계 중이라고 하기에 전날에도 적의 이동과 교대가 종종 있었던 바와 같이 긴장한 경비태세이겠지 하고 숙사로 돌아가 취침을 시작하였다. 불과 3, 4시간 지나지 않아 전방에서는 알지 못할 총소리가 콩 볶듯이 들려온다. 이때 시계를 들여다보니 오전 4시경이었다.

---

175) 6월 21일의 오기

[단기] 4283(1950)년 경인庚寅 옹진에서

17. 38선 전역에 뻗친 전화

때는 1950년 6월 25일 새벽이었다. 4시경부터 치열한 총소리는 그 다음 5시경에 이르러 본격적으로 적의 급습을 비롯하여 8, 9시경에는 벌써 영내 주위에 소총알과 포탄이 비 오듯이 후방 고지로부터 내려 쏟는다. 상황은 예상 밖으로 급변하여 예비대를 응원배치 등 긴급조치를 취하였으나 불과 몇 시간도 못 되어 각 대대, 중대 연락 통신이 두절되고 각 대가 고립상태에서 저항과 전진하는 형세에 적은 벌써 계획적 포위 작전으로 들어가자 아[我] 부대는 무수한 희생자를 내어가면서 최후까지 감투하였으나 병력의 중과부동[衆寡不同]과 배수진의 지리적 불리로 대세는 점차 적에게 유리한 방향으로 기울어져 대세 만회에 결사적 분전도 하등의 효과를 거두지 못하고 부득이 후퇴작전의 비참을 거듭하면서 옹진과 부포 부두의 산적된 보급품도 소각하여 버리고 26일 새벽에 인천으로 입항하여 영등포에서 재정비한 다음 27일 용산역까지 들어갔다가 다시 수원으로부터 대전 시내 선화국민학교에 주둔하는 한편 청주 오산 방면에 재배치하여 남하 적을 반격하게 되었던 것이다.

[단기] 4283(1950)년 경인庚寅

18. 서울 가족의 안위, 예상되는 구사일생

해방 이후 사선을 넘어 고국을 찾아왔으나 혼란 탁류에 휩쓸려 빈궁과 싸우기에 여념이 없었다. 먹지도 입지도 못하고 학비 없어 공부도 마음대로 하지 못하고 병에서 신음하면서도 치료조차 받지 못하면서 서울거리에 비참히 헤매던 정상이 생각할수록 가련가석하였다.

옹진으로 떠난 후, 때는 1950년 8월이라, 8개월이라는 긴 세월을 지나는 동안 전기 위령제를 기하여 비로소 서울에 왔다가 불과 2, 3일 만에 다망한 공무를 마치고 옹진을 향한 후에 뒤이어 6·25동란이 돌발하자 계속되는 전화 가운데는 전연 소식조차 알 도리가 없어 천사만려[176]하여도 굶주리어서 또는 적의 독수에 혹은 아군의 폭격에 솟아날 구녕[구멍]은 없었을 것으로 생각이 된다.

해방 당시 전 가족 수가 15명에 달하였으나 이미 9명이라는 가족은 이역에서 이리떼 가운데 물려 사생존망도 모르는 차제, 불과 6명이라는 현재 가족도 이 동란 중에 한 명이라도 남아서 전후에 다시 한 번 만나볼 수 있을까 또는 다 죽고 말았을까, 그 어떻게 되었을까. 한갓 미지의 기상적 비감이 머릿속 떠돌고 있을 때 고해 인생의 비운을 절실히 한탄치 않을 수 없었다.

그러나 포연탄우 아래 나 역시 어느 시간에 재가 되어 날아갈지 모르는 전지에서 무엇을 생각할 여지조차 없으며 생각해야 아무 필요도 없다. 어린아이들이 불쌍하나 다 죽었으면 그만이고 하나라도 살아 있으면 다시 만나 보겠지 하고 오직 단념하는 결심뿐이었다. 옛날부터 위천하자는 불고가사[177]라 하였으니 하물며 오늘같이 국난이 급을 고하는 이때 해가에 가족의 안위를 염려할 여지조차 있으랴. 다만 운명에 맡길 뿐이었다.

[단기] 4283(1950)년 경인庚寅

전군은 북으로 북으로 진격이었다. 아[我] 연대는 서울 탈환을 위하여 부산 출발, 인천 상륙, 청량리 방면으로 진격이었다. 이때 나는 부산에서 서울로 보급을 수송 중 부산 출발, 대구·대전 경유 서울에 들어오게 되자 가슴은 더욱이 초조하였다. 그립던 서울, 오고 싶던 서울 영등포 도상에서 이시영 선생 장남인 이규봉 씨를 우연히 만나 함께 한강을 건너 마포 경유 원효로에 들어서니 때는 오후 2시경이라. 번화하던 백만 장안이 왜 그다지도 쓸쓸하게 나를 맞아주는지 사면이 모두 전장터로 화한 기분이 그대로 남아있다. 용산경찰서 부근에 들어서자 먼저 현주지부터 눈을 살펴보았다. 그 골목만은 그다지 파괴되어 보이지 않는다. 몇 걸음 옮겨놓자 용봉 아[兒]가 기뻐 뛰어나온다. 반가이 품 안에 안고 들어가 우선 어찌 되었나 하는 순간 인숙이가 나와 눈물을 씻는다. "야! 누가 죽

176) 천사만려千思萬慮, 여러 가지로 생각하고 걱정함
177) 爲天下者 不顧家事, 천하를 위하는 자는 사사로이 가사를 돌아보지 않는다는 뜻

지나 않았나, 너의 모와 철 아는 어찌 되었나?" 묻는 말에 "죽은 사람은 없습니다." "야! 어떻게 솟아났나. 이것이야 참으로 천우신조로 이러한 기적은 드물 것이다. 나는 전지에서 너들이 다 죽은 줄만 알았다. 다시 만나는 오늘이 있을 줄은 꿈에도 생각 못 했다." 하고 하나님의 은혜를 감사하면서 또 떠나기가 바빴다. 군인의 신분이라 가족은 다 만나보지도 못한 채 또 떠났다. 수송국민학교 안에 주둔하고 있는 연대본부를 찾아갔다.

[단기] 4283(1950)년 庚寅 원효로에서

19. 동란에 돌아다닌 전지, 화령장의 통쾌한 승첩

1950년 8월. 이와 같이 급변되는 상황으로 옹진 전선에 배치되어 있던 병력은 후퇴의 비참을 맛보지 않을 수 없었다. 이 후퇴로 인하여 낙오된 장병을 수습하기 위해 대전에서 천안역으로 파견되었다. 이때 벌써 서울 영등포 방면으로부터 남하하는 피난민은 수천, 수만이 화차 "도리꼬[178]"로 인산인해가 되어 홍수같이 밀려 내려온다. 철도 좌우에는 부모 잃은 자, 처자 잃은 자, 피투성이 된 자, 배곯아 늘어진 자, 총·포격에 부상된 자, 이곳저곳 아우성 소리가 흡사 무슨 벼락불이나 떨어진 것같이 당황망조[唐慌罔措]하는 수라장이었다. 거리로 나가보니 이 구석 저 구석 수군수군 팔공산 초목이 다 적병같이 보였다. 풍성학여[179]로 밀려 왔다 갔다 하는 행동이 모두 괴변이었다.

휴가 중 돌발된 사태로 돌아가지 못하고 방황하는 장병 미귀영자들을 집결시켜 원대로 복귀시키는 것이 나의 파견임무였던 것이다. 이 천안서 약 1주일간 지나 파견근무를 완료하고 대전으로 돌아가 당지 방위군에 집결되어 있는 청년 600여 명의 인계를 받아 신병교육대를 편성했다. 대전에서 유성으로, 유성에서 대전으로, 또 대전에서 보은으로 신병기초교육에 전력을 가하여 일선 소모병력 보충에 커다란 역할로서 교육받아오던 신병들은 각 전선에서 용감히 잘 싸워주는 것이 교육의 성과인 것이라고 각 대대장들은 부

---

178) 도록코トロツコ. 트럭의 일본어 표현으로 무개화차無蓋貨車를 의미한다.

179) 풍성학려風聲鶴戾. 바람 소리와 학의 울음소리. 겁을 먹은 사람이 하찮은 일이나 작은 소리에도 몹시 놀람을 비유하는 말

단히 가찬하고 있었다.

6·25전란이 일어나자 옹진전투를 비롯하여 강령·부포를 거쳐 인천·영등포·수원을 지나 대전·유성에서 보은으로 이동하였고 보은에서 상주 화령장으로, 화령장에서 상주를 경유 안동으로, 안동에서 대구로, 대구에서 합천군 묘산으로, 묘산에서 쌍림면 경유 현풍으로, 현풍에서 대합면 십이리로, 십이리에서 대구로, 대구에서 창녕·청도·영천·의성 경유 군위·효령으로, 효령에서 의성으로, 의성에서 구산동으로, 구산동에서 영천 경유 안강으로, 안강에서 기계로, 기계에서 안강으로, 안강에서 경주로, 경주에서 부산으로, 부산에서 재정비 재편성으로 서울탈환작전을 위해 인천 상륙, 서울 입성까지 위와 같이 돌아다닌 각 전지 중에 가장 치열하던 전투가 옹진, 화령장, 묘산, 안강, 기계 전투였던 것이다. 간 곳마다 좌불난석으로 동치서구[東馳西驅]하던 3개월이었다.

적은 파죽지세로 속리산에서부터 상주·금천[180] 방면으로 지향하는데 이것은 적의 유일한 목표지역인 대구·부산으로 압박 진공하려는 야욕이었다. 이 정보를 알게 된 당 연대는 보은으로부터 요새지인 화령장으로 이동하여 예기 배치로서 남하하는 적 1개 연대 병력을 저지 격멸시키고 다수의 무기·탄약 등 노획과 함께 대승첩을 가져왔다.[181]

그 후 안동으로 이동한 다음 상부에서는 이번 화령장 전과는 소수나 일부 장병이 가져온 결과가 아니요, 전 연대 장병의 일심협력하여 모두 맡은바 임무에 용전분투한 결정이므로 그 전공을 찬양하여 연대 전 장병에게 각각 1계급씩 특진시켜 전투 원기를 가일층 왕성케 한다고 하였다.

그리하여 당시 본 연대의 명성은 국군을 통하여 자자하였을 뿐 아니라 신문지상으로는 상승군이라고 대서특필로 보도되었다. 실로 옹진 전역으로부터 유진무퇴[有進無退]의 기세로 꾸준히 싸워왔던 것이다.

---

180) '김천'의 오기

181) 1950년 7월 상주 북부에서 벌어진 화령장전투를 가리킨다. 이 전투는 저자가 속한 국군 제17연대와 국군 제1사단이 인민군 제15사단 2개 연대를 괴멸시킨 전투로, 소백산맥의 험준한 지형을 뚫고 상주를 점령한 후 일거에 대구로 진출하려던 인민군의 계획을 좌절시키고, 아군이 낙동강 방어선을 구축할 수 있게 하는 데 결정적으로 기여했다고 평가받는다.

20. 전투 중의 소감

1950년 9월. 전장은 어떠한 현실이었던가. 내가 옹진·화령장·묘산·기계·안강 등지의 치열한 전투 속에서 체험과 목격한 감상이었다.

옛날 신라 수도이며 오늘의 전지인 안강평야[182]에는 가을 기운이 높아가는 달 밝은 밤에 포화는 천지를 흔든다. 천공에는 매일 비행기가 편대를 지어 서로 다투어 폭음을 높이며 오르락내리락 길이로 가리로 샅샅이 뚜드려 부셔 폭탄과 기총소사에 건물들이 처참히도 무너져 갑자기 잿더미 아니면 깊은 못으로 이루고 번화하던 시가들은 순식간에 난잡무비한 황야로 변하며 이 산 저 산은 모두가 포탄에 맞아 백공천창[183]이요, 이곳저곳에는 불이 붙어 화염이 충천하고 낙락장송 나무들은 벼락 맞은 것같이 산산이 부러져 흩어지고 만다.

고요한 부락에는 검은 연기, 흰 연기들이 산만하게 공중으로 솟고 있으며 주민들은 사랑하던 향촌과 따뜻하게 살던 집도 모른 듯이 다 내어버리고 업고 지고 배곯고 헐벗고 갈 곳조차 몰라 쓸쓸한 벌판 모래밭 개울가에 어두운 밤 찬 서리 불어오는 삭풍 속에 죽어가는 목숨을 이어 보려고 수울이 만면하여 창황히 허덕이고 있다. 부락으로 들어가 보면 모든 기관의 서류는 일대 수라장으로 난잡히 흩어졌으며 민가에는 모두가 몸뚱이만 빠져 달아나고 문은 그대로 열어젖혀 무엇이든지 마음대로 하라는 것 같이 남녀 간 한 사람도 볼 수가 없고 다만 두어 마리 개·닭들이 남아 있을 뿐이었다. 그리하여 아무 것에나 귀한 것도 중한 것도 없다는 듯이 우선 목숨부터 살고 보아야 하겠다는 심경이 여실히 엿보이고 있었다.

어느 날 쌍림면에서 낙동강 다리를 건너 현풍으로 이동하던 새벽 3시경이었다. 이 강 연안 어떤 부락에 약 1시간 전 공습이 있었다는 것인데 화광이 충천하고 전 부락이 연소되어 불바다로 화하였다. 마음 놓고 하루의 피곤을 밤에나 쉬어보려던 주민들은 급시에 화를 만나 무슨 영문인지도 모르고 자던 집에 불이 붙어 타죽는 노약[자], 뛰어나오는

182) 경주시 안강읍 형산강 하류 일대의 평야로 6·25 때 격전지의 하나이다.

183) 백공천창百孔千瘡은 백 개의 구멍, 천 개의 상처라는 말로 구멍투성이와 상처투성이라는 의미이다.

남녀, 대혼란이 일어나 그 앞 벌판에는 수수천 명이 몰리어 아우성을 치며 지척불변의 어두운 밤 어머니 찾는 어린이, 남편 찾는 아내, 울음소리, 부르는 소리, 그 처참한 광경 어찌 형언할 수 있으랴. 6·25 이후 이러한 현상은 오직 이 지방 이 부락뿐이 아닐 것이다. 어찌 동정의 눈물, 아니 책임 있는 눈물 금할 수 있으랴. 또 전지에는 전투 간 피아의 포탄과 각종 총알은 비 오듯이 서로 교차되어 천지를 흔드는 한편 순식간에 질주하던 자동차도 가던 사람도 흔적조차 없이 날아가고 부상자들은 팔다리도 떨어지고 골도 창자도 흘러 통고의 신음 속에 부절히 후송되며 땅에는 선혈이 임이[淋漓]하여 피비린 냄새와 적의 시체는 여기저기 넘어져 썩는 악취가 코를 들 수 없이 숨막힐 정도로 과연 시산혈해[屍山血海]를 이루어 인생 전율을 연출하고 있었다.

아! 전쟁의 비참이여. 이 민족의 역사가 생긴 후 침략전쟁을 받아온 지 한두 번이 아니로되 이 같은 민족 처참은 없었을 것이다. 이 평화를 깨뜨리고 죄악을 가져온 자들이 바로 공산 붉은 무리들이 아니었던가.

[단기] 4283(1950)년 경인庚寅

21. 초연[硝烟][184]이 잠긴 춘천에서
1951년 신묘辛卯

※ 10·18 안보리 격전

사관학교로부터 17연대 배속을 위시하여 옹진 8개월을 거쳐 6·25 3개월을 지나 서울 9·18 입성까지는 너무나 최전선 근무에 시달리었다. 그리하여 강원도 병사구사령부로 전입된 후 춘천에서 본도의 병사·민사 업무를 처음으로 실시하게 되었으나 아직도 소양강 다리 건너서는 포성이 울려오고 있던 중, 가리산을 중심으로 준동하던 잔비[殘匪]들은 또 다시 10월 18일 이른 아침 하늘도 땅도 구별할 수 없는 운무 속을 타서 춘천을 재침했다.

184) 화약 연기. 원문에는 소연　烟으로 되어 있으나 어의語義로 볼 때 초연硝烟이 바른 표현이다. 이하 모두 초연硝烟으로 수정했다.

그렇게 되자 전 시민은 소개[疏開]되어 남하를 위해 밀려 나가는 도중 신연강新延江을 건너 안보리 산기슭에서 대격전이 벌어져 1주晝1야夜 간間 악풍한설을 차고 군경 합동작전을 전개하였으나 적은 이미 계획적으로 요로를 차단하고 기습하여온 전세戰勢는 아방에 불리하게 되어 무수한 사상자가 속출될 뿐 아니라 질주하던 경춘 화차도 명중 정지되고 통신도 두절되는 한편, 피난민은 홍수같이 쏟아져 나와 망우리와 서울 방면으로 수천, 수만이 몰리어 그 엄동설한에 동상·기아·노숙 등 그 처참한 정경은 차마 볼 수 없었다. 그뿐만 아니라 원창고개로 밀려 나오는 피난민들은 공비[共匪] 집중사격에 무참한 피해를 입어 부모 잃은 자, 자식 잃은 자, 엄마 찾는 어린이, 여기저기 흩어진 주인 없는 보따리 등 연출된 비극은 춘천 시민으로서 아마 영원히 잊을 수 없는 10·18사건이었다.

그 후 들려온 한 가지 미담은 적이 봉의산을 타고 사면으로 포위 침입하여 어느 사이 가두에는 벌써 이곳저곳 피습되는 급박한 상황 아래 각 기관은 거의 철수되어 빈 책상만 남아 있는 공실이었음에도 오직 전화교환수만이 우체국 전화통 앞에 앉아 벌써 달아나고 없는 사람들을 찾노라고 최후까지 목소리를 높이고 있다가 자기 일신을 희생시킨 교환수가 있었다 하니 공직자로서 그 강한 책임감은 누구나 가찬하지 않을 수 없었다.

※ 비참을 거듭하는 춘천

12월 2일 전투부대의 춘천 탈환에 뒤이어 망우리에서 춘천 시내에 이르니 아직 초연이 걷히지 않은 정세 하에서도 내부적으로는 간소배 이모 등의 모략중상과 부패 혼란을 극복하면서 업무수행에만 열중이있으니 또 중공의 재차 남침의 기세는 가심하여 12월 25일부터는 주야 구별 없이 전투기와 포성은 순식간에도 쉴 새 없이 천지를 뒤흔든다. 그러나 갈수록 적의 압력은 그 도수가 높아 전 시내외는 돌연 전투태세로 들어가 상황은 걷잡을 수 없는 일면이었다.

그리하여 신년 1일 오후 9시경 각 전투부대들은 홍천방면으로 후퇴작전을 개시하였다는 것이다. 가평은 벌써 차단 불통되어 부득이 전투병력과 함께 오후 10시경 역시 홍천으로 향하는 도중에는 군인, 피난민, 자동차, 마차, 자행거[자전거], 기타 남부여대[男負女戴] 등 장사형[長蛇形]을 이루어 검은 밤길에 대혼란의 수라장이었다. 이번까지 제3차나 피난을 계속하는 춘천 시민의 비참은 어찌 붓으로 다 기록할 수 있으랴. 도중에서 죽은 자는 얼마나 되었으며 그 얼음 눈길에 삭풍을 거슬러 보행으로 어두운 흑막을 헤치고 가면 얼마나 어디까지나 갔을까? 상상만 하여도 모골이 송연한 그들의 비애는 자죽[185]마다 피눈물 방울이 강물을 이루었을 것이다. 그 가운데도 홍천 삼마치 고개와 원주 제천 간의 신림철도 연선에서 연출된 비극은 더욱이 대표적인 사례였다.

※ 가족은 서울에서 남하

이와 동시에 서울의 형세도 급을 고하게 되어 전기 6·25동란을 서울에서 체험한 가족은 공포에 싸이어 적의 재침의 기세에는 결코 견뎌낼 용기가 없었다. 그리하여 5, 6년 동안 정든 서울을 등지고 살던 집도 가산도 다 내어버리고 12월 27일 남하할 것을 결의한 다음, 눈바람 속에 수운을 헤치며 쓸쓸하게 한강을 건너 영등포를 지나 수원까지 이르렀다. 이곳에서 월여 동안을 지체하다가 또 정세 불리로 충주로 옮기었으나 이곳 역시 혼란이 휩쓸려들어 또 조령재[186]를 아니 넘을 수 없어 검은 깊은 밤길 이고 지고 어린아이들을 손에 이끌면서 반짝이는 별을 쳐다보며 한 걸음씩 전지도지[顚之倒之] 점촌까지 왔다 한다.

이때 나는 철 아를 앞세우고 함양을 통과 도중 기적적으로 가족을 우연히 만나게 되었으나 또 이별치 않을 수 없어 상주·금천[김천] 경유 대구로, 가족은 예천·안동 경유 영덕·포항을 지나 경주로 각각 흩어졌던 것이다.

[단기] 4284(1951)년 신묘辛卯

22. 중공이 도망간 후 처음 가보는 서울 주택

귀국 이후 5, 6년이나 주거하여 오던 서울이 옹진 8개월을 위시하여 6·25 3개월과 그 후 적의 재침으로 1월 1일 후퇴 남하에 있어 원주·대구를 경유, 경주를 거쳐 삼척에서 재근 중 10여 개월간 무한히 서울이 그리웠을 뿐 아니라 중공 재침 당시에는 그 소식조

185) '자국'의 강원도 사투리

186) 조령鳥嶺, 문경 새재

차 막연하여 궁금히 여기어 오던바 12월 3일 주재지 삼척을 출발, 강릉 경유 대관령으로 향하였다. 과연 대관령이다. 내가 강원도 땅이 고향이지만 이 대관령을 넘어보기는 이번이 처음이었다. 거산준령이 앞에는 대해를 안고 태백산이라는 이름을 날리고 있는 유명한 산악이었다. 밀림 속에 일조행로一條行路는 촉도[蜀道]와 같이 하늘에 오르는 느낌이었으며 앞을 바라보니 대소 산록[山麓]이 일기일복一起一伏으로 난잡히 뻗어졌고 만경창파는 안계眼界가 황홀하였다.

이 영[대관령]을 넘어 대흥·진부를 경유, 안흥을 지나 횡성에 다다르니 대지는 벌써 흑막 속으로 들어가고 말았다. 사면을 돌아볼 때 횡성도 전날 1월 1일 후퇴 당시 횡성이 아니었다. 모두가 회신된[회진灰塵된] 황무의 공허지로 변하였으며 원주를 향하는 도로에는 군용차량과 비행장, 부대 주둔 등 복잡하고도 광범한 시설이었다. 깊은 밤을 헤치고 원주에 도착하니 이 지방 역시 무참한 파괴로서 옛날의 모습은 전연 찾아볼 수 없었다.

그 익일 서울을 향하는 길에 올라 문막을 지나 여주·이천·광주 경유 일로 서울 원효로 전 주소로 즉[직]향하는 시가 연변 보이는 건물들은 대부분이 파괴되었으며 대단히 쓸쓸하고도 거친 기분이 감돌고 있다. 찾아간 전 주택과 가산집물은 몰소沒燒되어 남은 것은 잿더미와 파편밖에 남지 않았다. 그 자리를 거듭 배회하면서 추억도 간절하였거니와 금후부터는 한 칸 집도 없이 적수[赤手] 적신[赤身]밖에 남지 않은 신세를 생각할 때 오직 한심스러울 뿐이었다. 그러나 나뿐이랴. 이 전화에서 나 이상 비참을 거듭하는 인생이 얼마나 있으랴. 이같이 스스로가 위안의 심경을 가지는 한편 오랫동안 한 지붕 밑에 생사를 같이하여 온 이웃집 김태원 씨를 찾았너니 불행히도 아군 입성 당시 적도들에 납치되어 그 후 종적을 모르고 있으며 가족은 분산되었다고 말하는 그 모친은 당황히 붙들면서 통곡을 하는 정경에는 동정의 눈물을 머금지 않을 수 없었다. 희망적인 위로를 거듭하면서 마포구를 향하여 염리동의 이병탁 군을 찾았다. 그의 칠십 노부는 전란 때 남출공가[男出空家]의 적막과 기아의 빈굴 속에 비참히 별세하여 그 며느리와 이웃집 여자들이 모이어 두서없이 장사를 하였다고 하니 인생 말로가 너무나 처참한 것을 슬퍼하였다.

여행 중 의외에도 감기에 걸려 이군 가에서 수일간 교규하다가 점쾌되어 다시 원주 경유 삼척으로 회정하였다.

[단기] 4284(1951)년 신묘辛卯

23. 40년 만에 고향 마을을 찾아

경주에서 영동을 향하여 평해를 지날 때는 비상한 감회를 느끼면서 오직 임무 수행에만 바빴던 것이다. 그 후 6월 19일 평해면 증명검사를 기하여 단연히 그리러던 나의 고향인 온정면으로 달려갔다. 거리는 30리 허[許]라 하는데 그 길은 의히[의희][187]하지도 않아 먼저 온정면사무소와 지서를 찾아 업무에 관한 상황을 청취한 다음 녹정리로 급히 가고 싶었다.

백암산 아래 한 개의 좁은 골짝, 내가 어릴 때 살던 집터도, 다니던 길도, 마시던 우물도, 이웃 남씨 댁에서 글 배우던 방도, 글 쓰던 자리도, 그늘 밑에서 글 짓고 글 읽던 감나무도 다 옛 모양 그대로 남아 있다. 자고로 10년이면 강산이 변한다 하였지만 40년이 지난 세월에도 산천은 의구하다.

옛날 코 흘리며 동학하던 학우들도 어느 사이 반백이 된 늙은이가 되어 감개무량으로 대하여 준다. 종제 중상 군의 집을 찾아 잠깐 쉬어가지고 선조의 선영으로 올라가 묘전에서 옛날을 회고하며 삼가 배알을 마쳤다. 그 부근 옛적 부모님의 논 갈고 밭 매던 기억이 더욱 그리워 그 발자취를 내가 다시 밟아보려는 듯이 그 길을 더 들어가면서 비회가 간절한 그 순간 허리에 찼던 권총을 뽑아 들고 한발 두발로 전날 왜적의 침략과 오늘 공산도당의 만행에 더욱 분노에 넘쳤다.

다시 촌락으로 돌아와 40년 전 이곳 떠날 때 13명의 가족이 황혼을 헤치며 새벽 아침이 골목길로 나갔건만 오늘날은 모두 구천으로 불귀의 이역 고혼이 되시고 나 한 몸만이 살아 돌아와 고향 마을을 찾아 밟게 되는 심정 비절 통절한 감회 금할 길 없었다.

그러나 이 정든 곳 정든 마을이지만 더 지체할 시간은 없어 또다시 차를 돌려 금천리로 달려갔다. 이 금천리는 나의 외가가 살고 있는 곳이며 아직 외삼촌이 고령으로 앉아 계신다. 어머님을 만나보는 심경으로 발걸음은 한층 더 빨랐다. 옛날 외조모님의 사랑하는 품안에서 집으로 돌아가지 않겠다고 도망치던 '논으실' 모래밭 길도 외조모님의 손목 잡고 '진티재' 산비탈에서 패랭이꽃 꺾어달라고 조르던 기억도 의히하게[의희하게] 남아 있다. 반가이 외삼촌을 만나 뵈옵는 순간 서로 슬픈 눈물이 앞을 가리었다. 뒷산으로 올라가 외조

---

187) 의희依稀. 보기에 또렷하지 않고 흐릿함

부모님의 묘소를 찾아 긴 한숨으로 참배를 마치고 이모저모 옛 모습을 찾아보았다.

나의 태생 건물과 외조모님의 품 안에 안기어 자던 방이 아직도 변함없이 그대로 남아 있었다. 그 감개무량이야말로 무엇에 비할 수 있으랴. 너무나 기쁜 가운데는 할 말도 없다. 그리하여 외숙주[외숙부]님의 사랑의 따뜻한 전별을 받으면서 또 차를 돌려 면소로 돌아와 면장의 안내를 받아 온정으로 올라가 목욕도 하여 보고 주위의 풍경도 살펴보며 옛날 우리가 그 부근 가지고 있던 논둑도 감상 깊게 바라보았다.

경술국치 당시 왜놈들이 의기양양하게 말을 달리며 동민을 모아놓고 한일합병이 좋으냐 좋지 못하냐 하면서 거수하라 할 때 많이 모인 사람 가운데는 손을 드는 사람, 우물쭈물하는 사람 등 어린 시절 내가 보던 그 당시 기억도 새로웠다. 역사는 돌고 시대는 변천하고 있는 것이 더욱 새삼스럽게 느끼어진다.

[단기] 4284(1951)년 신묘辛卯

24. 모를 것이 인생의 운명[188)]

돌아보건대 저 거친 호지胡地의 표박漂迫 생애에서 청춘은 흘러가 버렸고 흰머리를 날리며 해방 고국이라고 찾아온 나에게는 호사다마로 갈수록 앞길은 태산이었다. 쓰라린 가슴을 움켜 안고 혼란의 물결 속에서 갈팡질팡 갖은 험난과 만천萬千의 신고辛苦를 거듭하지 않을 수 없었다.

그러나 이 몸이 아직 죽지 않고 살아 있는 이상 멀지 않는 여년餘年이나마 천재일우千載一遇의 광복된 조국에 겨레의 한 사람으로서 만분지일이라도 도움이 될 것이 무엇인가 생각할 때, 다만 국토방위의 일원이 되겠다는 결의로 건군에 참여하는 길을 택하기는 하였으나 아직 해방 후 군정하 해안경비대란 조직체가 설치되고 있어 군정도 자주독립국가의 정권이 아닌 이상 참가의 필요성을 느끼지 않는 반면 군정이 끝나는 날만 기다려볼 수밖에 없었다.

---

188) 173쪽 "15. 해방 조국 창군에 참여, 사관후보생이 되어"와 중복되는 내용이지만 다른 부분도 있으므로 그대로 싣는다.

1948년 8월 15일 마침내 군정이 3년 만에 끝나고 우리 정부가 수립됨에 따라 소기의 희망을 관철하여 보려고 온갖 심력을 기울여왔으나 일제하의 뿌리박힌 잔재들이 그대로 남고 있어 주위의 현실은 건건이 악조건이었고 사사事事에 애로만이 앞을 가리웠다.

그 어느 날 관계 당국에서는 과거 군에 경험이 있는 자라면 노소를 불문하고 누구나 의원依願 입대시킬 방침이라 하여 시험성적을 보아서 군에 기용한다는 것이다. 이러한 방침은 이미 노령자들에게 무리한 조처라 하지 않을 수 없으나 과도기의 현실인지라 부득이 주동측의 지시에 응하지 않을 수 없어 지정된 시험장으로 찾아가 오랫동안 덮어버렸던 묵밭을 다시 일으켜 학과니 구두시문口頭試問이니 기타 신체검사 등 빠짐없이 소정 수속절차를 마치어왔으나 뜻밖에도 발표 당일에 가서 갑자기 50세 이상은 접수치 않는다는 농락 같은 시달이었다. 오랜 숙원인 절대적 희망을 가지고 무리한 시험장까지 나가 응시했던 것인데 이러한 주관자들의 불신감은 실로 격분하지 않을 수 없었다.

이와 같은 부당한 처사에 동지들 가운데는 전날 독립운동자들에 대하여는 결코 군에 참여되지 못할 것이니 헛된 수고들 하지 말라고 간권懇勸하는 의견도 무리는 아니었다. 과연 그 당시 현실인즉 군정하 임의 구성체였던 해안경비대를 그대로 국군 모체가 된다는 주장 아래 그 주무자 대부분이 왜치倭治 관직자들로서 일군日軍 출신이라면 대개가 시험도 없이 불문 연령하고 일약 영관급이라는 고급 임관으로 거의 국가의 특혜를 입는 경향이었지만, 만주 황야 운동선運動線에서 구국 투사들에게 대하여는 노령이니 무슨 출신이니 시험으로 선발이니 이 탈 저 탈 조건 투성의 비동정적 역현상으로 민족정기라고는 그림자도 찾아볼 길 없는 혼탁이 극에 달한 시점이었다. 그 당시 현실을 보고 불러본 시가 다음과 같다.

昔日爲國鬪爭士
可惜今日無賴漢
民族正氣知者誰
隨勢應變誇是榮[189]

---

189) 172쪽에 동일한 한시와 한글 해석이 있다. 다만 맨 처음의 '爲國昔年'은 '昔日爲國'으로 바뀌었다. 한시의 뜻은 다음

이같이 갑자기 수세응변隨勢應變으로 사이비한 애국자 홍수가 이 땅 위에 범람하여 간 곳마다 굽이치는 현상이었다. 이때 나도 50세 이상인지라 제한된 조건하에서 절대적이던 소원도 실망으로 돌아가고 말았으나 하소연할 곳조차 없어 행여나 하고 그래도 미련은 남아 다음 기회를 기다리며 운명에 맡길 도리밖에 없었다.

그 후 1948년 12월 7일 제2차적으로 연령 제한 없이 군사경험자는 모두 받아들인다고 하기에 기어이 내 나라 군인이 한번 되어 보려고 거듭 결심을 하면서 성재 이시영 선생의 추천서를 지참, 당년 60세의 고령이며 모교의 선배인 김련 동창과 함께 작반作伴하여 관계관을 찾아갔다. 이 관계관은 중국 장제스군 출신으로서 몇 날 전만 해도 너나 할 것 없이 피차간 혼란기의 피난민 행색을 면치 못하여 서로 무릎을 맞대고 당면 고난의 현실을 간격間隔없이 걱정하여오던 동지적 입장이었다. 그러나 일약 고위에 취임이 되자 지참한 서류를 제시함에 있어 당시 딱한 사정과 불확실한 훈련 기간을 묻는 답변에는 차가운 표정으로 "동지들만 독립군이요, 나도 독립군이요"라는 무두무미無頭無尾한 불쾌한 어조였다. 내가 독립군이라고 말한 바도 없는데 이 폭언은 정말 참을 수 없는 일촉즉발의 반발 순간이었다. 그러나 옆에 섰는 김 동지의 은인자중隱忍自重하자는 간곡한 만류로 자위自慰 자제하면서 제출서류를 접수시켰으나 담당자의 말인즉, 오늘 21시까지 태릉에 도착이 되지 않으면 또 입교가 어려울 것이라고 독촉하기에 촉급히 정문을 나와 출발할 때는 벌써 오후 1시가 지났다. 이역 30여 성상에 고국의 산천도, 지리도 방향까지 알쏭달쏭해진 처음 가는 길이라 오고 가는 사람들에게 자주 물어보아야만 했다. 앞에 닥치는 삭풍을 거슬러 일보일보 앞당기는 사이 벌써 해는 서산에 넘고 검은 장막은 대지를 덮어온다. 몸도 손발도 오리는 듯 악풍惡風을 무릅쓰고 수색愁色이 만면한 두 노학생은 가기는 가고 있으나 옛날을 회고하고 오늘의 한 많은 느낌 속에서 김련 동지는 나에게 이렇게 말을 던진다.

"오늘의 현실은 우리 동지들에게 너무나 과소평가하고 있어요. 이것은 민족정기가 몰락되고 있는 현상이지요. 이러한 기현상에서 이제 우리가 소위 임관이나 되겠으니 앞날

과 같다.
옛날 나라 위해 투쟁하던 용사들이 / 오늘 무리한 됨이 가석하구나
민족정기를 아는 자 그 누구뇨 / 모두 시류에 따라 임기응변으로 자기 영달을 자랑하네

대위까지나 바라보겠는지."

하고 탄식할 때 나의 대답은 이러했다.

"여보시오. 이제 우리가 계급에 무슨 관심을 두겠소. 또는 황혼길이 바빴는데 소위로 일하다가 소위로 죽어도 조국을 위한 일이니 무슨 한이 있겠소. 우리의 여년은 얼마 남지 않았으나 그래도 희망에 사는 것이 인생이니 모를 것이 사람의 운명이랍니다. 앞길을 뉘가 단언하겠소. 미리 낙심할 것은 없지요. 광복 조국에서 사관후보생이 된다거나 장교로 임관되는 국은國恩을 황야에서는 상상조차 못하던 일이 아니겠소. 우리 동지들은 투쟁선상에 희생된 수 그 얼마인지 헤아릴 수도 없지 않아요. 우리가 살아서 오늘 국군에 일원이 된다는 것은 꿈같은 기적으로서 일생에 가장 영광으로 알아야지요."

이같이 주거니 받거니 지친 다리를 끌고 굶주린 배를 졸라매면서 신세타령으로 가는 길은 이미 황혼이 깊어졌다. 걸음을 재촉하는 저 산모퉁이에는 찾아가는 육군사관학교가 들여다보인다. 정문 앞에 이르자 초병에게 오는 사유를 말하고 교문 안에 들어가는 그 시간부터는 일절 과거를 청산하고 백지로 돌아가 동심을 가진 순진한 노학생이 되어야 했다. 그리하여 소양 시험이니 대수·영어·물리·체격 검사 등 3, 40년 내버렸던 묵밭이 그리 쉽게 개척될 리는 없을 것으로 형식에 불과했다. 이것은 주관자 측에서도 이해하는 모양인지 합격자라고 해서 육군사관학교 특별 8기 제2반에 편입되어 소정 과목에 훈련을 받게 되었다. 때는 동절이라 악풍한설惡風寒雪에 아침저녁 우렁차게 부르던 그 교가 제1절은 다음과 같다.[190]

태백산 삭풍 속에 정기 엄정타
영봉靈峯에 천지天池 받아 기리 흐르는
반만년의 유구한 배달 민족성
천만대의 빛을 받은 청구靑邱의 건아
울창한 태릉 무대 우러렀으니
새 대한에 희망이 사관학교다

190) 주166 참조

이상以上

매일 맹훈련이 거듭되었으나 노당익장老當益壯으로 청장년들에게 뒤떨어지지 않겠다는 용기로서 모든 규제에 자진 수범은 물론이요, 이 고지 저 고지 야외훈련이나 앞에총 구보에도 두 주먹을 부르쥐고 숨 가쁜 순간도 수 없었지만, 최종까지 낙오되지 않으려고 온갖 힘을 기울여왔다. 특히 후보생 기간 1개월 사관학교의 식사량은 홍로점설紅爐點雪격으로 생도 전원이 어찌 그렇게도 부족을 느끼었는지 모두 기갈을 면치 못하여 훈련 종료 시간만 손꼽아 기다리던 세월도 어언간 흘러 소정과정의 훈련을 마치고 졸업이란 명목하에 소위로 임관되어 1주간의 휴가와 아울러 교문으로 물러나왔다.

그 후 삼각지에 위치한 제7여단으로 배속에 뒤이어 그 예하 부대인 17연대로 배치되었다. 이 연대는 신설 중이지만 국경일이나 외빈이 들어올 때는 의례히 의례행사를 담당하는 전 국군에 시범부대로서 중외에 찬사를 받아왔으며 훈련에도 가장 우수하다고 명성이 매우 높던 연대였으나 그 반면 백인엽白仁燁 연대장은 폭장暴將이란 평도 높았다.

1956년경 강릉에서 가족들과 함께 한 저자

전기 연대가 38선 방어전으로부터 6·25 당시 옹진·안강 등지 초연硝烟이 잠긴 전지에서 치열한 전투를 겪고 뒤이어 후방근무에 이르기까지 7년 4개월간 62세라는 노령으로 숙원인 통일대업이 이루어지는 것을 보지 못한 채 군복을 벗게 된 여한도 간절했거니와 전날 사관학교 도상 김련 동지와 같이 한심恨心지으며 주고받던 이야기가 기억에 떠오른다.

그 후 동지는 6·25전란 중 불행하게도 괴뢰군에 납치되어 오늘까지 사생존망死生存亡을 모른다고 한다. 동기 같이 임관된 후 나도 수없이 험난한 고비를 넘기며 시종일관 복무하다가 군 방침에 의해 과령過令[191] 전역되어 오늘까지 건재가 명예스러운 생애라고는 할 것 없으나 그래도 살아 있는 나머지 추억은 남아 다시 한번 지난날을 되새겨 볼 때 알 수 없는 것이 인생 운명이란 것을 새삼 느껴진다.

귀국 후 항상 두터운 우정에서 특히 의사가 소통되어 고난을 항상 같이 걱정하며 상호 협조로 거취를 같이하자는 굳은 약속도 거듭해왔건만 육십 당년 최고 연령이면서도 끝내 내 나라 군인이 한 번 되어 보려고 험난한 파란곡절을 다 겪으며 만강滿腔의 심혈을 기울여오던 그 동지 그 뜻을 다 이루지 못한 채 중도에서 그 비운이 애석도 하거니와 오늘에 다시 만나 지난날 이야기조차 영영 기약할 수 없는 한 많은 인생길이 가통可痛스럽고 허무한 감이 간절하다.

전화가 종식된 후 과거를 못 잊어 언젠가 서울 의주로에 주소를 가진 그 가족을 한 번 찾아갔더니 나를 보고 "남은 돌아오는데 그분은 어찌 돌아오지 못하나요?" 하면서 나의 사매[소매]를 붙들고 방성대곡을 할 때 사관학교 가는 길에 서로 주고받던 이야기가 한층 더 슬픔을 던져주어 그 동정의 눈물은 나의 눈시울을 적시어 주었다. 이제는 한갓 추억으로 남았을 뿐이다.

1968년 성탄절을 맞이하여 추억에 못 잊어 다시 한 번 더듬어 본 것이었다.

191) 과령過齡의 오기

종결에 제際하여

회상해보건대 황야에서는 천장단애千丈斷崖의 형극荊棘을 헤치며 구국운동에 시종일관해 왔고 환국하여서는 청년운동으로 출발하여 신흥대학 부활에 전력을 경주傾注, 군에 임관 후에는 6·25의 포연탄우砲煙彈雨 치열한 격전지에서 대소 전투에 참여해왔다. 후방근무에 있어서는 고등군사반 교육을 수료한 후 군무 이외 대민사업으로 전화戰禍로 폐허된 이 강산에 건설을 위해 시범적인 울진군에 읍민관邑民館(그 내용은 읍민감사장에 명시되어 있다) 신설과 아울러 1954년 갑오甲午 봄에는 그때 근무지였던 제주도 한림면에 무사릉武士陵 동산(『조국의 보고』란 책에 상시詳示되어 있다)을 설정, 그리고 간 곳마다 국민학교 교정에는 기념 송수松樹를 입식하여 녹화시급綠化時急을 시범해왔다.

대령으로 예편하던 시기의 원병상(1956년 무렵)

1956년 5월 30일부 군 복무 중 62세의 노령이란 한계에서 민족 숙원인 통일과업이 이루어진 것을 보지 못한 채 계급 대령으로 전역 귀향歸鄕이었으나 무거운 마음은 저 세상으로 간 뒤에도 통일이 그 날까지 남아 있을 것 같다.

1957년 7월 전역 후 강릉에 우거寓居하고 있을 때 강원도 출신 국회의원 전원의 간청에 의해 재향군인회 변칭인 대한상무회大韓尙武會 강원도 지회장으로 춘천에서 임무 수행 중 이승만 부패정권하 2년 6개월간 결국 모든 약속과 계획은 공백과 허위 기만뿐이었고 아무 시책도 경비도 없는 회 운영에 초심焦心과 고난만 거듭하다가 3·15 부정선거 5개월 전에 자진사퇴하고 말았다.

1961년 4월 19일 학생의거 제1주년 기념에 제하여 4월 23일부 『한국일보』에 게재한 당시 정국의 혼란과 정쟁을 기화奇貨로 데모의 홍수와 간첩의 난무 등 국운이 누란累卵의 위기에 처하였을 때 무기명 야인으로서 정치인이나 국민 각자의 맹성을 촉구한 우국의 기사도 제시 별기別記되어 있다. 1965년 1월 시내 마포구 소재 동도東都중고등학교

기성회장으로 재임 중 기념식수도 하여 졸업생들의 그 이름 길이 창창할 것을 의미한 것이었다.

이상 기록과 여如히 경술국치 후 황야 투쟁선鬪爭線을 비롯하여 오늘에 이르기까지 일생을 통해 민족노선에서 일통불란一統不亂으로 시종일관해온 것이 부끄럽지 않은 나의 신념이었다. 인간은 선善이 있는 반면에는 오汚를 범하기 쉬운 것이 인생이었다. 만일 과오가 있었다면 비록 어떠한 업적을 남겼다 하더라도 그 진가는 상실한 결과이므로 다만 실천면에서 명실공히 그 정신과 행동의 일치점만이 그 가치가 살아있다고 평가할 것이다. 원래 공명도 명예도 초월한 투쟁이지만 그 경로의 비중이 오늘에 비할 바 아니리라.

다음 군에 재임 중 짧은 기간 보잘것없는 업적이나마 다시 한 번 더듬어 보기로 한다.

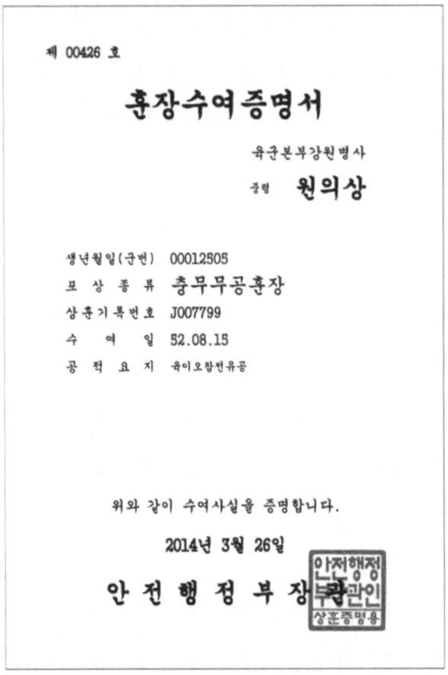

제 00426 호

훈장수여증명서

육군본부강원병사

중령 원의상

생년월일(군번) 00012505
포 상 종 류 충무무공훈장
상훈기록번호 J007799
수 여 일 52.08.15
공 적 요 지 육이오참전유공

위와 같이 수여사실을 증명합니다.

2014년 3월 26일

안 전 행 정 부 장 관

안전행정부관인 상훈증명용

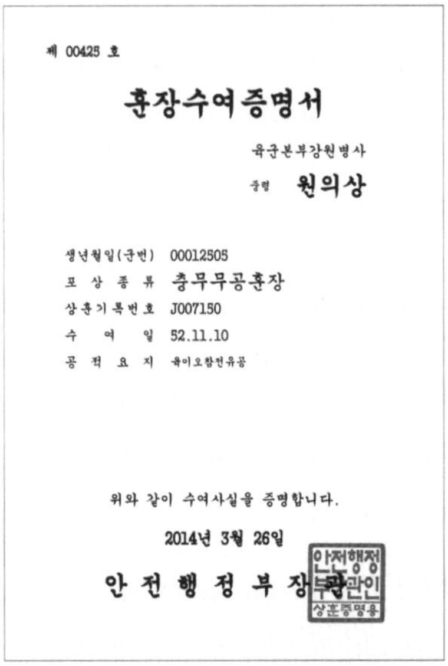

제 00425 호

훈장수여증명서

육군본부강원병사

중령 원의상

생년월일(군번) 00012505
포 상 종 류 충무무공훈장
상훈기록번호 J007150
수 여 일 52.11.10
공 적 요 지 육이오참전유공

위와 같이 수여사실을 증명합니다.

2014년 3월 26일

안 전 행 정 부 장 관

안전행정부관인 상훈증명용

저자의 충무무공훈장 수훈을 입증하는 훈장수여증명서

하기下記

기장 6·25사변종군기장

기장 공비토벌기장

훈장 충무무공훈장

4·19覺書

無名市民이 나라에부치는

政爭은 좀 그만하자

國民은 「自由」를 아껴쓰고

5·16 쿠데타 직전, 1961년 4월 23일자 『한국일보』에 실린 "정쟁은 좀 그만하자"는 제하의 저자 기고문

훈장 은성충무무공훈장

훈장 무성충무무공훈장

그 외 상주 화령장전투에서 특진 1계급

이상 기장과 훈장에는 사망 시에는 사망일로부터 30일 이내 호적등본을 첨부하여 전기 관서에 사망신고서를 제출하라고 기재되어 있다.

표창장

육군참모총장 2회

제2군사령관 1회

강남계엄민사부장 1회

감사장

울진면민 일동

대한군인유족회장

제주도한림면의회

강원도지사

경북도지사

대한상무회장

이상以上

서기西紀 1967년 세모歲暮를 보내며 나의 회고감回顧感이었다.

여감餘感

1. 나의 이름과 호의 해석[192)]

나는 왜서 이름을 의상義常이라고 고치었을까. 그 의의로서는 국치 후 30여 년 만에 해방의 기쁨을 안고 고국에 돌아왔으나 전후 혼란을 기화奇貨로 정치·경제·문화 전반에 걸쳐 의외에도 정치 브로커 및 간상배와 위선자들이 홍수같이 쏟아져 노도탁랑怒濤濁浪이 굽이칠 때 민족의 정기와 대의명분은 자취도 찾아볼 수 없었다. 이러한 현실 속에서 이 땅에는 너무나 대의가 아쉬운 감이 간절하여 나 혼자만이라도 혼탁에 휩쓸리지 않고 지난날 만주 황야에서 형극荊棘을 헤치며 일관해 오던 정의의 그 정신을 그대로 살려 조국 재건 도상途上에 한갓 교훈으로 삼으려는 것이었다.

'의義'자 해의解意

由仁得宣仁「仁」悲也 心之德 發之理.
統四端兼萬善.「正義」사람으로서 지켜야 할 옳은 道理[193)]

'상常'자 해의解意
恒也 久也 仁義禮智信曰五常. 元亨利貞 天道之常[194)]

서기 1946년 5월 일 서울에서

나의 호는 왜서 석천石川이라고 지었을까. 그 취지인즉, 때는 남해고도 제주에서 재직 당시다. 내가 『무사릉의 지향』이라는 소책자를 발간할 때 석천이라는 호를 쓴 것이 처음이었다. 정부가 수립된 후에도 국가 현실은 여전[히] 간 곳마다 지능적인 악질 군상이

---

192) '여감'의 순서는 원문 순서대로 하지않고 작성연도순으로 배치했다.

193) 해석하면 다음과 같다. '義'는 '仁'에서 말미암고 '仁'을 펼 수 있게 한다. 인은 슬픔이다. 마음의 덕이요 사랑의 이치다. 사단四端과 만선萬善을 거느린다.「정의」사람으로서 지켜야 할 옳은 도리.

194) 해석하면 다음과 같다. 항상 그러함이요, 오래 변하지 않음이다. '인의예지신仁義禮智信'을 '오상五常'이라 일컫는다. '원형이정元亨利貞'은 천도天道의 상常이다.

난무하고 부패탁랑이 범람하는 주위환경을 살펴볼 때 나는 석천이라는 문자 그대로 그 자연성을 부러워했기 때문이었다.

석천의 해의解意

1. 강류석부전江流石不轉은 영구불변을 의미한다.
2. 천류불식川流不息은 목적 관철을 의미한다.
3. 맑은 기상은 청렴결백을 의미한다.
4. 흘러가는 소리는 적막을 깨뜨려 탁세濁世의 잡음을 들으려 하지 않는다.

이상과 같은 석천의 자연을 본받아 거세개탁擧世皆濁[195]이로되 아我 독청獨淸으로 탁세행로濁世行路에 한갓 지침을 만들려는 것이었다.

서기 1955년 3월 일 어於 제주濟州에서

2. 가처家妻의 수기 한 토막
고난 생애의 일면[196]

3. 슬픈 그대의 영별
오가는 조림미 고개를 눈물로 적시며

서기 1964년 4월 10일(갑진甲辰)

고古[력] 2월 28일 강릉 대전리大田里에서

195) 온 세상이 다 흐리다는 뜻으로 지위의 높고 낮음을 막론하고 모든 사람이 다 바르지 않음을 의미한다.

196) 원병상의 부인 예봉기 여사가 쓴 「가처의 수기 한토막」은 유족들의 뜻에 따라 삭제했다.

별세일시 : 1964년 4월 10일(고력古曆 2월 28일) 하오 6시 20분

장소자택 : 강원도 강릉시 임당동林塘洞 134의 1

발인일시 : 1964년 4월 12일 오전 10시

장　　지 : 강원도 강릉시 대전리 산 198번지(강릉감리교회 소유 산)

당시 우 감리교	목사	김영철
	전도사(여)	김수남
	장로	전익수
	권사	최계린

4. 부고

부고

원용철대부인 의흥예씨 4월 10일(음력 2월 28일) 하오 6시 20분 숙환으로 강릉시 임당동 134번지 1호 자택에서 별세
이로써 부음을 알린다.

사자　용철
자　용범
사위　임병주
친척대표　이병탁
호상　전익수

1964년 4월 10일

一. 발인일시 : 4월 12일 하오 1시
一. 발인장소 : 자택
一. 장지 : 강릉시 대전리 산 198번지

통우제택通于諸宅
좌하座下

5. 휘호

家庭指標

1965年 신정 수필手

(五大目標)

自主自立

自省自覺

融和團結

相互協助

責任完遂

1965년 원단元旦

孝當竭力

忠則盡命

1965년 원단 휘호

家貧思賢妻

國難思良相

1965년 원단

統一宿願

何日可成

6. 녹음기 구입에 대한 나의 소감

여기는 서울특별시 용산구 원효로 1가 27번지의 14호로서 해방 후 20여 년 살아온 우리의 현주소였다. 국치 후 왜정 36년간 이역 황야에서 갖은 풍상과 형극을 헤치며 고난으로 일관해 오다가 해방된 조국에 돌아와 이곳을 첫 주거지로 택하게 된 연유인즉 원효로란 지명이 우리 성姓 원자元字가 들어있기 때문이라 하겠다.

저 좁은 뒷골목 한 구석에 끼어 있는 보잘 것 없는 조그마한 두어 칸 집이지만 그간 20여 성상 흘러간 세월 속에는 용범容範, 혜준惠俊, 준희駿喜 세 아이들 태생지일 뿐 아니라 참혹한 6·25의 전화를 겪음에도 인명의 피해가 없었다는 행복을 생각해 볼 때 영원히 잊지 못할 인연 깊은 곳이기도 하다.

때는 1967년 7월 3일, 이 나라 제6대 대통령 취임식 경축행사가 끝난 제3일인 이날 오후午后 용철容喆 아兒는 직장 퇴근길에 가용家用 녹음기 한 대를 구입해 와서 나더러 제일착으로 시험 취입을 해 보라는 것이었다.

그래서 내가 오늘 효창공원으로 산책을 나갔다가 마침 보고 온 것인데 공중에는 잠자리비행기[헬리콥터]가 소음을 울리며 군중은 각각 집으로 돌아가라는 경고와 아울러 숙명여대 교정에는 수천 학생들이 4·19 혼은 통곡한다는 표지패標識牌를 높이 치켜들고 6·8 부정선거 규탄 시위행진을 하려 교문 밖으로 밀고 나가려 하나 학교 당국의 거절로 굳게 닫힌 철장 대문은 연약한 소녀들 힘으로는 그리 쉽게 열고나올 수는 없는 모양인 듯 교문 안에서만 웅성거리며 구호만 외치고 섰다. 이것을 본 시민들은 무슨 큰 구경이나 난 것처럼 삽시간에 수 3천 명이 모여들어 교문 앞 그 주위에는 흡사 사람의 성을 쌓은 것 같기도 했다. 그중 내 옆에 섰던 한 시민은 학생들의 그 숭고한 정신을 과소평가하는 듯 그것 정말 웃긴다고 한다.

그 말을 들을 때 나는 "여보시오. 그것 어찌 웃긴다고 하오. 슬픈 눈물이 앞을 가리울 일입니다" 했더니 매우 미안한 듯 가버리고 말더란 이야기부터 시작해서 이 녹음기에 대한 나의 느끼는 바를 취입吹入해 보았더니. 그 기계는 순식간 육성 그대로 받아들여 흘러나오는 말을 듣는 가족들은 기이한 듯 일장 폭소가 나오기도 했다.

오늘날 과학 문명이 이처럼 고도로 발달되어 가고 있음에 따라 여러 가정에서 이미 활용되어 오늘에는 흔해 빠진 물건에 불과한 것이지만 특히 우리로서는 지난날 황야의 암흑 속에서 헤매던 생각을 할 때 과연 광복된 조국이 갖다 주는 선물인 듯 그저 감사하지 않을 수 없었다.

이에 앞서 나의 가슴 한 구석 사라지지 않는 여한은 이 문명의 혜택을 한 번 가져 보시지 못한 채 망국의 한을 품으시고 저 거친 호지胡地에서 만천의 고생만 하시다가 불귀의 길로 떠나신 부모님 일생이 원통스럽기만 하다.

추념해보건대 평생에 손자를 안아보시지 못해 밤낮으로 애태우던 어머님의 그 심정 또 남같이 아들을 얻지 못해 안타까이 안절부절못하던 아내의 그 모습이 기억에 생생한 오늘 너 손으로 이런 귀중한 가구를 사 들고 오는 것을 혼이라도 안다면 아마 남달리 기적 같은 기쁨을 금하지 못할 것 같다.

인생으로서 남이 하는 일이라면 나도 한번 해보겠다는 너의 출발의욕에 다시 한 번 희망을 걸어본다. 천 리 길도 일보에서 시작되는 것 같이 적은 데로부터 성공에 이르기까지 가훈 7개 항 기반 위에서 첫째 목표를 세우고 다음 결심과 인내와 노력의 3대 요결을 명심하여 옳고 그른 것을 분명히 구별해서 꾸준히 전진만 한다면 최후 성공의 문은 기필코 다가오리라.

너희들은 앞길이 양양洋洋하니 이 과학 문명을 유감없이 흡수와 아울러 망국의 역경逆境에서 내가 하지 못한 한 많은 일들을 기어코 너희들이 최선을 다할 것과 또한 조국 재건에 일층 분발하여 국은國恩을 감사할 줄 아는 참된 역군이 되기를 바라 마지않는다.

그리고 가정에서는 모든 가구 중에도 특히 이 녹음기만은 귀중히 보관하여 가족 사이 단란한 담소화락談笑和樂에 한갓 도움이 되도록 유효 적절히 사용하는 한편 앞날 이 나라, 이 사회, 이 가정에 너희들 찬란한 업적이 이룩될 때 반드시 이 녹음기에 남겨 다음 세대에 영구한 기념이 되고 훌륭한 표적을 세워주기 위해 가장 가치 있고 의의 깊게 활용되기를 기대하는 바입니다.

때는 1967년 7월 3일 기억해두라. 이상

유의사항

녹음기 테이프 보관에 관한 주의를 아래와 같이 지시해 둔다.

부父의 손으로 거친 이 녹음테이프는 영구 보존할 유품이니 오락용에 혼동해서 난용하지 말고 별도 보관하여 필요 이외 사용치 말라

서기 1967년 7월 3일 이상

7. 가훈

1. 건강을 제일주의로 하여 행복을 건강에서 구하라
2. 책임을 느끼는 가장이 되고 후고지우後顧之憂 없는 주부 되라
3. 선조의 유덕遺德을 계승하고 사친事親에는 그 뜻을 받들라
4. 가정에는 융화 위본爲本하여 자녀에 상처를 주지 말라
5. 처세에는 이덕위선以德爲先하고 치가治家에는 근검위주勤儉爲主하라
6. 벗은 급난지우急難之友를 택하고 이웃은 인정으로 맺으라
7. 사회에는 성실로 시범하고 국가에는 정의에 용감하라

이상 7항을 가훈으로 명시해 둔다.

인생섭세지도人生涉世之道에 수신제가부터 선행하라는 고인古人의 진리를 명심하여 고난의 한많은 과거를 일소하고 광복 조국의 새 역사를 아로새긴 영광된 오늘 새 가정 건설의 영원한 앞길에 지표 되기 바란다.

서기 1968년 1월 새 아침을 맞으면서 이상

8. 잊어서는 안 될 처신

1. 자기 운명에 주인공임을 알라
2. 자기 생명의 존엄성을 알라
3. 자기 실력의 척도를 알라
4. 자기 처지의 위치를 알라
5. 자기에게 지워진 사명을 알라
6. 자기 조국이 한국임을 알라

이상 6개 항은 어느 때 어느 곳 어떠한 일에서든지 임할 때마다 먼저 생각한 다음 행동에 옮기기를 잊지 말라

서기 1970년 1월 새 아침을 맞으면서 이상

9. 나의 소망

1. 국치 후 이역 유랑생애의 허용되지 않은 처지에서 원래 문학의 조예는 그 시절 상상조차도 할 수 없었거니와 어언 인생 종말인 팔순 노경老境에 과거사의 수기들을 최종 정리해 집필을 시도해 보았으나 건강의 축일逐日 쇠퇴衰頹에서 유발되는 신경의 번민과 초조 불안까지 겹쳐 두통과 건망 등 정신의 혼미로 다년간 누적 복잡한 문편文片들을 완전 정리해 두지 못하는 나의 안타까운 마음 실로 금할 길이 없다.

2. 바라건대 이 초안에 불과한 문건들을 선위善爲 보관하였다가 다음 세대에서나 문학에 달통한 인재를 배양하여 비록 특기할 만한 재료가 못되더라도 풍부한 지식과 탁월한 총명과 투철한 지혜로 최선의 관심을 기울여 수집된 관계 해당철該當綴을 근본취지에 어긋나지 않도록 올바르게 정밀히 또는 신중 분류 정리하되 앞날 세대에서 과거를 알고 현재를 개척하며 미래의 광명을 약속하는데 한갓 도움이 될 문편文片을 발췌하여 원고를 작성한 다음 그 책명을 백암문집白巖文集(혹은 석천문집石川文集도 가可)이라고 표지에 밝힌 균형된 권수로 인쇄 편제編製해서 가문의 전통에 교훈이 될 수 있는 양서良書가 이룩되기를 요망해 두는 바이다.

서기 1970년 10월 27일

백암산인白巖山人

10. 나의 섭세행로涉世行路

1. 조국은 어머님 사랑의 품이다.
2. 애국은 한 주株[그루] 나무에 비롯한다.
3. 애족은 그 행동에서 시작된다.

4. 불의와 불신은 양심에 묻는다.

5. 보건은 계속 운동에서 구한다.

6. 절도 있는 생활을 잊지 않는다.

7. 귀중한 시간을 허비치 않는다.

8. 교우에는 안색부터 살펴본다.

9. 대소사간大小事間 질서를 위주로 한다.

10. 그날 일기는 그날 쓰기로 한다.

11. 시작한 일은 관철하고야 만다.

12. 단 열매 위해 쓴 인내를 참는다.

13. 자필기록을 즐기는 특성이다.

14. 계색계음戒色戒淫은 수명을 연장한다.

15. 석천石川은 맑은 물소리를 외친다.

이상 15개 항은 백발이 성성한 오늘에도 나의 실천이며 체험이며 신조이기도 한 좌우명이다.

1971년 원조元朝 명상瞑想 속에서

'다' 15자는 '다'한다는 의미가 담겨 있다.

11. 이력서[197]

<table>
<tr><td rowspan="3">(사진)</td><td colspan="6">이 력 서</td></tr>
<tr><td rowspan="2">출신도명</td><td rowspan="2">강원도</td><td>성명</td><td>원의상</td><td>구 성명</td><td>병상</td></tr>
<tr><td colspan="4">생년월일 서기 1895년 8월 5일생(만78세)</td></tr>
<tr><td>본적</td><td colspan="6">서울특별시 성북구 정릉 3동</td></tr>
</table>

197) 저자가 작성한 이력서는 연도 표기나 내용 등에서 오류가 많다. 여기서는 저자가 기록한대로 표시하고 오류에 일일이 주석을 달지 않았다.

<table>
<tr><td>현주소</td><td colspan="4">상동</td></tr>
<tr><td>호적관계</td><td>호주와의 관계</td><td>호주</td><td>호주성명</td><td>원의상</td></tr>
<tr><td>년 월 일</td><td colspan="3">학력 및 경력사항</td><td>발령청</td></tr>
<tr><td colspan="5">국치 후 경력사항</td></tr>
<tr><td>1911.08.</td><td colspan="3">경술국치 후 서간도로 망명.
독립운동의 요람지였던 중국 펑톈성 류허현 추가가에 도착.
최초로 창설된 경학사에서 설립한 신흥강습소에 입교. 교장 이동녕 선생의 지도로 항일 투쟁선에 참여.</td><td>경학사</td></tr>
<tr><td>1913.02.</td><td colspan="3">전기 추가가에 설립한 신흥강습소를 퉁화현 합니하로 이전과 아울러 신흥무관학교로 승격된 다음 제3기생으로 4년제 본과에 진학. 전교 생도반장으로 피명. 3개년 간 생도편대를 지휘 통솔.</td><td></td></tr>
<tr><td>1915.07.</td><td colspan="3">무관학교 내 조직된 신흥학우단 총무부장으로 재임 중 당시 유일한 항일 투쟁지였던 월간잡지 학우단보를 발행하며 혁명이념 고취에 교포들은 열광적으로 환영.</td><td></td></tr>
<tr><td>1916.10.</td><td colspan="3">신흥무관학교 4년간 소정과정을 마치고 교규校規에 의해 류허현 대사탄大沙灘학교에 배치되어 당지 주거 이탁李鐸, 이장녕李章寧 동지의 지원하에 주간에는 아동교육과 야간에는 지방청년 군사훈련에 주야 분투.</td><td>무관학교</td></tr>
<tr><td>1917.03.</td><td colspan="3">안창호安昌浩 선생 이하 애국 선배의 비밀결사인 신민회에 가입하여 본회 확장을 위해 동지 모집에 분투.</td><td>신민회</td></tr>
<tr><td>1918.02.</td><td colspan="3">3·1운동 당시 신흥무관학교 본과 교관으로 피명되어 이청천李青天 교관과 동시 재임 중 국내에서 탈출해 나오는 애국청년 600여 명을 의원 입교시켜 투쟁선 중견간부를 양성, 일선으로 파견.</td><td>한족회</td></tr>
<tr><td>1918.04.</td><td colspan="3">퉁화현 합니하 소재 무관학교를 류허현 고산자로 이전 중 병영사 40여 칸 신축과 수만 평의 연병장 부설 등 교명에 의하여 시종 선두에서 다사다난한 공사였음에도 만난을 극복하고 지휘감독으로 촉진 준공.</td><td>무관학교</td></tr>
<tr><td>1919</td><td colspan="3">남만 독립운동의 총본영으로 설치된 군정부 및 서로군정서의 운영을 위해 유동柳東 유서柳西 지방의 군자금 모집과 군정부 지령에 의하여 일단 유사시 동원준비에 대비코저 방학기를 이용하여 청년 군사훈련에 교관으로 피명 활약.</td><td>군정부</td></tr>
<tr><td>1919</td><td colspan="3">돌발적인 윤치국 피살사건과 마적당의 야습 등 불행한 사고가 접종接踵하여 학교운영상 난마같이 복잡다난複雜多難에 봉착하였을 때 한족회 중앙 김동삼金東三 서무부장과 같이 사후수습에 사건 확대 방지를 위해 최후까지 선두에서 필사의 심혈을 경주.</td><td>무관학교</td></tr>
<tr><td>1919.04.</td><td colspan="3">금천현 일본영사 소속 대표적인 악질주구 숙청사건으로 검거 선풍에 산천초목도 떨었다는 그 지방인들의 말이었다. 이 사건 주모자로 지명되어 피체 찰나에 입산 은닉으로 근면체포僅免逮捕.</td><td>군정부</td></tr>
</table>

1922.03.	류허현 마의구螞蟻溝 노두납자老頭拉子 거산하巨山下에 배움에 굶주린 지방 아동들을 위해 소학교를 설립하고 교육에 열중.	
1945.08.	당지 교민회 주최로 해방경축대회장에서 3천여 인민대중의 열광적 환호 속에 만장일치 36년간 변절 없이 투쟁 일관한 애국자를 지명해서 경축사를 의뢰한다는 대중의 함성에 지명 피선.	교민회
1946.02.	남만에는 조선인으로 편성된 소위 의용군이라는 적색 군대가 진주하여 성분조사에서 민족사상자로 지명 구속 중 시민 대중의 36년간 티 없는 애국자라는 호소로 순간적인 보석의 기회를 이용하여 구사일생 탈출 환국.	
환국 후 경력사항		
1946.05.	만주로부터 환국 후 광복군의 후신인 광복청년회와 이청천이 결성한 대동청년단 총무부장으로 청년운동에 활약.	
1947.09.	이시영李始榮 선생은 국가장래를 위하여 민족의 상징이었던 전 신흥무관학교 후신인 신흥대학을 수송동에다 설립하였다. 그후 학도감으로 피임되어 초창기 혼란 중 불철주야 적극 활약.	
1949.01.	[이시영 선생은] 국군이 창설되자 국군에 입대할 것을 소개하셨다. 입대한 후 그 경위는 잘 알 수 없으나 선생의 원대한 유지와 민족정기의 상징이었던 [신흥무관학교] 명의名義까지도 물가고 앞에 말살되고 만 것은 모교 출신의 일원으로 천추에 여한이 아닐 수 없다.	
1949.01.	당년 53세로 대한민국 국군 창설에 참여하여 육군사관학교 특별 8기생 제2반에 편입, 군번 2505로 임관 .	
1950.06.	임관 후 제3여단 17연대에 배속, 옹진전선으로 이동. 6·25전란 중 치열한 격전지 참가 여하 - 옹진·천안·화령장·합천·묘산·기계·안강, 서울 입성, 춘천 안보리 전투	
1957.07.	대한상무회 강원도 지회장으로 취임	
군 복무 중 업적 하기下記		
기장	6·25사변종군기장 공비토벌기장	대통령명에 의하야 국방부장관 수여
훈장	충무무공훈장 은성충무무공훈장 무성충무무공훈장	
1950.08.	상주 화령장전투에서 1계급 특진	
	예비역 대령으로 전역	
표창장	육군참모총장 2회 제2군사령관 1회 강남계엄민사부장 1회	

감사장	울진군 울진면민 일동 대한군인유족회장 제주도 한림읍의회 강원도지사 경북도지사 대한상무회장(재향군인회 변칭)	자유당시 自由黨時
끝말	회고해 보건대 일생을 조국에 바쳐온 것만은 틀림없는 사실이다. 해방경축대회장에서 인민 대중이 입증을 하였고 반역 적도들도 성분조사에서 민족사상자로 지명, 구속까지 하였으니 여기는 허위도 가식도 없다. 사실 그대로의 기록이다. 1972년 3월 원의상	

12. 한 국민 정신 여하如何가 한 나라의 주체성을 좌우한다[198)]

이 땅에 북괴의 야욕이 날로 노골화되고 있는 반면 소위 한일국교가 정상화된 뒤 과연 한 번이라도 호혜 평등의 우호적인 선린이 되려 하였던가 그들에게 다시 한번 반문해 보고 싶다. 우리는 아직도 자성자계自省自戒할 위치에 처하여 있건마는 어느 때는 양의 껍질을 쓰고 수세응변隨勢應變이 제일이라는 듯 느낌을 주더니 이제는 지난날 이 겨레의 겪어온 참극은 다 잊어버렸는지 모두 이기주의에만 급급, 오늘도 내일도 없는 즉흥이 제일이라는 시대가 온 것 같다.

한 가지 빈축할 예를 들어보건대 거리[에는] 아직도 서민 가운데는 게다짝을 신고 뻔뻔 활보를 치고 다니는 인생들이 종종 눈에 보인다. 그 게다짝에 짓밟혀오던 그 발굽 아래서 벗어난 지 불과 20여 년이 지난 오늘 그 쪽발[199)]의 게다짝이 이 땅 위에 다시 고개를 들고 나와 눈살을 찌푸리게 하는구나. 그 게다짝에는 지난날 부모 형제의 뼛속에서 솟아오르는 피눈물이 방울방울 얼룩져 있다는 것을 상기할 때 비분절통悲憤切痛을 금할 수 없다.

198) 이 글은 작성 시기를 정확히 알 수 없지만, '한일국교 정상화'와 '(해방 후) 20여 년'이라는 표현으로 볼 때 1965년 이후 작성된 것으로 볼 수 있다.

199) 쪽발이 또는 쪽바리, 게다를 신는 일본인을 앞부분이 둘로 갈라진 짐승의 발인 쪽발에 비유해 붙인 비칭

한 나라가 형성됨에는 한 사람으로부터 기본이 됨으로 첫째 한 사람의 정신자세의 확호여부確乎與否가 그 나라의 주체성을 좌우한다는 것을 잊어서는 안 될 것이다. 엊그제같이 그 피투성이였던 체험한 참극을 어찌 벌써 버릴 수 있으랴. 죽어 백골이 되어도 그 원한은 풀리지 않을 것 같다.

13. 나의 말년末年 가슴에 맺힌 여한餘恨

1. 숙원 통일을 보지 못한 채 호지胡地의 유리난총流離亂塚 속에 묻힌 어머님의 유골을 고국 땅에 옮겨 안장 못한 여한
2. 고구려 구강舊疆은 조만간 백의족의 활무대로 돌아오리라는 예견에서 장구 주거할 수 있으리라는 오산으로 가족과 일가친척들을 미리 환국시키지 못한 여한
3. 왜적에 대한 증오심만 가지고 조국 백 년을 위해 소유 토지 가옥 등을 방매해서 국내에 교육기관 하나 설치 못해 놓고 자녀교육 하나 옳게 못 시켜놓은 여한

가족과 함께 한 노년의 원병상(1964.10.18.)

여감餘感

인생 처세에 일생을 통해 한없는 사람들이 없지 않을 것이나 36년간 왜인들이 남겨준 죄악의 소치이지만 나에게는 이상 3개 조항이 천추에 여한이 될 것 같다. 선견지명이 없다는 이유도 없지 않으나 세계정세의 급변과 대전 후 불가항력인 시국의 혼란과 현실의 지배 하에서 결국 솟아나지 못하고 다만 실패와 후회와 원한을 남긴 채 종말은 오고 말

았으니 오호시불리혜嗚呼時不利兮 여선하余善何오.[200] 후생後生들 시대에나 이 한을 풀길이 올는지 이 순간에도 가슴이 미어지는 듯 긴 한심恨心만 내뿜는다.

200) '오호라, 때가 불리하니 내가 잘한 것이 무엇이리오'라는 뜻이다.

원문

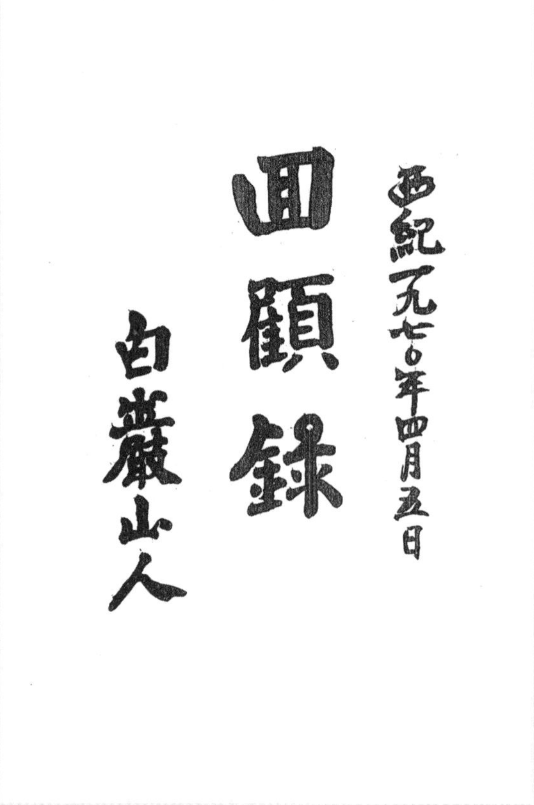

西紀一九七0年四月五日

回顧錄

白巖山人

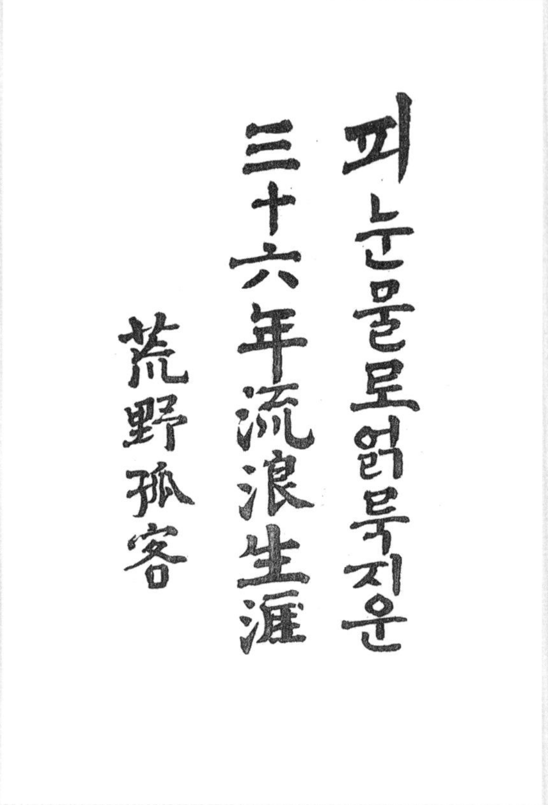

피눈물로 얼룩지운

三十六年流浪生涯

荒野孤客

西紀一九七0年

回顧錄 上下 卷弍

曉堂

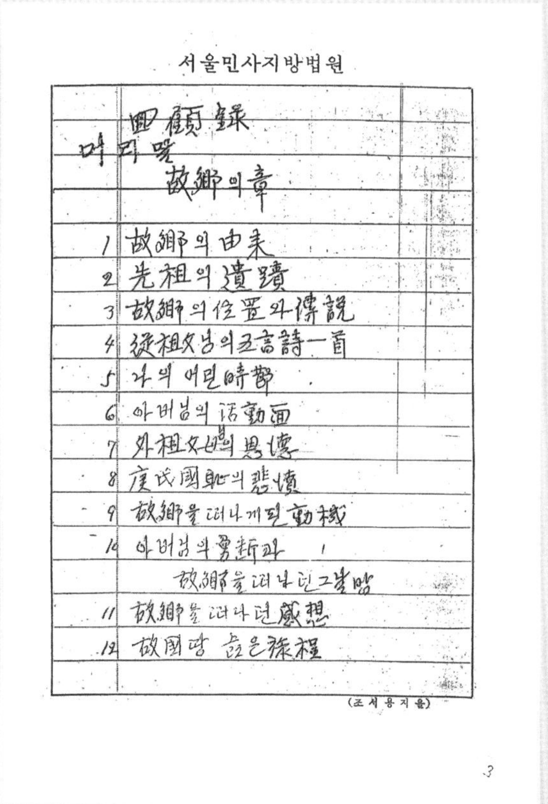

서울민사지방법원

回顧錄

머리말

故鄕의 章

1 故鄕의 由來
2 先祖의 遺蹟
3 故鄕의 位置와 傳說
4 從祖父님의 五言詩一首
5 나의 어린時節
6 아버님의 活動面
7 外祖父母의 思懷
8 庚戌國恥의 悲憤
9 故鄕을 떠나게된 動機
10 아버님의 勇斷과
故鄕을 떠나던 그날밤
11 故鄕을 떠나던 感想
12 故國땅 넘은 旅程

(조서용지을)

3

回顧錄

머리말

때는 1951年 辛卯 十月 一日頃이였다 나는
當時 戒嚴令下 嶺東地區 江陵, 三陟, 蔚珍
三個郡의 兵事, 民事 業務를 三陟郡에서
遂行하고 있을때 그 勤務餘暇를 利用
하여 이글을 써보기로 붓을 들어보기 始
作한것이다
歲月은 흘러 悽慘한 六·二五事變도 벌
써 두번째 마지하는 가을의 季節은 또
다시 돌아왔다 淸明한 日氣에 쌀쌀한
찬바람은 四野의 五穀으로 하여금 金波
로 구비치며 별 반짝이는 밤하늘 찬

4

서리는 萬山草木으로 하여금 五色丹楓으로
물드려 꿈같은 人生의 感懷를 더한층 새
롭게한다
아직도 三八 戰線에는 피 끓는 靑年들이
祖國統一을 爲하여 勇敢히 싸우고 있는
한便 저 開城 地方 板門店에서는 敵이
奸計를 꾸미면서 休戰會談을 繼續하
고 있는 이 時點에도 戰地로 날으는
戰鬪飛行機들은 오락가락 요란히 天
空을 울리고 있다
悲切 慘切한 戰史에서 허덕이며 時時
刻刻으로 自由와 平和를 祈願하는 民
生들은 塗炭中에서 共產赤徒들의 怨恨이

5

하늘에 사무치는듯
千載一遇로 解放을 맞이 또 不幸一路
의 試鍊을 맞게된오늘 이 民族의 悲運
을 슬퍼하면서 나의 恨많은 前半을 回顧
할때 꽃 다운 靑春은 異域의 거친벌판
에서 하염없이 헛되히 잃어버리고 白髮이
星星하며 三十六年間에나 離別이였던
故國을 찾아오니 뜻하지 못했던 混沌
과 濁流와 戰禍가 함께 휩쓸어 政
治·經濟·文化·社會 모든 分野에 구
비치는 怒濤는 이民族의 一大哀苦과
覺悟가 새로히 促求되지 않을수 없었다

6

回想해 보건대 今昔一貫으로 劍山刀水
그 險難의 死線을 넘어 오늘에 이르기
까지 실같은 목숨을 이어왔다는것은 한갓
奇蹟같은 無量의 感慨속에 一生의 踏
어 나온 가시밭길을 다시한번 더듬어
보고싶었다
그러나 이世上은 옛날이나 至今이나 野
心에 불타는 群像들의 爭霸戰으로
말미아마 人生塗炭의 戰禍는 끊일
날이 없었고 또는 倭敵의 長久한 桎
梏아래서 崎嶇한 生涯은 無定處
流浪으로 身邊과 周圍는 時間마다
간곳마다 事事에 不自然이였고 不可

7

旨去 뿐으로 參考의 資料하나 保存하여오지 못한것이 가슴아픈 恨이였다

그리하여 오늘에 와서 보니 前後矛盾이 있으나 記憶에 남은 過去와 今日에 感想되는 現實그대로 적어본 率直한 記錄이였다

나라 없는 人生의 悲哀를 生覺할때 [illegible] 主[illegible]하다

人間과 自由, 民族과, 國家 瞬息間에도 不可分의 깊은 因緣 貴하고도 重함이며

일직 「페트릭· 헨리」가 奴隸로 살기보다는 죽엄을 擇하겠다」 하였으니 果然 [illegible]하고도 尊嚴한 이 敎訓이 韓民族

43 기안 (을) 한국무자개발공사

8

에 한사람이라면 누구나 뼈저리게 느낀 體驗될 것이다 어찌 가슴속 깊이 새겨 四誓치 않으랴

그러나 또 오늘 祖國의 現實은 어디로 指向하고 있는지 一大覺悟이 促求된다.

1951年 辛卯 (古曆10月1日)

於 三陟 五十川 江岸에서

44 기안 (을) 한국무자개발공사

9

一. 故鄕의 章

1. 故鄕의 由來

우리의 本貫은 江原道 原州이며 原來 故鄕도 原州였다

우리 [illegible]姓 始祖 父王께서는 十八代孫이며 原山君 父王께서는 十代孫 諱 [illegible]字 하라버지가 할머니 歸城林氏 님의 原州에서 出世하시였고 高祖[illegible] 辛壬士禍 當時 膝下 三男妹를 앞세우시고 棄官歸隱하신곳이 돈 江原道 平海郡 花邱里 (現慶北 蔚珍郡 平海面) 落鄕 移居하시였다

別冊 碑文記錄內容을 보라

그후 나의 四代祖 諱 貞仁 하라버지 代에서는 또 다시 同郡 將 30里許되는 寒松洞 (一名 [illegible]岩洞 또는 설바위)란 地方으로 移轉하시였다

諱 在一 曾祖父님 代에서는 三兄弟分中 二男째이오만 따리시고 다시 同郡 溫井面 [illegible]里

45 기안 (을) 한국무자개발공사

10

[illegible]井洞으로 移住하시였다

2. 先祖의 遺蹟 (寫本)

(公山) 元德潤 乙丑 幼學

(後面) 乙酉 [illegible]面 文城里 第 [illegible]

第 戶

(幼學) 元貞仁 戊子

(後面) 平海 遠 [illegible] 式

(平海) 幼學 元錫祐 本原州 生乙巳

(後面) 式

46 기안 (을) 한국무자개발공사

11

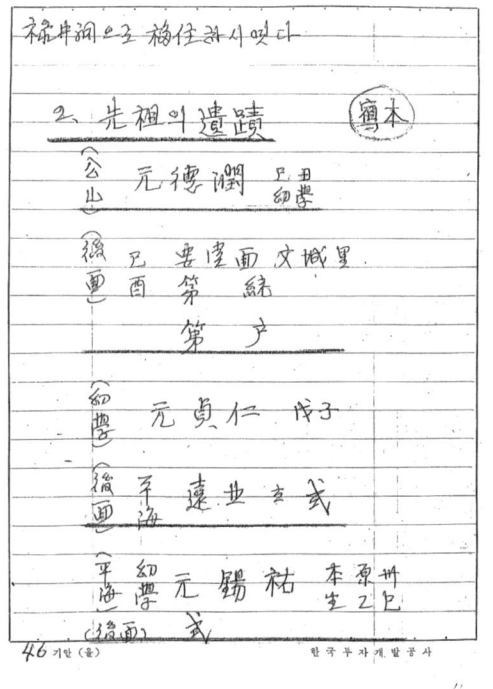

以上은 그當時門牌인듯

元錫祐 (寫本)

禧陵參奉叙判任官八等者

光武九年四月三日

宮內府臨時署理法部大臣

李址鎔

以上先祖遺蹟들은 現在宗家에 保存되고 있다

祖父님은 큰집에 養子로 드러가신後 前後娶에서 膝下六男妹中 아버님이 次男이시며 再娶 安東權氏 할머니에게는 長男이시였다

3. 故鄕의 位置와 傳說

이곳은 뒤에는 白巖山이 높이 소사 있어 빼친 山麓에는 晝夜不息 솟는 天然 溫泉 湧水가 觀光, 療病等 內外各地 손님들을 부르고 몇이 차저드는 사람들은 그칠 날이 없으며 앞에는 西華山이라는 高山 峻峯이 있고 左右에는 盤石들로 形成된 淸溪流水 杳然去 別有天地非人間 같이 桃源 絶趣가 풍기는 勝地의 조용한 山골짝이였다

그뒷山 아래 옛날 寺院이 있었기 때문에 그 이름을 절터골이라고 불너오는데 그때에 골짝 어느 우물 속에 쌀이 소사 오름으로 이 洞名을 祿井이라고 불너온다는 것이다

그후 어떠한 慾心쟁이가 쌀이 더많이 쏟아저 나오기를 바라고 파뒤진 다음 부터는 永永 끊어지고 말었다는 오랜 傳說을 지니고 由緖 깊게 傳해오는 洞名이였다

祖父님은 深山幽谷에서 登山臨水하시며 不問

世事하고 自耕自樵 숨어산다는 趣旨로 前記 洞名 祿井이란 祿字를 붙여 號를 祿隱翁이라고 불너오시였다

祿隱翁 序文과 壽宴韻 數十首가 遺傳되였으나 不遇한 時代 流離世態의 거듭하는 戰禍속에서 保存해 오지못한것이 오늘의 恨이였다

4. 諱錫海從祖父님五言詩一首

이제 生家를 이어 가신 諱錫海 從祖父님께서는 前記 「설바위」에서 從祖母님 別世하신뒤 入養問題에 兄弟間 意見 差異의 合意를 보시지 못한 남어지 無男二女를 앞세우시고 世으로 險山險嶺을 넘어 三陟郡 近德面이라는 山村僻地로 드러가시며 어린애들을 모와 訓學을 하시다가 그곳서 餘生을 맞이시였다

이 從祖父님은 한쪽 눈이 失明이시였다 그런데 漢學에 造詣가 깊었는듯

어느해 八月 仲秋에 故鄕에서 嶺南方面으로 旅行을 가시였다가 「무실」 柳氏村에 이르러 日暮途窮하여 지나가는 길손의 一夜宿의 딱한 事情인 要請에 拒絶하는 柳氏들의 非情을 歎息하면서 지였다는 五言詩一首가 다음과 같다

高秋八月時 何來嶺南之
大野餘衰柳 惜無繫馬枝

解釋」 이詩內容이 旅程길을 恨하시였고 또는 柳門의 非情에 一針을 加하신 名作이였다

5. 나의 어린時節

나의 出生年月日時는 西紀 1895年乙未

古曆八月五日夜半子時라 하며 胎生地는
江原道 平海郡 溫井面 金川里 外家
外祖母님 居室에서 出生하였다 한다
때는 곧 甲午年 東學亂에 일어나던 그
이듬해이며
또는 義憤을 禁할수 없는 乙未事變이
있을 때이니 나는 그날 부터 世上은 조용
하지 않었고 民生苦는 날이 갈 수록 塗炭
에 허덕이고 있었다는 것을 짐작할
수 있다
幼名은 外祖父님이 지어주시였다
七歲부터 이웃 南朝 스승에게 漢文을 배
우기 始作하였다
이 스승의 性格은 大端히 淨潔하고 剛直
하시였다 그러나 막걸리 술은 널우나

51 기안 (을) 한국무자개발공사

좋아 하신 愛酒家였다
이 漢文 書堂에서 同學한 同窓들
名單은 다음과 같다

幼名	冠名	摘要
南奇祿		師의 從姪
元璣環	義常	
金石祿	海鎭	
元石滿	應常	나의 再從兄
南仁玄	太鎬	師의 長男
南九鳳		師의 從孫

外有 南三祿 (書堂 접장格) 師의 從姪
그런데 내 나이 13歲 때 일이다
金川里 外從叔님이 逝世하시여 父母님
은 葬禮前夕에 「기정」의 禮를 드릴

52 기안 (을) 한국무자개발공사

計劃으로 事前 南朝玉 스승에게 依賴
해 두신 祭文을 作成해 오신뒤 그날
저녁에 朗讀하라는 下命이시였다
말의 予定대로 當日 祭典堂에서 純漢
文의 長文을 거침없이 내려 읽었더니 그
數많은 遠近賓人과 內外 弔客들이 모
다 놀나는듯 異口同聲으로 分에 넘치는
讚辭와 아울너 外祖母님 사랑은 더욱
그러했다
이같이 情들고 아름다운 故鄕 마을에서
아침이면 책을 옆에 끼고 書堂에 나가
종아리를 맞어가며 孔子. 孟子. 中庸. 大學
배우기와 여름이면 감나무 아래 모래
굴 짓고 굴쓰기. 또 夕陽에 기우러질 때가

53 기안 (을) 한국무자개발공사

되면 소, 메기러 동무들과 작을지대 이
山 저山 뛰며 다니며 父母님 膝下에서
純眞爛漫으로 世上이 어떠케 도라가던지
마음껏 뛰며 노는것 만이 滿足으로 알든
幸福스럽던 어린 情緖 時節도 한
世代의 瞬間에 不過하였다

6 아버님의 活動面

아버님은 가난한 家門에 태여나시와
큰집에서 分家해 나오실때 家產什物한
아 遺產이라고는 아무것 없이 赤手空拳으로 할
머니와 三寸 두분까지 함께 나오신뒤
新接 살림 사리에 特히 金川里 外家의 至
大한 援助와 거룩한 勞力으로 短時日
內 自手成家하시여 溫井面에 새 富子

54 기안 (을) 한국무자개발공사

났다고 贊成에 자자하는 幸福의 터전을
이루워노왔다

이時代는 鄕中에서 孔夫子 春秋祭享 參與(參與) 與否로 班常(상놈·양반)을 區別하였고 또는 鄕校出入을 世代 家門의 자랑으로 여기던 때였다

1908年戊申八月 아버님의 三十三歲때 일이다

當時 平海郡 鄕校 秋季 孔夫子 年例 釋奠 執典에 讀祝官으로 選定되어 長篇의 祝文을 快活하신 語調로 誦讀하시자 祭官들에게 激讚을 받았다고 하시였다

7 이제 못할 外祖父母님의 恩德

55 기안 (을) 한국무자개발공사

前記 外祖父님이 지어주신 幼名은 千字文에 璇璣懸斡이란 璣字와 晦魄環照라는 環字를 摘用해서 璣環이라고 지어주었으니 구슬같이 사랑한다는 意味는 이 이름자에도 풋하나고 었거니와 特히 外祖母님의 그러한 사랑은 가이없었다 그 사랑의 품안에서 나의 쓸쓸한 家庭으로 도라가지 안겠다고 논둘잔에 도망질치던 기억도 아직 의희하다

前記 外從祖父님 祭奠때 祭文朗讀에 있어서도 外祖母님은 더욱 깃쁨을 禁치못하시며 하신말씀 「어찌 그러케도 朗朗한 목소래로 잘 읽었느냐」하시면서 업어주고

56 기안 (을) 한국무자개발공사

안어주시며 꼬감 대조 과자 쥐여주시던 그 깊은 사랑의 感激은 아직도 가슴속 깊이 새겨져있다

그뿐이랴 分家新接之初에 家用 不足 부미편은 勿論이오 生計面에 있어서도 논과 밭等 온갖 便益을 圖謀해주셨고 우리의 渡海時에는 어머님을 爲해 大麥 十一 叟까지 팔어서 그 代金을 萬里他國에 보내왔다 이같이 두터운 愛情 무엇에 比하랴 옛말에 外孫子를 귀여워하느니보다 방아 꼬을 귀여워하라는 俗談이 조금도 틀림없음을 새삼 느껴진다 그 泰山같은 恩惠 무엇으로 報答할 줄에 없고나

8 庚戌國恥의 悲憤

기안 (을) 한국무자개발공사

獨立運動關係에 亡命當時의 國內情勢問題下
弱肉強食하는 20世紀의 險한 波濤를 물보라
亞細亞 東端 韓半島까지 휩쓸어 올때 李朝末葉 五百餘年間 官僚들의 派爭싸움으로 滅亡의 길을 걷는 이나라의 內外情勢는 다시 살려볼 길은 全然 없었던 것이다

그리하여 이웃 나라 强敵은 虎視耽耽 弱者들에게 侵略의 魔手를 뻗쳐 멀리 玄海灘을 건너 蛇蝎같은 凶計로 가진 手段과 銃칼의 威脅을 加하며 이땅 이民族을 저의 나라에 부티려고 合併協約을 締結한때가 西紀一九一〇年(檀紀4243年)庚戌 古曆八月二十九

기안 (을) 한국무자개발공사

되었다

일로부터 倭敵의 발길에 人權과 自由는 餘地없이 짓밟히게 되자 萬事는 민의 絶望인지라 國民들은 悲憤痛恨을 못이겨 路邊에는 땅을 치며 痛哭하는 사람들 또는 차라리 이꼴을 보지 않겠다고 칼로 배를 갈라 自決하는 사람들 絶食으로 굶어서 죽는 사람등 黃天의 길을 擇하는 愛國志士들만 있거니와

그래도 행여나 잃어버린 國運을 挽回하여 보려고 義兵이란 旗幟아래 同志들을 모와 바지 저고리를 軍服으로 갓

기안 (을) 한국무자개발공사

24

망건을 軍帽로 행전과 짚신을 軍靴代用에다 火繩銃을 메고 倭敵들을 몰아내보겠다고 山間僻地에 長蛇陣을 이루어 東馳西驅하던 熱血青壯年들도 그 數를 헤아릴수가 없었으며

또는 앞날의 機會를 기다려 다시 祖國을 차저보려고 遠大한 抱負와 希望을 가지고 世傳의 家財도 사랑의 故鄕山川도 훌연히 떠나 携其妻子 或은 孑孑單身으로 國外脫出하는 愛國志士들도 그 몇일 날이 없었다

그뿐만아니라 倭敵들은 義兵洋洋하게 날이 갈수록 到處에서 가진 蠻行을 恣行하니

기안 (을) 한국무자개발공사

25

일로부터 極度로 沈沈한 民心은 痛憤에 넘쳐 하로인들 不安恐怖의 渦中에서 어찌 견딜수있으랴

그리하여 이江山의 天地는 暗黑으로 變하였고 이겨레의 앞길은 피눈물의 바다로 化하고 말었던것이다.

西紀1910年 庚戌 舊曆八月二十九日
祖國이 亡하든 그때

9 故鄕을 떠나게된 動機

이겨레의 千秋에 씻지못할 國恥에 뒤이어 當時 孟德忠身 申乭錫 義兵部隊가 抗戰士 現住地 白岩山麓을 中心으로

기안 (을) 한국무자개발공사

26

頻繁히 來駐할때 民心은 緊張과 悲憤이 넘치는 周圍와 環境속에 아버님은 大義에 立脚하여 그들 宿所와 食事其他 모든 便宜를 提供等 晝夜區別없이 至誠껏 協助에 全力을 다하시였다.

이反面 奸惡한 倭兵과 狐假虎威의 走狗들은 內通한다는 嫌疑로 每日 取締와 強壓 脅迫과 檢擧에 安日이 없음으로 시달려 이룩한 幸福의 터전도 保全할 길이 없음을 慨嘆하시며 亡國의 恥辱을 잊을수없다는 決意下에서 國恥의 恥字를 붙여 號를 恥軒이라고 하시였다

기안 (을) 한국무자개발공사

27

10. 아버님의 勇断과 故鄕을 떠나던 그날밤

1911年 辛亥春 아버님은 古訓에 寧爲鷄口언정 無爲牛後라는 敎訓에 依해 차라리 淸國 사람이 될지언정 倭놈의 奴隷는 되지 않겠다는 決意로 同鄕人 朱鎭洙 黃萬英 兩先生의 抗日 思想에 呼應하여 當時 新民會에서 匡定한 独立基地 西間島로 떠나실것을 決心하시와 悲壯한 決意로 抗日 鬪爭隊列에 落后되지 않을것을 거듭 다짐하시였다

이땅에 生을 가진者로서 이 悽慘한 運命

의 길을 누구나 안니 걸을수 엇으며 이 羅運의 보따리를 누가 안니 질수 엇으랴

十七歲의 弱冠時代 어린 나의 몸도 크다란 羅짐을 짊어지고 눈물자욱을 踏어가면서 父母님의 뒤를 따르지 않을수 없었던것이다

그러니까 十五歲 때 八月秋 寧海 茗谷里 住居 安城李氏에 結婚한后 滿二年이 되든해였다

그리하여 同年 古曆 十八日 새벽未明에 아버님은 할머니 以下 老幼 十三家族을 同時引率하시고 그와 姑母家의 五名도 一行이되어 男負

女戴로 눈물을 뿌리며 情든 故鄕을 떠나실때가 祖母님의 時年이 五十七歲였고 아버님의 三十六歲 어머님이 37歲때였다

별 반짝이는 밤하늘 검은 帳幕은 아직 大地를 둘러싸고 나무가지를 우수수 흔드는 바람소리는 期約없이 떠나가는 人生길을 더욱 散亂케만 하여준다

西面에서 어르려히 들려오는 닭소리는 새벽날을 재촉하는듯 一家親戚들은 죽음에 길이나 떠나가는것처럼 서로 손목을 잡고 언제 다시 맛나보나하며 마지막 痛哭으로 [illegible]

別을하면서 마지막 故鄕을 떠나가는 十三家族은 沈黙 속에 情든 골목 길을 나와 見日재를 넘어 한거름 한거름씩 北쪽으로 向하게 始作하였다

蜀道같이 險한 「구들령」을 넘어 英陽·禮安·安東을 걸처 豫州·醴村·尙州를 지나 金泉 停車場까지 五百餘里를 徒步로 前進하는 道中에는 곳곳이 날뛰는 倭놈 들꼴이가 밉고도 미웠다

11 故鄕을 떠나던 感想

인제부터 故鄕길은 漸漸 멀어져만 간다

그러나 마음의 愛鄕心은 깊숙히 품안으로 漸漸 잦
께와 져가는 것같이였다
오늘 눈물로 적신 離鄕에 際하여
우리 家庭으로서는 入鄕始祖의 落鄕地
인 花郞里로 부터 「설바위」를 걸어 祿
井洞에 이르기까지 나의 代로서는 連綿
十代가 되였으니 溯念해 보건대 거의
二百年이란 歲月이 흘러간것같다
回顧해 보건대 祖先들은 落鄕后 深山
幽谷에서 世事를 不問하고 다만 山水를 즐
기며 耕田而食하고 鑿井而飮을 惟一한
本業으로 數百年 歲月을 別 業績도 없이

32

흘러보내온것같다
1911年辛亥八月18日 故鄕祿井洞에서

(2) 故國떠나는 旅程

이제는 北으로 北으로 向해 가야만 한다
一步一步 一日又一日 지나가는 사이 慶
北金泉驛까지 徒步로 到着하자 이곳에
서 故鄕方面으로 부터 떠나오는 十
餘家戶를 서로 맞나 一行이 되매 이
驛에서 비로소 汽車를 타고 이나라
首都 서울을 지나올때 丙子胡亂의
故國을 作別한 金尙憲 詩의 聯想에
는 그 때 苦혼 心情 同情이 간다

기안 (을) 한국투자개발공사

33

에 錯雜한 感懷에 잠긴동안 달리는 汽
車는 검은 烟氣를 뿜으며 어느사이 벌
서 大同江 鉄橋에 다달아 作別의 信
號처럼 悽涼하게 들려오는 汽笛소리
에 牧丹峯 아름다운 山川을 바라보며
車窓에 앉어 아래와 같은 노래를 읊어
서 서름의 눈물과 맺은 가슴을 自慰해
보기도했다

故國作別歌

新興武官學校編集 頁을보라

悲痛하게도 가기 싫은 길이것 마는 달려

기안 (을) 한국투자개발공사

34

는 汽車는 서른 事情도 모르는체 달리고 또
달려 벌서 祖國의 邊域인 新義州驛
에 到着이란 汽笛소리가 고막을 울인다
門밖 十里도 나가기 어려워하던 老弱
이 數千里 路程에 陸路에서、汽車에
서 그 車暈과 疲勞는 形言할수없는 痛苦
였으나 아직도 故國땅도 안닌 異域의
旅程에서 가야할길은 浩〃 〃이였다
이 新義州는 白頭山으로 부터 나려오
는 鴨綠江 푸른 물이 길이 흘너 이웃
나라의 境界線으로 그어진 이江을

기안 (을) 한국투자개발공사

35

건느려고 江두던으로 나가니 이때 마적
鴨綠江 鐵橋는 工事中이라 來往하는
風船一隻을 불니타고 눈물의 歸綿江山
을 도라보며 쓸쓸하고도 컴컴한 異域
땅에 올나서는 떼기가 곧 中國領土인 南
滿洲 初入 都市인 安東縣이었다

西紀1911年辛亥古曆九月初旬

回顧錄

目次

荒野의 章

서울민사지방법원

(조서용지을)

서울민사지방법원

(조서용지을)

回顧錄

荒野의章

1. 異國第一步의 初感想

異國의 初都市인 安東縣에 第一步를 내여
디딜때 故國과는 겨우 一葦帶水를 두고 言語
도 風俗도 衣服도 그 甚한 差異는 그러
케도 어찌 칠칠하게만 보였든가 보이는것마다
가슴이 아플 뿐이엿다
旅程에서 본 그때 西間島風俗이모저모는
新興編을보라

2. 자국마다 눈물고인 異國千里遠程

1안 (을) 한국무자개발공사

安東縣을 떠나 終日 路程에 限없는 疲勞
한 몸이건만 고단한 旅客房에서 한번
疲勞도 풀어 보지못한채 故國에서는 近似 物用
倉庫이나 貯藏用 倉庫같은데로 案內하는
房안 構造는 우리들에게 상당한 한바탕에
期待하지못한 失望을 주엇다
家族들은 이 — 이편에서 어떻게 사람이 居
處하나 하며 不知不識間 恨많은 말들
이엿다
言語는 漢文으로 쓰는 손가락질로 相互 意思
를 交換했었다 漢文은 同一했기 때문이다

2안 (을) 한국무자개발공사

食事로는 日暮途窮하면 土人의 家屋으로
찾아든다 朝夕으로 조수, 빵과 高粮粥
이 日常主食이었다 쌀밥이라고는 돈주고 구경
하래도 할수없는 地方이었으니 路傍에 시달려
榮養失調에다 飢餓之境에서 形影이 相吊
하는 流離民族이 불쌍하기만 하였다
住宅周邊에는 汚物들이 山積되어 惡臭가
코를 찌르고 荒漠한 曠野에는 死骨累露
廓이 虛無한 人生들을 대하듯 서글픈感
만 던져주고있다
秋色이 滿面해서 바삭거리는 落葉을 밟
으며 하로 終日 터덕 터덕 걸어가는 旅

기3(을) 한국투자개발공사

程에는 배도 곯우고, 발도 부르텄다. 지
쳐진 甚한 疲勞로 沿途에 힘없이 주
저앉으면 恨心 밖에 나오지 않었다
一步一步 步으로 寬甸을 經由 橫道川
이란 곳까지 四五百里 길을 걸어야 했다 넘
고·지고·이고 萬千의 人心으로 一日 二
三十里 程度도 다 나가지 못하는 恨탄을 나
그네들이었다
가는 途中에는 人家도 매우 드물게 보인다
하로해가 저물면 아픈 다리를 끌면서
도로 土人 家屋을 찾아들어가면 첫 人事가

기4(을) 한국투자개발공사

때·신 방이 있느냐는것이 제일 첫 대화였다
차건 더시건 間에 하로저녁 빵과 죽으로
배를 채우고 그 이튿날 새벽이면 또 떠나간다
가는 途中에는 하로에도 몇번식 겪어야 하
는 苦悶거리가 있다 개떼들에게 攻防戰
이다 盜賊이 많은 地方인지라 집집마다
大概 담장안에 범같은 「개」 六.七마리씩
畜育하고있는것이 普通이다. 지나가는
白衣族의 초라한 行色을 보면 목에
「小心狗」란 牌한개씩 차고는 서로 勇猛
을 자랑하는듯 쏜살같이 제각기 뛰어나와

기5(을) 한국투자개발공사

包圍作戰으로 한수이 되며 一大激戰이 벌어진다
이럴때 方法은 자꾸 개를 보고 절을해야 된
다는 舊來同胞들의 體驗談이었다.
이것은 자조 허리를 굽혀 돌을 집어던지는것만이 逆
攻하는 개들을 막을수있다는것이다.
人家를 지날때면 큰 頭痛거리의 하나이다. 키
참고 괴롭히는 이 개떼들이 밉상스럽기도 했다.
이땅에 발을 들여놓은 白衣族으로서 한번
식 안물려본 사람도 드물리라.
잇때 異域千里길에는 同族이 그리웠다 오늘
가고 내일가도 每日 우리 一行外에는 同族

기6(을) 한국투자개발공사

한 사람도 맛날수 없었다
어느날 하로는 수萬坪밖에 가는 途中에서
한사람을 맛나게 될때면 참으로 반가웠다
父母 兄弟나 무슨 큰 恩人에나 맛난듯이 손
을 맛잡고 모다 心襟을 털어 놓았다 異
域에서 처음 맛나게된 그 同族 얼마나
기뻤으랴
이 사람의 차림을 훑터보건대 상투머리에 흰
手巾만 질너매고 동저고리 바람으로 아마
洗手는 一生에 한번도 안한 貌樣인듯
그러나 土語는 能熟하며 旅館에 案內도

기7(을) 한국투자개발공사

하여주고 食事도 斡旋하며 술도 많이 힘
껏 勸하면서 대단히 고맙게 군다
우리 一行들은 조금도 사이없이 感謝히 生覺
할뿐이였다 이까지는 좋았다 어찌 알었
으랴 밤이 깊도록 술만 마시면서 酒醉한체
就寢도 하지 않고 돌아가더니 路程의 疲勞
에 술잔이나 마신다음 마음놓고 困하게
잠든 時間을 利用하여 여기 저기 흩어놓은
衣服까지 行李들을 거두어 짊어지고 夜半에
逃走하고 말었으니 不幸한 運命은 잠깐까지도
고까지는 極이였다

기8(을) 한국투자개발공사

49

이것이 江邊七邑 舊來民이라고 稱하는
同族들로서 大概가 犯罪 越境한 無賴
漢들이였다.
원고부터는 이들의 相對에 한가지 좋은
敎訓을 남기였던것이다
安東縣에서부터 鐵道側之 寬甸을 經
由 略一個月만에 겨우 五百餘里나 되는 橫
道河이란 곳에 이르러 各道에서 들어온 사
람들이 몰려 停留場같은 暫間式休憩所인듯했
다 그러나 옛날의 地位와 榮譽를 자
랑하는듯 무슨 參判집이니 進士집이니 하면서
路程에 지친 同族에게 조금도 同情이라구는

기9(을) 한국투자개발공사

찾아볼수없이 먼저 들어온 老姑들은 몰려
앉아 勤勞의 말은 못할지언정 오히려
冷情한 態度로 수군거린 말이 「한국에서
빼낼것들은 안들어오고 시시한것들만 들어
온다」 하면서 흡사 그 老姑들이 무슨 큰
주먹이나 빼낸것같이 남을 無視하면서 그
驕慢하던 꼴을 보이였으니 時代는 이미
바끼였고 因果報應의 現實앞에 너나
할것없이 겪는 現實은 오직 悲慘 慘憺뿐
이였다.
이곳서 家族들의 아픈다리를 어름같은 冷地

기10(을) 한국투자개발공사

5

에 略一週間 滯留하며 疲勞의 숨
기를 풀리면서 行李를 再整備하는 한便 또來
日의 갈길을 準備해야 했다. 鴨綠江 물이 얼어
붙는 첫 異域의 추위를 무릅쓰고 三百餘
里나 되는 通化縣까지 아니 갈수 없는 實情이
었다.

通化縣에는 慶北 寧海서 왔다는 朴慶鍾이
란 者가 經營하고 있다는 東來棧 旅館
으로 찾어가는 길이었다. 이때 벌서
寒波가 몰아쳐 ~~鴨綠江이 얼어붙는 寒波~~
우리를 몸도 마음도 함께 얼어붙는것 같기도

아플다리 부르튼발 千辛萬苦를 무릅쓰고
큰罪人이나 기다리고 있는듯이 近於八九
일만에 겨우 目的地까지 到着은 하였으
나 그때는 마침 中國 孫逸仙의 辛亥革
命當時였다.

그 革命이 成功됨에 따라 舊貨幣를 新
貨幣로 卽時 交換하지 않으면 全部 버리
게 된다고 모다가 법석 떠들고 있었다.
처음으로 말과 물土加減으로 精神도
차릴 餘暇없이 言語도 地方實情도 全
然 모르는 우리에게는 깜짝 놀랄 일이었다.

不得已 對處方法이라고는 萬事를 旅館主人
朴氏에게 해줄길외 믿지 않을수 없는 事情이
었다.

그러하여 若干의 남어지 旅費는 舊貨를 주
머니 안에 分錢까지 털어모와 몽땅 쓸어
主人 朴氏에게 맡겨 交換을 依賴하게 되자
十餘 生命이 죽느냐 사느냐 問題는 앞에
놓여있다

1911年 9月末 奉天省 通化縣 東來棧에서

3. 異域의 첫禮物은 失望뿐

그當時 朴氏는 先入者이며 先導者라고 自處하
면서 移住同胞의 新接案內에 便宜를 圖

謀한다는 口實아래 오는 同胞 가는
同胞의 旅費를 뜯어 호의호식 補爲業
남의 딱한 事情과 쓸아린 가슴은 잘알어
주지 않었다

이 얼마 안되는 金額이나마 우리 13家族
에게는 死活問題가 左右됨으로 至誠으로
扶護救危의 見地에서 同情的 還償해줄
것을 懇請하였으나 終乃에는 看服하며 불
쌍한 10餘人命으로 하여금 눈물의 구렁으
로 빠트려 주고 말었던 것이다

1911年 10月末 것으로 非道義的이었다. 山설고 물선 異

野의 氷天雪地에 赤手空拳으로 恨心지
으며 그 旅路에서 外務에 從事하고 있는
平北 宣川사람 洪老人의 引導아래 通化
縣 北쪽 渾江을 건너 十五里許되는 北溝
라는 조그마한 골짝에 역시 舊來氏 李正秀
氏의 挾室 한칸을 빌려 爲先 行李를 풀기
는 했으나 인도 좇아 故鄕에서 通化縣까
지 걸린 時日은 거의 二個月동안 汽車
라고는 金泉에서 新義州까지 便乘한
以外에는 近數千里陸路를 一步一步로 踏
破하는 이 二個月이야 말로 자국마다

15(을) 한국투자개발공사

56

눈물고인 발자욱이 않을수 없었다.
前記 李氏에게 빌린 挾室은 두사람이 마조
앉으면 그저 맞은 程度였다 그러나 우리는
北世家 家族까지 18名이 이 좁은 방안에서
밤이면 이웃집에 잠자리를 찾어가고도 남어지
食口들은 밤을 앉어새워야 했다. 참 좁은 방
이였다 그래도 다른 道理가 없었다
活人之佛은 晉州有之라더니 방主人 李氏는 매우
寡情한 人品으로서 饑寒에 헤매는 우리에게
多方面으로 周濟的 그 善心은 잊지못할
活人之佛로 敬奉치 않을수 없었다.

16(을) 한국투자개발공사

57

이제부터는 根本 独立運動이란 命題以外
도 異域의 生計와 病魔의 苛酷한 二重三
重의 試鍊場에서 未知數의 運命을 앞에
두고 寸刻의 餘暇도 돌볼 餘暇없이 凄切
한 鬪爭의 가시밭길을 피눈물로 헤치기에
바쁘야만했다
辛亥年의 冬三월 이 좁은 房에서 積雪이 山같고
朔風이 살을 오려는듯 이 嚴冬에 父母님은
饑餓凍寒을 무릅쓰고 切迫한 家族들의 運
命을 爲해 하로 一의 품팔이로 生計維持
에 汲汲하지 않을수 없었다.

17(을) 한국투자개발공사

58

이땅에 와서 처음 겪는 이 겨울의 暴寒은 果然
大驚失色이였다. 大地가 얼어 터지고 方안에 성
에가 몇두꺼式 쌓였다. 入外出에 나오면 눈이
明年五月頃에 가서야 녹아나린다

新接家族의 異域試鍊 1911年11月初

独立運動關係級에 白衣族의 피눈물로 적서
血面開墓한 泉下記錄을 보라
1912年 壬子春 鴨綠江을 건너던 辛亥年도
불상한 人生들의 때저린 傷痕을 남기고 恨
心속에 枚馬前 새해를 맞이하며 그립던
봄날이 왔것만 ... 하지못한 水土病이란 墓

18(을) 한국투자개발공사

59

族이 뒤를 따라 十字ろ 谷ㄱ에 원한의 우름소
리가 그칠 날이 없었다
때와 때를 같이하여 우리집에도 어린
동생들이 죽어간 슬픔은 가이 없었다.
불상한 生命들을 無慘하게도 마서가 來ㄷ閑
門게된 점도 許多했다
錦繡江山 아름다운 氣候 風土 故國山川
을 빼앗기고 荒野로 쫓겨나는 서름의 눈
물 怨恨의 ... 이 어찌 倭놈들 罪惡
에 만나였으랴. 이 원통한 주음속에 民族
魂의 恨이 서려있다
1911年壬子春

5. 舊來民의 特權地帶

이 地方에는 옛날부터 江陵七邑 同胞들이 많
에 移住하여 살아왔다 普通 四·五十年前된 사
람들이 大部分이였으며 거의 全部가 独身 男
性들뿐이였다 俗稱土匪에서 掠奪女子들을 모다
交死해버렸다는것이다.
이들은 어떠한 곳을 莫論하고 상투머리에
한수건만 이마에 질너매고 솜바지 저고리만
입은대로 數百里 數十里 어디던지 또는 婚
喪禮席上에도 구김없이 唯一한 外出服으로
使用되여 있으며 女子라고는 老少間 하나

61

얻고 다니는것을 한사람도 볼수가 없었다
이들 男性의 하는 일이라고는 每日 몰려다
니면서 長醉不醒으로 消日. 賭博이
長技인것처럼 兄님 저그니하면서 義兄弟
맺어가지 남의 吉凶事나 祭祀等은 미리 수첩
에 적어두어 빠지는 법이 없이 不遠千里하고
찾아가 普通 五·六日 或은 七·八日式 飲酒
偷我이 全業이였다.
무슨 家庭行事가 있을때는 一律的으로 使
用되고 있는 飲食物은 되물국수와 차좁쌀떡
이 全般的으로 通用되고 있으며 좋은 座席

에는 沒廉恥한 罵詈이 ~~그사는것~~ 恒用
語로서 어느모로 보나 倍達族의 傳統的인 禮
儀라고는 찾아볼수가 없었던 몰레한 無賴漢들이었다
庚戌國恥后 國內에서는 倭놈의 그물을 벗어
나 國外로 쫓기어 나온 同胞들은 南滿北滿
洲 各地 山골짝 어느곳을 莫論하고 빽빽자
히 안간곳이 없게되자 이 現實을 奇貨로 이
들은 土語九餘하고 地方에 보지않은 先益感
에서 土人들을 背景으로 地主들 交涉하느니
土地와 住宅을 斡旋하느니 하는 口實아
래 좋은 時期를 맞났다고 모든 面으
로 特權行事를 恣行하며 女子와 財產等

63

갖인 惡質的 非行과 無理한 橫暴로 ~~가장~~ 可憎스럽게 날뛰던 때였다.
그러나 이러한 特權도 멀지 않은 앞날에 波濤時代는 新入同胞들 가운데는 被害者도 적지 않았(흘러오고 말았던것이다!)
으나 이들이 우리집은 禮儀하고 稱頌하면서 아버님 앞에 와서는 언제나 恒常 고개를 숙이며 敬虔한 態度를 가지었다

6 無邊曠野荒蕪의 西間島

이 거레의 因緣길은 無盡藏寶庫의 西間島는 불상한 白衣族을 기다리고 있은듯 하다
이때 地廣人稀한 滿洲벌에는 氣候가 아직 寒冷하여 벼農事에는 맞지 않아 移

23(을) 한국투자개발공사

64

住同胞들은 모다 山田農으로 特히 玉수수 其他雜穀等을 심기가 全般的이였다
往昔은 木材이 벌어면 土幕을 짓으로서 그時流 俗語가 하늘서 나려오면 한길은 朝鮮사람의 집이라고 하였다
山腹·山麓은 勿論이오 手可摘星辰이라는 옛글도 있거니와 손으로 별을 따듯한 最高山頂에서도 荒田을 캐고 있었다
어느 집이던지 가보면 모다 가慘한 ... 이였으나 오래동안 썩은 나무잎 검은 흙은 農耕地로서는 매우 좋았다 몇길을 파도

24(을) 한국투자개발공사

65

풀한덩어리 찾아볼수 없는 肥沃한 土質로서 山이 보이지 안는 沃野千里 無邊曠野였다.
穀식 씨를 심기만하면 限없이 잘되기는 하나 아직 開拓이 안된 地方인지라 每年 早霜으로 凶年이 繼續되였다
벌서 七月末만되면 흰 서리가 내려 一朝에 五穀이 얼어짐으로 一年동안 지은 農家의 勞力도 水泡에 도라가고 말뿐아니라 매年 旱災로 頻繁하여 우리들의 悲慘한 生活을 한층더 威脅을 加해주었다
人家가 稀少한 地域에는 密林이 蓋蒼하여

25(을) 한국투자개발공사

66

縱橫으로 路上에는 日光을 볼수없는 곳이 許多하며 좁은길에는 倒之木이 어즈러히 넘어져 來往하는 사람들로하여금 甚히 괴롭게 하였고 몇百年式이나 자랐는지 나무뿌리 한개에 普通 五·六名式 둘러 앉을수있는 넓이를 가진 나무들이 太半이나 보인다. 流離民族이 唯一無二한 樂園地인것은 틀림이 없었다
이땅이 옛날 우리 祖先들의 말달리고 칼 춤추어 東方雄國이란 稱號를 받어오던 舞台가 여기였다. 어찌하여 이땅에 오래동안 우리倍達族의 발자취가 끊어지고 異

26(을) 한국투자개발공사

67

族의 손으로 넘어가 도리혀 오늘의 서름을 맛게 되는것을 生覺할때 痛惜을 禁할수 없었다. 옛 高句麗 聖跡이 그렇고도 새로위 언제나 이땅이 다시 옛主人의 疆域으로 도라올것인가 祖國의 옛날이 한층 더 그립기도했다.

연초 부터 暴寒은 漸々 그 度數가 늘어만 가는 이 겨울 進退兩難의 東萊棧灣留로 亘於一個月이 갓까워 감에 따라 모든 엇건 事情은 焦燥와 不安만이 마음을 설내게만 한다.

그럼에도 뒤를 이어 끝이줄물고 밀려 드러오는 同胞들은 山間僻地 어느곳에도 漸々次 빈 자리가 한 간 곳이 없게되였다.

7 異國新接第一居地 通化縣世溝

1912年壬子二月 지난 嚴冬을 前記世溝李正秀氏挾室에서 生不如死의 逆境속에서도 이 대한 間貸에 조금도 失望함이 없이 그래도 一縷希望을 걸고 通化縣城內 土人 王一峯의 찌그러진 舊屋一棟과 山田一段을 房主人 李氏紹介로 賃借하여 만은돌고 農事準備에 着手計劃이였으나 可恐可驚

할 流行性 土疾에다 禍不單行으로 우리가 故鄕에서 떠난뒤 金川里 外家에서는 어머님을 生覺해 大農牛 한마리를 팔어 들어오는 親戚便에 부처 보낸 代金으로 土地農耕을 爲해 代替하였던 農牛와 그애 딸인 송아지 其他 猪 鷄等 家畜全部가 時疫으로 一朝斃死하는 災害가 겹처 窮且極한 生計는 加一層 雪上加霜이였다.

今年 五月 22日 오래 待望해오던 德常이우의 出生이란 것뿐도 있었으나 기쁨이 무엇지 生覺할 餘地좇아 없었다.

故國에서 지고온 보따리를 通化縣 世溝에와서 풀어 놓은지도 벌서 四·五個月이 지나도 壬子年 봄이 도라왔다.

祖國의 興亡과 時代의 思潮는 靑少年들로하여금 하로빨리 校門으로 나갈것을 재촉한다.

수천萬리 饑饉의 塵塗속에서 무슨 餘念이 있으랴마는 撥不我延으로 暫時도 遷延할수없는時點인지라 아버님은 그 甚한 苦難속에서도 敎育의 時運을 認定하시고 곧 修學의 길로 떠날 것을 下命하시였다.

어머님은 山田을 졸다가 喜邑가 있어 집에 나려와 喜故가 있은뒤, 喜忌滿春은 커녕 한참 마음 놓고 쉴사이도 없이 그날 또 山田에 올나가 그連節後를 繼續하셨다 한다.

그뿐이랴 山田졸는 괭이로 土(?)에 죽은 아해를 갔다묻고 집에 돌아올 餘暇도 없이 또 그길에서 山田을 졸았다 하니 이얼마나 가슴 쓸은 일이며 苦痛스럽던 삶이였든가.

今年七十(?)에는 저 그러진 담벽이 갑작이 방안으로 무너져 어머니와 어린 아우가 毫釐之

31(을) 한국무자개발공사

72

差에서 아슬아슬한 慘禍를 免했다하니 하늘의 도음이 아닌가 참으로 아찔한 瞬間이였다.

8 救國鬪爭隊列에 參與第一步

新興武官學校編을 보라

(1912年壬子春) 16歲때

아버님의 嚴命下命에 依해 西으로 150里許 柳河縣三源堡 鄒家街 新興講習所를 찾어가는 길이였다.

이途中에는 新開嶺이라는 險한 재가 가로놓여 前後 二十里 距離되는 울창한 樹林속에는 終日 가도 日光을 볼수없는 無人地境으로 루의 창자같은 고불고불 좁은 길이

32(을) 한국무자개발공사

73

였다. 그嶺上 길은 술속에 마련 同鄉사람 李明世氏가 살고있었다.

新興之初 土人官民들 排斥때문에 本意아닌 淸國사람으로 變裝하였던 編髮을 여기에서 깍아버리고 堂々한 學生의 姿態로 第二日만에 目的地까지 山積된 눈길을 헤치며 넘고걸어 잠버진 鞋는 十에서 百까지도 넘은 程度였다.

그翌日 半陽溝 李東寧校長을 찾아가 入校를 志願하였더니 即席에서 快諾과 아울러 激勵까지 하시였다.

33(을) 한국무자개발공사

74

그러나 十四五歲까지 舊習에 젖어 시골書堂에서 漢文이나 專攻하던 나로서는 첫째 中學에서 數學의 實力不足을 느끼지 않을수 없었다. 그리하여 다만 一年間이라도 小學校를 걸어 올려가는것이 順序的이라는 覺悟에서 그當時 校監에게 그事由를 進言하였더니 좋은 意見이라고 快히 受諾하기에 곧 그附近에 設置되어있는 東興小學校 最高學年에 編入되어 一年間 數學實力準備에 置重한 結果 學年内에서 月終學年試驗을 勿論하고 席次 一、二號는 벗

34(을) 한국무자개발공사

75

쉬는 적이 없었다.

이때 學校로 부터 約二十里許에 있는 西廟子라는 山골짝 落末內地인 張天策氏 집에 寄食하면서 물건너 재넘어 通學이었으나 始終一貫 元氣旺盛하게 優秀한 成績으로 二學年을 맞이고 本格的으로 二이듬해 中學入校準備에 萬全을 期하여 왔다.

全年大[illegible] 苛酷한 艱難中 千辛萬苦로 지은 農事는 早霜降으로 完全失敗되고 마셨으니 一石에 二石式 주어야하는 「太粮」이란 무서운

現物高利債가 窒息을 強要하는 悽相을 免할길이 없었다.

家計를 担當하신 父母님의 괴로운 근심은 갈수록 泰山이었다.

以上은 西溝 王一峯 舊屋에서 一年間 生活經緯였다.

9 (西溝第二居地) 기家골 눈물의 墾荒

1913年 癸丑 二月 아버님은 當面切迫한 生計持續과 債務解決의 길은 오직 農事밖에 없다는 굳센 執念에서 지난해 失敗도 아랑곳없이 또 다시 現住地 西溝쪽 —

마장 距離 「기家골」이란데 土人 王昇의 所有 山荒 一段을 五年間 期限付 賃借하시였다.

前記 賃借한 山 기슭 샘솟는 두던옆에 조그마한 土幕집 一棟을 新築하여 前住 王一峯 舊屋에서 移轉하는 한便 나는 通化縣城 西으로 八十里許 所在 哈泥河 新興武官學校 四年制本科 第三期生으로 入校는 하였으나 다만 불타는 向學熱 反應에 不過하였고 家庭事情으로는 千萬不可能한 일이 아닐수 없었다.

家族들은 樹林이 森嚴한 山荒開墾에 総力을 기우려 주린배를 졸라매면서 억센 草根荒林을 開墾하고 玉수수 其他 雜穀等을 심어 놓았으니 이 莫大한 墾荒의 重勞働에는 家族들이 흘린 피와 땀과 눈물은 그땅을 적시고도 남음이 있으리라.

10 亡國의 서름과 苛酷한 土人들 搾取

祖疆土는 두손들어 남에게 빼앗기고 그 壓迫과 奴隸의 멍에가 싫어서 不遠千里 萬里 남의 땅으로 脫出해 나가서라도 生存과 教育으로 祖國을 光復하여 보려는것이 國恥[illegible]

時 西間島 移住의 根本目的이라하겠다.
그러나 許多難關은 앞길을 沮害하는 일
이 한두가지가 안이였다.
特히 土人官民들은 倭놈의 앞잡이가 안인가
또는 무슨 被害나 없을가 두려워하는 反面
土地도 家屋도 賃借를 不許할뿐 안이라 모다
逐出한다는 威脅과 恐喝로 排斥運動은
날로 高潮되며 指導層에서는 이같은 除(?)와 不安을 退治
코저 官公吏其他 地方有志를 相對로 親交運
動을 展開하는 한便 男女老少를 莫論하고
一齊히 土人과 同一한 衣裝으로 親善結果는

39 (을) 한국투자개발공사

80

매우 良好하여 비로소 緊張狀態는 漸
次緩和가 되였으나
流離民族의 그 뼈저린 서름 무엇에 比하
랴 가슴알픈 哀裝이였다.
이 같은 境地에서도 또 霜災는 継續되며
死活問題가 걸려있는 이 農事는 또 失望
이였으니 하늘도 넘우나 苛酷한 試練이였
다. 初年豐荒에다 霜災까지 겪은 收穫
은 不過 二割程度였으나 이것도 累積되
여오는 高利債大糧主들이 가을 마당에서
잿창 젓기 보는대로 沒收해가고도 不足量은

40 (을) 한국투자개발공사

81

서울민사지방법원

또 다음해로 넘겨 利子에다 利子를
倍加 還償할것을 다짐하면서 作人
들의 住居之署를 咋許함에도 따랑
곤 없이 一分一合도 良心 없는 이 土
人들 搾取手法은 舊來舊인은 中間
에 내세워 或은 쑴(?)이니 태량
(太糧)이니 하며 「쑴」이란것은 공연
過失을 造作해서 物質을 强要하는
가 하면 「태량」이란것은 봄에 적
은 數의 돈이나 곡식을 빌려주고서
는 가을에 가면 10倍 20倍 以
上의 現物을 强要함으로서 暴利
를 보게되는것이다
移住同胞들은 一年間 피땀흘려
耕作을 하여도 이 高利債 淸算
을 못해서 末境에는 「태량」의奴
隸가 되여 三年或은 五·六年間에도
벗어 나지 못하는 悲慘한 處地에

41 (조서용지 을)

서울민사지방법원

빼저 가진 非行을 말할뿐 안니다
간곡마다 無知한 「쑴」으로 害를
입은 同胞들은 그 數를 헤아릴수 없을
것이다 이 搾取法이 異域에서 몰
상하고도 굶주린 同胞들의 눈물은 얼
마나 흘리게 하였으며 피는 얼마나
빼앗던가 이 農奴生活의 慘劇은
길스록 苦悶하기만 하였다

11 나의 新興武官學校

新興編을 보다

12 連續되는 凶年과 農奴生活

1914年 甲寅春 今年도 前記 王氏山荒年限에
依해 繼續耕作하고 있었다
여름 放學(?)이되여 歸省해오면 五·六月炎天下

42 (조서용지 을)

83

걸어 넘는 고수수 밭골에서 기심매기에 숨이 칵칵 막히며 十九歲의 안해와 十五歲의 同生두 男妹는 밭골에 엎드려 눈물 흘리지 않은 날이 없었다는 이야기였다.

大家族을 거느리신 父母님의 痛苦는 어떠하였을가. 그 와에도 貧困이 가져오는 家庭의 不和는 하로도 傷心을 免할 날이 없었다는 어머님의 매서운 말씀이였다.

今年秋穫도 겨우 免凶 程度로서 如前 重壓되여 오는 高利債主의 農奴生活이였다.

今年十二月二十四日은 祖母님의 甲年이시였다

43(을) 한국투자개발공사

84

쌀은 求할수 없는 地方인지라 自家農產인 메물국수와 차좁쌀떡으로서 子孫들이 올이해 간단한 祝壽宴이 있었다.

이와 때를 같이해서 어머님은 말수없는 속탈로 그后부터 時時 痛症을 이르켜 家庭에는 恒常 憂愁不安이 가시지 않었다.

13 母校의 維持難과 學費難

1915年 乙卯 二月 今春耕作도 前王氏地主의 農地에서 連續하였다.

今年七月 壬子 癸丑 兩年의 大凶作에 僑胞들의 饑饉은 母校運營에 直接的 影響

44(을) 한국투자개발공사

85

이 밀어 維持難에까지 逢着하였다. 이 打開策을 爲해 卒業生까지 各生徒들은 夏期放學 一個月期間을 利用하여 各自技能대로 收入되는 全額을 持參登校하라는 校命을 받고 나는 學友 崔相奉과 同伴하여 通化縣 金斗伏地方으로 나가 밭매기 품팔이 하로 勞賃 二十錢式에 二日間 勞役을 해보았으나 炎天下 到底히 所期의 目的 達成이 어려움으로 不得已 집으로 돌아오니 어머님은 學校의 運營難을 들으시고 불같이 내려쪼으는 伏炎날에도 晝夜 三日間에 걸쳐 草鞋二十

45(을) 한국투자개발공사

86

雙을 만들어 出賣한 代價 每雙十錢에 全額 二百錢을 마련해 주시면서 歸校를 命하시였다. 이것은 그時 家庭도 學校도 그深刻한 苦難의 一端을 말해준것이다.

이해 農作은 若干 良好한 便이였으나 亦是 累積된 高利債가 恒常 뒤를 달고 있었다.

1916年 丙辰 二月 前記 荒地耕作에 있어 數年間 通化城內 病院開業中인 金弼淳博士의 後援이 至大하였다.

今年十一月에 世基 李叔이 哈泥河 武官學校附近 住居하고 있는 故鄕人 郭世永氏

46(을) 한국투자개발공사

87

長女와 結婚하였다.
今年十二月에는 내가 卒業한해다
지난 四年間을 回想해 볼때 最高絕頂
의 生活難은 學費도 服裝도 供給할 餘地
가 없었다. 四年間 校服이라고는 妻의 新
婚衣服으로 改造充當해왔고 신발이라고
는 아버님의 손수 만들어 보내는 草鞋
로서 一個月 三百원 程度의 食費支拂도 제
대로 주지 못해 下宿主의 온갖 미움과 괄시도
많이 받어왔다. 그러나 어쓰라린 苦難에
도 學業을 中斷할수는 없었다. 不屈의 氣魄

47 (을) 한국무자개발공사

88

서울민사지방법원

에서 始終一貫 所期대로 이해 12月
에 卒業까지 하게 된것은 父母님의 피
어린 격정과 안해의 純潔한 至誠
에서 이 結實을 갖어온것이였다.

14 兒童敎育과 青年軍事訓練

1917年 丁巳 春節은 흘러 婆豬江 언덕에
서 아침 저녁 배를 타고 건너다니면
서 銃을 메고 山비탈에서 突進
앞으로 하던 때도 책상앞에서 學業
을 닦으면서 夕陽하늘 밑은 運動
場 蹴球 競技에 날뛰던 때도 山邊
兩壁에 괭이를 메고 農術家 李헌先
生의 咸鏡道 사투리에 山打令을 들
으며 山田풀 뽑러 뒤지던 때도 어느새
이 四年이란 歲月이 지나갔다
그리하여 卒業期가 닥쳐오면 情
들고 사랑하는 母校를 作別해야 했다

48 (조서용지 을)

89

서울민사지방법원

그때 校規及 卒業生은 母校의 命에 依
하여 義務的으로 二個年間은 服務
한다는 規定과 아울러 卒業期가 되
면 各地方 學父兄들은 큰 企待를 가지
고 敎師招聘에 서로 앞을 다투었다
그 當時 나는 金昌武氏 아우 金昌華
同窓과 함께 柳河縣 大沙灘 小
學校로 配置되어 服務하게 되였다
이곳에는 愛國志士 李鐸 李章寧
南相復 諸先輩가 살고 있어 많은
指導와 協助아래 晝間에는 兒童
敎育과 夜間에는 地方 青年 軍事訓練
에 오직 犧牲精神으로 맡은바 任
務에 心血을 기우려왔다

15 母校敎職에서 남은 記憶

때는 1917年 丁巳 三月 내가 母校 敎官으로
在職할 當時이다

49 (조서용지 을)

90

서울민사지방법원

新興武官學校 編을 보다
本姓名 池大亨은 日軍青島戰役에 階級大
尉로 騎兵副官까지 在任 服務라 한다
그러나 自身의 地位도 名譽도 超越한 李
는 國內外情勢의 動向을 直感하고 遠大
한 抱負로 軍用地圖와 新式 軍事書籍等
을 携帶한뒤 本姓名을 李青天이라고 変
姓名한 다음 同志 數名과 結合하여 國外
로 脫出을 企圖했다
이 亡命의 길은 決코 順坦치는 않었다
첩첩히 쌓인 警戒網을 넘어야 했고
敵의 눈초리를 避하기에 神經은 敏感
하여야만 했다
그러나 이 死境을 넘어 쌓々하고도 荒涼
한 滿洲벌을 向해 第一着이 本校 敎
官으로 赴任하자 沈滯狀態를 免치 못했
던 軍事敎育訓練은 劃期的인 一大
革新을 가져왔으나 指導訓練上 傳語

50. (조서용지 을)

91

의 慣習으로 隘路도 不無하엿다
光復大業에 한갓 一翼을 担當해보려
고 遠大한 李教官의 壯志에는 當時 名
望도 企待도 큰바엿엿다.

1917年 丁巳
於 孤山子河東大肚子

16 [illegible] 母校 移校에 [illegible]

母校가 哈泥河에서 孤山子로 移轉한
되엿이다
때는 1917年丁巳七月頃이엿다
(別冊新興編을 보라)
遼東半島까지도 倭敵의 勢力이 점
점 팽창함에 따라 韓族會에서는
증편되는 情勢에 順應하여 大量
으로 武人養成의 必要를 要하는 見地
에서 哈泥河와 快大茂子에는 分校
를 두고 本校를 柳河縣 孤山子 河

東大肚子 地方의 一部 高地에 第三基地를
選定하여 四十餘間 巨大한 建物을 新築
하는 한便 竣工도 채되지 않은 校室에
哈泥河로 부터 移轉을 하여왔으나 때는
벌서 恶韓並下로 것잡을수없이 一変하여
走狗輩은 오늘도 어제도 注目과 질시로
무슨 調査니 무슨 事件이니 하면서 狐假虎
威의 苛酷한 毒牙를 즉기始作하여 허재
비같은 土匪들을 앞세워 가진 手段으로 기
없없이 妨害로 시끄러워졌다. 그러한 가운
데도 不幸한 事故가 續出은 限없은 몇이였다.
또한 滿洲名物 馬賊黨들은 夏期樹
林 茂盛期를 奇貨로 四面 우어진 수수
ㅅ밭과 夜陰 자욱한 雲霧를 타서 夜襲
을 敢行하여 教員과 生徒 十餘名을 납
치하여 가는 가운데는 尹琦燮 校監 朴章燮
教官 두명이 붙들려갔고 그外 成駿用教官
은 中途 어두움 속에 逃避隱匿해왔으나

이순에 지은 全身은 흙감탕이되여 사람
안닌 怪物같이 보이기도했다
현재 本校의 主人公인 尹校監의 拉致는 校
內에는 悲憤과 憂慮니 싸고돌뿐 아니라
持學 運営에도 크다른 支障을 招來하게
되엿음으로 이것을 打開하려고 四面으로
武装을 投入하여 山間進行을 企画하
엿으나 그亦是 如意치않이 實現을 보지
못하고 잇는中에 또 禍不單行으로 뒤이어 또
하나의 不幸한 事故가 發生되엿다
本校出身인 尹致國 致死事件인데 이尹은
廣西韓民組織體인 自新契의 一員으로서
本校 六個月 반에서 訓練받은 卒業生이엿다
現住所 三源堡 二道溝에서 孤山子 거
리로 나려와 어떤 旅館에 드러갓을지
음 本校在學生 咸鏡道出身 許沆과 金
千洙와 數名이 그旅館에 드러갔을때 이
尹의 相對方에 對해 누워서 人事를하는것은커

만한 態度란 理由로 毆打를 당한 尹은
憤慨하여 學校로 가서 教職員에게 呼訴
하고자 大肚子 教職員室로 들어오게 되자
前記 一部學生들이 돌연 난입하여 頭部
를 亂打 重傷을 입혀 終乃 蘇生하지 못하
고 絶命되고 말엇다
그后 그 發端內容인즉 簡單하지 않어 이
問題가 社會化되여 그 家族들의 報復的
激憤과 地方色的 派爭으로 一時 空氣가
險悪하엿으나 때는 벌서 殺人者들은
逃避 遠走되엿고 實로 無罪한 學生들만
이 도리혀 精神에 많은 痛苦를 맛게되엿
으며 報復하겟다는 被害側 緩和 調整
에는 金東三先生의 勞力이 적지않엿다
以上과 같이 二重 三重의 複雜한 現実을 克服
하면서 最終까지 事后收拾에 最悪의 苦心을
거듭해왔다

1917年 丁巳 孤山子大肚子에서

서울민사지방법원

17. 滿洲名物의 馬賊党을 解剖해 본다

遼東滿洲는 淸朝發祥지가 넘어진후 오래동안 馬賊党의 巢窟로 變하고 말었다 이마적들은 청천백일아래 엄연히 대부대가 武장대열을지어 旗幟와 창검을 휘두르며 數많은 큰말들을 타고 단이면서 각지방 山間部落 또는 中小都市에도 橫行할뿐안니라 小數部隊는 數十名式 集团하여 山間樹林地帯를 根據로 축을치고 晝間이면 잠자고 夜間이되면 武器를 携帯하고 각地方에 흩허저 남의 담과 울타리를 넘어들어가 富家집主人이나 그 子女 또는 通行要路에 來往하는 사람들을 붙들어 山속으로 들어가 굴속에 묶어 매여놓고 步哨를 세워 晝夜로 감시하면서 金錢... 主人들은 이것을 「빵표」라고 이름한다

그러하며 몇츨이 지난다음 그부근 地方人

55

(조서용지 을)

96

서울민사지방법원

을 시켜 連絡을 보내되 어느날 어느 地点까지 被拉된 相対方 家族代表를 오라고 指示한后 指定한 그날 그場所에 오지 않으면 죽여버리겠다고 위협과 공갈통보를하는것이다 그러하매 뜻밖게 갑작이 하로밤사에 그 禍를 맞은 家族들로서 누구나 그대로 내버려둘수있으랴

그러나 그 要求에 資力이 못및이면 不得已 그대로 버려두어 될대로 되라는 式으로 放置하는 主人들도 없지않다 또는

그 連絡을 받은 相對方에서는 爲先 第一次로 그 도적의 수고를 위로 한다면서 근본 요求를 맞기爲하여 수건 신발 내의등 各樣多量物品 準備持参하고 指定場所에 차저가서 첫人事부터 하게된다 土人들은 이를 「쌍」한다고 칭하는데 이것은 다 連絡者의 役割에 不過한것이요 被害者側의 直接相對는 안되는것이다

56

(조서용지 을)

97

서울민사지방법원

이 「쌍」을 받은 마적들은 第二次 要求에 들어간다. 그러하에 몇날 며칠까지에 現金幾千幾百萬환과 軍服 신발등 提示數量을 어느장소까지 持参納入하라고 本格的으로 嚴重한 指示를한다

中間連絡者가 이것을 傳達해주면 이 通知받은 關係方에서는 到底 財產所有로는 不可能하다는 態度로 얼마 削減하여 주기를 再三 애원을 하여본다

그러나 그 財產의 程度如何를 事前 探知하여가지고 行動을 開始한 馬賊들은 強硬한 主張을 持續하면서 四次五次以上 交涉에 오락가락한다음 비로소 落着을 보게되면 被害方에서는 全財產을 處分하여 一時에 갖다 받이고는 붓들려갔던 家族을 찾어오기도하나 오랜 時日이 지나도 要求대로 되지않으면 귀를 잘러서 그拉致된사람의 집으로 보내기도하매 最后에는 죽여버

57

(조서용지 을)

98

서울민사지방법원

리기도하는것이다

이것이 가장 매음 草木茂盛期에 頻繁하며 부자집 주인들은 都市에 살어서 日没이되면 安全한곳으로 잠자리를 찾어 단인다 그러나 하로밤사이 이부락 저부락에서도 「빵표」란 所聞이 끊칠날이없이 들려온다 어제까지 큰 부자집도 一朝에 人亡家敗의 禍를 맞어 悲慘한 구렁에 빠지는者가 許多하는것이 滿洲馬賊党의 罪惡状이거니와 母校被襲에 自身이 直接體驗하여본 現實이였기로하다 아 可驚할 滿洲名物의 馬賊들이여 生覺만해도 恨心을 갖지 않을수없다

18. 만주농업의 轉換期

荒野로 移住한 以来 그 무시무시한 土底에 大多數의 貴한生命을 傷失하고 十年이 갓갑도록 土人들의 「멸망」착취에서 버서나지못하고 하로 하로의 連命을 하여가면서 간곤하다 畫農

58

(조서용지 을)

99

한 山林을 개간하여 良田沃土를 만들어 農耕에 多年의 힘을 다해왔으나 매려해 災害로 益々가 모다 一年땀을 흘려 지은 農事는 「헐값」 百分之一도 不足하므로 해마다 農奴가되며 土人 雇傭사리 現實에 不過했다
이 數百年 荒蕪의 滿洲에도 흘으는 歲月에는 勢. 中人間 해마다 人口가 大增加되며 이에 따라 ~~氣候도~~ 山荒이 開墾되고 人口의 稠密로서 漸次 氣候도 溫和한지라
原來 故國에서 水田農事에 經驗이 豐富한 移住僑胞들은 山골짝 샘물 흐르는 附近 土人들이 내여버린 草田 조각땅에 벼농사를 試驗하여 본 당어지 成績이 良好한 結果를 보게되자 피눈물로 開拓한 山畑들은 地主에게 그저 돌려 맺이고 山頂 山谷에서 모다가 水源地 附近으로 爭先 移住하며 이제는 荒蕪의 草田 開墾에 着眼함으로서 滿洲農業의 一大轉換을 보게되였다

不過數年內에 山田에서는 우리 僑胞들을 거의 볼수가 없을 程度로 全部가 水田地에 進出하여 第一着으로 開墾可能한 荒蕪地는 一尺도 버림없이 곳々이 沃畓을 이루어 秋收期가 되면 古今을 通하여 들어보지도 않은 荒廢地에서 歲食가운데도 第一가는 벼와 쌀을 거두어 드리게된 土人들은 꿈같이 一朝에 一攫千金을 얻게되자 그다음 부터는 到處에 廣闊한 良田도 引水할수만 있으면 大々的 開墾으로 水田所有地主들은 모다 갑작 부자가되여 土人 自身들도 想々以外의 幸運에 搾取의 手法도 一步表現의 樣相을 보여주었다
그 開拓 功績을 生覺하여서도 僑胞들을 同情的 待遇가 當然한 事理임에도 도리혀 農奴로 取扱하며 그 멸시와 賤待가 자심하였으니 참으로 人間道德으로는 차저볼수 없는 所行이였던것이다
南北滿洲 數千年 荒蕪의 山田水畓 墾荒

에는 同胞의 손으로 開拓안된곳이 없고 눈물과 피땀울에 안니 젖은 곳이 없을것이다
애지하여 애갈은 감옥는 피눈물을 뿌리게 되였을까
國家와 民族을 草芥같이 버리여 私利私慾에만 눈이 어두운 數百年 派爭 싸움을 일삼던 罪惡의 結果가 子孫들에 몇인 禍厄에 빠질가 실었다

1917年 丁巳

19. 丁巳年의 厄運과 異域第三居地太平溝

1917年 二月 아버님은 滿洲農業의 轉換期에 따라 水田農을 希望하시고 귀운 旅裝을 풀어 五年三個月간으로 살어오던 通化縣世溝에서 우리家族도 또 柳河縣 ~~[illegible]~~ 縣 地方으로 移轉하고저 피눈물로 개간하여온 山荒의 契約期內 一年이 남은채 地主 王氏에게 返還과 同時 二殘期代價와

價사의 旅費를 만들어 世으로 五百餘里의 旅程에 오르게된 이 발걸에는 두가지 深刻한 不安에 쌓였다
이 困[illegible] [illegible] 決定을 하였으니 첫째는 70歲高齡 祖母님은 老衰으로 오래 [illegible] 土人의 「[illegible]」로 되시야 었고 셋째는 어머님이 懷孕月임에도 遠程 步行을 하셔야했다
이같은 不安한 現實길에 가는 앞길은 幸이냐 不幸이냐 運命에 맡긴뿐 앞길을 모르는것이 人生이였다
원도좋아 무서운 不幸은 가는 中途에서 부터 始作되였다
어머님은 通化城을 거쳐 「乙密」을지나 險峻의 新開嶺을넘어 來春源이라는 地方에 드려서자 行步가 極히 困難하시였다 그러나 안니갈수없는 길이라 險難한 山길을 踏어 「大平溝」 地域에 드려서자 一步

서울민사지방법원

또 더 前進할수없어 길가에 있는 아모 滿人집이라도 드러가 잠간 쉬여가자고 하시기에 不得已 祖母님과 一部家族은 先行시킨다음 어떤 滿人의 집에 同情을 얻어 드러간 후 無理한 路程에서 死亡을 하시게 되였다

土人들 風俗은 사람이 죽게될 直前 반듯이 溫突에서 땅바닥에 내려놓는것이 嚴格한 固有通俗임을 우리는 잘알고있는 事實로서 말하지않어도 가슴에 걸거리를(?) 主人女子는 방에서 나오더니 朝鮮아해들은 처음 나서 어째 울지 않느냐고 무러본다 臨機應變으로 우리아해들은 出生後 三日까지는 울지않는다고 하였더니 그女子는 山골작에서 朝鮮사람을 처음 상종해본 연지 아마 그러케 멋는 모양이였다

그러나 斷念코 더 지체할 勇氣는 나지않었다 萬一 死亡이란 事實을 안다면 이것을 口實로 집탈해서 돈을 내라 物件을 생해라는 等

63 (조서용지 음)

104

서울민사지방법원

土人들 慣用手法인 「상」이란 被害를 받게됨으로 虛慌히 살아있는 아해처럼 싸서 안고 惶急히 그 집 門앞을 나와 아버님은 죽은 어린이를 어느山비탈에 묻어버리고 밤이되였것만 先行하신 祖母님 病患에 걱정되시여 곧 뒤를 따라 급히 떠나시게될 때 어린家族의 生命은 ... (?) 우리 男妹만이 뒤에 남어 産后 어머님을 陪行하게 되였다

蒼空에 밝은 初旬달은 수심속에 헤매는 人生길을 유난히 비여주는듯 밤은 점점 깊어오는 寂寞한 山골작 좁은 오슬길에 바삭거리는 殘雪을 밟으며 우리 三世子만이 惶惶히 걷고있는 恨많은 그날 저녁 그 山길 피눈물로 적시면서 또 멀지않는 곳에 滿人旅館을 차저드러 하로밤을 지나고 그 翌日 싹우(?) 또 앞길을 向할때 그날 그時부터 産后調養커녕 繼續하는 行役은 在下之道에 넘우나 마음이 조리고 안탑갑던 中에도 五道溝재를 넘을무렵 하나님도 無心하게 갑작이 天氣

64 (조서용지 음)

105

서울민사지방법원

가 險惡하여지면서 暴風寒雪이 가는 앞길을 둘너싸 咫尺不辨이였다 이 모진 雪風속에 無人地境 寂寞한 잿길에 어머님을 업어야했고 母子가 서로 붙들고 흐느껴 울어야만 했다

이제 回想해보아도 아직 가슴이 미여지고 眼前에 사무치는 눈물이 앞을 가리운다 그뿐이랴 不幸은 거듭 繼續이다 先行하신 祖母님 病患은 數百里 路程에서 얼마나 呻吟하였으랴

우두거우(五道溝)를 지나 누뻴린(鹿圈把林) 뒤 前面 三十里 距離나 되는 하늘높이 소슨 巨峯을 아버님은 病患에 계신 祖母님을 업으시고 그 嶺上에 올나오시자 母子分이 서로 맛잡고 痛哭을 하시였다 한다 여기서도 거기서도 우름으로 一貫해온 旅程이였다

十餘名 家族의 앞길은 暗澹하였고 걱정

65 (조서용지 음)

106

서울민사지방법원

근심은 泰山이였다

아— 亡國의 서름이여 流離民族의 悲劇이여 죽어 白骨이되여도 倭놈들 罪惡은 잊을수 없을것같다

前記 소통구(小通溝) 재넘에 故鄕사람 申泰基氏를 차저가니 이 地名은 흐패즈(黑葉子) 골짝이라 한다

이곳에서 數日을 쉬여가지고 申氏에 付託하여 살곧을 찾는바 등넘어 二十里距離밖에 태평거우(太平溝)라는 곧에 土人 李明林의 草屋一棟과 乾畓一段을 賃借하여 移轉入住하게 되였다

이곳으로 옴기여간지 不過 몇 출도 되지않어 禍不單行으로

今年 二月 二十四日 午前七時頃에 祖母님은 終乃 回甦하시지못하고 享年六十四歲로 恨많은 이世上을 떠나시며 子孫들은 三重五重의 不幸속에서 哀痛을 먹음고 地主

66 (조서용지 음)

107

李炳林의 所有山으로 移葬決定하고 葬禮를 치루었다
今年 三月 世權叔父님은 通化城內에서 病院을 經營하고 있는 金衡植博士의 救國運動에서 基地를 建設하려는 北滿黑龍江省 齊〃哈爾「칠나이」農場管理任務를 가지고 出發하시었고 世基季叔은 哈泥河 所在 新興武官學校 速成班 修了次 出發이였다 그러나 一方 滿洲移住以后 처음으로 耕作하려는 이 때 農事는 十餘家族의 死活問題를 左右하는 切迫한 問題로서 한차 一大希望을 걸고 懷惶中에도 百方으로 農事準備에 餘念이 없었으나 赤手空拳으로 全般的인 債務에 依存하며 四面에서 求入한 種子로 遠隔한 地域에 播種은 하였으나 特히 이른봄이 早春부터 旱魃이 極甚하여 惟一한 企待마저 農事는 全敗되고 種子債務에 重壓

을 免치 못하는 境地에서도 坐而待死는 할수 없다는 決意로 다시 活路를 찾저보려고 일의 權勢가 晩時之歎이지만 一往三十里나 되는 「쏘통거우」(小通溝) 最高山頂 그 地方 有力地主 土人 郭庚臣(궈겅천) 所有 山荒을 賃借하여 六七月 長霖속에도 不拘하고 千辛萬苦를 겪으며 또 巨創한 樹林山荒 開墾에 着手하지 않고는 爲先 家族生計의 足上之火를 免할길이 없었다
그러나 하늘의 試鍊은 더욱 苛酷으로 一貫했다 洞里사람들은 그 딱한 事情을 보고 一日間의 集团協力이라도 해주겠다는 날에는 맞듯이 또 雨天이 阻害함으로 도와주겠다는 분들도 終乃 叔主次 運事로 도라가곤했다
어머님은 이여름 溫氣에 하루도 救없이 泄瀉를 거듭하시면서도 그 억센 開墾勞役에 한참도 빠진 時間이 없었다 한다
秋穫期에 있어 水害는 일의 全麼되였으나

苦難의 結晶인 山荒所得은 메물 기장등 若干의 收穫으로 가을마당 收穀은 어머니와 아내가 來往四十里나 되는 좁은 山길 같은 밤에 머리위으로 다 이날여 옮기였다 한다 不幸一路 一年三百六十五日 한결같은 가시밭에서 헤매는 가운데 十五六名의 家族生計에 책임을 가지신 父母님의 良心과 愛責은 하늘이나 알고 땅이나 아렀을런지
이해 11月에 山田의 所產인 메물 기장등으로 妙年한 順男妹 婚禮式을 치루었다 平海黃氏에 黃晩暗氏 長男인 黃載坤君과 結婚을 하였으나 成禮의 첫날밤에는 新婚衾枕準備할 餘力이 없어 나의 新婚이불을 代用하는 눈물겨운 情景이였다
이해 太平溝 李炳林의 農場에서 [故鄉人] 四.五家戶가 모혀 살면서 耕作을 하여왔는데 農事가 旱災로 赤敗되고보니 초겨울 부터 제各其 一族親戚을 찾저 다가버렸고 다만 제그

퍼진 크나큰 古屋인 한 귀텡이에 갈곳없는 우리 家族만이 남어있어 외로히 氷天雪寒에 접한 土室으로 숨여드는 찬바람에 먹을것도 입을것도 없는 生活樣相은 悲切悽切을 거듭하는 가운데도 그때 六歲되는 어린 동생 德弟이가 화로불 앞에서 바들바들 떨며 불쌍해보이던 모양이 지금도 눈에 삼삼하다
아—— 悽切한 人生의 삶이여 이 丁巳年의 苦難이여 어찌 筆舌로 形言할수 있으랴 지난 一年을 回顧해볼때 충생 靑春의 苛酷한 悲運을 사람은 몰랐서도 짐승은 아렀든 모양갔다
한가지 奇異한 生覺에 드는것은 通化縣世溝에서 떠날때 養犬一頭이 있었다 數百里 移舍길에 始終 앞장〃 서〃 꼬리를 설내며 ?준히 견경에 노릇을 해왔다 移住地 太平溝 到着한后 몇출사이 이

서울민사지방법원

愛犬은 간곳이 없어졌다 나중에 소식을 듣고 보니 数百里 距離 通化縣 . 共?? 살든 곳으로 되돌아 갔다는것이다
아마 이해의 不幸을 予告해주는 前兆인듯 짐승의 영이함을 새삼느끼기도 했다

1917年 丁巳

유하현 향통산즈 태평거우에서 (柳河縣 亨通山子 太平溝)

20. 往路갔는 黑龍江省 齊々哈爾紀行

通化縣 城內에서 病院을 開業하고 있는 金弼舜 博士는 自己病院을 中心으로 당시 光復事業을 為한 士人交涉方面에 유용한 役割을 하여왔다
이 金博士는 公的으로도 尊敬을 받았거니와 私的으로도 相互 親近한 사이로서 貧困속에서 허덕이는 우리에게 많은 協助도 해주었다

71 (조서용지 용)

112

서울민사지방법원

時局이 날로 緊迫하여짐을 보고 遠大한 抱負로서 通化城內 有力한 官民層을 끌지기에 黑龍江省 齊々哈爾 附設地域에다 廣範한 農場을 設計하고 南滿에 있는 同胞들을 移住시키는 同時에 独立運動의 第二基地를 마련해서 生產과 教育에 再出發하여볼 計劃으로 모든 準備에 着手하여 先發隊를 派遣할때 前記와같이 世權叔父님과 李循民氏가 開拓責任者로 選定되어 最先頭에서 農庄基礎建設을 推進하게되었다
(重複) ~~지난해 12月初旬에는 지초.. 한 現住地太平溝를 떠나야 하였고 ...에 ...한 生計活路를 為해서도 하로빨리 生活을 개척해보아야 했다~~
지난해 12月初旬 齊々哈爾 世權叔父님을 찾아가 新開墾中인 「할나니」農場부터 一次踏査해보고서 方向을 決定하려고 同志

72 (조서용지 용)

113

서울민사지방법원

인재석 조회원과 作伴하여 嚴冬雪寒을 무릅쓰고 齊々哈爾를 向해 出發이었다 현주지 태평거우에서 長春까지 四百餘里를 徒步로 가는 路程에는 馬賊出沒도 頻繁하고 酷寒의 季節 모든 難關을 克服하면서 長春驛前 士人旅館에 一泊한 다음 그 旅館主人에게 齊々까지 가는 三等車票를 依賴했더니 간곳마다 士人들의 마음은 모다 음흉하다 듯 밖게 四等車票를 끊어가지고는 三等車로 속여 태웠다 넘우나 밝혀서 一夜之宿도 萬里城을 쌓는다는 말과같이 主人을 信望하고 주는대로 받어가지면서 乘車하자 車는 이어 떠난다 한구석 座席을 찾아 앉어 車票를 비로소 들고보니 生覺지못한 四等車票였다
아-一旦 속았고나 놀라면서도 달리는 車안에서는 어찌할 道理가 없음으로 不得已 시침을 뚝떼고 눈치만 보고 있을뿐이다

73 (조서용지 용)

114

서울민사지방법원

할이빈(哈爾濱)을 지나 낭々치(浪々齊)가는 途中 길은 밤은 벌서 午后 12時頃 夜中이었다
車窓으로 내다보니 大地는 黑暗으로 물들어서 오직 天空에 한별만 반짝이고 朔風寒雪은 눈망울을 쌩々 스쳐간다
맞음 車長인 露人(노스께)가 나와서 車票檢査를 외친다음 한사람 두사람씩 지나 어느사이 우리 一行앞에 닥쳐 車票를 내노라고한다 이 車長은 한참들고 보더니 通譯으로 하여금 왜서 四等車票를 가지고 三等車를 탔느냐고 힐문을 하기에 長春에서 그 旅館主人의 不當한 處事의 經緯를 解明하고 諒解를 懇求해보았으나 不顧離議하고 無情없이 暗黑의 깊은밤 낯선 허々벌판에 당장 나리라고 호통을 치면서 끌어내릴 表情이였다

74 (조서용지 용)

115

꾸ㅎ히 諒解를 懇請한 남어지 비
로소 그들의 指示하는대로 다시 三等車
票를 사고보니 同一路線에 車票 두번
산 셈이였다 [redacted]
이곳서 齊ㅎ哈爾(제ㅎ할이)까지는 輕便
鐵道였다 이車를타고 「제ㅎ할이」驛에
내려 金病院을 차저가자 路役에 시달
려온 몸은 毒한 感氣와 몸살까지 걸니여
數三日 痛苦를 겪은 다음 目的地인 農庄
所在地를 무른즉 市內에서도 北으로 120
里를 더 드러가야 한다는것이다
當時 病院長 金博士는 議員 葛齋 軍醫官
으로 在任中 매우 優待를 받고있였다
이곳에서 農庄 建設用材料輸送車便에便
乘하며 出発은하였으나 이곳 氣候는 北氷

洋이 가까운 타시인지 南滿에 比해 그 嚴酷
한 寒度는 大驚失色할 程度였다 가는 無
人地境 荒漠한 曠野에는 朔風寒雪이
살을 오려는듯 마음까지 얼어붙는 一望無
際 四面을 둘아보니 山한아 볼수없고 오
직 眼力이 不足한 것인 벌판에는 채날
같이 나려쏫는 찬바람에 갈대와 洋草
만이 한들거리는것 밧게 보이는것이 없다
人家는 五·六十里를 가도 한집 볼수없으
며 해는 西山을 넘고 무거운 木材 실은
馬車 박퀴는 얼어터진 大地 틈에 끌려 박
키며 한車에도 五六匹式 메운 勇馬들은
끌어단기다고 채죽질을 할수록 뒷거름만
치고 코만 실룩거리며 거듭하는 채죽
질에도 말은 잘듯지 안는다
때는 舊曆 10月 中旬이라 無人地境 다만
寂寞만 싸고도는 밝은 둥근 한 밝은 달
아래는 (우라 부엉이) 말굽는 소리만 寂寞을 깨트린다

밤이 새도록 말들과 싸우다가 새벽이 되
여서야 비로소 車는 前進을 始作한다
한 村落에 이르니 새벽 닭소리가 들려온다
잠깐 쉬며 먼東이 밝으려할때 또 말노
로 向하며 이틀만인 그날 夕陽에 目的地
農場에 到着하니 죄그마한 土幕집 한채
가 아조 孤立된 独家村으로서 여기에는 農
場管理人 李濟民 同志의 家族이 들어와 살
고 있었는데 쓸ㅎ하고 辛酸하기가 넘우나
悲ㅎ스러운 느낌이였다
이 地方 原住民들은 「다구리」라고 稱한
다 이것은 옛날 高句麗時代부터 傳해
오는 種族名稱이라는데 言語와 風俗은
全然 南滿과 달러 또 中國以外 他國
人을 相对하는것 같이 서로 말하는 법어
려웠다
이地方에도 奉天方面 土人들이 或是 와서
살고있어 多年間 서로 接觸한 關係

로 大端히 반갑게 親切히 對해준다
(耕作) 地形은 大槪 高原地帶로서 「노스께」
속치에 큰말두匹式 메워 갈어 없는
荒地는 이쪽에서 저쪽 邊端을 바라
볼수없는 ㄱ나큰 벌판들이였다
土質은 若干 黃色 砂質로서 그리 좋은便
은 안이였다
穀食은 大部分이 玉수ㅎ와 밀 피멀
뿐으로 主食品도 그것뿐이였고 住民들
生活은 모다 土幕집에서 貧困에 허덕이
는것 갓기만했다
이 廣漠한 高原에는 千歲方面 採藥
商들이 모혀드러 당골속에 움집을짓고
長期 住居하면서 (主로) 細辛과 甘草等을
採取하고있는 모양이 모다가 도적들 巢
窟 갓기만 해 보였다
採取된 甘草는 엄청나게 큰 뿌리를 볼
수있으며 細辛은 熱帶地方 殺虫劑

로 轉出된다는 것이다
馬賊들 騷動은 大端하였다 여기도
掠奪 저기서도 出沒 住民들은 잠시도
安心하지 못하고 戰慄속에서 살고있
서 無法의 別天地 같기도 했다
그런데 踏査해보는데 高原이 옛날에는
바다물이 흘르던 海底인제 地面에는
青黃赤黑白 五色 새알같은 怪石이 散在
하여 참으로 볼스록 아름다워 旅行紀
念으로 色색히 주서 가져오기도 하였다
分明 滄海가 陸地로 變한 地域인듯
했다
數日동안 滯留하면서 이 地方實情을
視察해볼때 地廣人稀한 無邊曠野
未開拓地帶로서 氣候가 寒冷하고 또
는 乾燥하며 灌耕實驗가 아직 時期
尙早한 感인 反面 이에 따라 到底히
食生活問題가 解決되지 않는 限 獨立運動

第二基地設定計劃因 難할 뿐안니라 四處에
서 馬賊掠奪 擾動에 끊일날이 없어 恐
怖心을 不安의 구렁으로 몰려 있고있음으로
安着을 期할수 없을것을 確認함에 따라 모든
企待는 失望한 남어 移轉計劃은 斷念하
면서 市內로 도라와 數日 休息한다음 叔
[illegible]
父님을 눈물로 作別 합해 南滿으로 向하니
그때는 古曆 12月 27일경이였다
강강지 와 함이면을 經由 長春에 나려
구유수(孤楡樹)에 到着하니 맞음
古曆 丁巳年의 除夕인지라 거리에는 來往
하는 사람들도 드무렀고 旅館에는 집집
마다 오늘은 ~~除夕인지라~~ 손님을 맞지
않는다고 冷情하게 拒絶한다
이미 날은 저물어 어두움 속에 이旅館
저旅館 차저단기면서 一泊을 懇請한
남어지 맞음 한旅館에 드러가 事情
을 한즉 特例인것 처럼 宿泊을 許諾

함으로 行裝을 풀고 하로밤 신세를 지
게되는中 夜半이 이르자 예나라 사람들
의 送舊迎新하는 年例行事로 곳곳시
딱총소리가 爆音을 내더니 그旅館主
人以下 從業員들은 제각기 두주먹을
들어 「커넨 빠채」(過年發財)라는
新年人事를 분주히 서로한다
이 人事가 끝난다음 주인 나그네를 區
別않고 「이양커넨」(一樣過年)이라
하면서 珍席盛饌을 차려와 서로 마
조앉저 조금도 疎忽없이 親切한 待遇
를 한다
이 厚待를 받은 나로서는 오직 「시예
시예」(謝)라는 無限感謝를 表할뿐
이였다
알고보니 前날 金院長과 叔父님에 드러갈
때도 自己旅館에서 留宿하고 갔다는 이
야기에 한갓 約束없는 무슨 奇緣 같기

✓ 도했다
아침 일즉 일에나서 食代를 支給하려
하니 決코 謝絶하기에 뜻있는 作別을
하고 一路無事히 目的地太平溝로 도라
와 金東三 移轉計劃은 中止해버리고 마렸
으나 치츤‥한 太平溝는 떠나야하겠고
危急에 直面하고 있는 生計維持를 爲하여
서도 하로 빨리 第二次 살길을 模索하
기에 몸부림 했다

1917年丁巳

21 ~~活路찾는~~ 異域第四居地 黑瞎子
(康太模의 一滴考)
1918年戊午 새해를 맞이하여 前記太平
溝를 떠나야 한다는것은 旣定方針이나
千辛萬苦 窮地에 빠저 몸이 떠날래야
갈 餘力도 없었다 지난해 쓰라린 經驗
에서 水田農은 첫재 水源이 좋아야하
겠다는것을 切實히 痛感하고 不得已

近接山谷 水源을 차커 探索해본 結果
두 넘어 15里許 亮通山子 南 黑嶺子골
짝에 土人 康太祖의 一間房과 그의
從兄 康太生의 水田一段을 賃借하게 되
며 直新移轉과 아울러 八顆九起의
水田農耕作에 再出發했다
이해 3月 나는 柳河縣 大沙灘小學校
를 물러나와 孤山子 河東 大肚子 所在 新
興武官學校 敎官으로 任命되며 赴任했다
[illegible]을 보과
昨年冬 離齊時 約束한 叔父님 命에 依
하여 今年四月中旬頃 叔世님만이 黑龍江
省으로 아쉬운 눈물의 惜別을 했다
今年八月五日 隣接 土人 孫道江 農幕
에 分居하고있는 世基 季叔이 得男하고
그 이름을 慶常이라고 했다
今年 秋穫은 水源이 좋은 關係로 多小良
好한 便이였으나 累積된 高利債 [illegible]

은 如前 重壓을 免치못하였다

1918年 戊午

22. 己未萬歲運動餘波

1914年7月에 第一次 世界大戰이 일어
나자 滿4年餘인 1918年11月에 独逸
帝國의 굴복으로 休戰됨에 美國 윌손
大統領으로 부터 民族自決主義를 提唱
하게되자 그 演說은 全世界 特히 被壓
迫 弱小國家들에 波及되며 멀리 太平洋
을 건너 東部亞 滿洲 韓半島까지 그 思
潮는 밀려 닥쳤었다
그리하여 倭놈이 韓國을 倂合한지 十年
이란 歲月에는 그들의 武斷政治에 따
른 壓迫과 搾取에 桎梏의 苦痛을 呻吟
해온 가운데는 民族의 人權과 自由가 그
립고 徹天의 願이던 차음 마침 1919年
己未 1月25日 (陰12月24日) 高宗皇帝下世

하신 3月3日 國葬의 機會를 利用하여 3
月1日 10時 民族代表 孫秉熙先生以下 三
十三人이 署名한 朝鮮独立 宣言書를 서울
파고다 公園大王亭 大衆 모인 앞에서 朗
讀하고 뒤이어 大韓独立萬歲를 부르니
數十群衆은 이에 呼應하여 瞬息間에
萬歲소리로서 百萬長安을 威嚴의 渦中
으로 휩쓸게되자 이에 따라 京鄕各地
方方谷谷에서도 [illegible]를 [illegible]하고 十
年間의 갖은 학대를 겪어온 太極旗를 휘날
리며 鼓喊소리가 이江山의 天地를 뒤흔
들게되어 倭놈들은 [illegible]에 [illegible]
手로 어떤놈을 모르다가 [illegible] 人間天
賦의 自由를 부르짖음에도 不拘하고 나중
에는 銃칼을 휘두르며 發砲와 殺戮으로
蠻行하여 이땅에는 [illegible]하게도 鮮血
로 물드린 피어린 [illegible]가 곳곳마다 悲
劇을 演出했다

그러나 [illegible]의 [illegible]가 敵을 憎惡
하는 義憤은 加一層 이民族의 骨髓에
맺치고 [illegible]에 울며 [illegible]고 한층
더 [illegible]의 [illegible]를 굳게 만드러놓는 結
果를 낳게 되었다
그리하여 三月一日부터 五月末日까지 그統
計數字를 보면

集合數	1.542
參加人員數	2023.000
死亡者	7.509
負傷者	15.961
檢擧投獄	46.948
燒却된敎會	47
燒却된學校	2
燒却된民家	715

일로부터 每日 檢擧者 投獄者가
不知其數로 繼續되자 國內에서는
鴨綠江을 건너 西間島방면으로 떠나며

서울민사지방법원

나와 最后 目的를 達成하여 보려고 安
東縣서 부터 樺仁佳由 通化 柳河까
지 數千里行路에는 國內에서 脫出해 나오
는 靑年들이 長蛇陣을 이루어 洪水같이
쏟아져 나왔다
이들은 大多數가 新興武官學校 入校를 志
願하기 때문에 一時 靑壯年 六百餘名을 編
入시켜 當時 李靑天以下 諸敎官과 함께
在職中 教訓練과 아울러 國內活動
에 隨伴하여 一擧 直攻의 重廟에서 時
局의 推移를 注視해왔다
新興編을 보라
이와 때를 같이하여 世界 李始榮 哈爾
濱駐屯 白系露軍隊內 特設 韓人靑年
部가 別途設置되어 있어 이에 參加하
여 訓練을 받아오다가 倭敵의 奸計로
解散됨에 따라 歸還하였고
이때 家族들은 前記 康太楨의 農幕에서

87 (조시용지 을)

128

서울민사지방법원

住居中에는 男出空家인 形便이였다
全年 三月 15日에는 黑龍江省 「할니이」農坪에
서 叔母 李海黃氏가 旅路에 別世를 하시였
다는 訃信을 接受 不幸히도 그農庄山모퉁이
에서 永遠不歸의 旅路에 可憐스러웠다
全年 四月 前記 地主 康太楨의 農幕에서 女
兒가 誕生하니 待望의 아들을 渴望한다
는 意味에서 父母님은 그 어린이 이름
을 「男」이라고 불렀는데 곧 若淑의 兒
名이였다

全年 七月 在職中인 武官學校內外情勢
는 複雜多難하였 ~~다 馬賊의 校襲~~
(重複) ~~殺人事件 主人軍營의 遁走 主物들의~~
~~亂棄等 모든 事故接踵으로 事宜收拾~~
~~에 最后까지 先頭에서 最大의 勞力을 기~~
~~우려 온가도했다~~
前記 16페지를 보라

88 (조시용지 을)

129

서울민사지방법원

全年 九月 東四庄地 黑蔵子로 移轉한 뒤
에는 農業上 水災에 重大한 損失이였음으로
稻作失農은 勿論 死活의 生計에서 若
干의 雜穀을 보았다 이것이 康太楨의
一個住에서 一年間 生活經緯였다
1919年 己未
2-3. 倭敵의 大慘殺 暴行
(吳統一의 重傷事件에서 二年)
1920年 庚申 二月 前記 吳統一 農莊에서 耕作
地는 康太生 吳統一 兩 地主의 所有인데 前記 吳
氏 一間室으로 移轉한 때였다
이해 十月頃 倭敵들은 庚戌國恥后 十有
餘年間의 歲月에 걸쳐 南北滿洲를 中心
으로 光復事業에 活躍하는 愛國志士들을
倭놈들은 저희눈에 쌍심으로 박아 이 運動
을 하루빨리 阻止함으로서 根本 塞源하
며 永遠히 東亞에서 霸主를 存續하려는
兇惡한 野望으로 그 演出된 奸計의
一面이 奉天으로 부터 完全武裝한 一個

89 (조시용지 을)

130

서울민사지방법원

中隊兵力을 出動시켜 北滿를 警戒하며
南滿 一帶를 거쳐 安東縣에 이르기까지
愛國志士들의 名簿를 作成하여가지고
主物들을 앞장세워 날이니 查出하여
通過道路沿邊 毒手가 미치는 곳마다
無慘히 殺戮을 敢行한바 그 犧牲者
數는 거의 헤아릴수없이 山비탈 수풀속
새벽가 또 鴨綠江邊에는 銃칼로 따는
작두에다 한개번에 數十名式 목을 잘으
는등 天人이 共怒할 蠻行을 恣行하였다
이 殺害對象者名單에는 나 自身도 그中
한사람으로 記入되여있다는 情報였다
그러나 요행히 住居地가 大路邊이 안인 山間
僻地임에 逃避로 僅히 아슬 -- 한 慘禍
를 免케된 그 瞬間을 生覺하니 神의
도움인것 갓기도했다 아·--憤怒에 넘치
는 蠻行이며
柳河縣 三源堡地方은 倭놈들이 가장 注

90 (조시용지 을)

131

視가 되던 唯一한 地域으로서 이곳에
倭兵을 案內해주던 尹學東이란 者가 앞
잡이 노릇을 했다
그時 이 尹은 張(?)子 河東大肚子 開門된
新興武官學校 비어있는 校舍까지 가
서 (?)들의 피땀으로 新築된 兵學舍 40餘
間 建物에 있어 倭兵들은 燒却하며 버리
겠다 할때 前記 尹은 ㄴ 사람이 罪가 있지
建物이 무슨 罪가 있느냐고 하여서 燒却
되지는 않었다 하나 그때 벌서 學校는 閉
鎖된 空室에 何等 燒却할 必要가 別로 要
性을 느낄 마는 없으니 그 本意가 學校를
爲한 良心의 所發이라면 어찌 同族을
또는 愛國志士들을 (?)대로 殺害하는
敵의 앞잡이가 되었으랴 僞善者에 不過할
뿐이였다

1920年 庚申

24 独立軍의 活動状況概要

91

國亡후 倭政의 暴壓下에서 國內로부터
脫出해 나오는 愛國志士들은 南北滿洲
를 根據하여 輯安 興京 通化 柳河를 中心
으로 最初 耕學社 創設을 비롯하여
新民府 扶民團 義軍府 統義府 正
義府 義烈團 西路軍政署 北路軍
政署 韓族會等 그外에도 一一히 枚擧
할수없이 많다 抗日 機關 團體를 組
織하고
特히 独立運動의 重樞機關으로서 武
官養成의 大本營인 新興武官學校에
서 排出된 數三千 重堅幹部들의 活
躍은 더욱 壯快하였다
主目標인 僑住同胞의 保護와 敵의 侵
略政策의 排除 走狗를 撲滅 江邊七邑
倭警駐在所와 各都市에 散在한 所謂領
事館 襲(?)이며 國內外 敵의 首腦要人
暗殺計劃等이 그任務의 全部였다

92

이때 柳河縣 三源堡地方은 原來独立運動
의 搖籃地로서 本據地이기도 했다
重要機關이 모다 이곳에 設置되어있었
고 指導人物이 거의 이곳에 集結되어있
어 黄金期에는 짧으마나 (?)에서도 볼마나
集會로서 光復大業은 차즘 正軌에 올라
着着 成果를 거두게되자 滿洲全域은 独立
軍의 独占하는 活動舞台로 (?)되었
다 이에 자극하여 倭敵들은 (?)을 들고도
戰慄속에서 一時的 唐慌하기까지에 이
르렀다
그러나 好事多魔로 이 運動途上에는 여
러가지 難関이 時時刻刻으로 앞길의
阻害가 되을 때고 있었다
첫재는 倭놈들이 直接 間接으로 迫害
와 그다음 人面獸心의 走狗들과 技
動的 허재비 같은 土人軍警과 그外 軍
資金問題 또는 自體 派閥等으로

93

團結의 缺如가 一大障碍条件들이
였다
이가운데도 가장 可憎스러운것이 走狗
들이였다 그도 白衣族에 한사람이 지만 異
族의 앞잡이로 왜놈에 自身의 榮譽를 爲해서
는 手段方法을 가리지않고 運動線上의 가련
好言와 愛國者들을 그놈의 毒牙에 물여주기
가 唯一한 功績으로 삼던 其實한 忠僕들이
였다
그러기에 無限한 犧牲과 鐵窓속에서 呻
吟하다가 怨魂이된 爲國志士 어찌그 数를
헤아릴수있으랴
그러나 独立軍들은 祖国을 救出하겠다는 大
義에서 故国을 떠나 父母妻子도 離別하고 荒
凉한 異域에서 生命을 鴻毛같이 風餐露宿
으로 鮮血을 뿌리며 決死的인 反抗과 撲滅
에 각기 活躍해왔다
第二次世界大戰前後해서는 所謂滿洲

94

서울민사지방법원

軍隊이나 支那軍隊에서 할 때는 中國에 協助하여 抗日救國戰을 展開해 왔고 1941年에는 重慶에 位置하고 있는 臨時政府로부터 12月9日을 期하여 宣戰佈告까지 하고 聯合國의 一翼으로서 堂堂히 抗戰하다가 解放에 際하여는 光復軍으로 改編成되었던 것이다

이때 移住同胞의 愛國心과 協助力은 實로 놀랄만하였다
山田을 개며 玉수수로 延命하는 悽慘한 生活現狀이었지만 어떠한 깊은 밤중이라도 獨立軍들이 찾아들어가면 두말없이 기쁘게 맞이준다 絶對的인 秘密속에서 寢食과 晝夜警戒等 欣然自進하여 至誠且誠으로 조금도 疎忽을 엿볼수 없었다
어떤 때에는 全家族의 被襲을 當하는

95

(조 서 용 지 을)

136

서울민사지방법원

危險한 곳이라도 許多하기도 했다
이것은 獨立軍이나 僑胞들은 果然 救國이라는 大義的 見地에서 異身一体가 되여 始終一貫 相互協助해 왔다

그때 中國人中에도 寒村僻地에는 純潔한 農民들의 美擧가 없지 않었다 一例를 들어보건대 吉林方面에서 어느날 어느 村家에 獨立軍한 사람이 敵에 被襲되여 그 農家로 뛰여 들어가 隱身해줄것을 要請하자 그主人집 女子는 臨機應變으로 곧 衣服을 바꾸어 입히고 自家寢具를 나려 一旁안에 덮어주자 이 倭警은 눈빛이 빨개서 뒤를 따라와 이제 方今 너의집에 不逞鮮人이 들어왔으니 率直히 말하라고 命令과 強要를 한다
그女子는 천연해 態度로 여기 누운 사람

96

(조 서 용 지 을)

137

서울민사지방법원

은 主人이 病이나서 앓고있으니 집안을 뒤져보라고 對答해주었다
그 倭警은 그것을 事實로 알고 도라서게 되자 다행히 이 獨立軍는 救出되였다는 美談도 있었다 이러한 主人들이 몇치나 됐었으랴

이 運動에 있어 僑胞들의 救國思想과 協助力은 매우 좋았으나 指導層의 団結力은 크게 缺乏되여 暗暗裡에 紛爭싸움은 숨길수없는 運動線上 一大缺陷이 않될수 없었다

1920年 庚申

25. 滿洲情勢의 一變과 被動的인 土人軍警

南北滿洲大慘殺事件以后 倭敵의 勢力은 滿洲벽촌 山間僻地까지 漸次侵透되여 各地方大小都市마다 所謂

97

(조 서 용 지 을)

138

서울민사지방법원

領事館이나 保民會나 自治团이니 하는등 要所마다 苛酷한 鉄網을 느리고 走狗들은 五.六月 쉬파리떼같이 이틈저틈으로 숨어들어 獨立軍을 不逞鮮人이라는 名稱을 붙여 가진 惡質的인 蠻行은 滿洲全域에 뻐치게되여 情勢는 하루 하루가 倭敵에게 有利한 方面으로 기우러지기 始作되였다
이 緊迫한 情勢에 따라 獨立運動보따리도 차츰 南滿에서 北滿으로 다음 北滿에서는 또 西比利亞로 或은 中國本土로 흩어지지 않을수 없었다

[illegible] 精神만은 確乎不動이였으나 大勢에 制限을 받는 運動力은 漸次表面化는 困難한 處地에 陷하자 獨立運動의 唯一한 重要機關인 新興武官學校도 大肚子에서 撤收한뒤 李青天指揮아래

98

(조 서 용 지 을)

139

君平名의 生徒로 敎成隊를 編成하여
長白山 밑으로 들어가 木柵敎室에서 訓練
을 繼續해 보았으나 如意치 않아 解散
의 悲運을 免치 못하게 되었다
그러나 이學校에서 土着한 精神을 가진
敎三千의 生徒들은 國內 國外各地에 潛
入하여 地下運動으로 再出發하게 되었다
此으로 移動期에 있어 西路軍政署 總司
令官 金佐鎭將軍의 要請으로 武官學校 敎官
을 多數派遣하여 그곳 士官訓練敎育을 實施
하시온바 世稱 靑山裡 戰役 重要幹部가
大部分이 新興出身 및 그곳 士官生들로서 一大
戰捷을 가져왔다

1920年 庚申

26. 滿人의 亡國的인 鴉片中毒

이당 軍警들은 軍紀나 規律的인 行動
은 전연 찾아볼수가 없었다

그一例로서 路上行進을 보면 服裝은 단추
를 끄른자 잠여 헤친자 帽子는 뒤집어
쓴자 가로쓴자 손에 메서든자 銃은
거꾸로 멘자 가로멘자 어깨에 걸머진
자로서 길가운데 한움 무리로 늘어서 歡
笑雜談으로 行列도 없고 時間도 없고 指
揮者도 없는듯한 一種의 亂軍같은 感을
주게되는것이 普通常例이다
그리하여 가는길가에는 朝鮮사람의 집
이 있으면 서로 率先하여 白米와 鷄卵
等을 要求한다
남의 담에 곁방사리에서 무슨 理由가
있으랴 있는대로 집어주면 ㄴ謝、謝
(시에 시에)란 人事를 하고 물러가
나 없다고하면 흘낀 눈길로 ㄴ타마니아
거우러 빵즈ㄱ 라는 辱을 하면서 도라
선다
이 土人들은 軍警뿐만나라 大概가

~~本~~ 마음의 곁에서 盜賊질만 잘하는
것이 한갓 長技로 안다
그러기 까닭에 이러한 高官大爵이라도
交際席上에 만들어 鴉片덩어리와 鴉片
담배만 있으면 萬事는 다 ㄴ싱. 싱ㄱ으로
이루워진다
그럼으로 鴉片덩어리 안가진 交際가 없고
鴉片담배 아니피우는 高級座席이 없다
一律的으로 適用되는 禮節이며 唯一한
交際手法이였다
그러나 이자들에게 무슨 思想이 있고 무슨主義
가 있으랴 國家도 民族도 이것은 論할 餘
地조차 없이 度外視 했고 何等 關心조차
엿볼수 없었다
倭놈들은 이것을 奇貨로 中小都市에 派遣
日人居留民들은 鴉片賣藥商을 公公然히
默許 또는 支援 奬勵하여 一朝에 一攫千
金의 巨金을 摸取에 血眼이 되어왔다

이 鴉片中毒으로 因하여 公職에서 重任을
가진 官吏들의 精神狀態는 썩고 썩어
져 이웃 强敵의 利用道具가 되매 倭敵
의 命令이라면 公私間 無條件 絶對服
從함으로서 더욱히 亡國의 恨을 품고 友
邦으로 찾아온 이웃 民族에게 오랜 歷
史를 가지고 내려온 前날 韓中親善의
歷史的 關係를 보더라도 서로 同情할
餘地가 없지않으나 이들은 오히려 倭
놈의 先頭에서 우리 光復運動에 陰으
로 陽으로 妨害하는 한便 愛國志士들
을 붙드러 敵의 鐵窓속으로 押送引渡
하는 것이 當然한 義務로 알었다
그리하여 独立軍들은 滿洲벌판에서
실로 倭놈보다 敵이 아닌 왜놈의 앞잡
이 土人 軍警과 鐵窓뿐을 서로 마주 멀매
가 어지 可嘆 可惜지 않으랴
東洋平和를 爲하여 正義를 爲하여 共通된

서울민사지방법원

弱小民族의 位置에서 同心同力 相互協
助로만이 이 強敵을 排重하였더라면
韓民族의 光復大業에 一步前進이 있었
을 것은 勿論이요 그民族前途에도 光
輝있는 業績을 남기는 좋은 機會였것만
이 土人軍警들은 被压迫奴隷的 待遇
를 自願 甘受하였으니 그民族의 將來도
검은 그림자속에 悲觀치 않을수 없었던
바 오늘의 그廣範한 疆域을 共產黨
에게 빼앗기고 저 조그마한 台灣섬에
옮겨서 殘喘을 하먹이는 結果를 가져왔다

이土人들의 鴉片交際 末路는 어떠하였던가
ㆍ一 그毒은 不知不識間에 살에 배고
피가 말더져 蒼白한 얼굴로 四肢肉
體는 살이 빠지고 뼈만 앙상하게
남는 날에는 店東도 떨어지고 財產도
蕩盡하고 그래도 이것을 먹어야 하

103 (조서용지 용)

144

서울민사지방법원

로라도 延命이되겠으니 그다음부터는
사랑하는 안해도ㆍ子息도 팔고 입은
옷가지도 마저 팔어 먹은 다음에는 도
라가면서 닥치는대로 도적질을하여 鴉
片窟에 갖다 팔고 藥을 사서먹으며
기가 무드러지게 피도 흘리고 그 流
血이 滿身일뿐 아니라 鴉片氣運이 다
해지면 氣盡脈盡하여 저 어느집 굴
뚝밑에나 길모퉁이에 죽어 넘어져
그 都會사람들의 신세를 지게되는 悲
慘한 末路의 光景이었다

아ㆍㆍ一 이 可恐할 鴉片中毒의 무서움이여
亡身 亡家 亡國之本이로다
이 어찌 警戒치않으랴
三十六年간 嚴冊 胡地의 魔窟속에서 萬千
의 辛苦가운데서도 一絲一貫 올바른
마당우에서 死守해온 精神姿勢는 至

104 (조서용지 용)

145

서울민사지방법원

今에 生覺해보와도 그魔窟에 휩쓸려
들지 않은것이 千萬多幸이 아니였든가싶
다 1921年辛酉

27. 아버님의 勇敢性

1921年辛酉 南滿에서도 倭놈의勢力
이 漸次 蔓延되고있어 아버님은
또 다시 새로 住居地를 探索하기
爲하여 五常 磨刀石이라는 地方 故
鄕人 黃武英氏를 찾아 가고저 出發하
시였다
今年四月頃에는 「齊齊哈爾」 「할나이」
農莊 主役인 金秀岸院長이 急患
으로 永逝하자 經營農庄은 一大致
命的 打擊으로서 開墾初부터 先頭에서
管理 實務에 從事해오던 世權叔父님도
아모 成果없이 叔母님의 恨路은 무덤만

105 (조서용지 용)

146

서울민사지방법원

남겨두고 그곳서 撤收하며 孤獨히 南滿
으로 歸程하고 마렸다

今年十月頃 아버님은 辛酸한 奇地에서 一
年을 지나시다가 南滿으로 도라오시는 길
長春 楡樹란 市內에서 一泊하시고 다
음날 새벽 未明에 또 발길을 向할때
生面未知의 滿人 한名이 뒤를 따르면서
가장 갓가운 지름길을 案內할것이니 同行
하자고 말을 던질때 強盜놈인줄은 모르시
고 오히려 고맙게 生覺했을뿐 발뒤
에 서서 발당겨가는 길은 갈스록 無
人地帶 가장 좁은 寂寞한 山길로만
드러가고 있었다
어느 山모퉁이에 이르자 이強盜놈은
뒤에 따라오면서 미리 準備했던 독기
로 걷기며 달겨들자 죽느냐 사느냐하는
아슬ㆍㆍ한 瞬間 이 強盜놈을 못들

106 (조서용지 용)

147

고 엎치락 뒤치락 엎치락 뒤치락 격투끝에 天佑
神助로 그놈의 총기를 빼앗고 反擊을 加
하며 終乃 격투끝 트린다음 다시 精神
을 차려보니 머리에 重傷을 입어 피투
성이가 되었더라 爲先 應急措處로 옷자
락을 찢어 傷處를 싸맨다음 다시 張
榆樹市內로 되돌아가 病院을 찾아 簡
單한 應急治療를 받고 그 이튿날 또
旅程에 올라 徒步로 九死一生 現住所
까지 到着하시며 이같은 끔찍한 事故를
이야기하실때 듣는 家族들은 그놀람
에 精神이 아찔했고 더구나 独行旅程
無人地境 낯선 山골에서 危險千萬의
瞬間을 生覺할때 가슴이 서늘하며 눈물
이 앞을 가리우지 않을수 없었다
回顧해보건데 그 野蠻무리속에서 三十餘
年이라는 긴 歲月에 不安과 恐怖없이
살아온날이 하루라도 있었을까 想5만

하에도 毛骨이 悚然하다
아버님의 天稟은 一生을 通해 清廉하고
勇敢하시였다
國亂時 難世 避難이 그러하셨고 強盜
에게도 單身으로 退治한것은 한例에 不過했다
언제나 大小事間 不義에 對하여는 容恕를
적이 없었다
今年 1月 20日 隣接地主 土人 孫通江 農幕
에서 妻叔母 延日鄭氏가 別世하여 火葬으
로 葬禮를 치루었다
所生은 慶常 慶喜 두男妹를 낳기였다
以上은 黑龍子 吳純一 小屋에서 二年
間 生活로서 가장 單間房에 아버님의
病患까지 겹쳐 걱정 근심 노일날이 없이
지나온 二年이였다

28. 新興小學校設立과
大同譜 金秩奉還
(康太生의 新築農幕 三間屋에서)

1922年 壬戌 二月 地主 康太生 新築農幕
으로 移轉하며 農耕을 繼續하였다

今年 三月 時局에 隨伴하여 地下運動으로 도다
가 黑龍子溝 土人 陳老人의 建物을 賃借
하여 新興小學校를 設立하고 洞里兒
童들을 모와 小學敎育을 實施中 1923年 癸亥
에는 흑 通山子街로 移轉하였다가 그해
八月에는 老頭砬子 巨山下 螞蟻溝로
移轉하고 朴世煥 同志와 함께 運營과
敎務를 全担하고 있었다
이해 開天節을 期하여 安義士의 義擧
를 회想케하는 演劇은 學父兄들의 熱
등의 박으로서 拍手喝采의 盛況을 이룬
때도 있었다

1922年 壬戌 二月 世權叔父님은 慶州李氏
에 再娶로 새叔母님을 맞이하며 그곳

土人 張殿恩 五間房 一部를 賃借 分居하
였다 翌年春 繼続하실后 貴弘 得男
을 하시였다

1924年 甲子 2月 朝陽鎭街 所在 中國人
設立學校에서 修學하다가 아버님 故
國關係로 中退하였다

今年 六月 아버님은 原州에서 元通常族親
의 主宰下에 原州元氏 大同譜 刊行業務
가 着手進行中이라는 連絡을 받고 異域
에서 將來子孫들을 爲해 入滿以后 十
五年만에 처음 歸國하시와 故鄕經由
原州까지 親히 遠近族親 訪問하고 따
운데 大同譜冊 金秩 十五卷을 奉還하
시였다

29 慘酷한 家禍接踵

서울민사지방법원

1924年甲子 7月17日 世權叔父님이 憤然中年 逝世하시고 同年 8月18日 되어서 叔母 ?州 李氏가 또 不意에 從夫死節하시어 二十代 青春이 哀惜도 했다
그后 몇달이 안되어 昨年 新生인 어린것까지 죽어버려 뒤를 繼承해갈 길까지 絶望으로서 그렇는 餘恨을 남기고 영々 떠나간 人生길을 痛哭하지 않을수 없었다

1925年乙丑 五月十日 今年 小學校卒業을 앞둔 14才의 德常 아우는 家庭指示에 依하여 學校授業이 끝난 다음 姑從四寸인 張大煥과 同伴하여 山谷 中國人 藥房에가서 新生 조카 어린이 藥을 지어가지고 도라오는 길에 前年別世하신 叔父님 內外分 무덤앞 길에 지날때 갑작이 다리를 움직이지못해

111 (조서용지 을)

152

서울민사지방법원

집까지 게우 기어와 말한마디못하고 不過一晝二夜만에 死?하여 世主康太生의 所有前山에 埋葬하고나서 萬千의 苦難속에 金枝玉葉같이 키웠게 거처오다 하나밖에 없는 이 아우를 삽시간에 잃어버린 寃痛은 가슴이 무너지는듯 눈앞이 캄々하였다
流離生活 20年사이 土疾과 貧困에서 父母님은 子孫養育에 까지 救없이 쓰라린 失敗를 거듭해 오셨다
더욱히 甲子 乙丑兩年은 慘酷한 家禍가 還甲하여 지난 갑해에는 叔父님家族 全部가 死別하는가하면 今年에는 또 어려한 慘喪을 보게된 어머님의 애타는 말씀, 不過한 時代 貧困한 家庭에 태어나서 불상하게도 갔々고 말었으니 좋은 世上에 다시 태어나서 幸福한 歲月을 보려는가 最后 離別의 말씀이 아직도 가슴속 깊히 뼈에 살어지지 않는다

112 (조서용지 을)

153

서울민사지방법원

痛哭속에 한마디 哀切한 말씀으로서 참으로 꿈결같은 家庭慘禍였다
말수없는 異域風土의 풍토로 마로 醫療施設도 없는 僻地에서 應急措置 治療 한번 올케해보지못한채 曖昧하게도 九天으로 보내버린 可憐한 生命에 불상한 臨終의 悲痛을 겪게된 異域生活의 悲慘이 限없이 원통하기만 하였다
1925年乙丑
1926年丙寅 四月 아버님은 할머니 甲年부터 發作하신 속탈은 每年 몇차례式 特히 名節날에 再發되는 때가 많아 칠々칠야 깊은 밤중 두근거리는 가슴을 안고 陰한 고물작 滿人漢醫師의 大門도 救없이 두드리때 범같은 五·六마리 개떼들이 무시--하게 달려드는 恐怖의 時間을 겪은 때도 한두번이 아니였다
이해 봄에 또 再發하시여 平常 그럴때

113 (조서용지 을)

154

마다 針을 所願하심으로 河灘地方에 有名한 針医가 있다는 말을듣고 懼悚히 뒤에가 요행히 이리저리고 저리저리고해서 게우 차저 招聘을 해 왔으니 이者의 針術은 無智沒常識한 人物이였다 가슴에다 한꺼번에 銅針일곱개를 깊숙히 달구어 차례--꼬저두고는 이웃집에 놀너가버린다
그后 患者가 甚히 苦悶한다는 連絡을하자 다시 와서는 한개式 쏙々 뽑는 마지막 針을 뽑을 瞬間 失神과 아울너 운명하시는 表現을 짓자 家族들의 號哭속에 이者는 遑恐하여 어느사이 逃走가고 마렸다
그리하여 回生하실 希望이 없음으로 死後準備에 進行하던中 略一時間가령 지난뒤 微弱한 呼吸이 通하고 氣脈이 若干 도라오자 그다음 부터는 大小便이 막히고 言語가 굳어져 [illegible] 百方으로 救急 侍湯에 全心血을 기우며 다행히 奏效를 보게되여 滿三個月만에 비로소 漸次回復는 하시였으니 餘疾은 별흠 完快을 보시지못하였다
俗談에 엉터리 医師가 생사람 죽인다더니 참 끔찍한 瞬間이였다

114(을) 한국무자개발공사

155

滿人들은 모든 凡事에 이러케도 無智하고 미련한것도 一例에 不過한것이다

全年 十月 아버님은 祖父님 逝世當時 墓地를 처음 前記한 居地 太平溝 滿人地主 李明林의 所有山에 모시었는데 그后 現住地 黑溝子 土人 張殿恩의 所有山麓에 좋은 形勢의 名山이라하여 그리로 移葬하시였으나 家禍接踵이 있으니 悔悟하여 祖父님 遺骸와 亦是 張殿恩의 所有山에 埋葬했던 叔父님 內外分 遺骨로 마을서 火葬을 하시고 마렀다

全年 11月 得環妹弟는 全州李氏 李正浩씨 結婚하여 翌年春에 哈爾濱 어느 親戚의 農場으로 移轉하는 途中 山城鎭까지 親送했으나 驛頭에서 아쉬운 눈물의 送別이 그后 다시한번 相逢도 못한채 그 內外는 모다 死亡하였다는데 異域에서 한번 作別이 永別되고 말줄이야 서러운 心情 限이없었다 그 血脈을 한아 남기고 죽었다는데 解放後 六二五 當時 行方을 모른다한다

30. 뼈저린 亡國民의 설음

갈수록 亡國民의 서름이 뼈저리게 느껴진다
우리 祖上들에 遺傳하여준 數萬里 疆域을 오늘 와서는 立錐之地도 없이 모조리 異族에게 내여맛기고 流離漂泊하며 浮萍같이 떠돌아 다니면서 몸하니 답울곳없이 입이 잇어도 말을 못하고 손이 잇어도 마음대로 글을 쓰지못하고 발을 가지고도 自由스럽게 다니지 못하는 신세가되여 간곤하다 犬馬의 驅使로 이民族의 情狀이 불상하고도 설어웠다
왜서 나라를 잃어버렸으며 어찌하다가 이모양 모꼴이 되였을가 生覺할수록 그 原因이 원망스럽고 원통하면서 다시 恢復할길이 그리웠다
倭놈들은 비단같은 江山을 저희들의 노리터로 만들어 놓고 永遠히 차지해보겠다고 곳곳에 鬼神堂을 세워 參拜를 强要할뿐 안니다 文字 言語 심지어 姓名까지 박탈하면서 이땅 主人 白衣族은 해민다 情든

故鄕山川으로 부터 쫓々하고도 荒涼한 滿洲벌판으로 모라내여 虎視眈々 滿洲侵略의 利用道具로 만들며 土人들은 使嗾하여 農奴制를 實施 시킴으로서 如何한 壓迫에도 反抗할 餘念이 없도록 思想動向까지에 血眼이 될뿐 안니라 土人들은 이農奴制에 累稅를 搾取함으로서 數百年의 무덤을 매간 收穫으로 一朝에 巨富가 되면서도 道德도 義理도 없는 胡人들의 非良心的인 蔑視뿐이였다
어느모로 보와도 現時代 落伍된 國民이였음에도 간혹마다 「왕거누」(亡國奴)라고 손가락질을 볼때 안니꼽기도 하거니와 어찌 뼈가저리지않었으랴
언제나 우리도 저 不共戴天의 원수들을 모라내고 나라잇는 人生이되여 내땅에서 人權自由와 生命財產을 保全하면서 人間世上에 남과같이 사람답게 살아볼날이 잇을가 하는것이 徹天之恨이며 가슴깊이 맺친 원이였다
나라가 없으면 生命도 自身의 所有가 못되는 以上 萬事가 다 虛것이라는것을 알아야한다
그럼으로 나라없는 民族이되려면 차라리 죽음을 달나는 「패트릭 헨리」의 말이있다
이것이 우리들의 체험이며 永遠히 뼈속에 색여진 敎

訓이였다

李白의 靜夜思에 擧頭望山月이오 低頭思故鄕이라 번역해본다면 머리를 들어서는 山달을 바라보고 머리를 숙이면 故鄕을 生覺한다 하였으니 이詩와 같이 보내온 歲月은 三十六年이였다

全年春에 世基李叔은 後娶에 全義李氏로서 二女에 李鉉室 男弟에 李聖浩가 잇었다

1927年丁卯

31. 蘇共앞잡이 배명수(駐中靑總)

滿洲는 倭놈의 勢力이 独占되자 共產蘇聯은 不斷히 陰凶한 野心을 품고 그 勢力을 南北滿洲에다 扶植하여보려고 恒常 虎視眈々 機會를 노리고 잇었으나 倭놈들 물샐틈없는 防共態勢아래는 그리 쉽게 侵透되지는 않었다
그러나 西比利亞方面에 多年移住한 朝鮮靑年들을 모스크바 共產大學에 敎育을 식혀

서울민사지방법원

第三國際共產黨 支配아래 南滿洲
로 派遣되여 이들은 駐中靑總이니
에멜黨이니 이等名稱의 秘密組織을가
지고 山間僻地로 潛入하여 農民들을
共產勢力圈內 吸收시키려고 手段方法을
가리지않는 가진 兇惡的인 橫暴로 住民
들은 赤色旋風에 一時的 恐怖를 느끼
지않을수없었다
이들 殘忍한 手法을보면 순진한 農村靑
은 婦女子들을 甘言利說로 誘惑하여黨
員에 加入식켜 이것을 利用해서 家族사
이라도 反對하는 父母兄弟를 陰謀殺害
케함으로서 家庭的 悲劇을 演出시키는
가하면 그들 主義에 틀릴때는 夜밤을 타
서 뇌수에 못을박어죽이기 또는 술종에
마늘을 절여 죽이기 又는 全家族을 몰
아다 山비탈 한구덩이에 集团生埋葬
그外 金品强要 恐喝 脅迫等 殘忍한

119 (조서용지을)

160

서울민사지방법원

蠻行은 天人이 共怒할 罪惡이었다
그리하여 저 盤石縣, 呼蘭集廠子(홀란지창즈) 方面 山골작에는 한집안 家族十
餘名式 한꺼번에 (학살)虐殺식켜 봄철이되면
시체냄새에 지나가는 사람들 코를쥐을程
度라 하였다
이때 우리 家族도 金品要求에 不應한다해
서 秘密 虐殺計劃으로 家屋周邊에 潛入
하여 出入口 偵探까지 해가고 實踐行動段
階直前에 時局의 變轉으로 天佑神助 요행
僥倖을 모면한 아슬‥‥한 瞬間을 넘기수도
했다 萬一 時局變遷이 三日以上만 遲延
되였다면 이 慘禍는 不可避할 可驚
可恐할 瞬間이었다
원도부터 山間部落에는 赤色精神이 물들여
恒常 機會가 오기만 엿보는 僑胞들도 적
지않었다
艱難 三十六年間 백성이 무리도 그러

120 (조서용지을)

161

서울민사지방법원

했거니와 以外에도 奸惡한 偽領事 反逆走
狗 傀儡같은 土人軍警 亂舞하는 大小馬
賊黨等 이모다가 우리들에게 못살게만
구든 存在들이었다
以上과 같이 二重三重의 加害와 壓迫으로
因한 當面苦痛거리 問題들이였다

이해 二月十五日 世基妻는 家聚에서 得男
하여 그이름을 大常이라고 지었다
아버님은 今年에도 黑藏子溝谷에서 繼續
耕農으로 生活難 解決에 始終一貫 邁進
하는한便 抗日鬪爭線에도 恒常 努力하실
겨를이없었다

1928年 戊辰

32. 金川縣 日領事走狗 肅淸事件의 波紋

入山活動에는 盜賊의 성화에 견딜수없
고 市街로나가자니 倭놈들의 注目이 안니

121 (조서용지을)

162

서울민사지방법원

고있다 어떠한 方法으로 盜賊의 策應
를 떠날수있으며 市街地 거리에서 倭놈의
注目을 버서날수있을까 이것이 한갓 問題
의 苦衷이였다 無職無業으로는 도저히 都市
生活은 不可能으로 이때 各農村에서 僑胞
들 손으로 生產되는 多量의 벼를 委托하는
精米所이 市街地 隱身策은 가장 적당한 方
法이였다
그리하여 柳河縣 孤山子에 居住하는 李沰
先生의 長男 李楨準은 從來 新興學校의 同
窓이며 先輩이기도했다 다年이 注目을 받는
處地인지라 金川縣 樣子哨 거리에다 商號
를 善成公司라는 表面看板을 걸고 委精하는
精米業 商人으로 假裝하였다
그리하여 同胞들의 便利를 도모하는한便 獨
立軍의 秘密連絡機關으로 運営途上 그
時 所謂 日領事館(住在中國某處)에 勤務하는 代表
的인 惡質走狗 巡捕 李圭厦를 射殺하려 潛

122 (조서용지을)

163

黃數石以下稅名單

入한 同志들은 맞은 會議中인 倭人居
留民會長 荒井一郞과 韓人 趙承鼎를
射殺하는 한便 本萬義者인 李主任은
巧妙히 隱避한后 吉虎에 絶頂에
達한 者는 이事件에 事前情을 알면서
同調 主謀하였다는 嫌疑로 苛酷한
審問을 하였으니 奇蹟的 逃避로 便히
押送을 免하였지만 그時 所謂 保民
會長 黃雲煥은 打傷으로 死亡하였고
黃正杰은 押送으로 一年間服刑까지 하
였다. 이當時 被疑者搜索에 狂奔한
者는 山川草木도 벌벌 떨었다는 住民
들의 一時騷動이였다
그러하여 不得已 金泉縣 거리로 떠나지
않을수 없는 環境에서 經營하던 事業까
지도 失敗로 돌아가고 말았다.
그后 山谷으로 부터 山城鎭 거리로 避身
潛匿中 同街에서 旅館業을 經營하는

愼昌義氏와 協議끝에 都市隱身策은 亦是
農村相对로 畜精事業이 唯一한 手段이라
는 意見의 一致로 그 거리 西端에 設
되여있는 協成精米所를 買收하여 그名称
을 廣信號라고 變更하는 한편 第二次的
으로 精米業을 始作하였다
그러나 經營은 苦難하여하도로 安心할날
이 없었다 의蘇渡 1929年己巳
33. 萬寶山事件과 家庭的失望
1930年庚午春四月 五歲時에 걸쳐 따라
고 따라던 어린이가 出生하여 이름을
岩虎라고 불러 온 家庭에서 光明은 勿論
그생김이 非凡한 모습에 韓中人 모다
보는 사람마다 喜色을 마지 않았다

1931年辛未春 長春縣內 萬寶山 平野 水
田開墾에 水線으로 因한 韓滿人 激突
로 結局 韓人側에서 死傷者가 發生

되자 倭놈들은 이死傷紛爭를 政策的
奸計로 利用하여 國內各地 中國人打
殺事件의 波紋은 滿洲全域까지 波及
되여 在滿韓人들에게 土人들은 報復
하겠다는 滿人들 狂相은 번세 미러서
亂動이 메러붙지 民族的感情이 極度
로 惡化되고있는時点 山間耕農에 있
어 時時刻刻으로 떨고 있었다

全年五月西街所在廣信號事務場所를
同市街東門裡 中國人 宋連英의建
物을 賃借 移轉하였다
이때 前后를期해서 山間自家耕作의
所產과 隣接村僑胞들의 農產物等
畜精事業은 漸次 좋은 景氣로成長
하였다

全年四月 造物主의 作戱였든지 어런

이 岩虎가 昨年 出生하던 그날그時
까지 짧은동안에 死亡하여 金枝玉葉
으로 여기던 어머님의 失望은 가이없었다
父母님은 이와같은 痛心속에서도 앞을
가늠을 건되며 下5 黑蔵子 農耕地
로 드러가시며 生計를 爲해 農耕을
継續해야할 家庭事情이였다
그러하여 내가 어머님을 뫼시고
深深한 山谷으로 百餘里 드러가는 旅
程 旅館에서 母子間 萬千의 惜恢
를 주고 받으며 눈물겨운 情景을 이
루던 그전 그날밤 記憶이 아직도
머리에서 살어져가 않는다
1931年 辛未
34 大刀會動乱과 家族의受難
1932年 9月에 倭놈들은 侵略的野
心으로 滿蒙을 一擧吞食하고저 軍隊

서울민사지방법원

를 出動시켜 奉天으로부터 省長 張作霖
의 아들 張學良을 逐出하고 그의 軍
隊를 到處에서 擊破하여 滿洲全域
을 席捲한 다음 이 地域이 強占되자
所謂 滿洲國이란 名称을 붙여 前淸
나라 宣統帝였던 溥儀를 推戴하
며 1934年 다시 皇帝로 即位시킴으로
서 一個國家形成을 陰謀하자 滿人
들은 風聲鶴唳로 反旗를 들며 坊々
谷々에서 大刀會라는 旗幟아래 벌
떼가치 이러나 銃、칼、槍、막대기
等을 제各其 들고 倭놈들을 反抗한다
고 豪言壯談을 하나 其實은 命令系
統도 軍律도 없는 乱雜한 烏合之卒
로서 그 行動은 全部가 強盜이며 暴徒
들이였다
倭놈들에게는 實地 相對도 못하고 다만
山間僻地에서 平穩히 순진하게 많이

(조서용지용)

127

165

서울민사지방법원

나 파고있는 白衣民族에게 加害가 惟一
한 手段이였다
이 動亂가운데서 僑胞들은 農事도 家屋
도 그대로 내여버리고 深々深夜에 山
을넘고 물을건너 좁은길 길은 숲속으로
그들의 눈을避해 赤手赤身으로 十에八
九는 거의 都會地로 亡命 脫出하는
途中에는 銃에맞고 칼에 찔려 悲慘
하게 죽어간 사람도 그數가 없거니와 모
진 傳染病까지 겹쳐 避乱길에서 불
상히 죽은 人命은 그 얼마나 되였든가

이때 나는 山城鎭거리에서 蠶精事業中이
였으나 父母님 以下 一部家族들은 黑
叢子 山골짝 耕作地에서 길이 막히여
脫出하지못하고 九死一生의 禍치를겪
어야만했다
仝年 9月頃 時局이 小康狀態로 도라가자 現地

(조서용지용)

128

169

서울민사지방법원

로 달려가본 實情은 이러했다
大刀會 乱党들은 三個月동안 하로 24時間 晝
夜區別없이 部落에 몰려저 威脅과 恐喝 毆
打 掠奪 殺害等 가진 乱暴的인 蠻行으로
食粮 衣服 寢具 農具 什物等 一切家產을
모조리 뒤져 털어가기為해 室內外는 勿論이
오 最後周邊 땅이고 벽이고 어느곳에 던지
창끝 칼끝 안이 찔러본곳이 없어 果然文
字 그대로 百孔千瘡이였다
이같이 危重한 事態下에서 어머님은
내가 오래전 부터 땅굴을 만들어 多
年間 秘密藏置로 保管해오던 奉天
政府 任命狀 軍事書籍 其他 重要
書類等 到底히 保存할길이 없어 發覺
이 되는날에는 當場 虐殺의 禍를 免
치못할 憐憫 最終的 措處로 가슴맡
은 燒却을하고 마렀다 하시였다
그重要書類들은 오늘에도 必要性이 늦껴진다

(조서용지용)

129

서울민사지방법원

禍不單行으로 어머님은 그 乱徒들의 脅迫
에 견뒤다 못해 地主 康太生의 담장안에
避身하려 몰래 닫인 大門앞에 가섯다
가 크.西犬 범같은 개떼들에게 甚한
咬傷까지 입어 그 禍乱中數三個月
이나 治療한번없이 呻吟과 痛苦의 세
월 하늘에나 닿고 땅이나 알엇을런지
地主의 慰問 한마디 없엇다는 胡地
土人들 非人道的 悪德行為를 想起
할때 가슴이 찌저지는듯 憤怒를禁할
수없엇다
이때 農村에서 父母님의 農役을 協力
하고잇던 同鄕人 崔永善君의 多年間
始終一貫 이禍乱中 相扶相助하
여준 恩功은 永遠히 잊을수없는 人情
이였다
이와같이 三個月間 交通도 通信도 完全
杜絶되며 死生存亡조차 알지못하는

(조서용지용)

130

171

서울민사지방법원

一分一刻이 三秋같이 焦燥憂慮에 몇일 것 같기만 하였다
이러한 境地에 處하여 아래와 같은 杜甫의 詩內容에 同感하기도 하였다

感時花濺淚

아아, 이, 세월이 야속하구려 한하니
피는 꽃이 눈물을 뿌리게 하고

恨別鳥驚心

서로 헤어짐을 슬퍼하니 부모처자
친구들이 그립구나 나무가지에서 노니는
새들의 노래소리 조차 내마음을 놀랍게
하여 주는구려

烽火連三月

난리를 알리는 횃불이 석달동안 그칠새 없이 있었으니

家書抵萬金

고향 집의 소식은 만금을 주어도
싸려만큼 어려보기 어렵다

131 (조서용지 을)

回顧錄 卷弍 (上)下

曉堂

서울민사지방법원

詩人 杜甫도 아마 이러한 亂中에서 지은 詩가 안인가 싶다

~~回顧錄 卷弍 1931年 壬申~~

~~35. 異域第五居地 二八石農場開墾~~ 農夫로假裝

1931年 11月 下旬에는 지난 20餘年間 山間僻地 二重 三重의 苦難 逆境에서 家族들의 精神的 痛苦와 山田水畓에서 肉體的 重勞働에 흘린 피와 땀은 넘우나 悽慘했고 辛酸하였다
더구나 몸소렴이 치는 저 大刀會亂動까지 겪고서는 都市附近 集团生活이 切要히 希求되며 荒野에서 流離하는 一家親戚과 同志들이 한곳에 모이여 서로 依持하고 協勞하면서 외롭지 안케 살고자 이제는 農夫로 [illegible]
이것이 二八石 農庄開墾運動의 起因이였다
그래서 이 運動에 着眼하여 第一着으로 地方存

132 (조서용지 을)

서울민사지방법원

有者이며 地主의 한사람인 白向宸이라는 者와 交涉을 始作해서 이해 年末까지 着々 進展을 보게되였으나 前年에 土地開墾에 着手했다가 訴訟에서 敗訴之至 한 同鄕 李[illegible]兄弟의 先佔權 緣故者라는 主張으로 暗々裡 妨害工作으로 極烈히 [illegible]해보았으나 理由不當이라는 一蹴으로 終乃 손떼고 마렀다.

1933年 癸酉 二月 어머님은 그 悲劇的인 大刀會禍亂과 重한 咬傷까지 겪으시고도 始終一貫 그 의욕으로 勤勞하신 農作物 收穫과 마을내 動亂으로 因한 滿雜된 家庭什物等 一々히 收拾하신 다음 15年間이나 辛勞痛苦와 家禍[illegible]해 오던 黑鐵子에서 殘餘 膝下들을 引率하시고 新開墾에 着手하려는 二八石 農場으로 移轉해 오셨다

133 (조서용지 을)

서울민사지방법원

以上이 農場第四店地 黑藏子 康太生
의 小作 13年間 生活이였다
農場開墾事業은 一大希望을 걸고 協作
을 하였으나 着手日 부터 複雜多難했다
予定 水道工事 計劃은 山城鎭 大柳河
江물을 引上하여 頭八石(一名東下堡)
經由 二八石(一名 白家堡 또는 中和村)
東端에 있는 高地 七十일경 平野에다
十里許나 되는 長距離까지 引水할 予定이
였으나 地形이 全部 高原이기 때문에 未
來 成與不成은 누구나 目測으로 予測
하기는 매우 困難한 工事가 안될수없었다
耕作 土地는 거의 先金으로 賃借하여
別問題가 없었으나 遠距離 三四十名
所有 地主들의 線路를 거쳐야 하기 때
문에 紛爭을 免치못할것이 予想되였던바
그가운데 어떤 地主는 無難히 承認하는
者도 있었으나 頑強히 抵抗하는 者도

134 (조서용지을)

176

서울민사지방법원

있어 特히 頭八石 유기림(于其林)
과 二八石 장부궁(張富弓) 等은 引
水路 工事場에 몽치와 칼과 기타 凶
器로 全家族이 決死的인 反抗으로 生
이냐 死냐 하는 危險千萬의 瞬間도 있
었다
그러나 일시 滿洲全域에 水田可耕地
域은 거의 開墾되어가는 現時点에
있어 이 農場만이 한두名의 抵抗으로
時代의 潮流에 隨伴되는 事業이 中
断될수는 없었다
右地主들 交涉과 農户 편성 및 工事 器具
等 諸般 準備가 十에 七八은 完了되어 春耕
期 부터 開工은 始作되였으나 引水路에
있어 正確한 測量을 하지못하여 莫大한 金
額과 數千名의 人工으로 數個月間 最大
의 勞力을 기우렸으나 農期가 거의 지나
버려 所期하던 希望은 水泡化되고 말아

135 (조서용지을)

177

서울민사지방법원

不得已 先金으로 賃借한 土地인지라 그
대로 버려둘수는 없어 臨時之策으로
五十일경 全域에 各農户別로 入種을
實施하였으나 그 亦是 失期로 完全히 全然 失敗
로 되자가 이제는 明年計劃으로 옮겨
二次 三次에 걸쳐 꾸준히 努力하였으
나 末境에는 財窮力盡하여 前般 契
約된 土地는 地形上 引水不能을 看破
하고 関係地主들과 解約하는 同時 引
水가 容易한 低地等 開墾에 着眼하여
方針을 變更 推進하였으나 그 亦是 좋은
成果를 이루지 못하였을뿐 아니라 여러가
지 不得已한 難関에서 쓰라린 失敗와
苦衷을 거듭하여 왔다
이 水路工事가 끝난뒤 滿人地主 한명
이 日領事 앞잡이로 在職中인 朝鮮人
郭仁洙에게 土地를 賣渡하여 이 郭氏
가 水路地主가운데 한사람으로 加入

136 (조서용지을)

178

서울민사지방법원

이 되자 倭勢의 狐假虎威로 三十餘
農户를 相對하며 妨害를 恣行함에
는 農期에 水路를 絶断 또는 勞
力을 強要等 農户들은 피와 땀으로 이
룬 水路이것만은 郭氏의 倭勢에 安
心할날이 없을뿐 아니라 農作에 밋이
는 影響도 莫大하지 않을수 없었다
이 水路은 從來 滿人所有로 몇해 전의
施設된지가 오래였고 上端으로 부터
下端에 이르기까지 大部分이 草田과 荒
蕪地를 利用開設되였음으로 滿人地
主들은 賃借料도 要求치 않은데도 郭
氏는 同族이면서도 特分로 相當한
수자까지 매年 받아드리면서 도리
혀 나만 倭勢를 背景으로 無理한
壓迫을 加하며 農户들의 흘린 피땀
을 犧牲시키려는 日帝 忠僕의 所行이
야 말로 可憎스럽지 않을수 없었다

137 (조서용지을)

179

원조부터 歲月은 흘러 十餘星霜이 지나
갔다

1932年癸酉

~~36. 원통한 어머님의 別世와~~
최명선 母의 逝世

1932年癸酉 古曆 三月 三日 밤의 八時頃 뜻
밖에 어머님은 「腦溢血」이라는 惡症을 이
르켜 享年 五十九歲로 갑작이 永永 가시었
다 걸핏 번판 萬千의 風霜 속에 母子가
서로 依持하면서 泰山같이 믿어오던 子息
의 心情 참으로 呼天叩地 痛哭을 禁
할 길이 없었다

人生苦海 世上이라 하지만 우리 어머님 같이
苦難一生은 없으리라고 生覺된다 一生을 通
해 몇날이나 좋은날이 있었을까

渡江之年에는 原來 허약하신 體力으로 홑몸
도 아니신 가운데 數三千里 行役을 겪으시
고 異國六年間에는 15名이란 大家族으로

殺人的 暴虐 속에 絶頂의 貧困이 招來하
는 집안의 不和와 生計面의 重勞役으로
精神的 肉體的 苦痛은 그칠 날이 없었고
通化 地方에서 柳河地方으로 移轉途上 몸
소 겪은 慘酷은 形言할수도 없거니와 太平
溝와 黑蔴子 거쳐 15.6年間에는 持續되
는 家禍의 死亡痛苦와 아울러 子孫養育
에까지 繼續失敗에 晝夜傷心으로 애태
워 오시던 中에도 더구나 亂暴無頼한 大刀
會무리의 거듭하는 迫害에 驚愕과 恐怖
에다 아울러 甚한 咬傷까지 입어 異域
流離生涯의 一貫해온 찌저진 痛苦는 平素
健康維持에 크다른 影響을 끼쳐 寸刻을
不許하는 不治의 重患으로 高貴한 藥도 미처
한술도 구료해 보지못한 餘恨은 永永 죽는
날까지 가슴에 풀리지 않을것 같다

운명 하시든 前날까지도 하신 말씀 「숨에
걸려지는 그 時間까지 움직여야 되지 않나」

하시면서 괴로움을 견디시고 家間事를 親
히 돌보시며 몸소 示範으로 嚴肅한 敎訓을
남기시었다

在世之時에는 一家親戚이나 鄕閭에
서도 恒常 和氣春風으로 不快한 表情
을 지어본적이 없었고 一生을 通해서는 一年
에 하루같이 바쁘시며 從容히 쉬어본 時
間도 없었다

어떠케 몸이 괴로워도 膝下들이 걱정한다
하며 입밖으로 呻吟하시는 소리나 괴로워
하시는 表情을 보이는적이 없었다

子息이 外出할때면 걸어다가 점심오기하
려고 귀한 食品을 손수 만들어 칠척 쥐어준다음
가는 길을 바라보며 멀리 보이지 않어야
만이 집으로 드러가시곤 하였다

어느 父母가 子息에 對한 愛情이 없으리오마
는 어머님 같은 愛情은 이世上에서 보기드무
리라

異鄕에 險한 波濤를 헤치면서도 다만 오
나 가나 山같고 바다같은 愛情속에서 기
쁨과 希望을 가지고 그 따뜻한 사랑의 품안
에서 感化에 젖어오던 나로서는 永遠不歸
의 離別이야 말로 하늘이 무너지는듯 땅에
답답하지 않을수 없었다

平生에 자나 깨나 願하시던 孫子도 世上을
떠나신후 不過 一個月 三日인 그해 古曆 四
月五日에 素棟(容喆의 幼名)兒의 出生
[redacted]이 있었건만 바
라고 바라던 것뿐도 보시지못하고 도라가셨
으니 이모다가 人生運命의 所致가 안이였든
가 싶었다

그립고 그립던 故國을 다시도라 오시지못
하고 異域旅路에 원통한 心情 禁할길이
없다

墓地는 南滿洲 海龍縣 山城鎭 西山 一隅

서울민사지방법원

에 모시였으니 이제 胡地의 流離亂場가
운데 子孫들이 무덤까지도 찾을길이 없것
으니 歲月이 흐를수록 잠을기 걱정과 悚懼
의 心情 限이없다
하로빨리 共產鐵의 帳幕이 걷히고 人類和平
가 도라와서 統一된 祖國山川에 安葬의 所願
을 成就할날만 기다려왔으나 이제 黃昏
길에 바쁜 八十當年 나로서는 이未是 來
絶望으로서 千秋에 恨을 안고 어머님의 뒤
를 따를것 같다

全年二月頃 廣信埠 댁안에는 새벽未明
에 共產分子가 潛入하여 金品을 强要
한뒤 逃走해버렸다 이 情報를 接하
고 追跡해온 偵領事臺館 巡捕李喜英는
눈앞에 뒤검하 달려와 大門에 들어서자 無
罪한 良民에 對해 妄動的인 亂射로 死生苦
樂을 함께해오던 崔永善君을 向해 發射하여

142 (조서용지용)

184

서울민사지방법원

崔君의 左肩 骨胛 貫通事故가 突發되자 "先
生님 이제 나는 죽어요"하고 눈물로 애원 "그
애끄러운 臨前 陳接病院에 即刻入院 시
켜 應急治療結果 生命危險이 危在之差
에서 不幸中幸으로 一個月에 걸쳐 完治는되
였으나 그 曖昧한 銃傷에 그놈 만들과
안타깝던 心情 가이없었다

37. 癸酉庚辰八年間의
家庭的喜悲雙線

1932年癸酉古曆四月五日 새벽四時 與山城
鎭東街 廣信埠 院內 滿人 宋連英의 貰房
에서 李棟明의 出生은 家庭的一大慶事였
으나 孫子를 못보와 밤낮 애태우시던
어머님이 逝世하신 不過 一個月三日인
悲哀中에 家庭環境은 기쁨도 기쁜줄을
못맛나 그러한 가운데도 初生어린애는
大便不正常이란 先天的 疾病으로 恒常

143 (조서용지용)

185

서울민사지방법원

걱정을 면치못해왔다
이때가 나와 자世의 同甲나이 49歲
인지라 得男을 못해 안절 부절해오던
안해의 餘恨도 이제좀 풀리게되던 날
이라하겠다

1934年甲戌古曆三月三日(삼진날)은 於焉
어머님의 逝世一週年 小祥日이였다
[redacted]

全年春에 異域에서 亡國의 恨을 품고 無
定處 漂泊生涯도 立錐之地 所有權도 없
는 人生이 서러웠다
이 餘恨을 뼈저리게 느껴오던 남어지 몇
일 僞政滿洲國 法令에 歸人도 所有權
을 附與한다는 條例에 依해 二八石農場

144 (조서용지용)

186

서울민사지방법원

에서 第一着으로 土地買收에 着眼하여 滿
人 丁寶山 所有 旱田壹段을 買入한
다음 장차 水畓으로 改造할 計劃이였다

全年九月 今年 農作狀況은 일의 賃借한
七十일경 旱田은 高原인지지라 到底히
引水不可能하여 第二次年度에도 또 쓰
라린 失敗를 거듭하지 않을수없었다

[redacted]

全年七月古曆二十四日 貴輝(仁淑의 幼名)
이가 亦是 前記 宋連英의 貰房에서 出生
했다
그날 저녁 그 產室앞마당에서 내가 처음

145 (조서용지용)

187

自轉車타기 實習하던날 저녁七時頃
이였다

今年 古曆十月二十四日은 어머님의 甲年이
시였다 生辰日을 맞이하여 痛哭의 紀念
祭禮가 있었다

今年 農作은 引水難인 高地帶는 포기
하고 引水가 容易한 低地를 새로 賃借
해서 若干 開墾結果 第三年만에 秋穫
도 多小 收入을 보게되였다

1936年丙子 古曆四月二十八日은 아버님
의 甲年이시였다 隣近親知들이 모인
가운데 簡素한 祝壽宴도 있었다

[redacted]

[redacted]

1937年丁丑秋에 숙(容淑의 幼名)이가 吉
林省 烟南山에 住居하고 있는 同鄕人 新安
朱氏 朱鎭哲과 結婚하니 그 父에 朱秉順
祖父에 朱運祖 였다

今年 倭놈들은 独逸 伊太利 合勢로 樞軸
國을 形成하고 中原大地에 侵略戰을 開始
하여 時局은 또 다시 어수선해가고 있었다

1938年戊寅 世基季叔은 古曆六月二十六日 生辰날에
二,三日前 腐敗된 牛肉湯에 감염이 逝世
하시였다
墓는 二八石 太平洞 蒲人 李某의 前山에
安葬하였으니 哀情하고도 원통한 永別
이였다
堅實 精神的으로나 조카를 도와주며

고 은근 相傳 心身을 맛기지 않었고 臨終
에 際하여서도 말광서기에 平和함이 없었을
뿐만아니라 聞筆塚에서도 開春一覺해였다

1939年己卯 二月十五日 前記 李叔主 逝世
하신뒤 宗孫 全義李氏 에서 어린이가 出生
하여 그 이름을 遺腹이라고 지어불넛다

38. 家人의 永別과 子女의 傷處

1940年庚辰 古曆二月23日 家人 安城李氏가
別世하였다
當日前 이웃 잔치집에 母子가 갔다와서 同
時에 感氣症狀으로 發病하여 自身의 病은 조
금도 生覺지 않고 다만 어린것에게만 治療
에 專念하다가 結局 腹膜炎이라는 難治
症으로 終乃恢復되지못하고 마랐다
故鄕에서 15歲同甲으로 結婚한뒤 이여 十七歲

때 荒野로 나가 간곳마다 죽든 그날까지 짧
은 四十四歲라는 靑春임에도 안팍 重勞働
에서 하루도 쉼없는 人生살이에 허덕이
다가 가엽게도 가고 마렀다
病席에서 臨終時에 어린이 처분을 어떠케
하고 가겠다하느냐 할때 그의 말인즉 이제
밥먹으면 살것지 무슨 걱정이냐고 情을 끊는
最後의 苦衷이였고
내가 죽더라도 어린 李棟이를 十歲前에는
나 무럼알에 보내지말라는 한마디 부탁을
남길뿐이였다
남갈이 아들을 어찌못해 빈손이련 그 千金
같은 어린것이지만 모질病呻吟에 못이겨
어서가야 하겠다는 焦燥뿐 조금도 아히
들이 불생하라는 表情은 보이지 않었다
當時 李棟이가 八歲였고 容淑이가 六歲때
였으나 아히들에게 남긴 傷處는 가슴알은
눈물을 禁할길이 없었다

서울민사지방법원

그 一生을 회고해볼때 大家族中에서 上奉下率과 一家親戚사이에나 治家之道에도 不足함이 없는 細小細大한 性格이였고 特히 凡事礼儀凡節과 記憶力面에도 美德을 兼備한 才操所持者였다

墓地는 山城鎭 堆山麓 共同墓地 先妣墓所 右側 約三步外 右手 팔로 당겨서 묻혀있다

어머님과 그의 무덤 사이에는 딸애 한개도 갖다 묻은자리가 있다

今年 吉房 四什 柳河街에 住居하고 있는 當年 二十二歲의 義兵 黃氏와 續絃하게 되였다

世基 李和世 父親에선 李鍾奎 妻丈의 紹介로 그父親에 黃明洙 男子에 黃碩基 黃龍基가 있었다

150 (조서용지용)

192

서울민사지방법원

[redacted]

39. 大東亞侵略戰과 우리의 憤怒

(1941年 辛巳)

倭놈들은 東亞에서 韓國을 呑食한지 三十有餘年間 統治에 거의 滿足을 느낄 程度로 이르자 또 侵略的인 手段으로 一旦 中國領域인 滿蒙大陸까지 毒手를 뻗쳐 大兵力을 出動하여, 無慈悲한 蠻行을 恣行하면서 强占한다음 滿洲國이라는 한 傀儡國家를 形成하고 滿人統治에도 短時日內 눈날만한 發展을 이룩하자

1937年 七月에는 第三者로 中國全域을 제의 支配下에 두려는 野慾에서 蘆溝橋事件을 造作하여 独逸

151 (조서용지용)

193

서울민사지방법원

伊太利 두나라와 서로 손을잡고 共榮圈內의 樞軸國이라는 合勢아래 滿蒙全域을 呑食하고 中原大地를 追害하면서 이것을大東亞戰爭이라고 呼稱하였다

이 戰爭이 漸次 擴大됨에 따라 虎視眈眈 그 野心은 더욱 膨脹하여 언로부터는 全世界를 制覇하여보려는 野慾으로 1941年 12月에는 突然히 太平洋을 건너 眞珠灣을 奇襲함으로서 太平洋戰爭까지 挑發하게되자 結局 第二次 世界大戰을 이르키고 말었다

今年秋에 前記 宋建芳의 黃房에서 幸子가 出生하니 義兵 黃氏의 所生이였다

1942年 壬午 倭놈들은 허울좋은 侵略戰 遂行을 爲해 農產物 其他 大小物資를 强要한 統制로 모조리 收奪해 가는

152 (조서용지용)

194

서울민사지방법원

가 하면 人的으로는 徵用 志願兵 保國隊 學徒兵等 强制로 青壯年들을 뽑아 戰線으로 모라내여 모다 犧牲을 强要해 왔다

이때 長姪 啓九와 사위 朱鎭哲이 學徒兵으로 끌며나가 啓九는 通化縣까지 가다가 도러왔고 鎭哲은 오끼나와로 끌며가 終戰까지 도라오지 못했다 終戰后 鴨綠江을 건너가는것을 본사람이 있다는데 鉄의 帳幕속의 消息은 드를길이 없었다

(唯一한 市街 隱身方法이었든 醬精業도 粮穀統制에 依해 閉業하지 않을수 없었다)

1943年 癸未 所謂大東亞侵略戰은 徵用徵兵 供出 飛行機 獻納金等 最后 斷末魔的 狂態은 極頂에 達하는 反面 民生苦는 더욱 날이 갈스록 民怨이 높아 가는길에가 敗戰氣運의

153 (조서용지용)

195

V 市北는 임의 옛묵수가 있었으나 그리케 쉽사리 는해버릴줄은 想々 못하였다

그들의 每月 宣傳方法은 欺瞞과 虛僞로 無處不勝이라는 標榜으로서 大衆의 耳目을 眩惑시키기에 汲々하였으니 排民族으로서 無實한 忠僕들을 除한 以外 그 누가 하로빨리 는해버리기를 祝願하지 않은 사람이 있었으랴

今年 11月 [illegible] 世界制霸라는 [illegible] 政府에서 가진 [illegible] 를 다하였으나 美 英 [illegible] 三國巨頭가 [illegible] 에서 모이여 戰後 收拾策을 打合하였다 고한다

40. 建物과 土地所有로

子女敎育基盤助成[illegible]

1944年 甲申 敵의 飛行機 獻納金 强要 又는 農產收奪에 始終 田畓 拒否하는 한便 渡江之後 數十年間 土民들의 苛酷한 農奴 착취에 窒息의 慘惡을 免치못하는 運命은 關東總에도 遠接生活面에도 絶對的인 當面之要이 經濟問題 解決이란 것을 再認識하고 決心은 成功의 母이라는 先人들의 經驗談을 信條로 이 問題 解決을 爲한 第一步가 前記 甲戌年 某地主 丁寶善 某田畓 買收를에 [illegible]하며 二十餘年 사이 刻苦奮鬪한 結果 二八石(一名 中和村 又는 白家堡)과 頭八石(一名 東下堡 又는 蘇家街) 兩農場에 걸쳐 水田可耕地 十分之七 以上인 七百餘畝를 占有한 水路 스스로 築造하였고 般水地点 長距離의 防堤를 築造하는 한便 所有土地

邊境과 家屋附近에는 每年 春秋로 苗木을 入植하며 防風美觀等 長林을 이루워 노았다 (別紙略圖를 보라)

建物로는 二八石에 農耕用 住宅으로 草家 每棟 三間式 計四棟 新築과 頭八石 農耕用 既成草家 每棟 三間式 計三棟은 土地附帶 買收하였고

梅河口驛前에 新市街 店舖用 十八間 新築에 內有 [illegible] 所有四間이 本建物에 連接되고 있으며

山城鎭 東街 [illegible] 舖外 菜地八畝가 附屬된 既成草家 八間을 買收해 둔것이 있다

以上 所有中 田畓土地가 七百餘畝와 家

全中 農業에 二十九間이오 店舖가 14間 其 建物에 四十三間으로 計算이 된다

[redacted]

이 土地文書들은 1946年 봄에 共產赤徒들에게 모조리 被奪되고 마렀다

만을 、、 피땀 흘려 이룩된 功蹟이 것만은 공짜로 빼앗고 공짜로 먹어 생키는것이 赤徒들의 手法이요 所謂 共產黨이란 集團들이였다

서울민사지방법원

僞政滿洲國이 樹立된後 韓僑에게도
土地 買賣法令이 實施되자 土人들中
爭先 放賣하고자 하는 者들은 大概鴉
片中毒者들로서 所有地 建物에있는 이
들 土地는 안니살수가 없었다 그들은 爲先
鴉片을 사서 하루라도 더 延命을 持續하
기 爲해 每日 차져와 애걸복걸하기까닭
이였다

前記 買收된 土地 建物로 經濟問題는 漸
次 目鼻이 보이게되매 不遇한 時代 내가
배우지 못하고 하지못한 恨많은 일들을 將
來 다음 世代에나 萬遺憾없이 所願대
로 새時代 潮流에 落伍되지 안토록 國家
民族에 有用의 人材를 만들어 보려는 꿈은 決
코로 無氏苦鬪해온 피땀의 結晶이 希望한
企待에 뜻대로 이루워지려는지 다만 精神
的 바탕우에서 現實에 살고 希望에 살뿐

158 (조서용지용)

200

서울민사지방법원

未來는 모르는것이 人生임을 깨닷지는 못했다
그리하여 一大變遷되는 時局은 縮命 虛勞와,
後悔와 虛嘆만겻는 萬事는 아리랑고개로
失望의 구렁에 빠지고 마렀다

自古로 功過不滿이라 하였으니 早晩間 東洋
平和가 도라올 날이 있을것을 믿고 아직도
未練은 남어있다
언제라도 中國이 本土收復으로 鐵의帳幕이
것이는날에는 國際的 共通된 規例原則에
依해 私有權 主張은 徹底히 糾明해보아
야 할것이다

41. 廣島의 原子爆彈에
大東亞侵略戰崩壞

1945年 乙酉七月, 포스담에서 1943年 三巨
頭會談을 再檢討한다음 뒤이어 廣島에 原子

159 (조서용지용)

201

서울민사지방법원

爆彈이 投下되자 日皇裕仁은 正義의 聯合軍
앞에 무조건에 降服하고야 말었다

同年八月十五日 十二時 日皇裕仁의 終戰放送
內容은 다음과 같다
宮中用語로 서두른 詔書를 通하여
忠良한 市民들에게 世界의 一般的 趨勢
와 오늘날에 있어서 外國內의 諸條件
을 熟考한 끝에 우리는 非常措置를
取함으로서 現事態를 解決하기로 決定
하였다
裕仁은 「降服」이라는 말은 단 한번도 입
에 담지않고 그 政府에 對하여 聯合軍側
의 終戰條件을 受諾하는것을 命令하였다고
말하였다
不過三分동안 傳達된 이 簡單한 放送이
었다

160 (조서용지용)

202

서울민사지방법원

42. 解放의 鐘소리와
그날의 感激

그때는 1945年 乙酉八月十五일이였다
나는 現住地 二八石 農園으로 부터
山城鎭市內로 들어와 어떤 滿人
親舊를 차저갔더니 그 사람 말인즉
오늘 十二時에 重大放送이 있다고
말하여준다
그 重大라는 內容은 무엇을 意味하는
것인지 한갓 궁금하고도 敗戰報導가
안인가 疑問도 없지않었다

그다음은 殖產銀行 支配人 金某를 차저
갔더니 그時 金氏는 어느 官公吏와 함께
앉어 늦었게 歸國하여야 되겠다는 議論
을하고 있었다
그러나 그 時代 滿洲國 官吏들과 小農夫

161 (조서용지용)

203

와는 精神的으로나 心理的으로도 障壁
이 가로막혀 있다는것은 나 自身이 잘 알
고 있는 事實이지만 그들은 滿洲國 栄誉
의 官公吏라는 優越感에서 農夫들과는
相對가 안된다는것이 常識化되고 있어 前
에 듣지 못하던 還國을 걱정하면서도 나
에게는 內容에 對한 何等의 言及이 없었다
그러나 그들은 官吏라는 地位에서 上典으
로 부터 敗戰 降服의 徵候는 農村에
묻혀있는 農夫보다는 좀 먼저 알었든 모
양이였다
이 機密에 묻친 그들에게 나 亦是 알려
고 하지도 않였다 이것이 모다 그날 午前
10時前 事實들이다

그후 1時가 지나자 벌서 市內에서는 日皇
降服이라는 特別放送을 들었다고 이구석
저구석에서 모이며 수군·수군 거리는것을 볼

수가 있었다
어제까지도 飛行機가 쉴사이 없이 天空
에서 서로 앗토와 音響을 놀이며 분주히
오락 가락하던것이 오늘와서는 그림자도
볼수 없이 잣취를 감추고 말었다

그런데 이 敗戰이 없이 짐작은 하던바
에나 그러께 쉽사리 降服할것은 予想
밖이였다

원조부터 그民族은 到處에서 눈으로 참
아 볼수 없었고 입으로는 形言할수 없는 그
悲慘狀을 볼때 우리의 원수였지만
人間愛로 보와서는 가장 가련한
참상이였다

其武戰爭總責者物인 敗戰의 苦痛는 人生
들에게 한갓 敎訓이 되었으며

自作之孽은 不可活이란 主讚 갓기도 했
다 그러나 日軍들은 敗戰將兵이지
만 降服의 報導가 전해지자 조금도
混亂없이 秩序있게 武器와 軍服을
解除하고 憂愁의 表情으로 서서히
各歸其所하고 있었다

이 戰爭目的을 達成하여 보려고 最后까
지 上下一致 분전감투하는 그들의 忠
君愛國之誠은 果然 加賞할만한 民
族性이라 하겠다

奴隸의 桎梏에서 三十六年間 行尸走
肉으로 流離하던 우리들 귀에 解放
의 鐘소리가 들려왔다
이 報導가 전해지자 그 瞬間이 이날
로 새光明과 새希望에 感激과 歡呼
는 地軸을 흔들듯 가슴은 끝없이 부

푸러 올랐다
特히 이날 清明한 日氣는 더욱 明朗하
고도 靜寂한듯 여러해로 戰禍에 시
달려온 人生들은 異常한 沈默속에서
奇想天外의 무엇 새로운 探求를 하랴
는것 갓기만 보였다

이제 다만 우리 앞에는 希望의 歡喜만이
다가올것을 期約할뿐이였다

1945年 2周

43. 解放慶祝大會 慶祝辭

解放을 맞이하여 當地 僑民會主催로
慶祝大會가 開催되였다
이른 아침 부터 家々戶々에서는 太
極旗를 놀이 달고 大家들은 駐前國
民學校廣場으로 數千이 雲集하였다
이날 부터 우리 國旗에 對한 敬禮

서울민사지방법원

도 할수 있었고 愛國歌도 높이 부르게 되였다
순서에 따라 大會慶祝辭는 國恥前闘争一貫해온 愛國闘士에게 依賴해야 한다는 大家들의 鼓喊소리와 함께 滿場一致로 나를 指名 推薦하는 것이였다
이것은 時代의 変遷에 따라 自然良心의 接觸에서 發露된 表示라 하겠다
이에 登壇하여 檀君聖祖 建國以来 東方雄國의 栄光을 받어오던 時代의 遺業을 想起하면서 過去의 憤怨와 오늘의 感激과 来日의 希望을 다음과 같이 祝辭에 代하였다
正義는 必勝이다 우리앞에는 解放이 오고야 말었다 五千年의 悠久한 歷史를 가진 배달民族이 倭族의 奴隷가 되여 왔다는 것은 千秋의 恥辱이며 원통한 일이 안될수 없었다
이것은 敵을 원망할것이 아니라

166 (조서용지을)

202

서울민사지방법원

우리들 罪業의 結果였다
이제는 解放이 되었으니 한마음 한뜻으로 함께 뭉치며 子孫万代 幸福된 새나라 建設에 總力을 기우려야 할 것이다
大家들은 拍手喝采하는 한便 僑民会報에 收錄하는 激讃을 받기도 하였다
大会場 慶祝辭에 披瀝은 特히 時代的 一大轉換 時點인지라 이것은 人民大衆의 嚴肅한 審判이였고 闘争一貫한 事實을 立證한 것이였다

그다음 萬歲三唱이 끝나자 市街行進으로 드러가 先頭指揮에서 太極旗를 휘날이며 熱狂的인 歡呼로 異民族에게 새로운 認識을 주는 한便 이제부터 우리도 自由國民임을 자랑하였다

167 (조서용지을)

209

서울민사지방법원

그러나 將次의 時局은 어떻게 展開될 것인지 疑問은 가시지 않고 남어 있었다

44. 國恥 三十六年間의 回顧

庚戌國恥后 亡國의 恨을 품고 異域 荒野에서 風餐露宿 萬千의 痛苦와 辛酸을 겪으면서 独立運動의 重要幹部 養成인 武官學校의 軍事教育에도 運動線上의 各方面 暗中活躍으로 移住僑胞의 子女教育에도 地方青年의 軍事訓練에도 祖國光復을 為하여 오직 一片丹心 誠과 熱을 기우려 奮闘를 거듭하여 왔으나 大勢変遷에 따라 어떤때는 商人도 農夫도 되며 가슴을 움켜잡고 荆棘속에서 一刻이 三秋같이 지나온 歲月은 어느사이 三十六年이 흘렀다

168 (조서용지을)

210

千丈斷崖의 闘争線上에서 하로도 安日이 없는 波瀾曲節과 艱難逆境은 人生으로서 悽惨한 悲劇이였다 그러나 긴 歲月속에는 倭警機関이나 傀儡滿洲國官庁 또는 所謂 協和會等 全般에 걸처 深奥이나 權力을 為해 卑屈이나 阿附追従한 적도 없었고 如何한 大小官公職에도 参與나 加担한 事例도 없었던 反面에는 誘惑과 強壓 또는 取締와 法網等 가진 狡猾한 手法이 끝일때가 없이 되풀이 되었으나 지난날 머리속에 새겨진 마음의 精神은 그대로 生生하게 살어 있어 不義를 抗拒함에 流節과 立命으로 또는 農夫도 商人도 된 偽装으로 敵의 눈을 감추기도 하며 解放의 그날까지 不屈不撓 堂堂한 民族魂을 死守해온 길을 回顧해 볼때 感慨無量하다 그러나 敵의 苛酷한 弾圧과 迫害도 나의 마음은 꺽지

기안 (을) 한국무자개발공사

211

못하였다
回顧하여 볼때 西山에 지는해와 東天에
솟는 달아래 쓰라린 孤独은 얼마나
겪어 왔으며 논둑과 밭골에서 思國歌
와 望鄕歌는 멫마나 불렀으며 春風
秋雨 지난해에 陶淵明의 田園辭華
은 苦難生涯에 한갖 벗이였으며 또한
慰安의 一端이기도 하였다

그리하여 奸巧한 倭敵들은 利用해 보
려고 가진 術策으로 還迫과 威脅에도 無
言抗拒에서 그 本然의 精神变함없었
고 權利와 勢力에 阿附하여 栄達
에 날뛰고 地位에 자랑하는 무리들도
부러워하지 않었다

다만 三十六年間을 通하여 始終一貫
崇高한 新興武官學校의 民族精神
만은 그대로 延存하여온것은 나의一生

부끄럽지 않는 한가지 信念이였다

그러나 오늘에 와서 悲痛한것은 새파란
青春이 異域의 悽慘한 黑雲暗夜에
서 彷徨과 流離漂泊으로 國家民族
에게 하등의 業績을 남기지 못하고
歲不我延의 앗가운 歲月만 헛되히
썩여버려 祖國解放의 鐘소리를 맞
이하는때는 벌서 나의 머리우에 흰머
리가 훨훨 날리니 이 餘恨을 生覺할
때 侵略者 倭놈의 憎悪하는 心情
더욱 간절할뿐 안니라 悲憤痛切을
禁할수 없다

1945年 8月 15日

45. 終戰과 滿人의 亂動

苦待하던 終戰이 滿人들에게는 亂動의 좋은機
會가 되였다

오랜 歲月 우리들 體驗에 빗우워 이들은 滿民
勿論하고 陰凶한 猜疑性은 第二天性갔게도
하였다
日皇降服이라는 放送에 뒤따라 倭兵들의 武
裝解除로 戰敗의 末路에 이르자 지난날 戰
爭遂行을 爲해 곳곳에 山같이 쌓어둔 軍
需物資와 倭機關의 公有物品과 居留民들
私有財產等 어느것을 莫論하고 닥치는대로
數數萬이 묻개미때 같이 달려단이면서
略奪 暴行 打殺 銃殺等 無法天地
阿修羅場으로 化하고 말었다
前無後無의 大混亂 渦中에서 倭人들은 참
아 볼수없는 慘相이였다
敵으로 보와서는 自作之孽이니 天罰이라 하
겠지만 人道博愛面으로 보와서는 惻隱한
感도 없지 않였으나 侵略者들의 그 末路를
새삼 늣께기도 하였다
虐殺에 날뛰는 滿人들은 敵의 物資掠奪에

거의 끝나자 第二段階로 다음 目標는
우리 僑胞들에게 血眼이되여 處處에 掠
奪騷動은 繼續終熄을 모르니 이같이
險兇한 또 것잡을수없이 險悪一路로 우리들
의 앞길은 다시 暗黑의 구렁에서 갈피를 잡
을수 없게되였다
이滿人들은 심지어는 倭人이 住居하고
있던 住宅 建物까지 제各其 뜯어가
기에 눈이 붉었으니 그 民族들의 國家
觀念이라고는 차저볼수 없는 狂想이
보는者로 하여금 한심 젓지 않을수 없
었다

今年十月 解放은 갖스룩 우리들의 餘喘을 窒
息시키려는 大混乱의 渦中에서 어서 蔣介
石 中央軍이 進駐하여 爲先 秩序安定이 一
縷渴望이였다 이것은 우리 僑胞들이 더욱
그러했다

서울민사지방법원

하로 밤이 平和가 도라와 恐怖와 危害에
서 벗어나기 爲한 希望이였으나 中央軍은
終乃 들어오지 않는다
流言蜚語는 날이갈수록 滔謠를 타서 民心
을 動搖케하고 强盜들은 四處에서 出沒亂
舞하여 富豪恐怖에 사로잡혀 방안에서 문
밖도 못나가는 切迫한 狀況아레 거리에는
차디찬 寒風만 쓸쓸하게 불어오고있다

1945年

46. 滿洲는 中共의 天地로 突變

同年十月末 그 어느날 滿人自治會에서는
오늘 몇時頃에 軍隊가 入城하니 各
機關 代表들은 歡迎나가자는 連絡
이 왔다
僑民會 代表로 驛前에 나가 數時間
을 기다리자 비로소 貨物列車로 一
個中隊가 못되는 兵力이 와서 내린다

173 (조서용지을)

216

서울민사지방법원

무슨 軍隊인지 모르나 그 치은 行色을
보와서는 너절은한 패잔이 正規軍답게
보이지 않는다
그 指揮官은 우리 歡迎一行을 一方
에 모와 놓고 一場演說을 하는데 첫
머두부터 끝까지 全面的으로 蔣介石
의 罪行과 그軍隊의 不法性을 指摘
列擧하며 正面攻擊과 打倒되여야
한다는 內容뿐이였다
그제야 八路軍이라는 赤色軍隊로 알
게되자 歡迎갔던 各機關長 및 市民
들은 落心千萬으로 悲色이 滿面이였다

이로부터 市內空氣는 一變하였고 一部市
民들로 平和스럽지 않은 雰圍氣에서
蔣介石中央軍이 드러오면 저것들이 쫓기
여가느니 멀지않아 中央軍이 오느니
이주석 저주석 수군거리기에 바뻤다

174 (조서용지을)

217

서울민사지방법원

無血入城한
그 反面 八路軍들은 날로 各機關 公務員
學生들을 모와 놓고 共產軍의 目的을 力
說宣傳한 다음 絶對服從을 强要하
는 한便 一般貧民層에 對하여는 가장
溫順하고도 親切하며 細窮民들은
차즘 共產黨에 對한 極心과 追從하
는 傾向에 날로 增加해가는 現狀이였
다 이 까닭은 첫재 그들의 誘惑手段
인 有產者 財產 奪取分配와 또는 土
地分配를 唯一한 자랑으로 民心을 眩
惑시키는 까닭이였다
그러나 當時 官公吏와 有產層 有識階級
에게는 無條件 强壓的이였다

同年12月頃에는 街頭四面에 혈채싼
장(血債算帳)이라는 文句를 朱書
特筆로 大書帖付하였다
그러나 이것이 무슨 意味인지 처음보는

175 (조서용지을)

218

서울민사지방법원

우리로서는 解釋하기 困難한 文句로서
그 實施方法을 알기에 한갓 疑問속에
궁금하던바 멀지않는 時日에 나 自身
이 그 苛酷한 不法을 몸소 겪어야했다

1945年 乙酉

47. 中共支配下의 朝鮮人義勇軍

1945年十月頃 中共八路軍이 無血進駐하
자 그뒤를 이어 그支配下의 朝鮮人 男女
로 編成된 義勇軍이라는 軍隊六百餘名이
이 地方을 通過할때 내가 僑民會의 代
表로서 部隊長以下 各參謀들을 招待
하게된 그 席上에서 아래와 같이 强調
하였다
1. 解放의 감격속에 우리 軍隊를 맞
이하게되니 無限 感慨無量합니다
2. 祖國再建과 國土防衛에 偉大한
援軍이 되여주기 바라며

176 (조서용지을)

219

3. 高句麗의 옛 聖域 遼東벌판에 白衣族이 永遠히 幸福하게 살수있는 터전이 이룩되기 바라며

4. 國恥以后 三十六年間 亡國의 恨을 품고 荒野를 開拓한 同胞들 피눈물의 가치가 헛되히 도라가지 않도록 奮鬪하여 주기 바란다고

上記와 같은 所懷의 一端을 던저주었다 그들은 感謝하다는 表情이였다

그후 各都市에는 所謂 義勇軍이라는 兵力이 配置되고 아울러 治安系의 組織責任者로서 金炯植이란者가 派遣되여 왔다 極度의 混乱과 不安에 焦燥한 우리 僑胞들은 生命財產保護와 治安秩序 恢復에 도음이 될가하여 매우 깃뻐하기도 했다

그러나 날이 갈스록 希望과 企待는 全然

相反되는 方向으로만 달리고 있었다

仝年十一月頃 前記 組織責 金氏는 每日 날도 새기前에 私宅으로 차저와 農民委員会를 組織하고 委員長에 就任해 달라는 要求와 그外에도 独立同盟이나 女性同盟이나 青年同盟이나 等團體들에 빨리 加入할것과 또는 地方責任代表가 되여달라는 促求等 請求에 汲汲하고 있으나 共產主義者들의 滿洲各地에서 前世 非人道的 蛮行을 잘알고 있기 때문에 쉽사리 同意도 快諾도 하지 않는 態度를 堅持코 敬而遠之하면서 時局推移의 注視에만 餘念이 없었다

그들의 宣傳하는 所謂 大大綱領 内容은 大端 좋았다 그대로만 実踐된다면 우리도 남같이 幸福하게 잘

살수있다는 企待도 없지않으나 為先 한가지 알고 싶은것은

오늘이라도 蔣介石 中央軍이 빨리 들내오기를 기다리는것이 大家들全般的인 心理인듯하다

이러한 現実에서

만약 中央軍이 進軍해온다면 우리義勇軍은 如何한 行動을 取할것인가 하고 關係者들에게 質疑하였을때 그들은 對答하기를 우리僑胞의 生命財產에 侵害가 없는限 他民族의 同族相爭에 加担도 協力도 하지 않을것이라고 한다

이것은 우리軍隊의 取할 當然한 措處로서 當面한 問題의 焦點인지라 앞으로 그들 行動에 對照해 보아야 알일이였다

그러나 말한 事實과는 反對로 차츰

軍隊가 駐屯되고 上與 中共의 勢力이 扶植됨에 따라 實權이 掌握되자 本質的인 行動은 날로 露骨化되여 가고 있었다

為先 해괴한 몇가지 例를 들어보면

1. 제나라 國旗를 排斥하고 赤旗를 날리며 蘇聯을 祖國으로, 스타린 寫真을 걸어 놓고 絶對的으로 崇拜하는 醜態
2. 祖國五千年의 歷史를 無視하고 固有傳統의 民族文化를 抹殺 시키려는 非民族的 行為
3. 韓国僑民会를 彈压하고 無識大衆을 相對로 農民委員會를 組織強化 시키는 한편 有識層 前官公吏出身 및 有產者들을 彈压하기에 血眼이 되고 있는 事實

서울민사지방법원

4. 「라디오」 放送聽取를 嚴禁하며 信條自由를 妨害逼迫하는 行爲

5. 그들은 口號를 잘 외치는데 그 口號內容에는 愛國先輩를 冒瀆하는데 主眼을 두는 한便 良心上 許諾되지 않는 大衆들에게 無條件 强要하는 事實等

以上과 같은 事例들은 不知不識中 [illegible]었는 有識層과 共產黨과의 距離는 날로 멀어져만 가는 要因이었다

이때 禁止되고 있는 「라디오」를 이불속에 넣어놓고 秘密히 聽取하는 國內放送은 [illegible]하지 못한 「모스크바」 三相會議에서 國際信託統治問題가 提題되고 있음을 奇貨로 赤色分子들은 이를 支持한다는 旗幟를 들어 時

181

(조서용지을)

224

서울민사지방법원

面의 混亂과 思想의 分裂을 助長하고 있었다

그해 12月頃 市民들은 恐怖不安속에 所謂 義勇軍의 歡迎을 爲해 樂劇을 開催하였는데 나도 市民에 一員으로서 그 歡迎會에 參加하여 그들의 [illegible]을 [illegible]한 노래를 獨唱하였더니

노래集을 보다

그後부터는 그들 監視의 눈초리는 날로 날카로워 지기만 하였다

1945年 12月

48. 共產黨의 人民裁判

1946年 一月初 當地 進駐한 義勇軍幹部들은 中共의 支配下에서 日帝時代 民族反逆者를 肅淸한다고 全市民은 한사람도 빠짐없이 집집마다 指定場所인 驛前

182

(조서용지을)

225

서울민사지방법원

小學校講堂으로 集合하라는 指示였다

그리하여 男女老少 略五百餘名이 모이게 되었다 參席하지 않으면 注目이 甚하기 때문에 누구나 빠질수도 없었다.

建物周圍 안팎에는 完全武裝한 義勇軍이 各要所에 配置되여 警備하고 있으며 座席 앞에는 中共軍五名이 靑色正服으로 銃끝에 칼을 꼬저붙고 義氣洋洋하게 들어와 講壇앞에 나란히 앉는다

뒤이어 義勇軍二名은 前日 倭領事 앞잡이 走狗集團인 保民會五個縣 會長이던 尹學東과 現地山城鎭會長 [illegible] 二名을 繩縛하여 앞세우고와서 中共軍옆에 앉힌다

集會場左右에는 約一個分隊兵力을 武裝整列시켜 놓고 大衆들로 하여금 두주먹을 치며 들며 四面壁에 [illegible] 써붙혀놓은 各種口號를 鼓喊치도록 指揮하는 한便 配置된 士兵들은 赤旗歌를 高唱하며

183

(조서용지을)

226

서울민사지방법원

場內 空氣를 緊張시킴으로서 不知不識 모인 大衆들을 恐怖의 도가니로 몰어넣고 있다

그다음 講壇옆에서 한사람이 나오더니 이 地方 宣傳工作隊 代表로 온사람이라고 紹介를 한다

이사람이 裁判長인 모양인데 前記 尹鄭 犯罪事實을 列擧朗讀하고는 大衆을 向하여 묻는것이였다

이제 發表한 罪目에 이러하니 이두사람은 죽여야 옳소 하면 緊張한 大衆들은 그들 외치는대로 따라 죽여야 옳소 그 좌석에는 死刑받을 者의 家族과 一家親戚들도 모다 參席하였것만 [illegible] 救出은 姑舍하고 그들과 같이 주먹을 처들며 죽여야 옳소 하니 그들 迫害의 威脅에 무서워 앵무새처럼 말하는대로 따라 외치는것을 흡사 大衆의 総意인듯이 [illegible] 造作劇으로 [illegible]시키려

184

(조서용지을)

227

분이 다 죽여야 옳다 하니 人民의 意思를 尊重해서 죽이겠소 하고 아주 判決은 簡單하였다

228

그 다음 尹氏는 裁判長에게 最后所願 한마디를 懇請하였으나 當場拒絶함으로 當不當 理不理가 없다는 것이였다

그 陪席에서 武裝義勇軍 二名이 들어 오더니 方今 宣告받은 두사람을 校舍한 모퉁이에 내다 세우고 一人二發式 射殺한 다음 그 屍體 옆에는 누기도 가볼수 없으며 또는 그집에 弔問도 할수없다 그것은 來往하는 者도 개와 같은 者라고 指摘하며 苛酷한 注目을 받게되는 까닭이였다

所謂 내가 처음보는 共產黨의 人民裁判이란것으로 이로부터 繼續되는 이들 裁判場에는 父母兄弟와 一家親戚 相互間이라도 思想이 같지 않으면 辱說 毆打 殺害等 非人道的인 悲劇의 怪現象을 演出하는 狂

185 (조서용지을)

229

相은 참으로 人間地獄 아닐수 없었다

1946年 兩代

~~49 赤徒의 迫害와 나의 受難~~

[illegible] 大椽植

1946年 2月頃 解放에 되이어 無法天地 真空狀態인 滿洲로 無血進駐한 中共八路軍과 朝鮮義勇軍은 차츰 實權이 掌握되자 全面的으로 무시무시한 威脅과 迫害를 加해왔다 어찌 想像이나 하였으랴 解放이 되였으니 잘살어 보리란 꿈은 넘우나 誤算이였다

第一次 人民裁判場에 參觀한 大家들은 누구나 恐怖가 아니면 아예 附和해 每日陰謀와 凶計로서 前世 모든 良心은 어디로 逃亡갔는지 不過 몇달사이 거의다 暴徒무리로 變하여 남의 財產奪取 陰害 暴行을 全業으로 삼었는가하면 가는곳마다 男女老少할것없이 每日 무슨 組織

186 (조서용지을)

230

이니 무슨 集會에니 하며 늙으나 젊으나 어린이 할것없이 모다 「동무」 同志가 돼야지 古不聞 今不聞인 怪現狀에서 平和니 自由라고는 꿈에도 바랄 餘地가 없었다.

이런事態下에서 아버님께 먼저 歸國의 길을 떠나셔야 하겠다고 거듭 進言하였으나 아직 아히들도 어리고 간대도 살길이 漠然하니 얼의 生活土台가 잡힌 現住地에서 잠만 以上이 險하다해도 남이 살면 우리도 살것이니 아희들도 좀더 자라고 時局도 安定이 된뒤에 故國에 나가도록 하라고 下命하시면서 治安이 恢復될때까지 歸國은 絕對拒絶하시였다

險悪一路 緊迫한 狀況아래 나 自身에도 무서운 試鍊이 닥쳐왔다

187 (조서용지을)

231

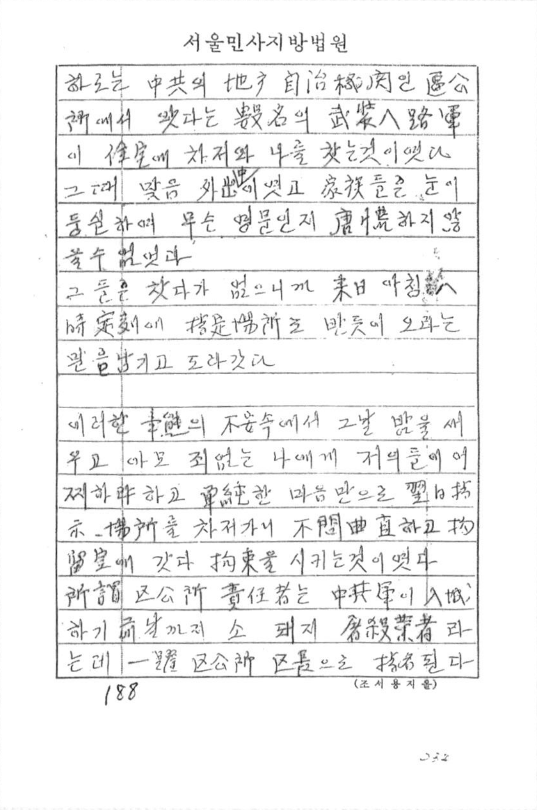

서울민사지방법원

하고는 中共의 地方自治機關인 區公
所에서 왔다는 數名의 武裝八路軍
이 住室에 차저와 나를 찾는것이였다
그때 맞음 外出이였고 家族들은 눈이
둥굴하여 무슨 영문인지 困憊하지 않
을수 없였다
그들은 찾다가 없으니까 來日 아침 八
時 定刻에 指定場所로 반듯이 오라는
말을 남기고 도라갔다

이러한 事態의 不安속에서 그날 밤을 새
우고 아모 죄없는 나에게 저의들이 어
찌하랴 하고 單純한 마음만으로 翌日 指
示場所를 차저가니 不問曲直하고 拘
留室에 갓다 拘束을 시키는것이였다
所謂 区公所 責任者는 中共軍이 入城
하기 前날까지 소 돼지 屠殺業者라
는데 一躍 区公所 区長으로 指名된다

188 (조서용지을)

232

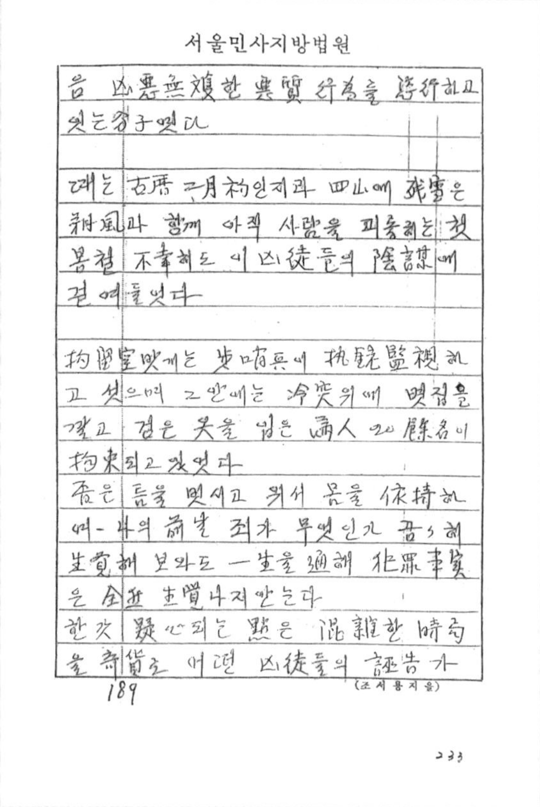

서울민사지방법원

을 凶惡無道한 異質行爲를 遂行하고
있는 分子였다

때는 古曆 二月 初인지라 四山에 殘雪은
朔風과 함께 아직 사람을 피롭히는 첫
봄철 不幸히도 이 凶徒들의 陰謀에
걸여들었다

拘留室 밖에는 步哨兵이 執銃監視하
고 섰으며 그 안에는 冷突위에 몇점을
깔고 검은 옷을 입은 囚人 20餘名이
拘束되고 있었다
좁은 등을 벗시고 앉서 몸을 依持하
며 - 나의 前날 죄가 무엇인가 곰곰히
生覺해 보와도 一生을 通해 犯罪事實
은 全然 生覺나지 않는다
한갖 疑心되는 點은 混雜한 時局
을 奇貨로 어떤 凶徒들의 誣告가

189 (조서용지을)

233

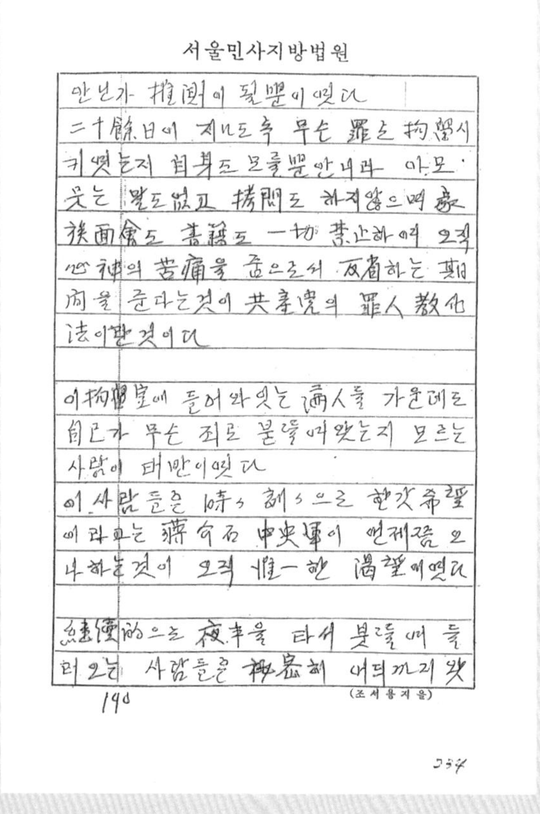

서울민사지방법원

안닌가 推測이 될뿐이였다
二十餘日이 지나도록 무슨 罪로 拘留시
키였는지 自身도 모를뿐 안니라 아모
뭇는 말도 없고 拷問도 하지않으며 家
族面會도 書籍도 一切 禁止하여 오직
心神의 苦痛을 줌으로서 反省하는 期
間을 준다는것이 共産黨의 罪人 敎化
法이란것이다

이 拘留室에 들어와있는 囚人들 가운데도
自己가 무슨 죄로 붓들여 왔는지 모르는
사람이 태반이였다
이 사람들은 時々刻々으로 한갖 希望
이라고는 蔣介石 中央軍이 언제쯤 오
나하는것이 오직 唯一한 渴望이였다

繼續的으로 夜車를 타서 붓들여 들
러오는 사람들은 極惡히 어되까지 왓

190 (조서용지을)

234

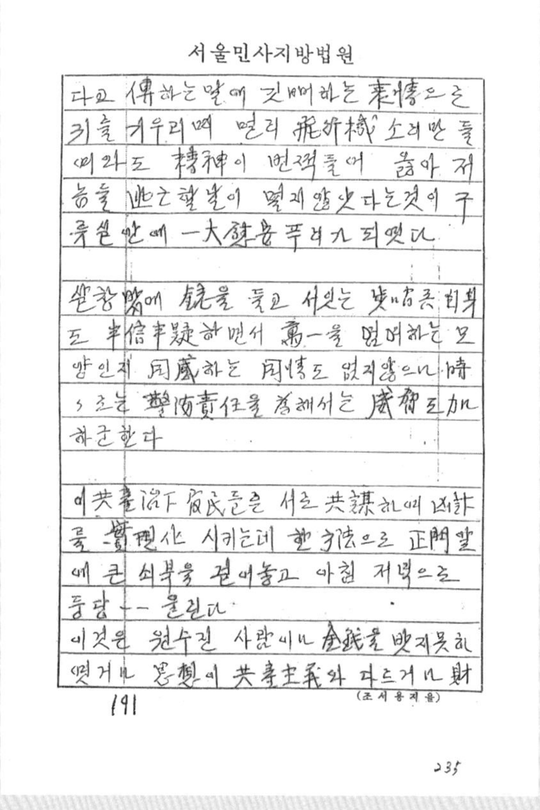

서울민사지방법원

다고 傳하는 말에 깃뻐하는 表情으로
귀를 기우리며 멀리 飛行機 소리만 들
여와도 精神이 번쩍들어 늙아 저
놈들 此之할날이 멀지않았다는것이 구
류실 안에 一大話題 푸리가 되였다

쇠창밖에 銃을 들고 서있는 步哨兵 自身
도 半信半疑하면서 萬一을 념려하는 모
양인지 同感하는 同情도 없지않으니 時
々로는 警備責任을 爲해서는 威脅도 加
하곤한다

이 共産治下 官民들은 서로 共謀하며 凶計
를 實現化 시키는데 한 方法으로 正門 밑
에 큰 쇠북을 걸어놓고 아침 저녁으로
둥당 -- 울린다
이것은 원수진 사람이나 金錢을 빗지못하
였거나 思想이 共産主義와 다르거나 財

191 (조서용지을)

235

군이 많거나 土地所有者 들을 뉘기던지
이 鍾소리 듣고 와서 密告하여 달라는 連絡
鐘이며 여러사람들이 많이와서 그 금물에
걸어 놓다는 暗號術策이였다
이 鍾이 울릴때 마다 오늘은 뉘기가 걸
려 들어 오나 하고 民衆들은 죄가 있건
없건 간에 몸에 소름이 치키는 鍾소리였다

이 무시 · · 한 鍾소리에 나 亦是 걸린 한사
람이였다
함살 틈으로 새여들어오는 말에 依하면 나
의 罪名인즉
첫재 民族思想者이며
둘재 土地所有者라는 罪目이였다

原來凶盜性을 가진 土人들은 土地分配와
私有財產分食에 狂奔하여 所謂 富을
民을 피곤하며 協同演出하는 凶劇인데

새로 걸여 드러오는 사람들에 傳해오는
말인즉 數日內에 人民裁判에 回附하여
處斷하게 된다는것이다
그리하여 이 裁判時間만 다거오기를 기다
리는 次第 그 어느날 突然 非常似學間에
千萬意外 벗개에 太極旗를 걸어 보이는
奇異한 광경이였다
이 광경이 吉兆를 予告함이였든지 그 뒤이어
다시 드러오는 消息을 듣건대 民族思想者에
對하여는 人民裁判 対象에 除外되고 다
만 血債算賬에나 회부하리라 하며 이제 體
刑은 免하게 되였다고 한다
궁에 걸어본 太極旗의 神奇한 予兆가 偶然
으로만 生覺할수없는 天祐神兆가 안이였
든가 싶었다
이제 남은 罪目은 혈채싼장(血債算賬)
이라는데 그 무엇을 말하는 것인지 두고보와
야 할 問題였다

50 中共의 血債算賬法과 市民의 陳情

1945年
지난 古曆年末年初에는 市內四面墻壁에 「혈
채싼장」(血債算賬)이라고 朱書特筆로 크
끔에 써부친것을보고 그 內容과 實施方法에 있
어 궁금하고도 疑問視하지 않을수없다
拘束된지가 24日재 되던 그날 11時頃에 審
問한다고 步哨兵이 불러내더니 執銃警防兵
二名이 앞세우고 한쪽 土人의 建物안으로 드
러갔다 뜰안은 土人 十百餘名이 둘러서서
이구석 저구석 웅성거리고 도라가더니 무슨
責任者인지 勞働者 같은 차림으로 나와 나
에게 告發이 드러왔다고하면서 모다 영터
리 없는 條件들이였다
그들 말인즉 數年前 누구에게 金錢 몇원支
拂하지 않은것이 있다는데 生覺이 나지 않느
냐고 하면서 그것을 清算해주어야 한다는

脅迫과 恐喝이였다 全然 千萬意外의 無
根한 事實로서 이 清算法에 있어서는 그 要
求額數가 多寡間에 全財產을 蕩盡하여
갚어야 한다는 여기에는 理由도 證據도
뭐도 必要없이 當不當 理不理를 莫論
하고 清算해주어야 한다는것이다 이것은
엉터리 造作劇을 口實로 그 目的인즉 財產奪
取가 主眼이었이였다
이 清算法은 人間社會生活에 있어 古不聞
今不聞의 强盜手法이였다
이들모인 場所에는 어느것이 法官인지 告發
者인지 官民과 公私를 区別할수없이 이구
석 저구석 모혀서 수군거리기에 바뻐도
라가는 그 狂相과 混乱은 名實共히
凶徒들 乱舞場이였다
그들의 凶悪無道한 作乱을 보고 너무
나 어처구니가 없어 緘口無言으로 보
고만 듣기만 하고 있으니까 記憶에 나

서울민사지방법원

지 않으면 다시 拘束室로 도라가 生覺하여 보라는것이였다
그後 몇 층이 지나자 市民大衆들은 國恥後 三十六年間 다없는 愛國者이니 金錢問題는 나가서 解決키로하고 釋放해달라는 陳情에 依해 비로소 拘留室을 떠나왔다

月餘間 만에 물러나와보니 남의 財產奪取에 狂奔하며 血眼이된 폐人들은 侵害와 暴行으로 危脅이 加甚하며 아버님께서는 그들 所行에 넘우나 憤怒해서 病患으로 呻吟하시고 土地改革는 밥의 때가 느저 共產治下에서는 土地所有가 必要없다는것을 民衆들은 몰서 잘알게되기 까닭이였다
不得已 이 赤徒들 強要의 為先 足上之火를 免해보고저 所有土地文書를 全部 그들에게 맡기며 時間的 餘裕를 劃策해

196 (조서용지을)

240

서울민사지방법원

보았으나 當場現金 納付가 안이면 約束違反이라하며 再拘束을 刻々으로 脅威하고 있으니 萬一 다시 拘束이 된다면 家率는 다 죽음으로 終結지을것 밖게 다른 方法이 없었다

51. 父子間의 痛哭과 家族의 生離別
1946年春
上奉下率하고 이 亂境을 가운데서 떠나자니 十有餘名 家族의 安危가 걱정되고 견디고 있자니 暴壓과 恐喝에 一分一刻도 견딜수 없는 現實이야 말로 進退兩難의 陷井에서 헤매지 않을수 없었다
今年 四月初 날이 갈수록 四圍의 形勢는 危急을 告한다 中共의 도마우에서 사느냐 죽느냐 하는 分岐点에서 百方으로 生覺해보아도 三十六計가 不如走字 上策이라는 道理 밖게 아모 方法이 없었다

197 (조서용지을)

241

서울민사지방법원

人間의 心情인지라 天倫을 어찌하랴 病患에 沈重하신 아버님과 金枝玉葉으로 키워오던 동생들과 貴한 子息들을 一旦에 이리떼 같은 強盜들 무리속에 남겨두고 나 한몸 살자고 떠나기는 넘우나 가슴이 뭉쿠러지고 눈물이 한々하지 않을수 없었다
아버님 病床앞에 머리숙여
아버지 이 緊迫한 情勢下에서 어떻게하면 좋겠어요?
나의 걱정말고 곧 떠나서 故國으로 도라갔다가 時局이 安定되면 다시오려 저 強盜들 脅迫에 견디지 못할것이니 나 죽는것을 못본다하더라도 亂世에 할수있나
依持할곳 없는 저 어린 아해들이 불상하고나
꿈에도 生覺못한 父子生離別의 피눈물 스치는 瞬間이였다

198 (조서용지을)

242

서울민사지방법원

病席에서 이같이 말슴하시고 긴 恨心을 지으신다
하나님이시여 이 겨레에 解放을 주신 오늘에 또 이같은 悲哀가 웬말이요 이럴진댄 차라리 죽음을 주옵소서

今年 古曆 四月二日 밤에는 荒野에서 二十餘年間 喜悲苦樂을 같이하며 서로 依持해오던 鷹峰從兄과 마조앉어 刻々으로 急을 告하는 狀況下 爆音에 마음을 조리며 時局談으로 밤을 새웠다 이밤이 남북의 情든 從兄弟間 永遠離別의 밤이 될줄이야 恨많은 그밤이 잊혀지지 않는다

그러나 이 殘酷한 現實에서 터지는 가슴을 안고 당장 떨어 떠나고 싶지는 않었다
當分間이라도 為先 吉林方面으로 向하며 다가오는 事態의 歸趨를 바라보고저 車를

199 (조서용지을)

243

달려 梅河口 城에 이르자 數日前
蔣介石 中央軍의 飛行機가 中共砲陣輸
送貨物車를 爆擊하여 爆音과 黑烟
이 衝天動地를 하고 있는데 이 赤徒들
은 來往하는 사람들은 모조리 붙드려 가
勞務作業을 強要할뿐 아니라 通行도 禁
止되고 있다니 더 앞으로는 나갈수는 없었다

또 車머리를 돌려 가려는 길을 가지못하는
그 瞬間 이것이 모다 나의 不幸과 悲運을
招來하는 前兆가 안닌가 하여 마음은 더욱
焦燥하고도 憂慮한 가운데 다시 方向을
變更하지 않아서는 안될 情勢였다

今年四月 가야되느냐 안니갈수는 없다 간다
면 어디로 갈것인가 故國으로 가자니 山
重々 水疊々 國境線을 넘어 數千里
거 三八線까지 겹々히 놓여 놓은 赤徒

서울민사지방법원

들의 그물을 어떠케 通過할수있을까 함
으로 그 思慮端이 안날수 없다

이때 맞은 이웃에 살고있는 金春成에게 이
금을 버쳐 보래고 故國으로 떠나간다는
것이다 如何間 이 金君과 함께 歸國
의 길에 올러 보려는 決心을 나렸다

[redacted]

서울민사지방법원

[redacted]

1946年 丙戌 四月

52 中共의 도마우에서
九死一生脫出

1946年 丙戌 古曆 四月 五日 李棟兜의 生
日날이였다
蔣介石 中央軍이 全敗해서 哀々 亡하고 말지
는 않을것이라는 觀測에서 九名의 家族
을 離別과 아울러 家產도 그대로 남겨

서울민사지방법원

둘뿐 다만 十三才 長男인 李棟兜만 앞세우
고 赤手空拳으로 아모 준비도 없이 입은옷
그대로 계우 旅費程度만을 가지고 새벽 黃
昏을 타서 亡命길로 脫出하기는 하였다
그러나 一縷希望이라고는 蔣介石政權이 速히 돌
려와 治安만 恢復되면 卽是도라온다는 計劃이
였으니 未來事를 予測하기 어려운 現實앞에서
발자취가 떨어지지 안는다

病席에 계신 아버님 어린동생과 子姪들 또는
四十年이 갓갑도록 異域胡地에서 生死苦樂을
같이하여오던 一家親戚들을 뒤에 두고 같은 무
리속에 떼어두고 눈물뿌려 生離別을 하여야하는
心懷는 말이 없々할뿐이였다
그날 現住地 山城鎭을 등지고 떠나오던 첫날
밤은 柳河縣을 거처 百餘里되는 楡樹河子
라는 곳에 이르러 하로밤을 一泊하게되였는데
心神도 無心할理가 없였다

서울민사지방법원

[redacted]

저 赤徒들의 野慾대로 채우지 못한 남어지
나에게 加할 暴行을 저 남어있는 家族
들과 어린 아히들 까지 毒手를 뻐쳐 가
진 凶計로 迫害를 恣行할것이 눈앞에
보이는듯 그려햇것이 事實된다
그러나 떠날 부터 十里 百里 以內에서는 저
놈들에게 잡혀가 죽는 限이 잇더라도
다시 도라가 불상한 家族들을 돌보려는 決
心도 거듭해 보앗으나 李棟빈은 決코
되 도라가서는 안된다는 意思를 거듭

204 (조서용지을)

248

서울민사지방법원

말하고 잇다 果然 그러햇다 다시 드러 간
다는 것은 虎穴에 들어가는것 같이 죽음
의 길을 自取하는것임은 틀림없는 事實
이엿다
그러저러 하로 잇틀 前進하는 길은 살
든곧도 漸々 멀어저 通化縣 까지는
無事히 到着하엿으나 떠나오는 길에는
赤徒들이 뒤를 쫓아 곧 부들려 오는
것 갓기만 햇다
僑胞들 가운데는 脫出하는 中途에서
되 잡혀가는 樣相도 볼수 잇엇다 이얼마
나 애슨、、한 瞬間이엿으랴

이通化縣은 辛亥年 가을 故國을 떠나
西間島로 드러와 旅裝을 풀고 첫산림
을 불이던 三十五年前 情들고 恨맺힌 곧
이기도 하다
이곧을 떠나는 처음 지나게된 나로서는 西

205 (조서용지을)

249

서울민사지방법원

顧之感에 慷慨無量 悲痛한 마음 금
할길이 없엇다
그時 이곧서 살든 十五名 家族中에는 다 저
世上으로 가버렷고 나 혼자만이 남어 이
길을 다시 것게되엿으니 歲月의 흐름과 人
生의 變遷은 떼거린 피눈물에 恨산 만
지어진다

이 通化驛에서 汽車를 타려고 기다리엿으
나 各地方 避亂民 數々 千名이 이驛前
벌판에 모혀들어 모다 悲切 慘切한 現
狀으로 제각기 먼저 타보려고 서로 닷투
어 大混雜을 이루고 잇엇다
그러나 戰爭이 끝난 即後인지라 뒤따른
混亂으로 通行이 極히 困難할뿐 안니
라 或是 몃츨만에 한번式 가고 오는
汽車도 共產軍의 軍需品의 輸送車뿐
이엿고 避亂民 輸送車는 全然 볼수 가

206 (조서용지을)

250

서울민사지방법원

없엇다
이驛에서 停滯하고 잇을때 지난해 故
國으로 도라갓던 長女로부 容九를 맛낫으
나 예와 같이 一変한 滿洲情勢를 모
르는 모양인듯 나에게 陳謝한걸네 사
다가 人情을 表하면서 도 살든곳 山城
鎭으로 들어 간다고 하여 ~~는것은~~ 잘 못된 生覺이
라고 強勸해 보기도 하엿다
이곧서 數日을 기다리던 남어지 오행 中
共 貨物 無蓋車便을 사정、、해서 근々
히 몸을 올려 타고 輯安으로 向하는 車길
은 넘우나 險하고 지리햇다
그途中에는 무슨 寇인지 이름모를 그 안
에 노인 鐵길을 破壞狀態인지 소거
름 같이 절뚝거려 오는 汽車는 이 긴々
검은 中間에 다 빼치고 서々 長時
間 움지길줄 모른다
덜개도 없는 짐車우에 앉어 그득찬

207 (조서용지을)

251

石炭烟氣는 窒息을 免치못할 瞬間에 였다 이같은 곤경을 몇時間이나 겪다가 겨우 굴밖게 빠져나오니 타고오든 사람들은 모조리 黑人으로 變하여 요행히 살어 나왔다는듯이 웃살을 찔푸리며 걷고도 긴 그 험한 굴을 원망않은 사람이 없었다

僅々히 輯安縣市內에 드러와 數日을 쉬어가지고 故國땅 滿浦鎭을로 건너가야 하겠는데 요즘 中共八路軍警戒가 甚하여 渡江時 發見만되면 銃殺되기가 쉽다는 그곳 地方사람들의 말이였다

그러나 原來 單純한 旅裝인지라 요행 기회를 엿보아 鴨綠江邊의 간단한 調査를 맞치고 無難히 故國々境線인 이江을 건느기는 하였다

日力은 벌써 西山을 넘어 어두음 속에

밤이 깊도록 대느 民家를 차저 하로밤 쉬어갈것을 부탁하였다

1946年丙戌

53 滿洲를 떠나는 나의 所感

내가 17歲의 弱冠 紅顏時節 人生의 가장 꽃다운 青春이 였것만 亡國의 恨을 품고 이 鴨綠江을 건너 西間島地로 드러서든 때가 至今으로부터 三十六年前 이제는 아련한 옛날이였다

그리하여 祖國이 光復되기前에는 異域의 孤魂이 될지언정 이땅에 倭敵이 남아있는限 이 江을 건너지 않을것을 決心하기도 해왔다

오늘 이 滿洲를 떠남에있어 悲憤慷慨는 限이 없다

오랜 歲月의 흐름속에 무시 한 가시밭길에는 蛇蝎도 豺狼도 天罡도

온갖 惡魔들이 敎堂이 간곳마다 앞길을 가로막기도 했고 짐에 엎어지려고도 했다 그러나 正義의 때는 같은 終乃 屈服하지 않었고 鬪爭으로 一貫해왔다

그러나 회고해 볼때 救國鬪爭도 生活土台도 子女敎育基盤助成의 꿈은 結局 虛勞에 不過했고 다만 餘恨만 남기였을뿐이였다

옛말에 功名이 끊어지々 않는다 하였지만 피눈물의 結晶이 一旦一夕에 모다 水泡로 도라가고 말었으니 天意도 이러케 無心하랴 虛嘆을 禁할길이 없다

以上이 國外流浪 西間島地의 流離生涯에서 피눈물로 엮은 三十六年間의 記錄이였다

還國의 章

三十六年만에 차저온 故國
　첫날부터 앞길은 泰山
뜻밖게 맞난 家族과
　孝子의 死亡
滿浦鎭保安署의 吾童와
　貰房사리 一個月
平和鄕에 그리워 南으로
　家族悔恨의 絶望과 어린이 出生
平壤收容所의 野蕃한
　差別待遇에 憤怒
大同江의 洪水와
　平壤驛의 「쓰리」 逢变
鶴驛長의 신세와
　海州收容所의 優遇
[illegible]의 三八線을 넘어
　古都開城도 觀光

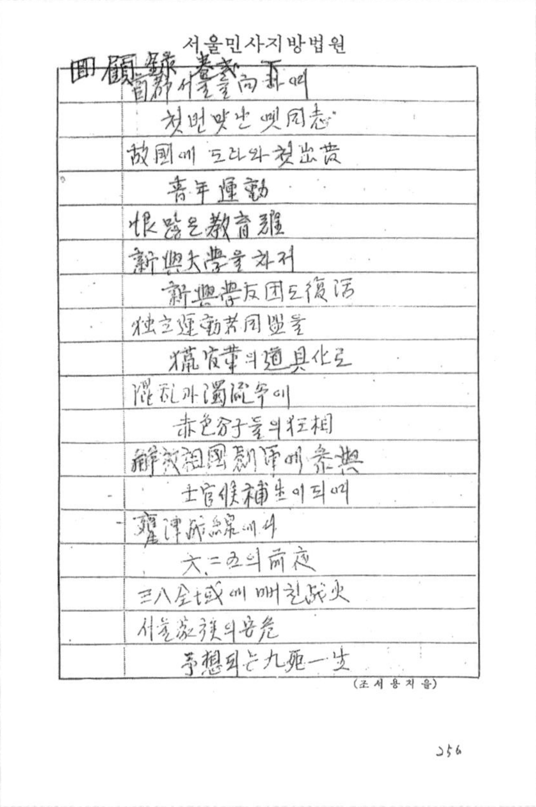

서울민사지방법원

回顧錄 卷貳 下

首都서울을向하며
첫번맛난 옛同志
故國에 도라와 첫出發
靑年運動
恨많은 敎育難
新興大學을 차저
新興學友団도復活
独立運動者同盟을
獵官輩의道具化로
混乱과濁流속에
赤色分子들의狂相
解放祖國創軍에參與
士官候補生이되며
臨津戰線에서
六二五의前夜
三八全域에 매친戰火
서울家族의安危
予想되는九死一生

(조서용지을)

256

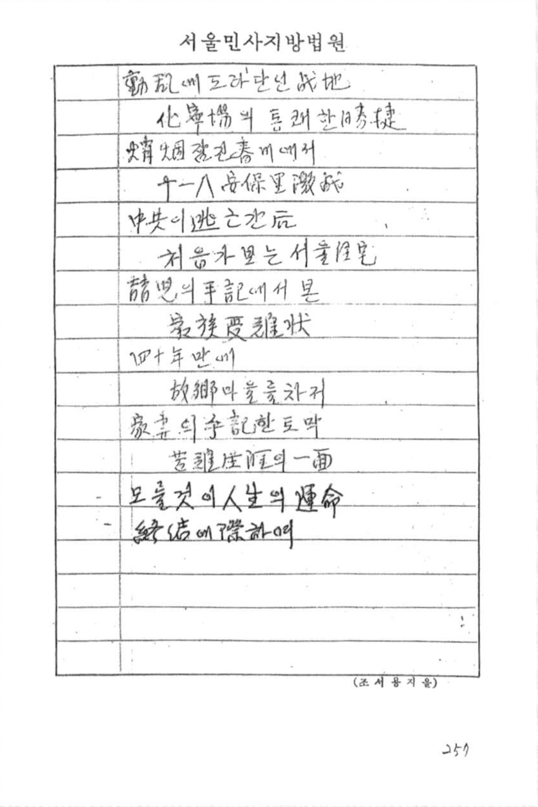

서울민사지방법원

動乱에 도라단닌 戰地
化學場의 통쾌한勝捷
[illegible]春川에서
十一八 安保里激戰
中共이逃亡간后
처음가보는서울住宅
請兒의手記에서 본
家族受難狀
四十年만에
故鄕마을을차저
家妻의手記한토막
苦難生涯의一面
모를것이人生의運命
終結에際하며

(조서용지을)

257

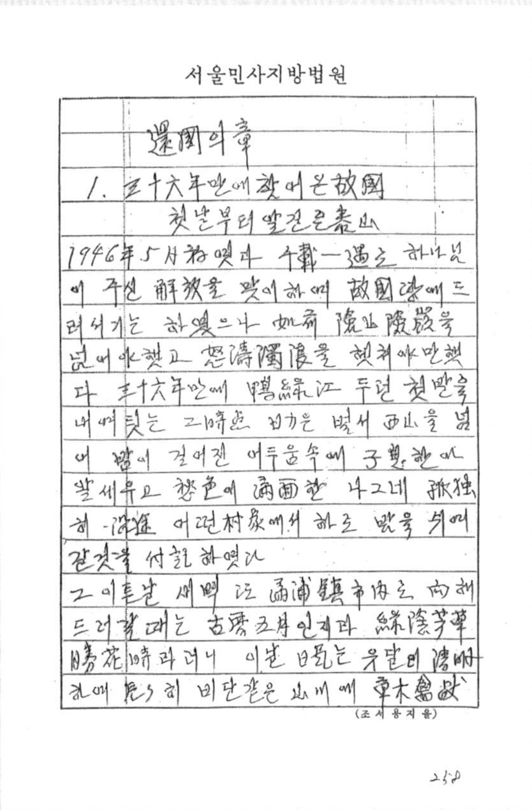

서울민사지방법원

還國의章

1. 三十六年만에찾어온故國
첫날부터말걸은泰山

1946年5月初였다 千載一遇로 하나님이 주신 解放을 맞이하며 故國땅에 드러서기는 하였으나 如前 險山峻嶺을 넘어야했고 怒濤濁浪을 헤쳐야만했다 三十六年만에 鴨綠江 두던 첫발을 내여딋는 그瞬間 태양은 벌서 西山을 넘어 밤이 걸어진 어두움속에 子息한마 발세우고 愁色에 滿面한 나그네 孤独히 一隅 어떤村家에서 하로 밤을 쉬여 갈것을 付託하였다

그 이튼날 새벽 區浦鎭市內로 向해 드러갈때는 古暦五月인지라 綠陰芳草勝花時라더니 이날 日氣는 우달리 淸明하며 [illegible]히 비단같은 山川에 草木[illegible]

(조서용지을)

258

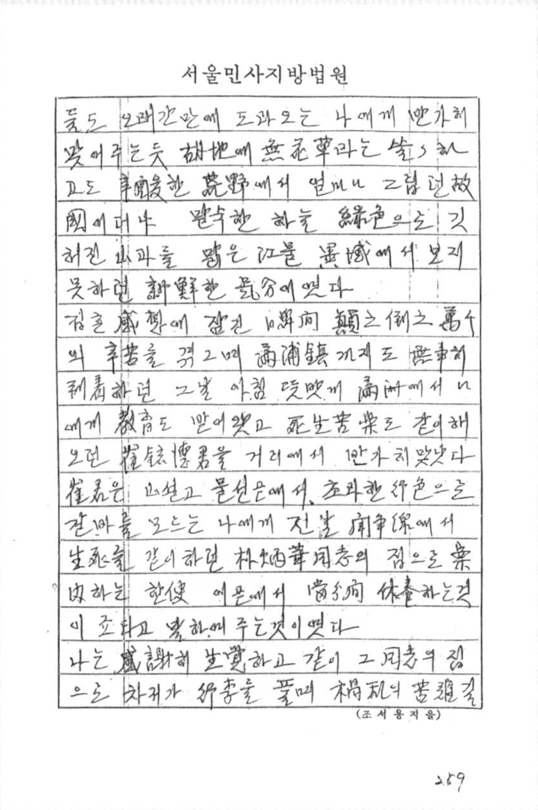

서울민사지방법원

들도 오래간만에 도라오는 나에게 반가히 맞어주는듯 胡地에 無花草라는 [illegible]하고도 荒漠한 荒野에서 얼마나 그립던 故國이더냐 맑은한 하늘 綠色으로 깃허진 山과들 맑은 江물 異域에서 보지 못하던 新鮮한 氣分이였다

[illegible] 感想에 잠긴 [illegible] 萬年의 辛苦를 겪으며 [illegible]까지도 [illegible] 그날 아침 [illegible] 滿洲에서 나에게 敎育도 받어왔고 死生苦樂도 같이해 오던 崔鉉[illegible]君을 거리에서 반가히 맞났다 崔君은 [illegible] 물선은데서 [illegible] 모르는 나에게 전날 [illegible]에서 生死를 같이하던 朴[illegible]同志의 집으로 案內하는 한便 여관에서 [illegible] 休養하는것이 조타고 말하며 주는것이였다

나는 感謝히 生覺하고 같이 그同志의 집으로 차저가 行李를 풀며 [illegible]의 苦難길

(조서용지을)

259

서울민사지방법원

에 밤가치 朴同春을 맛나 함께 밤을 새워가면서 前날 滿洲運動을 通하여 쌓인 情誼을 서로 터러 交換하였다
그리고 前記 崔君은 故國에 드러와 黃海道 載寧에서 住接하고 있었는데 到底히 살어나갈 길이 없어 滿洲 前住地로 도라가는 길이라고 한다
이 滿浦鎭은 滿洲接境인지라 朴同春의 案內를 받어가면서 今后 中共의 動向과 家族의 消息도 들어보려는 希望을 가지고 마음속으로 몇날 滯留하면서 아울러 路毁의 疲勞도 풀어볼 것으로 算이였다
뜻밖에 맛난 家族과 幸子의 死亡
不過 하로밤을 지난 그 이튼날 늦은 아침이였다 散步갔다 도라오니 滿洲 前住地에서 이웃에 같이 살어오던 靑年 한사람이 뜻밖에 차저왔다
悚悚한 語調로 너 어떠케 된 일이냐
예— 先生님 家族이 나왔어요

(조서용지을)

260

서울민사지방법원

家族이 나오다니
예— 先生님 떠나신 五日后쯤 뒤이어 그곳서 떠났읍니다
그러면 어디까지 와서 있느냐
어제 밤중에 이곳 乙旅館에 投宿하고 있읍니다
그러자 바쁘게 그 旅館으로 좇아가 보니 남겨두고 온 13名 直系家族 가운데 게우 三名만이 나왔을뿐 반듯이 딸어 지오 못할 五歲된 女兒 幸子까지도 보이지 안는다 내가 떠날때 이 아희는 오래前부터 숙병으로 呻吟하고 있었다
- 幸子는 어찌되였다?
- 예— 途中에서 工森라는 地方을 지날때 그만 죽어버려 그곳에 埋葬하고 왔다는 家人의 말이였다
人生이 불상하고나
어떠케 그놈들의 그물을 벗어났나 그 說

(조서용지을)

261

서울민사지방법원

偉는?
당신이 떠난后 所謂 區公所에서는 凶徒들이 계속하여 간곳을 調査하기에 農村으로 갔다 或은 吉林方面 親戚訪問 갔다는 等 臨機應變하였으나
말을 잘 믿어주지 않고 即刻 區公所로 와야 한다는 威脅뿐이였다고 한다
이것은 再拘束하려는 凶計인데 당신이 柳河縣 楡樹河子 旅館에서 故國하려고 通化縣까지 가다가 되도라오는 金某에게 秘密히 傳해 보낸 便紙를 받어본 그時 農庄에서는 市內 무슨 會議가 있다하여 그날 저녁 우리집에 모혀와서 待機中인데 그 會議內容인즉 赤色宣傳員들은 會議가 끝나는 即後부터 이 農村에서 저 農村으로 이동네에서 저동네로 이집에서 저집에 連行하는 往来까지 서로 連帶責任을 지고 警

(조서용지을)

262

戒監視하는 組織会議였다는것이였다

263

서울민사지방법원

이말을 듣자 來日부터는 門밖에도 自由
로히 못나갈것을 生覺하니 더욱 초조
感에 一時도 견딜수없어 唐慌하든
中 밤을 이곳에 接待해 주고있던 볼
基奉民家에도 이와같은 恐怖感에서
夜間을 利用하여 逃亡한다는것이다
이機會를 놓이지 않으려고 東山城子에
住在하고있는 親戚 趙海結(申常廷
丈人)氏의 斡旋과 誠意어린 後援
을 얻어 危險한 情勢인지라 二八區
農庄에 계시는 아버님도 찾어뵙지
못하고 家族사이에도 서로 만나볼
形便이 못되여 親庭어머니를 내려
보내 아버님 壽服만 傳達하는 한便
쌀한 꾸대 [illegible](仁濟의 60名)이를
꾸려 타리고 오라고 한뒤 家產一切도 그
대로 버려두고 四月十三日 午前三時頃
버스편을 타서 다만 몸만 빠져 當日

(조서용지을)

264

서울민사지방법원

三源堡까지 달리는 途中에는 드문드문
걸어가는 사람들도 보였으나 그와 같은
運命이될까 더욱히 不安 恐怖였다는
것이다
그 이튼날 通化縣 二密地方에 이르자
女兒幸子는 떠나기 前부터 呻吟中이
던 身病으로 途中死亡하여 그곳에서
埋葬하고 그 다음날 終日 비를 맞으
며 通化縣까지 到着한 다음 밤인
中共八路軍의 軍用貨物車가 오했드
러왔기에 사정사정 이車便에 依賴
하여 輯安縣까지 이르러 滿人廊下
에서 비에 저즌 몸을 그대로 앉아 하
로밤을 새우고 그래도 禍亂中 同族
을 맞는 心情에서 별별 떨리는 몸이나
좀 녹이려고 일즉 市內 韓人旅館을
차저가 잠시 쉬는 한便 重要行李도
保管시켰든 旅館主人의 共產勢力 要延

(조서용지을)

265

서울민사지방법원

을 奇貨로 陰凶한 提携에서 몸당
看破함으로 莫大한 被害를 입고
鴨綠江邊의 酷世한 調査를 겪어
僅僅히 滿浦鎭까지 到着하였다는
것이다
~~滿浦鎭 保安署의 嚴重한 質問아래 一個月~~
그리하여 지난밤 유숙한 旅館으로 부터 조
그마한 衣服箱子 한개를 가지고 所謂保安
署앞을 지나다가 調査에 걸렸다
通化縣에서 떠날때 아는 親舊가 自己
名義로된 旅行證을 내여주면서 旅行證이
없이는 決코 三八線을 못넘어 갈것이니 變
姓名하여서라도 이것을 使用하여 보라는
同情이였다
우리는 亡命者라 現住地에서 旅行證도
얻을수없는 處地에서 脫出하였던것으로 不得
已 假字 旅行證이라도 或도움이될까하
며 가지고온것을 保安署에서 調査하는 保安署員에
게 내여 보라고 하였더니 모든 反問에

(조서용지을)

266

서울민사지방법원

記載事實은 符合되지 않었다
그箱子속에 保存되여있는 나의 結婚 禮狀
紙와 旅行證에 記載되여있는 姓名이 다
름을 發見하고 완전히 假字로 認知되자
이것은 逃亡가는 女子의 衣服 箱子가 틀림
없다 하면서 即是 押收되어 올터 拘束시키겠다는 恐喝
이였다
이箱子에 담겨있는 옷가지와 若干의 旅費까
지 縫封하여 두었기때문에 우리家族一行
의 死活問題가 달려있는 箱子였다
萬一 사람이 拘束되거나 衣服箱子를 押收
當하는 날에는 오도 가도 못하고 달잡 中途
에서 큰 낭패 지경에 빠지고 마는 危急한
事情이였다
나 自身으로는 그들을 다시 對하지 않으려
고 決心하였으나 當面事態가 이즘되고
보니 對하기 싫어도 어쩔수없는 딱한 形
便인지라 不得已 새삼 勇氣를 내여 直接

(조서용지을)

267

서울민사지방법원

달리가 孫行訪의 評持 律律을 言及한 다
음 率直하게 寬厚한 處慶가 있어주기를 懇請
하였더니 千萬多幸으로 다시는 그러한
虛僞를 하지말라고 注意를 喚起하면
서 간단히 解決을 지어준다
混亂한 時局의 不得已한 緣由로 犯
한 過誤였지만 解放直後 인지라 아직
良心에 좀 남아있는 關係였든지 苛酷
한 追求가 없이 予想밖으로 寬大한 處
分은 無限 感謝할뿐이였다
등밖에 一部 家族이라도 맞나게되니 반
갑기도 하나 脫出못한 家族을 生覺하니
괴로운 마음 한끝없고 侍奉之道에 不當
을 원책하지 않을수없었다
이제 후회無益으로 앞길의 方針을
다시 再檢討해야만 했다
昨日 崔君의 斡旋으로 朴炳華同志
집에서 當分間 休養하겠다던 方針을

(조서용지을)

268

서울민사지방법원

맞추어 前記 林氏에게 貰房一間을 付
託한바 그 이웃 시내가에 自己 親戚
所有 家屋 한칸을 欣然히 周旋하여
준다
이때 家人은 有足 脫出으로서 備蓄品
이였다 貰房으로 옮기고는 하였으나
살길은 漠然하였다
淸凉한 시내가에 깨끗한 山도 물도 空氣도
알숙하게 좋다마는 이地方에서도 每日 무슨 會
議이니 同盟이니 하여 낮에도 밤에도 오늘도
내일도 前住地에서 보고 듣던 그 赤色바람이
몰아치고 있다 [redacted]
그러나 商을 하거나 무엇을 하거나 우리 앞
에는 爲先 살기가 급하여 앞山 뒷山에
올라가 家人은 나물캐어오기 李棟兒
는 나무하려 山에 올려갔다가 村長에게
낫까지 빼앗기는 等 나는 韓商業에

(조서용지을)

269

서울민사지방법원

가서 값싼 食糧을 求해보려고 가는 사람들
을 따라 中馬綏邊 苛酷한 警備網을 넘어
食糧을 求한 다음 검은 夜半을 利用하여 渡江
하려든것이 不幸이도 無道한 八路軍의 追擊
하는 바람에 양식도 쌀자루도 다 내여버리
고 逃亡쳐야하는 사람들이 十에八九였다
나도 이가운데 한사람으로서 한끼라도 얻어
보려든 所望은 水泡로 도라간 反面 남는것이
라고는 損害와 苦痛과 零至今에 빈손들고
돌아오는 꼴이였다
이같이 艱難에서 헤매는 동안 歲月은 흘러 滿
浦鎭 貰房生活도 벌서 一個月이 갔까웠다

- 平和鄕이 그리워 南으로
- 家族消息은 絶望中 어린이 出生

1946年 五月 中旬頃이였다 이곳서 達滯케
된 本意 인즉 脫出못한 家族들의 安危이나
滿洲 情勢의 推移를 들어 보려는 唯一한

(조서용지을)

270

서울민사지방법원

希望이였으나 날이 갈수록 家族의 安危는
알수도 없고 中共의 勢力은 날로 膨脹一路
라는 不吉한 消息뿐 도라가려는 希望은
絶望이였으니 不得已 이제는 南으로나
피가야 하겠다는 生覺에 眞 躁 할뿐이
였다
滿浦도 故國 땅이지만 이꼴 저꼴들이 다
보기가 싫어 再歸하다는 希望도 不可能인 것을 看破
하고 이제는 하로라도 빨리 떠나고만 싶었다
그믐 滯在期間 朴炳華同志의 크다른 身勢
를지고 出發에 際하여는 江界까지 고맙듯한
送別을 받으면서 滿浦驛을 떠나 南으로 달
리는 車길은 大小 五十餘 個所의 굴들을連이
어 지나는것이였다
泰山 峽谷이 겹겹이 둘러쌓인 熙川을 지나 軍
隅里를 經由 价川에 들어서니 새벽날은 차츰
면 東에 트기 始作한다
여기서 平壤이 얼마 남지 않었다는데 當日인

(조서용지을)

271

서울민사지방법원

照世는 몹시 苦悶스러운 表情이었다
그러나 소거름같이 궁둥거리는 汽車는
停車하며 서ㅅ 벌큼 잘 떠나지 않는다
苦한 마음 限없이 조리게하든 車는 비로
소 떠나기 始作하여 多幸히도 慶尙 平
壤까지는 겨우 到着하였다
避亂民 收容所를 찾을려 차차가 事情
에 애걸을 하였으나 그 收容所事務員
들은 다만 冷情한 態度로 남의 哀한
世情은 秋毫도 알어주지 않는다
保安署에 手續節次를 거쳐야만이 入
所될수 있다는 強硬한 拒絶를 함으로 照世
의 事情이 哀한즉 為先 방안으로 드려가게해
주면 手續만은 規定된 措示대로 事后
履行하겠으나 善處해 달라는 再三 懇請하
였으나 終乃不應하면서 어디로 가는 避
亂民이냐고 묻는다
事實대로 故鄕인 江原道로 찾아가는 길에

(조서용지을)

272

서울민사지방법원

라 하였더니 當場不快한 語調로 길에 手續
이 걸리니 기다려 工夫으로 된 큼직한 建物
이것만 저 下層한쪽 귓퉁이에 몇겹 부대기
걸린 暗室같은 방안으로 드러가라고 한다
玄關앞에 앉어 苦悶하던 照世는 드러
가자 卽是 事故가 있었다 다른 避亂
民의 말에 依하면 照世에게는 特別
한 待遇로 쌀과 미역 같은것도 도와
주었다는데 南下라는 한마디에 人道的
同情이라고는 찾어볼수없는 苛酷한 差
別待遇였다
이 같이 차디찬 寺國氣分에서도 같은
避亂길에서 苦難을 겪고있는 어떤
中年 姓名未知의 女人 한名이 이딱한
事情을 보고 至誠껏 溫情을 베풀어
돌보와주던 그同族愛가 아직도 記憶에 生
ㅅ하며 다시 맛나 感謝할길이 없는
우리의 現實이 限없이 원망스럽기만하다

(조서용지을)

273

서울민사지방법원

大同江의 洪水와
平壤驛의 쓰리 速度

1946年 2月 下旬頃 하늘도 無心하게 장맛비
(2.3日 아버님이 下世하셨다는 傳言을 確認할 道理가 全然 없었다)
는 왜 그다지도 내려쏫는지 大同江물은 練光亭
까지 洪水로 氾濫하고 江沿岸住宅들은 모
조리 流水崩壞現狀이었다
그 북쪽이를 자리로하여 차디찬 냉돌 ~~북녁~~
우에서 괄시를 받으며 하로 낫 밋틀밤을 지나
고 길에서 어떻다는 意味에서 초생 어린이
이름을 避後이라고 (생2일만 2일후졸) 지어주면서 곧 그收容所
를 떠낫다
아직도 아득한 갈길을 앞에두고 事後 行路
이 걱정되지 않을수없어 不得已 旅路으로
차저가 겨우 一日二夜의 滯留하는 한便 그
機會를 利用하여 李棟씨를 앞세우고 三十
六年前에 눈물을 뿌리며 作別했던 練光
亭·浮碧樓·乙密台·浮碧樓등 두루 산

(조서용지을)

274

서울민사지방법원

이면서 觀覽하게된 그 길은 感懷는 感慨
無量 限이 없었다
大同江 鐵橋아래 주비ㅅ 흐르는 물은 古今이
變함없고나
이 비단같은 江山을 異族의 亂舞場으로 내어
맛기고 거친 曠野에서 피눈물로 헤매던
生覺을 할때 새삼 痛憤을 禁할수 없었다
數日間이라도 休養中이던 그旅館女主人은 우리
善貴兒(仁淑의 幼名)를 주면 키워 심부름
시키겠다고 맺겨달라고 사정 - - 하였다
아마 우리의 處地와 초라한 行色을 보와 말
하면 되리라고 生覺했던 모양이였다
더 以上 遲滯할 事情이 못되는 平壤에서 떠
나려고 驛前으로 나오니 避亂民들이 몰려드
러 驛構內에는 數ㅅ千名이 밀려 서로 앞서
가려고 前으니가 踏하느니 엄은 아해가 터
지느니 이른 저른 아우성 소리가 어즈러히
들려온다

(조서용지을)

275

우리도 그 混雜한 틈에 한목끼여 나가보려고 밀린 群衆속에 점기엿더니 말소리만 듣고 南鮮놈들이라고 눈을 번들거리며 무슨 感情이나 잇는듯이 地方的 色眼鏡으로 매우 사납게들 대들어 덴다 轉而不斷하고 僅々히 車에 올라 탄다음 호주먼니를 만져보니 쓰리군놈들이 「지갑」을 뽑어갓다 이것은 참으로 엇절한 事故엿다

첫재 鶴峴驛으로 부친 行李의 手荷物票가 드러잇고 또는 이 手荷物을 찻지못하면 당장 입을 옷가지도 問題려니와 그 箱子안에는 당장에 써야할 旅費까지 密封하여두엇기 까닭이다

唐慌岩措도 家族은 車에 태워둔채 나 혼자 다시 車에서 뛰어나려가 여기저기 눈을 돌려 보앗으나 찻는바는것은 千萬空想에 不過햇고 車는 벌서 떠나려고 움직인다 車까지도 떠어버리면

家族까지도 잃어버릴 엇절한 瞬間이엿다

죽느냐 사느냐한 分岐点에서 一旦運命에 맛기고 千萬多幸으로 다시 車에 올러타기는 하엿으나 解放에 뒤따른 混亂가운데 人心은 極度로 險惡하며 惡質徒輩들이 亂舞하는 때라 予想컨대 이「쓰리군」놈은 畢竟 먼저 알길러가서 그 手荷物을 차저가지고 다라나지 안엇을까 하는 마음이 더욱 조리엿다

鶴峴驛長의 신세와
海州收容所의 苦衷

平壤을 出發 中和·黃州를 지나 沙里院에 와서 海州가는 輕便鐵을 가타 타야하는데 車에서 나리니 驛前에서는 緊張한 警戒속에 調査도 甚하거니와 市內空氣는 쌀々하고 차갑기만

하며 民家들은 거의 텅々 비여잇엿다

鶴峴驛에 가는 마음이 時刻이 急하나 不幸히도 오늘은 鶴峴가는 車가 없다 하며 不潔한 沙里院市內 빈집에서 안타까운 가슴을 안고 또 하로밤을 지체해야만 햇다

초조한 時間은 흘러 그 翌日 아침 비로소 海州車를 타게되엿는데 이車는 輕便鐵임으로 더욱 複雜하며 차칸은 콩나물 시루우로 배가 터질 정도엿다 서로 밀치고 踏히는 가운데는 대스럽지 않은 말에도 南鮮놈들이 어떠니 경상도 문둥이가 어떠니 平壤驛構內에서 듣든바와같이 이車안에서도 地方的 不快한 言辭와 욕질이 꼿장 잘들린다

흐르는 時間과 함께 車는 鶴峴驛까지 닿여왓다 車에서 나린 即是 爲先構內에 들어가 手荷物부터 눈돌려보니 한

쪽便에 다행이도 우리 箱子짝이 보이기에 爲先 깁븐마음 限이없엇다

早々히 驛長을 차저가 모든 經緯事實을 말한즉 意外에도 親切한 態度로 事由書와 領受証을 써々 가지고 오라는 指示를 맛고 지체없이 履行하엿더니 無難히 내여주겟다고 快諾을 한다

참으로 不幸中幸으로 現品引受와 아울러 그 同情的인 신세에 無限感謝의 뜻을 表하엿다

그러나 老母는 旅路의 饑餓와 疲勞의 痛苦에 거의 氣盡脈盡 極에 達하는 形便이엿으나 이끌서 饑飢程度로 꼿이고 이 鶴峴驛을 떠나 또 海州收容所를 차저가야햇다

날은 임의 저물어 黃昏에 깁헛고 갈팡질팡 차저가는 收容所內에는 數많은 避亂民들이 가득차 잇엇다 이곳에서 三日

서울민사지방법원

間의 救護를 맛게되엿는데 前記 平壤收容所에 比하여서는 大端히 同情的 優待엿으며 親切한 案內로 歸鄕證明書도 이收容所에서 責任者의 厚意로 所持케되엿다

1946. 5. 丙戌

怨恨의 三八線을 넘어
古都開城도 觀光

海州는 원한의 三八線에서 멀지안는 接壤都市엿다

鶴嶋서 부터 내가 겪고 보는 三八線은 어떠 하엿든가 山川을 도라보니 禽獸草木도 슬퍼하는듯 佳木秀而繁陰인 五月風景이지만 嚴冬雪寒이 모라치는 氣分이 돌고잇다

大戰后 强者들이 人爲的으로 造作한것이 곧 이 三八線이란것이다

이境界를 넘으려면 어떠케 가야 잘넘어 갈수가 잇느냐고 그地方 原住民들에게 무러보앗더니

(조서용지을)

280

서울민사지방법원

그들은 말하기를 第一 「모스끼」에게 걸리면 危險千萬인데 銃殺當하는 例가 種種 發生되고잇으니 첫재 地理에 익숙하고 經驗잇는 指路者가 特히 必要하다는것이다

이附近에 사는 사람들을 도라볼때 모다가 흡사 무슨 큰罪나 짓고 逃亡온 사람들 갓치망하다 남이 볼가 或는 남이 드를가 戰戰兢兢하면서 모다 沈重한 表情으로 숲속에 앉은 새처럼 웅크리고 모혀잇어 한사람도 氣分좃케 活氣스러운 氣色이라고는 全然 차저볼수없이 다만 殺氣만 감돌고 잇을뿐이엿다

特히 同情的 協助에 全力을 기우리는 海州收容所에서 소車한개를 利하여 行李를 주서 실은다음 出發에 際하여 案內人을 앞세워주면서 어느 地点까지 가서 어두운 밤이되여야 떠나게 된다고 하는데 海州를 떠나든 時間은 午后 두時頃이엿다

(조서용지을)

281

서울민사지방법원

지나가는 黃海道地方길 沿邊에는 農夫들이 모를 심우기에 밧벗으며 農樂隊깃발 아래 農夫歌부르는 소리도 드늘다

한部落에 이르러 西山으로 기우러가는 해를 바라보며 밤이 어서오도록 기다리고 잇어야 했다

이때는 五月첫 여름이라 그部落에서는 저녁食事가 끝난 다음 하로의 疲勞를 쉬고저 그늘진 나무아래 男女老少가 모혀들어 談笑가 벌어지는 한便 아희들은 떼를지어 赤旗歌만 불러댄다

이러한 瞬間에도 이곳에 數없이 모히여 웅성거리는 避亂民들은 마음속에 暫時도 노여지 않은 걱정이 어떠케 가야 저 원한의 三八境界를 아모 事故없이 넘어갈수 잇겟느냐 하는 焦燥한 가슴으로 떠날時間만 바쁘게 기다리고잇다

검은 밤은 왓다 大地는 黑幕속으로 드러가

(조서용지을)

282

서울민사지방법원

人又人도 알아 볼수없다 오직 하늘에 별만 반짝이는 고요한 깊은 밤에 案內者를 따라 떠나기는 하엿으나 連日 暴雨가 쏫아진 뒤라 물탕에 걸어야하는 길은 限없이 險하기만 하다

天方地軸으로 指路者 가는대로만 따라가는 논둑 밧둑 좁은 길 山골짝 다리도 없는 넓은 江물을 건너며 밤이 깊허갈수록 자욱한 안개는 天地를 싸고도라 人又人不辨의 발길은 겨우 찾기가 困難하며 案內者 自身도 알숭 달숭한 모양인듯 여기 저기 人家附近에 이르러서는 소리소리 질러 남의 깊히든잠을 깨워서 南으로 가는 길이 옳으냐고 확인해보기도 한다

一步一步 발닿기는 途中에는 警備青年들이 곳곳시 뛰여나와 檢問檢索을 하고잇으나 아직 强制로 넘어가지 못하게

(조서용지을)

283

는 밟지 안는다
이와 같이 죽음의 線을 넘어서는 때가 밤은 거의 지나 列車에 앉아 오자 京義線 鐵道가 보인다 이 鐵道附近에는 쑥대와 雜草가 茂盛하며 오래동안 사람의 발자취가 끊어져 山과 들에 모다 荒蕪의 廢墟로 變하고 말었다
이 地点에 이르자 案內者는 이제 三八線은 넘어 왔으니 安心하라는 말을 듯자 비로소 一行들은 가슴에 맺키였든 恨心을 내여쉬면서 잔디 밭우에 힘없이 모혀 앉어 아 ―― 三八線의 悲慘에서 聯合軍의 武裝解除를 爲한 所謂 臨時措置라는 이 魔線이 이 民族의 피눈물을 無慈悲하게 强要하고 있으니 이 弱小民族의 원한에야 말로 千秋萬代에 어찌 잊을수 있으랴 天人이 共怒할 强者들의 罪惡이였다
이 道路附近에는 몇名式 둘러앉은 사람들

을 많이 볼수 있었다 모자가 지난밤에 넘어온 모양이다 悲哀이 滿面하며 원망과 한심젖는 表情들이였다
늦은 아침 靑丹驛까지 到着하였다 또 收容所를 들어가 하로밤을 逗留하면서 南으로 부터 避亂民 輸送列車가 오기만 기다렸다 이곳에 各處에서 모인 數々百名의 避亂民들은 三八線 저쪽 以北에서 보던 氣色은 안보듯 大概가 平和스러운 表情들이였다
그 翌日 避亂民 輸送을 爲한 汽車가 달여 왔기에 이 車를 타고서 土城驛에 이르러 美軍의 檢閱과 防疫消毒을 받은 다음 그곳 驛長의 非民族的인 薄待를 받으면서 驛構內 露天下에 하로밤을 새우는 사이 美軍들은 平壤서 出生한 어린이(適淑)를 避亂길에 皮骨이 相接한 凄慘한 모습을 보고는 그

만 내여버리라는 말까지 듯게된 形便이였다
또 그 이튿날 土城驛으로 부터 開城으로 輸送되여 收容所에 들어가자 他地方에서 보지못하던 優待일뿐 안이라 自由스러운 感想이 平和의 품속으로 들어온것 같은 늣김이였다
그러나 가슴 한구석 [illegible]못한 家族安危가 머리에서 살어지々 안는다
이 開城收容所에서 特例의 厚待를 받으면서 그는 一週間休養의 機會를 利用하여 高麗五百年治長盛衰의 都邑地인 옛터전을 더듬어보기로 하였다
松岳山을 바라보며 뒷山麓에 [illegible] 밭갈고있는 農夫에게 李成桂의 登極할때 遺蹟을 물러보았더니 저건너 山밑 저洞내에 太祖大王이 살던 建物이 아직 남어있다고 한다

登極當時 高麗末 殉國七十儒賢들이 돌팔매질하던 그 집이 안니였던가 生覺된다 그리고는
鄭圃隱先生의 廟閣에 看守의 案內를 받으며 그 崇高한 忠誠心에 머리수겨 敬拜하는 그 碑石正面에는 「萬古貞忠鄭圃隱」이라고 색여져있어 이나라 永遠不滅의 등불이 되고있는것 갖기도 했다

太宗 李芳遠의 何如歌에 對答한 노래가 記憶에 떠올렀다

이몸이 죽어 一百番고쳐죽어
白骨이 塵土되여
넉시라도 잇고 없고
님向한 一片丹心이야
가실줄 이시랴

그때 殉國했던 善竹橋의 그 聖스러운 피痕跡을 자세히 살펴보며 그다리 아

서울민사지방법원

때는 시내물이 晝夜不息 흐르는것을 볼때 그
忠血이 이民族의 脈搏에 저같이 흐르고 잇는
象徵인것 갓기도햇다
오랜歷史를 가지고 거룩하게 傳해오는 그 다
리 우에서 感慨無量 점즉 徘徊하면서
當時 太宗의 스승이시고 우리 先祖의 한분이신
元天錫 號를 耘谷 호는 子正 先生은 高麗
의 國運이 기우러짐을 슬퍼하며 江原道雉
岳山에 숨어 太宗이 여러번 招聘하엿으나
拒絕하엿다
李朝로 박귄뒤 開城滿月台 廢墟에서 옛
高麗時代를 追懷하고 人生의 덧 없음을 슬
허 하면서 읊흔 詩調가 새삼 感想이 늣겨
진다

興亡이 有數하니
滿月台도 秋草로다
五百年 王業이
牧笛에 부처스니

(조서용지을)

288

서울민사지방법원

夕陽에 지나는客이
눈물겨워하노라
人生感懷는 古今이 다를것이 없다
吉再先生도 이러한 感懷에서 아래와같은
詩調를 읊게 되엿던가 싶엇다

五百年 都邑地를
匹馬로 도라드니
山川은 依舊한데
人傑은 간데 없네
어즈버 太平烟月이
꿈이런가 하노라

시름을 안고 避亂民 속에서 더 徘徊할時
間은 없엇다
그廟門을 나와 뒷골작에 올라가니 青
年數十名이 便을 지어 활쏘기 演習을
하고 잇다 그 弓手들이 머리에 쓰고 쏠때
띈것은 아마 高麗時代부터 傳해오는
弓術裝飾가 안닌가 싶엇다

(조서용지을)

289

回顧錄

卷貳 上下

曉堂

290

서울민사지방법원

開城收容所에도 벌서 一週日이 지낫다
잇소 더 遲滯할수 없는 事情이엿다

回顧錄 卷貳 下

首都서울을向하여
첫번맛난옛同志

1946年五月末頃 開城 收容所의 딱딱한
신세를 지고 그립던 首都 서울을 向하여
驛頭에 나가 車에 올라 瞬息間 서울
驛에 나려서니 해는 벌서 西山에 걸엿고
陰酸한 暴風은 私情없이 들녀쳐 더욱
沉痛한 마음을 어수선하게 하여준다
驛構內에는 避亂民들이 洪水같이 쏟아
저 모다 悲慘하게 여기 저기 늘어저 누
은 現狀은 目不忍見이엿고 四面 안팎
에 不潔한 惡臭는 코를 들수없는 程度
엿다
에 —— 그립던 祖國의 首都 서울이여 九

(조서용지을)

291

死一生으로 三十六年만에 차저온 나에게 무슨 膳物을 주려나 十年이 지나면 江山도 變한다는데 山川도 사람도 人情風俗도 生疎해진 오늘 누구를 찾어 어느곳으로 가야하느냐 해는지고 밤은 어두워 오는데 赤手赤身으로 갈곳을 모르는 나로서는 悲慨치 않을수 없었다

爲先 驛附近 조그마한 下宿집을 차저들어 旅裝을 풀기는 하였으나 앞길은 暗澹할뿐이였다

數日을 쉬며 旅館主人방에서 自炊를 始作하는 一便 서울의 實情을 좀 알어보려고 이제는 解放이 되였으니 옛날 滿洲荒野에서 死生苦樂을 같이하던 先輩나 同志中에 入國한이들을 한번 차저 맛나보고 싶었다

하로는 서울 거리로 나가노라니 李儁先生의 追悼式을 어느 天主敎堂에서 擧行

한다는 貼報를 보고 그 場所로 차저갓으나 場內에는 벌서 超滿員을 이루워지고 있었다

式壇을 바라보니 옛날 荒野에서 新興武官學校 敎官으로 함께 있던 成駿用 同志가 追悼辭를 하고 있었다

式이 끝난 다음 반가히 맛나 오래동안 보지 못한 握手끝에 오늘은 바쁘니 다음날 黃金町 高麗革命黨 事務室로 차저와 종용히 한번 맛나자고 한다

그后 約束대로 차저가 回顧談을 交換한 다음 그의 意見과 抱負를 打診해 본結果 滿洲에서 共產黨幹部들이 宣傳하든 말과 조금도 다름이 없었다

그들 論理는 좋으나 果然 말과 같이 宣傳과 實踐이 一致하였든가 다만 独裁와 虛偽와 欺瞞이 였다는것을 体驗한 나는 또다시 疑心하지 않을수 없었다

前보다 精神이 안남을 깨닷자 그다음부터

는 自警自戒하며 言動을 삼가면서 발길을 돌였다

그다음은 百萬長安 어데에 누가 있는지 알道理가 없었다

下宿집 費用 自炊生活로 벌서 半個月이 지났으나 아직 앞길은 漠然한 가운데 偶然히 前滿洲居住地에서 同族相據하며 오던 河在高氏를 맛나 나의 再從叔 世杰氏가 高富山 어느곳에 살고있다는 것을 말하고 所居處 아는 사람을 불러 卽是 案內하며 주기에 지체없이 차저갓더니 限없이 기쁘게 마저주는것이였다

自手로 구르마車를 끌어 行李를 運搬하여주는 一便 所有 넓직한 다덤이房한칸도 빌여 준으로 爲先 얼마 동안이라도 安心하고 疲勞를 休養케 되였으나 어려운때 집안이 조타는 늣김이였다

故國에도라와 첫出發
青年運動

1946年五月

數千里 赤徒網을 뚫고 虎穴에서 死線을 넘어 下船의 몇일까지 刻苦한 經路를 回想하니 死中再生의 늣김이였다

그 緊迫한 瞬間마다 天佑神助가 안닐수 없다

그間 또 歲月은 흘러 南營洞 所在 再從叔이 喜賜한 결방살이도 어느사이 三個月이 갓가웟다 더以上 身勢를 질수 없는 形便임으로 (全才八月) 附近 元曉路라는 元字 地名을 擇하여 그 地域 住居하고 있는 全羅 金太元氏方에 一間다덤이房을 前貰로 어더 移轉入住한것이 오늘까지 우리 住宅으로 所有되고 있는지도 於焉 26年間에 이르렀다

그后 六二五 戰禍中 前建物은 燒失되

서울민사지방법원

고 그후 그垈地上 또 새로 建築한것이다
이제는 房도 한間 어디 定着地도 定하였
으나 再建祖國을 爲해 조금이라도 國民된
義務를 하려보려는것이 唯一한 指向이였다
그러나 混亂의 물결이 구비치는 現實下에서 이
러한 義務를 할수있는 길을 찾기가 難之難한 當
面問題였다
1948年 8月 우연 듣는바에 依하면 前生 農野 新興
武官學校 第四期生 吳光鮮同志가 明洞에서
光復青年會 看板을 걸고 青年運動을 하고 있다
기에 찾아가는 차례가 그 趣旨를 물어보았더니 光青
은 中國 重慶에서 創設된 光復軍 總司令官 李
青天의 指揮下에 所屬인 國內支隊가 解消當하
고 그 後身으로 이땅 青年들을 中心하여 옛날
救國運動精神을 다시 살려 再建祖國에 이
바지하려는것이 그 目的이라 하면서 中央本部
政訓業務를 擔當하여 달라는 勸誘이였다
순수한 青年運動인지라 同意하며 同志의 付

(조서용지을)

296

서울민사지방법원

託에 同意하고 業務遂行上 李青天이 하루 歸
國前임으로 國內青年들의 그 企待는 컸으나 其
實은 現狀維持에 不過했다 그後
1947年 所記 李青天의 還國과 아울러 一大 強化시
키고저 그 名稱을 大同青年團으로 改稱하고
廣範한 組織體係를 擴大할 무렵 總務
部長에 選任되며 그 職務遂行에 活躍하
여 왔으나 時局混亂을 奇貨로 惡質徒輩들의 亂
舞하는 그 內部的 腐敗는 極에 達할뿐 아니라
그外에도 李範奭의 英雄心에서 別個의 民族
青年團이라는 團體를 새로 組織하여 李青天
을 中心한 大青과 相互對峙함으로서 所謂
革命運動을 하여왔다는 指導者들이 함께
몰려 模範的인 行動을 못하고 民族의 企待에
어그러진 分裂로 不名譽스러운 行動은 痛歎
할일이 한두가지 없었다
赤色分子들은 모스크바 三相會議 信託案을
指支한다는 旗幟를 들고 破壞 殺人 放火

(조서용지을)

297

서울민사지방법원

等 非民族的 野蠻行爲를 到處에서 實行
하는가 하면 政治, 文化, 經濟, 社會面에는
政治 부로카 奸商輩 機官輩들이 中傷,
謀略, 欺瞞, 離間, 阿附, 虛僞를 專業
으로 함으로만 행세 愛國者가 洪水같이
쏟아져 怒濤濁浪이 구비치는 가운데 玉
石을 區分할수없는 現實에서 大義名分이나 民
族正氣나 어느곳에서도 찾아볼수가 없었다

恨많은 教育難

1949年春 내가 不幸한 時代에 나서 배우
려도 배울길 없는 餘恨을 子弟들에게나
願해보고 가르쳐에 새時代의 有用한 人材
를 만드려 보려고 굳은 決意로 門路로
이주에 노았것만 못하게 ... 살키는
赤徒들에게 송두리채 빼앗기고 빈손들
고 脫出하여 九死一生으로 그립던 故

(조서용지을)

298

서울민사지방법원

國까지 오기는 했으나 나에게 ... 이
무엇이 있는가 오직 홍두멍에 배랑을 메고
市場거리로 나가 하루 쌀갈이라도 차려보
기에 밤바빠 했다
그러나 이러한 處地에서 時急한 子女教
育은 念及조차 할수없는 事情이였다
歲月은 흐르고 時間은 갈수록 將來를
그르칠까 걱정과 두려움은 잠들기전 노일
날이 없다
그러해서 赤手空拳이지만 爲先 李棟兒는
노량진 商工中學校로 容丹兒는 青坡洞
信光女子中學校로 募集試驗에 應試
하였던바 合格은 되였으나 다음 問題
는 學費 거출이란 一大難關이 가로 놓여있
었다
精誠이 不足한것도 아니요 다만 힘이 못
미치지 못한것이 가슴맺은 恨이였으나 이것
을 누가 알아주며 同情이나 理解해 주는

(조서용지을)

299

서울민사지방법원

者가 그 누구였으려요

再色케고 校門으로 드러가는 學生에게 私情없이 내여좇는것만이 學校當局의 學費督促에 唯一한 手段方法이였다

試驗때가되면 더욱 그러하매 手堂은 순진한 學生은 校門에서 뜨거운 눈물을 흘리며 貧寒家庭으로 失望없이 도라와 學業안가주고는 登校치 못하겠다고 울며 울며 졸라댄다 父母된자 가슴이 터지고 애가 저려지 않을수 없으랴

이것이 混亂時局의 所致이니 어찌할수 있나 自古로 文章出於困窮이라 하였으나 苦難속에 배워야 나중에 偉大한 人物이 될수있을것이다 졸으면 졸게오고 屛하면 屛를 닿게맞으라 하면서 달래보기도 하였으나 한달에도 敎없이 좇겨단에다가 終乃에는 그學校에서退學處分까지 맞고야 말었다

(조서용지을)

300

서울민사지방법원

이것이 當時解放祖國의 現實이였다

이나라 옛말에 三代 빌수가려도 책을 지고 배우러가는 사위에게 끝은 가르쳐준다는 古訓이 있다. 韓民族의 傳統的 通我에서 傳訓되는 美風이 였것만 이같은 非通我的인 苛酷한 敎育措置는 悲憤을 禁할길이 없었다

1947年丁亥

(조서용지을)

301

—253—

四. 신흥대학을 차지 [illegible] 등으로 본에 비로소 선배와 동지들의 개향을 얻게되자 먼저 성재 리시영(省齋 李始榮)선생을 차렸더니 반가히 맞아주면서 옛날 신흥무관학교정신을 국내에부식하기위하여 신흥대학을 설립코저 유지제씨의협조로 기성회까지 결성하고 자금대책도 강구중이며 문원개교도 되겠으나 여러가지 난관과 애로에 활발한전권을 보지못하고 있으나 모교의재건을위하여 적극협력하여 달라는 요청을 하시였다

공사간 옛 선민을 잊을수없을뿐아니라 이나라 청년들에게 민족정기를위하야 신흥의정신을 배양시켜 영원한 기초를닦는

302

—254—

것은 오늘의 긴급을요하는 현실연제라 본교의 학도감이라는 즉책을가지고 교무에종사하면서 발전을도모하였으나 그시 해방직후 군정하에서 병에 학교히 서지못한관계로. 질서가문란하여도 계제할 도리가없는때라 이것을기화로 부로가 검모란자가 기성회에 개입하며 자아세력을 부식하고저 가진 흉계로 학생가운데도 좌색사상이 잠재되여있는자들을 이용선동케여 맹휴운동 교사문제를위요하고 一대 분규난투등 가장악질적으로 저해하여왔다

그러나 이험악한 좌란을 배제하면서 뜻우로 주야로 분고하고 본대학의 기초를 세워보려는 최선의 노력을 기우려왔으나 모든 환경은 용이히 해결되지않코 혼란 복잡은 점점계속

303

—255—

되고 있섰다

四二八○(1947)년 丁亥(정해)

李始榮 新興大學에서

[illegible]

옛날 황야에서 조국독립을 위하야 이주동포
의 계몽과 사상의 고취와 주구의 배격 등 광복사
업에 크다른 역할을 하며 오던 신흥무관학교
학우단이 오늘 해방된 조국의 혼란속에 더욱
히 그 정신이 요청되고 있다
그리하여 국내에 들어온후 몇 선배도 찾아
고 동지들도 맞나 학우단을 다시 살리며 그 조직
을 통해 함께 뭉쳐 보려고 산재한 동지들을
종합하며 본결과 당시 재경수만도 四십여명에
달하고 있음을 알게 되여. 신흥대학교 실내에
집행장소를 정하고 부활총회를 개최한 석상

304

—256—

에는 옛고 같은 성재(省齋) 리(李)시영(始榮) 윤(尹)기섭(琦燮) 리(李)규봉(圭鳳)
리(李)광조(光祖) 제선생의 임석하에 三·四십명의 단
우와 유지들의 다수 참석으로 성재선생의
훈화와 윤(尹)기섭(琦燮)선생의 연혁과 내빈 축사로서
감개무량으로 단란하게 거행되며 부활결하
는 옛으로부터 전나는 한편 림시 사무소를 회현동(會賢洞)
최(崔)중산(仲山) 사택一부를 빌어 간단한 사무를 취급하
여왓다
그후 단원가운데서는 설립초기에 있는 신흥대학
에 대하여 양논이 대두하였다
一부는 무인양성이 아닌이상 본단과 관련이
업다고 주장하는가하면
一부에서는 문무구별할 것 없이 그 정신에
입각한 교육이라면 모교로 인정하는 것이 타당

305

—257—

하다는 등
이상과 같은 분규로 대립하였다 전자는 기
성회 김모와 합유하며 배방으로 귀해하며왔고
후자는 그새 학장 리(李)규봉(圭鳳)씨와 동조로서 나복
시 후자를 주장하는 한사람이였다.
호사다마로 국내사정은 모다가 악조건이오
주위환경은 가시밭이였다
단우중 송(宋)호성(虎聲)은 평국이후 친척관계인 유
동열씨의 연로로 一약 해안경비사령부의 사령
관에 재즉중 학우단 운명문제와 동지들의
알선日개에 만열의 조음이될가하여 제一회 학우
단장으로 추천선출하였으나 자신의 명예와 명
리에만 중시할뿐 도리혀 냉정한 태도로 령국
동지들 금후 군정이 철수되면 조국 땅위에

306

—258—

一원이 되여 모려는 희망이 였으나 절대 거절하여왔
다 소위 단장에 라는 면의를 가지고도 그의 미양심적이
며 비동정적인 태도는 더해하기 곤난할뿐안니라
가증스럽기로 하였다
四二八○(1947)년 丁亥(정해)
독립운동자동맹을 [illegible] 一생을 통하여 한편 박헌 정신은 그
리욌이 하게 1면 하지 안는다는 것은 나 자신을
생각하며 몸대 잘 알수있섰다 도성여년 권에 체
득한 정신은 그대로 살어있어 국내에 들어온뒤에도
항상 가고 숭훈곳 하귀모고 술은사람 하고술은인
모다가 그 정신에 따라 움지기며 암흑과 노도속에
서도 가준히 그러한 방면으로 정신을 기우려 더듬
어보기에 잠시도 떠날 이 없었다.

307

어느날 어느동지로부터 권하는 바에 의하면
윤기섭(尹琦燮)선생을 중심으로 해외독립운동자들
이 (당에 모이여) 한개 단체를 조직하고 빛날 투
쟁정신을 살리며 새나라건설에 이바지하자는 것
인데 과거 운동선에 관련이 있는 자라면 누기
나 환영하는 깨끗한 애국단체로서 그명칭을
독립운동자동맹이라고 칭하며 명실공히 그 결
과도 훌륭할 것을 의심치 않코 기뻐하여 동
맹의 一원으로 가입하였으나 모든 일은 난측이
였다
결성도 되자 말자 미군 군정에서 김명기관
이 구성됨에 단체명의를 리용하며 중요간부
수명은 몇몇의 원에 감투를 씌울 목적으로
암〃리에 활약하며 계획대로 달성된 이자

들은 이 목망을 이룬 다음부터 단체에
대하여는 외막에 씬 외갈이오고 자아명에
에만 광문할뿐만이라 그외에도 좌색분자들
이 끼웠되며 단체명의를 팔아 군정하
물자배급을 타서 소위 목한 괴뢰정단 간부
들과 결화 또 성숙한다는 등 천불당 만불당한
소행(所行)으로 단체운명상 막대한 지장과 명예손상
은 물론 단우간의 점차 분신임을 초래하며
발견에는 우야무야로 자연 해체상태에 빠지
고 말었던 것이다
모다가 한다는 것에 이 모양이였고 말을것이
없고 할것도 없다 이 무질서한 혼탁속에서
무엇을 하여보려는 것도 어리석은 자밖게 될것이
였다 일로부터는 어떠한 단체이고 조직이고

또변미사를 한다하며도 자주자게하며 일전 판
게참지 않을 것을 맹서하였다
四二八〇(一九四七)년 丁亥(정해)

二七. 혼란과 탁류속에 (赤色分子들의 狂相)

一九四七年丁亥

부터운 왜놈들은 만주
국을 건설한후 만인들의 충실한 복종과
협력으로 소기의 목망을 十분 뜻대로 이루
웠〃자 의기양〃 일지싸면을 이르키며 소
위 대동아전쟁이라는 명목으로 중원대지를
석권하고 진주만까지 기습하여 제二차 세
계대전을 야기시켜 인류를 전쟁와중으로
몰아넣든 열광 유인의 항복으로부터 연합군
의 당〃한 승리마레 피압박민족에게도 해방의
혜택을 입게되며 전날 "카"이로회담에서 적

당한 시기에 조선을 독립시키어준다는 약속
에만 의존하고 우리는 무조건 환호속에서
좌우어인지 몽으로 넘우나 맹목적이며 무의
식하게 날뛰여왔다
그러나 귀중한 독립과 자유가 강변는
보배로 우리에게 선물이될 에는 만무하였다
그뒤부터 모스크바에 三상회의가 열리자 "카
이로" 회담에 명시되여있는 조문도 무시하고
국제적 노예인 신탁통치론이 결의되였으며
전후처리 해제를 위하여 임시 군사적 조치
라는 三八선은 임의 해체 임무가 완료되였음
에도 날이갈수록 점〃 굳어져가는 정세만
보일 뿐만이라 중국 편만으로부터 입국한
적색도당들은 음흉한 소련의 四준을 받어

—263—

무의식대중을 선동하며 신탁만대기를 불시에 신탁지〃 깃빨로 둘러맞우면서 국가적 기념행사나 경축대회 기타 대중회합등 민족주의진영이 서울운동장에 몽이면 적색주의도배들은 남산공원에 모여들어 기세를울이면서 가전악선전으로 민중심리를 현혹케하는기현상이였다

군정은 한국의 모든 문제를 해결하려고 미소공동위원회를 구성하여 덕수궁에서 수차개최한다음 거듭 논의하였으나 가면적인 소련의 야심으로 종내 결렬되자 三八선은 (영구)철벽화 시키는한편 적색분자들은 소련을 배경으로 선전권을 대〃적 전개와 향께 각기관 각부문에 걸처 세균과

312

—264—

같이 잠재하여 파괴·살인·방화·강도의 비인도적비민족적 야만행위를 강행하여온 그一예를 들면 여수(麗水)·순천(順天) 동진에서 연출한 참극이 곳대로 적공좌익것이다

벽사를 회고하며 몽대 배달족이 동방군자지국이나 예의지국이니 이와같이 이족의 찬양을 받어오던 아름다운 민족성이였지만 이조五백년의 골육상쟁파 관료들의좌쟁싸움파 사대사상의 악폐이 맥더라히 그대로 남어왔고 또는 왜(倭)동안 왜치하에서 동조동근이라는 동화교육으로 기만착취에 젖은 이기주의(主義)와 아부·의뢰의 악습이 해망을 타서 정치·문화·경제·사회 전면에 그대로 흩터 혼란을 기화로 정치부로까·간상배·염판배

313

—265—

등 악질들이 중상·모략·기만·피간·아부·허위를 전업으로 일삼으면서 오로만 애국자라고 자처하는자들이 감작이 홍수같이 쏟아지는 탁유노도가 전면에 주미처 옥석을 구분할수 없는 혼실인지라 대의명분이나 민족정기나 어느곳에서도 찾어볼수가없섰다 벗이 한심통탄할일이안니라

(서해)

為國有年鬪爭士 可惜今日無賴漢
民族正氣知者誰 隨勢應變詩是榮

옛날나라위해 투쟁하던 용사들이
오늘 무뢰한 됨이 가석하고나
민족정기를 아는자 그누구뇨
명예위해 모다 수세응변만 자랑하네

연산조때 김정구의 시조가 감상이새롭다

314

—266—

가마귀 싸우는곳에 백노야 가지마라
성낸 가마귀 흰빛을 새우나니
참파에 조히씨슨몸을 더려일까 하노라

丁友

五八 解放祖國 初陣에 參戰 四二八0(1947)년 (士官候補生이되여)

회고하건대 아까운 청춘을 하용없이 이역향야에서 三십여년간 우리조박하다가 어언간 가는세월은 흘너 백발이성〃하며 해방된 고국이라고 차저온 나에게는 호사다마로 갈수록 태산이였다 쓰라린 가승여겨안고 입국이후 수개년동안 혼란에서 갈팡질팡 험난을 거듭하고 있으나 이몸이 죽지않고 살어있는 이상 멋지안는 여년(餘年)에나마 이나라를위해 이 민족에 한사람된

315

책임을 함으로서 전날의 분한 울 풀고 앞날의
광명을 기대하는 희망이 떳으나 아즉 있(?)께
는 원치 안는 (?)정이 실시되고 있는 이상 미
차한 삼고에서 하며 (?) 우리 정부 수립되기 전에는
단 범위 (?) 시술하며 왓든 것이다 그후 三년이 지난
단기 四二八一년 八월 (?) (?) 이 첫수(?)
고 우리 독립정부가 수립됨에 따라 미소 고정이
축책 (?) 하며 모여 최대의 (?) 기우려
왔으나 수의 (?)은 혼(?)과 함께 모자가 악조건 뿐
이였고 (?) 장(?)였다
어느석 판계에서나 (?)가 군에 관련 미있는자
라면 노소를 막론하고 누구나다 (?) 임대식
(?) 만 칫이 다 하며 어느 국민 (?) 장소를 정하
그 (?)적 을 모아서 (?) 것이다

이 방멍도 우리 노령자들에게는 넘우나 무리
한 조처라고 않니할수없으나 민족정기라고는
그림자도 찾지볼수없는 시대의 현실인지라 무
둑에 지시대로 응하지 안을수없어 오래동안
(?)버렸든 묵밭을 다시 이르켜 학과및 구
두시문과 신체검사등 빠짐없이 수속절차를
밟어따왔으나 뜻밖게도 발표당일에와서 五
六세 이상은 접수치 안는다는것이다
절대적인 희망을가지고 시험장까지나갔든것
인데 조참기(?). 기화로 주판자들의 농낙하는
소행에는 격분한 불쾌감을 늦기지 않을수없는
바 동지들가운데는 전날 독립운동자들에 대하여
천고 엄대가 :: 죄지않을것이니 첫수고를 하지말나
그 권하는사람도 있었다. 과연 그 시 현실이 왜경

하 일군출신들은 대개가 시험도 별 애로도 없이
고급 임관으로서 국가의 특혜를 입는자가 거의
전반이였지만 독립군으로 투쟁하여 오던자들은
무슨 시험에나 노령에나 무슨 출신이나 이탈 저
탈 배척하는 기현상으로서 또 코심세 이상이라는
조건하에 소망은 실망으로 도라가고 마랐으나 하소면
할곳조차 없어 (아執心 심(?)독비로) 행여나 다음 기회를
기다릴수밧게 다른 도리가 없었다
四二八一(1948)년 戊子(무자) 원호로에서
때는 단기 四二八一년 [(?)年 軍政(?)] 二월 七일이였다 전기
실패를 살린 기회를 바라든 차제 이번에는
년령제한 없이 군사경험자는 모다 받아 드린다
고하기에 기어히 내나라 군인이 되리라고 거듭 (?)

의를 하면서 [一九四九年 月 國軍에 드러가려고] 성재(省齋) 이시영(李始榮) 선생의 추천서를 얻
어가지고 판에 판을 찾아갔더니 면접관에 배락감투
를 쓴 이, 고판은 다 같이 국외에서 들어와 조석으로
항석하며 간격없이 간담을 통해오던 숙면(熟面)인사(人士)였다
그러나 一약 고위에 오르자 처음 차져간 나로서는 전
날 동지적 견지에서 지원서를 [남우나 고통스러운 처지에] 제출하는 (?)고
실은 한가지를 무려보았다
사관학교 훈련 기간은?
이 말을 드른 그는 불쾌감을 늣기면서 기고만장으로
하는 답변이였다
나도 독립군이예요 동지들만 독립군이 안이예요
그런것을 물으려거든 그만두어요
내손으로 이 서류에 한줄 거 버리면 그만이예요
하고 권리와 지위를 자랑하는듯이 (?) 울런다

—271—

내가 독립군이라고 자랑한 것도 아니요 자처한 것도
아닌데 영예에만 도취한 이 망언(妄言)은 그 격분을
금할수없어 한번 반문하려는 순간 맞은 동반하며
갓치 갓던 당번 大성세역 고령이신 김련(金鍊)
동지가 옆에서 여하한 교태(驕態)에도 참고 견디여
우리 목적만 달성하자고 은근히 지성으로
말유한다

원래 김동지도 군인이되여보려고 함께 험을
다하여오던바 전날부터 동창이며 서로 의지가 소
통되고 거취를 가치하며 나가자는 약속으로서 이
번 사관학교 지원수속도 함께하게된 한자리에
서 그와같은 풍파면을 듯게되엿든것이다

그리하며 그의 충고에 一시험 문을 참고 제출
서류를 접수시킨다음 출발할때는 벌서 오후

320

—272—

한시가 지낫다 오늘 二십一시까지 태릉(泰陵)에
도착이아니되면 또 입교가 어려울것이라고 독촉
하기에 급々히 정문을 나와 밖에 택채는 삭
풍을 거슬너 一보一보 보행으로 전진하난 처
음가는 길이라 오고 가는 사람에게 자조 무러야
한엿다

해는 서산에 넘고 검은 장막은 대지를 덮여온
다 몸도 손발도 살을 오리는듯한 찬바람을
무릅쓰고 이 늙은 두학생은 가기는 가고잇으나
이마에 수색이 만면이엿다 옛날 를 회고하고
오늘의 현실을 도라볼때 참으로 한 많은 늦
겻속에서 김동지는 나에게 이러케 말한다

오늘의 현실은 우리에게 넘우나 가혹하다고 생각
됩니다

321

—273—

이게 우리가 소위 임관이 되겟으니 말날 때의까지
나 승종에 되며보고 죽겟소 하고 말을 던질때
나는 이러케 대답을 하엿다

떼보시오 이게 우리가 게중에 무슨 관심을 두겟소
소위로 임해다가 소위로 죽어도 내 나라를 위한
일이니 무슨 한이 잇겟소

그러나 사람의 운명은 모릅니다
알길을 뉘가 단언하겟소
때때 낙심할것은 없음니다

해방조국에 도라와 사관후보생이 되엿거나 장교로
임관되는 국민은 향하여서 상々치못하던 행복이
안니겟소

우리 동지들이 투쟁선에서 죽은수도 헤아릴수없지
안소

322

—274—

이같이 구둥々 주거니 밧거니 지칠 다리를 끌고
시장한 배를 잘너매면서 신세타령으로 가는길은
황혼 길은 밤 저 산모퉁이에 교사가 드려다보엔다

정문앞에 이르자 초병에게 오는 사유를 말하고
교문에 들어가는 그시간부터는 一절 과거를 청산
하고 백지로 도라가 동심(童心)을 가진 순진한 노학생이
되여야하엿든 것이다

그다음에는 소양시험이나·명확이나·대수·영어·
물리·체격검사 등 삼사 순련 내며 며엿든 목밧에
그리 쉽게 개척되는 없엇다 이것은 학교 당국에서도
이해하는 모양인지 합격자라고해서 특별 기제=반에 편입되며 소령 교목에
훈련은 밧게되엿다

때는 동절이라 (滿年五十二歲판 寒期時節) 엇에도
익숙한 설에 우렴한 교가를 불
으며 맹렬한 훈련을 받엇으나 노단의 장으로 천련

323

들에게 멋지ㄱ 안겟다는 용기로서 모든면에 수범
자진하여 시종一관하엿던것이다
특히 후보생 시대 一개월 사관학교의 식사(食事)
량(量)은 홍노점설격으로 후보생 전원이 엇이 그
러케도 불족을 늣끼엿는지 모다 기갈(饑渴)을
면치못하여오던 세월도 어언간 흘너 소정기간이
완료됨에따라 졸업이라는 명목하에 소위(少尉)로
임관되엿다. 교문을 물너나왓던것이다
그시 우렁차게 부르던 사관학교 교가(제一절)

1. 태백산 삭풍속에 정기 엉정타
연봉에 천지반아 끈이 흘오는
만단년의 유구한 배달민족성
천만대의 빗을바든 현주의 간다…
불찬한 태릉무대 운어, 서니!

2 새대한에 히망이 사관학교다

햇츰마다 기상과 점호에 원기찬 군가와 이등·
저등·예곡작·저곡작 야외훈련이며 알에총 구
보도 남에 뒤젹어지ㄱ 않겟다고 두주먹을 부
르쥐고 뛰던 감상도 기억에 새로웟다
소경 훈련이 끝난뒤 一주간의 휴가로서 교주
원의 한송속에 삼각지 주둔 제七연대(聯隊)단의 배속
명령을 맛고 또 그 연대(聯隊)단에서는 시흥에서 신설되고

잇는 제十七연대로 재배치되엿든것이다
례행사(例行事)에 연대는 국경일이나 의빈들에 들어올때 의례(儀禮)
사에 항상 담당은 물논 전군에 시범적인 부
대로서 중외에 가찬을 받엇으며 훈련에도 가장
우수하다고 일르던 연대엿다
四二八一(1948)년 무자(戊子) 태릉(泰陵)사관학교에서

전지용진에서

十二월 二십九일 전기 연대가 三각(角)
지(地)에 명령에서 출동하며 인천(仁川) 출항 부평(富平)에 상
륙 강령(康翎) 옹진(甕津)에 주둔함으로서 三八선 방비권에
림하엿던것이다
때는 겨울이엿으나 온 폭우는 그러케도 나려부으며
외 그다지도 읍산하엿던가 매일 폭풍한설
에 천지를 뒤덮는다 이와같은 욱진 기후를

그 지방사람들에게 물어보왓더니 이곳은 보통
말리은 날씨가 적다한다 산비탈 천막속에는 많
이 멘눈 보라가 치서 발목에 잠기고 자는 침대우에는
한두자식 싸인다

서리와 눈이 (四二八三年十二月) 산비탈 천막속에서

1. 이날도 저날도 끝일줄 모르는 음우
민족눈물의 표현에 않인가 하노라
2. 낮에도 밤에도 둘너치는 살풍
골육상쟁의 상층에 않인가 하노라
3. 이밤도 저밤도 구름속에 잠긴 달빛
한많은 동족의 시름이 않인가 하노라
4. 운와산 저기슭에 울고가는 저가마귀
쑥어진 충혼을 조상함에 않인가 하노라
5 三八선 눈키 맛지 않을 망을 훗펀하…

이강산에 꽃이피며 천추에 피고피리라하노라

부대가 강원에서 용전시외로 이동도중에는 다른 곳에서 아직 보지못하던 七·八세 어린애들도 만세를 부르며 경례를 표하는 정경을 볼때 오래동안 三八경계에서 시달이던 우리를 편히 살게하여달나는 표현인듯도하여 감격을 주고있었다

용진에서는 광산건물를 사용하게되였으나 모든 시설은 무참히도 파괴상태로서 건설개막하여야될 우리로서는 통석치않을수없었다

이 지형은 앞에는 三八장벽을 안고 뒤에는 바다를 등저 배수진형세의 불리한 지역이였다

용사들의 싸움터 운좌산 고요한밤 찬서리 맑은 달아래 새름의 북쪽하늘을 바라보며 ㅋ 흐이넘치는 순간에는 김종서장군의 시조와 남이

장군의 노래가 우연히 흘러나온다

삭풍은 나무끝에불고 명월은 눈속에 찬데
만리변성에 일장검 짚고서々
긴 휘파람 큰 한소리 거칠것이 없어라
— 문종때 김종서 시조 —

장검을 빼여들고 백두산에 올라보니
일엽시장이● 호월에 잠겼서라
언제나 남북풍진을 헤쳐볼고하노라
— 세종의 외손 남이 장군 —

열오일이되면 온천장에 나가 목욕하든 기분도 상쾌하거니와 맑은 기상이되면 시내 청소작업으로 시민의 환영도 받어왔다 一천의 소조한 흥취기속에서 미군 고문관사의 종々 보여주는 영화가운데 표 미국 기념日 한설 사관 같은것은 흥미있는 뭣인가꺼리였다

백설이 휠々 날릴때 검은 서울을 떠나 만화방창 봄철로다 지나고 초목에 무성하는 여름철이 되여도 (一九五〇年四月) 아버지 소식을 모르는 어린이 노래

1. 아버지는 눈나린날 아슬한밤 별빛볼때
길이든 곳 나모르게 어디메로 가셨는지
2. 어머님에 하신말슴 몇번오면 오신다기
그날부터 손꼽으며 三월달만 기다렸네
3. 겨울눈이 모다녹고 춘三월이 다지나가
꽃 얼망 피고왔건만 아직도라 오지안네
4. 아버지가 보고싶어 북쪽하늘 바라보며
해로에도 몇번식을 울며불며 하였서요
5. 아버지의 가신곳을 어머님께 물었더니
어머님의 하신말슴 이나라와 겨레위해
6. 못진북쪽 三八선에 공비들과 싸운다네

아버지는 언제와요 오시는날 어머님과
형님누나 동생함께 손꼽자고 뛰어나가
노래하며 두팔들어 만세만세 부르지요

이와같이 전지 용진 八개월의 세월은 넘우나 지리하던가운데 六·二五 전란까지 이 전선에서 치뤄옴을 거듭하며왔다

四二八二(1949)년 五月 용진에서

(一九五〇年六月) 연대가 하기 실탄 사격연습을 실시케되자 나는 화기중대 야외연습 책임을 가지고 三십여리 외 산곡으로 출동하여 천막숙영을 하면서 박격포 실탄연습을 지도 四육시키며 성적은 매우 양호하다는 강평이었었다. 이 연습에 갔나자 맞음

六월 二십一일 서울 운동장에서 제一차 전몰장병 위령제를 거행한다는 통지에 따라 당일대 전우 대표로 제전에 참가하라는 出張命令을 받고 부대로부터 출발한후 무교부두에서 일박하고 그 익일 출항하며 인천 앞항으로 서울에 도착한 다음 二十일 아침 식전으로 나가니 하늘도 무심치 않았는지! 천기는 매우 흐림을 신산한데 조객와 영면(永眠)의 나팔소리는 뭇인 사람으로 하여금 애수와 함께 유가족 좌석에는 목메인 우름소리가 식장을 덮어 미에는 더욱 간절하였다

식이 끝난다음 수많은 충혼의 위패가 남산 장충단으로 향하게된 도중 의장대의 엄숙한 보병과 처량한 조악으로 봉안은 끝났으나 뒤이어 된 폭우는 그러게도 내려쏫는지 이것이 충혼들

의 눈물이 아니면 내일의 닥쳐올 이 겨레 비운의 전조가 아니었을까?

이 임무를 마치고 용산구원호로 한구석 명마라 벙굴속에서 취침히 깨고 있는 가족을 작별하고 또 서울을 떠나지 않을수없어 二십四일 아슬한 찬 새벽 안개속에 가족의 전송을 받으며 三각지로부터 용산역에 승차 인천 출항 부두에 열한 하여였으므로 무구하고 부대주둔지 옹진까지 당일 키맹하니 시간은 벌서 오후 十一시가 지났다 영내에서는 무슨 국이 있다하며 전장병이 많음 관람중이라하며 그후 十二시경쯤 지나 연대장실에서 임무수행 결과보고가 끝나자 뒤이어 연대장은 일간 三八선 상황이 급변되며 부대가 비상경계중이라고 하기에 전장에도 조의 이동과 고대가 좋았

었든때와 같이 긴장한 경비태세에 겠지하고 숙사로 돌아가 취침을 시작하였다 불과 三·四시간 지나지 않아 전방에서는 아지못할 총소리가 콩볶듯이 들려온다 이때 시계를 드려다보니 소현 네시경이었다

四二八五(一九五〇)년 庚寅 옹진에서

六二. 三八선 전역에 빼친 전화

때는 一九五〇년 六월 二십五일 새벽이었다 四시경부터 치열한 총소리는 그다음 五시경에 이르러 본격적으로 적의 공습을 개시하며 六·九시경에는면서 영내 우의에 소총알과 포탄이 비오듯이 후방 그것으로부터 나려쏫는다 상관은 예상했드고 命令하며 예비대를 응원때 치등 긴급조치를 취하였으나 불과 몇시간 못되어 각 대가 중대 편락 통신이

두절되고 각대가 고립상태에서 저항과 전진하는 험세에 적은 벌서 계획적 포위각권으로 포위가차아 부대는 무수한 희생자를 내며가면서 최후까지 감투하였으나 병력의 중과불동과 배수진의 지리적 불리로 대세는 점차 적에게 유리한 방향으로 기우러져 퇴세만회에 결사적 분전도 하등의 효과를 거두지못하고 부득이 후퇴 각권의 비참을 거듭하면서 옹진과 부포부두의 산적된 보급품도 소각하여 버리고 二십六일 새벽에 인천으로 향하며 영등포에서 재정비한다음 二십七일 용산역까지 들어갔다가 다시 수원으로부터 대전시내 선화국민학교에 주둔하는 한편 청주 오산방면에 재배치하여 남하 적을 반격하게되였던 것이다

四二八三(一九五〇)년 庚寅

—287—

六三. 서울가족의 안위

해방된 이후 九死一生의 사선을 넘어 고국을 찾아왔으나 혼란
탁우에 휩쓸며 번공파 싸우기에 여념이 없었다 먹
지도 입지도 못하고 학비없어 공부도 마음대로 하지못
하고 병에서 신음하면서도 치료조차 맛지못하면서
서울거리에 비참히 헤매든 정상이 생각할수록 가련
가석하였다

옹진으로 떠난후(때는 四二八三年八月이다) 八개월이라는 긴 세월을 지나는
동안 권기 외령제를 기하며 미로소 서울에 왔다가
물과 二,三일만에 다망한 공무를 맞이고 옹진을
향한후 뒤이어 六·二五동난에 폭발하자 계속
되는 권한가운데는 권면 소식좇아 알도리가 없어
천신만려하며도 금주리어서 또는 국외포수에
혹은 마군의 총격에 쓰러졌나 구원은 없었을 것으

336

—288—

로 생각이 되었다

해방당시 전가족수가 십오명에 달하였으나 임
의 九명이라는 가족은 이북에서 이러다가 운데 물
여 사생존망도 물으는 하게 물과 六명에 라는
현재 가족도 이 동난중에 한명이라도 남아서
전후에 다시한번 맛나볼수있을까 또는 다 죽고
말었을까 그 없어케되였을까 할것 미지의 기상적
비각에 머리속 떠돌고 있을때 고해인생의 비운을
절실히 한탄치 않을수 없었다

그러나 포연탄우아래 나 혼자 어느시간에 재가
되며 날아갈지 몰으는 전지에서 무엇을 생각할며
지못아 없으며 생각해야 아모 길로도 없다 어떤때하
목이 불상하나 다 죽었으면 그만이고 하나이라도 살
아있으면 다시 맛나보겠지 하고 오즉 단념하는 결심

337

뿐이엿다

옛날부터 위험하자는 물고 가사과하였으니 하물며 오늘날에
국난이 중불 고하는 있때 허가에 가족의 안위를 염려할여지
못하였으나 다만 운명에 맛길뿐이엿다

四二八三 (一九五〇)년 庚寅

338

—337—

[illegible]

권군은 북으로 북으로 진격이였다 아 언때는 서울탈
환을 위하여 부산출발 인천상륙 청양리방면으로 진
격이였다 이때 나는 부산에서 서울로 오즘을 수송중
부산 출발 피구 대전경유 서울에 들어오게되자 가슴은
더욱히 초조하였다 그립든 서울 보고싶든 서울 옛든골
로상에서 피시명선생 장남인 피귀봉씨를 우연히
만나 함께 한강을 건너 마포경유 원효로에 들어서니
때는 오후 三시경이라 번화하던 백만장안에 왜 그다지도
쓸쓸하게 나를 맞어주는지 사면이 모다 건장터으로 화한
기운에 그대로 남아있다 용산경찰서 부근에 들어서자 면
저 현주지부터 눈을 살펴 보았다 그골목만은 그다지 파괴
되여 보이지 않는다 몇거름 옮겨놋차 옹봉이가 기뻐
뛰며 나온다 반가히 품안에 안고 들어가 우선 어찌되었나

339

하는 순간 연숙에가 나와 눈물을 씻인다 야! 누가 죽게나
않었나 너의 모와 친하는 얻이되였나 뭇는말에 죽은사람
은없음이다 야! 어려케 살아났나 이것이야 참으로 천우
신조로 이러한 기적은 드문것이다 나는 전지에서 너들이다
죽은줄만 알었다 다시맛나는 오늘에 있울줄은 꿈에도 생
각못했다하고 하나님의 은혜를 감사하면서 또 떠나기가 바
뻣다 군인의 신분이라 가족은 다 맛나보지도 못한채 또 떠
낫다 수송국민학교앞에 주둔하고있는 연대본부를 찾어
갓다 四二八三(1950)년 庚寅(경인)년 원호로에서

六八、동란에 화령장의 통쾌한 勝捷

五三·利 部隊가 공면되는 상황으로 옹진전선에 배치되어있든
병력은 후퇴의 기회를 맛보지 않을수없었다
여 후퇴로 연하여 낙오된 장병을 수습하기위해 대전에
서 천안역으로 파견되엿다 이때 역서 서울 명등조 방

면으로부터 남하하는 피란민은 수천 수만이 화차 ~ 드리
끼 ~ 로 연산 연해가되여 홍수같이 밀려 나려온다 철도
좌우에는 부모잃은자 처자잃은자 피투성이된자 배골아
늙어진자 총포격에 부상된자 이곳 저곳 아우성소리 흡
사 뭇은 여객물이나 떨어진것같이 당황망조하는 수
라장이엿다
거리로 나가보니 이구석 저구석 수군 수군 八공산 초목
이 따 적병같이 보였다 더니 풍설학여로 밀려 왔다 갓다
하는, 행동이 모다 피변이엿다 후가중 폭발된 사태로
통하가지못하고 방황하는 장병 미지명자들을 집결시
켜 원대로 복귀시키는것이 나의 파견임무 였든것이다
이 천안서 약 一주일간지나 파견근무를 완료하고
대전으로 돌아가 닭지 방위군에 집결되여있는 천련
六백여명의 인계를 받어 신병교육대를 편성하며

대전에서 유성으로 유성에서 대전으로 또 대전에서
보은으로 신병기초교육에 전력을 가하야 一선 소모
병력보충에 크다른 역활로서 교육받어 오든 신
병들은 각전선에서 용감히 잘 싸워주는것이 교육
의 성과인것이라고 각 대 ~ 장들은 부단히 가찬하고
있엇다
六·二五전파이 어려나자 옹진 전투를 비롯하여 강
연 부호를 걸쳐 연천 명등조 수원을지나 대전
유성에서 보은으로 이동하엿고 보은에서 상주화
령장으로 화령장에서 상주를경유 안동으로 안
동에서 대구로 대구에서 협천군 묘산으로 묘산에서
쌍림면 경유 현풍으로 현풍에서 대항면 十二리
로 十二리에서 대구로 대구에서 창영 청도 영
천 의성 경유 군의 효령으로 효령에서 의성으

로 의성에서 九산동으로 九산동에서 영천 경유 안
강으로 안강에서 기계로 기계에서 안강으로 안강에서 경주로
경주에서 부산으로 부산에서 재정비 재편성으로 서울
탈환작전을 위해 인천상륙 서울입성까지
위와같이 즉야단연 각전지중에 가장 치열하던 전투
가 옹전 화령장 보산 안강 기계 전투엿든것이다
간곳마다 좌울난석으로 동치서주하던 三개월이엿다

~~[illegible]~~

적은 좌측지세로 속리산에서 부터 상주 금천방
면으로 지향하는데 이것은 적의 유명한 목표지역
인 대구 부산으로 맹박 진공하려는 야욕이엿다
이 정보를 알게된 당연대는 보은으로부터 오색지
인 화령장으로 이동하며 예기 배치로서 남하는 적
一개 연대병력을 저지 격멸시키고 다수의 무기탄

약등 노획과 함께 대승첩을 가져왔다

그후 안동으로 이동한다음 상부에서는 금번 화령장 전과는 소수나 원부 장병의 각서운 결과가 아니오 전 연대장병의 일심협력하여 모다 맡은바 임무에 용전 분투한 결정임으로 그 전공을 찬양하여 연대 전 장병에게 각각 一계급식 특진시켜 전투 원기를 가일층 앙성케한다고 하였다

그리하여 당시 본연대의 명성은 전 국군을 통하여 자자하였을뿐 안이라 신문지상으로는 상승군이라고 대서특필로 보도되엿다 실로 옹진전벽으로부터 유진무퇴의 기세로 꾸준히 싸워왔든 것이다

六八、전투중의 소감

一九五〇年九月

전장은 어떠한 현실이였든가 내가 옹진 화령장 보산 기계 안강 등지의 치열한 전투속에서 체험과 목격

한 광상이엿다

옛날 실라 서울이며 오늘의 전지인 안강 평야에는 가을 기운이 높아가는 맑은 밤에 포화는 천지를 흔든다 천공에는 매일 비행기가 편대를 지어 서로 다투어 폭음을 높이며 오리락 내리락 건네로 가리로 산산히 뚜드려부서 폭탄과 기총소사에 건물들이 처참히도 무너저 갑자기 재떰이 안이면 길은 못으로 이루고 번화하든 시가들은 순식간에 난잡무비한 황야로 변하며 이산 저산은 모파가 포탄에 맞어 백공천창이오 이곳 저곳에는 불이 붙어 화렴이 충천하고 낙낙장송 나무들은 떡박맞은것같이 산산히 부어저 흐터지고 만다

고요한 부락에는 검은연기 흰연기들이 산만하게 공중으로 솟고있으며 주민들은 사랑하든 향촌마 딴뜻

하게 살든 집도 몰은듯이 다 내여버리고 업고 지고 매꼴고 휩쓰고 갈곳좇아 목나 쓸쓸한 면관 모래밭 개울가에 어두운 밤 찬서리 불어오는 쌀쌀한속에 죽어가는 목숨을 에어 보려고 수울이 만연하며 창황히 허덕이고 있었다

부락으로 들어가보면 모든 기관의 서류는 원래 수파장으로 난잡히 흐터졌으며 민가에는 모파가 몸통에만 빠져 따라나고 문은 그대로 열어 제쳐 무엇이던지 마음대로 하라는것 같에 남어진 한사람도 볼수가 없고 다만 두어마리 개·닭들이 남아있을뿐이엿다

그리하여 아모것이나 귀한것도 중한것도 없다는듯이 우선 목숨부터 살고보아야 하겟다는 심경에 여실히 엿보이고 있엇다

어느날 쌍염면에서 낙동강다리를 건너 현풍으로

이동하던 새벽 세시경이엿다 이 강 연안 어떤 부락에 약 한시간전 공습이 있엇다는것인데 화광에 충천하고 전부락이 연소되며 불 바다로 화하였다

마음놓고 하로의 피곤을 밤에나 쉬여보려든 주민들은 공시에 화를맞나 무슨 영문인지도 몰으고 자든 집에 불이 붙어 타죽는 노약 뛰어나오는 남녀 대혼란에 일어나 그 짤 떡관에는 수수 천명이 목리며 아우성을 치며 지척불변의 어두운밤 어머니 찾는 어린이 남편찾는 안해 우름소리 부르는소리 그 처참한 광경 엇이 형언할수있으랴 六·二五 이후 이러한 현상은 오즉 이지방 이부락뿐이 않일것이다 벗이 동정의 눈물 아니 책임있는 눈물 금할수 있으랴

또 전지에는 전투간 피아의 포탄과 각종 총알은 비오듯이 서로 교차되며 천지를 흔드는 한편 순식간

에 질주하든 자동차도 같은 사람도 흔적조차없이 날아가고 부상자들은 팔·다리도 떨어지고 목도 잘리고 흘려 통곡의 신음속에 무참히 후송되며 땅에는 선혈이 엉어하여 피 비린냄새와 적의 시체는 여기저기 넘어저 썩는 냄새가 코를 들수없어 숨 막힐 정도요 과연 시산혈해 속에 주위 연쇄 전율을 연출하고있었다

아! 전쟁의 비참이여

이 민족의 역사가 생긴후 참약 전쟁을 받어온지 한두번에 아니로되 이같은 민족 처참은 없었을 것이다 이 참화를 깨뜨리고 죄악을 가져온자들이 바로 공산 무리은 우리들에 않이였든가

四二八三(1950)년 庚寅(경인)

六九 오맹이 잠긴 춘천에서

※ 一九五○年 八 안보리 격전

사관학교로부터 十七연대배속을 위시하여 옹진 八개월을 걸어 六·二五 삼개월을 지나 서울 九·二八 탈환까지에는 넘우나 최전선 근무에 시달리였다 그리하여 강원도 병사구 사령부로 전임된후 춘천에서 본도의 병사 민사업무를 처음으로 실시하게되였으나 아주도 소양강 다리건너서는 중성에 울띠고있든중 가리산을 중심으로 준동하든 잔비들은 또 다시 十월 十八일 밤을 맞으 하늘도 땅도 구별할수없는 운무속을 타서 춘천을 재침하게되자 전 시민은 소개되며 남하를 위해 밀려나가는 도중 신연강을 건너 안보리 산 기슭에서 대격전에 벌어저 一주一야간 악풍한설을 차고 군경합동작전을 전개하였으나 적은 임의 계획적으로 고로를 차단하고

기술하려은 전세(戰勢)는 아방에 불리하게되여 무수한 사상자가 속출된뿐아니라 질주하던 경춘화차도 명중정지되고 통신도 두절되는한편 피란민은 홍수같이 쏟아저나와 망우리와 서울방면으로 수천 수만이 몰이여 그 엄동설한에 동상 기아 노숙등 그 처참한 정경은 참아볼수없었다 그뿐만아니라 원창고개로 밀려나오는 피란민들은 꿈에 겁중사격에 무참한 피해를 입어 부모잃은자 자식잃은자 엄마찾는 어린이 여기 저기 흩어진 주인없는 보따리등 연출된 비극은 춘천 시민으로서 아마 영원히 잊을수없는 十·一八 사건이였다

그후 들려온 한가지 미담은 적이 봉의산을 타서 四면으로 포위 침입하여 어느사이 가두에는 벌서 이곳저곳 피습되는 급박한 상황아래 각기관은 거의 철수되며 빈 책상만 남아있는 공실이였음에도 오직 전화교환수

만이 우체국 전화통앞에 앉어 벌서 다 떠나고 없는 사람들을 찾노라고 최후까지 목소리를 높히고있다가 자기 일신을 희생시킨 교환수가 있었다 하니 공무자로서 그 강한 책임감은 누구나 가찬하지 않을수 없었다

※ 미흡을 거듭하는 춘천

十二월 二일 전투부대의 춘천 탈환에 뒤이어 맘우리에서 춘천시내에 이르니 아직 소연이 걷이지않은 정세하에서도 내무적으로는 간소배 괴뢰들의 모략중상과 부패 혼란을 극복하면서 업무수행에만 열중이였으나 또 중공의 재차 남침의 기세는 가심하며 十二월 二十五일부터는 주야 구별없이 전투기와 포성은 순식간에도 쉴사이없이 천지를 뒤흔든다 그러나 갈스록 적의 압력은 그 도수가 높아 전 시내의 풍연 전투태세로 들어가 상황은 것잡을수없는 一변에였다

그리하여 신년 一월 三후 九시경 각전투부대들은 춘천

— 350 —

방면으로 후퇴작전을 개시하였다는 것이다 가평은 벌써 차단
물통되며 부득이 전투병력과 함께 오후 十시경 다시 홍천
으로 향하는 도중에는 군인 피란민 자동차 마차 자행거 기타 남
부녀 대(등장사행을 이루어) 검은 망건에 대혼란의 수라장이였다 이번까지 제三
차나 피란을 계속하는 춘천시민의 비참은 없이 붓으로 다기록
할수있으랴 도중에서 죽은자는 얼마나되였으며 그 어름 눈길
에 삭풍을 거슬러 보행으로 어두운 흑막을 헤치고 가면 얼마나
먼 의까지나 갓을까 상々만하여도 모골이 송연한 그 중에 비애는
자국마다 피눈물 방울이 탕울록 떠두었을 것이다
그 자손피도 홍천 싼마치 고개와 원주 제천간의 신림
칠도 연선에서 연출된 비극은 더욱히 그 비참극이였다

※ 가족은 서울에서 남하

이와 동시에 서울의 형세도 급을 고하게되매 전기 六·二五
동란을 서울에서 체험한 가족은 공포에 싸이며 적의 재침의

352

— 351 —

기세에는 견고 견디며나갈 용기가 없었다
그리하여 五·六년 동안 정든 서울은 등지고 살든 집도 가산도
다 내여버리고 十二월二十七일 남하할 것을 결의 한맺음 눈바람 속
에 수운을 헤치며 쓸々하게 한강을 건너 영등포를 지나 수
원까지 이르렀다 이곳에서 월여동안을 지체하다가 또 정세 불리로
충주로 옮기였으나 이곳 역시 혼란이 휩쓸었드러 또 조령재
를 아니 넘을 수 없어 검은 같은 망건 메고 지고 어린아히들 윗
손에 잇끌면서 반쪽이는 별을 쳐다보며 한거름씩 권지
도지 점촌까지 왔다 한다
있대 나는 청년아들 앞세우고 함양을 통과 도중 기적々으로
가족을 우연히 맛나게되였으나 또 이별치 않을수없어 상주
금천 경유 대구로 가족은 예천 안동 경유 명덕 표한을
지나 경주로 각々 흩어젔든 것이다
四二八四(一九五一)년 辛卯(신묘)

353

— 352 —

七. 중공이 도망간후 귀국이후 취용가 보는 서울住宅

귀국이후 五·六년이나 주거하며 오던 서울이 옹권(八개월)을
위시하며 六·二五 삼개월과 그후 적의 재침으로 一월一일 후퇴 남
하에 있어 원주 대구 경유 경주를 것어 삼척에 十
여개월간 무한히 서울이 그리웠을뿐 아니라 중공 재침 당시에는
그 소식좇아 막연하며 궁금히 여기어 오던바 十二월 三일 주재지
三척을 출발 강능 경유 대관령을 통과하였다 과연 대관령
이다 내가 강원도 땅이 고향이지만 이 대관령을 넘어보기는 이번
이 처음이였다 거산 준령이 앞에는 대해를 안고 태백산이라는
이름을 날리고 있는 유명한 산악이였다 밀림속에 (조행로
(二条行路)는 축도와같이 하늘에 오르는 늣김이 였으며 앞을 바라
보니 대소 산록이 (一기一복(一起一伏)으로 난장히 뻗어젔고 만경
창파는 안계까 황홀하였다
이 령을 넘어 대흥 진부 경유 안흥을 지나 횡성에 다々르니

354

— 353 —

대지는 벌써 흑막속으로 드러가고 마렀다 四면을 도라볼때 횡
성도 전날 一월一일 후퇴당시 횡성이 아니였다 모다가 회신된
황무의 공허지로 변하였으며 원주를 향하는 도로에는 군용차량
과 피행장 부대주둔등 복잡하고도 광범한 시설이였다
길은 밤을 헤치고 원주에도착하니 이 지방 역시 무참한 화
재로서 옛날의 모습은 전변하여 볼수없었다
그 역일 서울을 향하는 길에 올라 문막을 지나 여주 이천
광주 경유 一조 서울 원효로 전주소로 주행하는 시가 편편
보이는 건물들은 대부분이 파피되였으며 대단히 쓸々하고도
꺼친 기분이 감돌고 있다 차저간 전 주택과 가산什물은 몰
소(燒)되매 남은 것은 재뿐이와 과편 밖게 남지안엇다
그 자리를 거듭 배회하면서 추억도 간절하였거니와 금후 부터
는 한간 집도 없이 객수곤신 밖게 남지않은 신세를 생각할때
오죽 한심스러울뿐이였다 그러나 나뿐이랴 이 전화에서 나 이상 미

355

향을 거듭하는 연쇄에 얼버었으니 이같이 스스로가 위안의 심경을 가지는 한편 오래동안 한정웅 밑에 생사를 같이하여온 이웃집 김태원씨를 찾았더니 불행히도 이군 리생당시 적도들에 납치되여 그후 종적을 모르고 있으며 가족은 분산되었다고 말하는 그 모친은 당황히 못루면서 통곡을 하는 정경에는 풍겹의 눈물을 먹음지 않을수 없었다 회망적인 귀로를 거듭하면서 마을주를 향하며 원리동 이명달군을 차젓다 그의 七십노부는 전란때 남출 공가와 적막과 기아의 변군속에 비참히 별세하여 그 메누리와 이웃 정 버자들이 모이여 두서없이 장사를 하였다고 하니 인생 박도가 넘우나 귀참한 것을 슬어하였다

이행중 의외에로 경기에 걸려 리군가에서 수일간 고쿼하다가 결래 외에 다시 원주경유 三척으로 회경하였다

四二八四(一九五一)년 辛卯

七. 四심면에 고향마을 찾아서

경주에서 영흥을 향하여 정해를 지날때는 비상한 감회를 늣기면서 오후 염무우행에만 맛떳던 것에다 그후 정해면 종평건사를 기념히 한번씩 그렇던 나의 고향인 온정면으로 달리갓다 거리는 三십리 허리하는데 그같은 외취하지도 않아 먼저 온정면사무소와 지서를 차저 업무에 관한 상황을 청취한 다음, 누정리로 급히가고 슬었다

백암산 아래 한개의 좁은 골작 내가 어릴때 살던 정터도 단이런 길도 마서린 우물도 미웃 남씨댁에서 글배우던 방도 글쓰던 자리도 그늘밑에서 글짓고 글읽든 감나무도 다 옛모양 그대로 남어 있었다 자고로 十년이면 강산이 변한다 하였지만 四십년이 지난 세월에도 산천은 의구하다

옛날 고흥인이 풍학하던 학우들도 어느사이 만맥이 된 늙은이가 되여 강개무량으로 며하며 존다 종게 중상군

의 집을 차저 잠간 쉬여가지고 선조의 선영으로 올라가 묘전에서 옛날을 회고하였 [illegible] 참배를 맛이고 그 부근 뵈적 [illegible] 기억에 더욱 그리워 그 맛자취를 내가 다시 밟어보려는 듯이 그 길을 더듬어가면서 비회가 간절한 그순간 취리에 찾던 권총을 휴대하고 一발 二발로 천날·외격이 결약과 오늘 공산도당의 만행에 더욱 분노에 넘쳤다

다시 촌락으로 도라와 四십면전 이웃 편날때 十三명의 가족이 황혼을 헤치며 서백 아흑 이 골목길로 나갓건만 오늘날은 모다 九천으로 분치의 예역 고혼이되시고 나 한몸만이 살어 도라와 고향마을을 차저왔제되는 심경 비절 통절한 감회 금할길 없었다

그러나 어런든곳 정든 마을이지만 긴 지체할시간은없어 또다시 차를 몰려 금천으로 달려가다 이 금천리는

八. 外家 [illegible]

나의 외가가 살고 있는 곳이며 아즉 외삼촌이 고령으로 않어게신다 어머님을 맛나보는 심경으로 발거름은 한층더 빨럿다 옛날 외조모님의 사랑하는 품안에서 집으로 도라가지 않겠다고 도망치던 '논으실, 모래밧'길도 외조모님의 손목잡고 '진티재' '산메탈'에서 패랭이 꽃 꺾어달라고 조르던 기억도 의의하게 남어있다 반가히 외삼촌을 맛나뵈옵고 자리서로 슬픈 눈물에 말을 가리였다

뒷 산으로 올라가 외조부모님의 묘소를 차저 긴 한숨으로 참배를 맛이고 어므저모 옛모습을 차저보왔다

나의 태생 건물과 외조모님의 품안에 안기며 자든 방에 아즉도 변함 없이 그대로 남어 있었다 그 감개무량이야 말로 무엇에 비할수 없으나 넘우나 김쁨가운데는 했빛도 없다 그리하며 외숙주님의 사랑의 따뜻한 전별을 받으면서 또 차를 몰려 면소로 도라와 면장의 안내를 받어

—358—

온정으로 올라가 목욕도 하여보고 주위의 풍경도 살펴보며
옛날 우리가 그루군 가지고 있던 논뚝도 감상깊게 바라보았다
경술국치 당시 왜놈들이 의기양양하게 말을 끌던 때를 생각하면
욕보와놓고 한일합병에 좋으나 좋아 못하나 하면서 거수하
라할때 방에 모인사람가운데는 손을드는사람 우물쭈물
하는사람들 어린시절 내가보던 그당시 기억도 새로웠다
역사는흘러고 시대는 변천되고있는것에 더욱 새삼스럽게 느
끼어진다
四二八四(1951)년 辛卯 신묘

360

서울민사지방법원

모를것이 人生의 運命

도와보건대 저 거친 胡地의 漂泊生涯에
서 青春은 흘러가버렸고 흰머리를 날이며
解放故國이라고 찾아온 나에게는 好事多魔
로 갈수록 앞길은 泰山이였다
쓰라린 가슴을 움켜안고 混乱의 물결속에
서 갈팡 질팡 가진 險難과 萬千의 辛苦를
거듭하지 않을수없었다
그러나 이몸이 아직 죽지않고 살어있는 以
上 멀지 안는 餘年이나마 千載一遇의 光復
된 祖國에 겨레의 한사람으로서 萬分之一
이라도 도움이 될것이 무엇인가 生覺해 때
마만 國土防衛에 一員이 되겠다는 決意로 軍에
參與하는 길을 擇하기는 하였으나 아직 解放
后 軍政下 海岸 警備隊란 組織體가 設置
되고 있어 軍政도 自主独立 國家의 政權이 안
닌 以上 參加의 必要性을 느끼지 않는 反面 軍政이

361

끝나는 날만 기다려 볼 수밖게 없었다
1948年 8月15日 맞츰내 軍政이 三年만에 끝나고 우리
政府가 樹立된에 따라 所期의 希望을 貫徹
하여보려고 온갖 心力을 기우려 왔으나 日帝下
의 뿌리박힌 残滓들이 그대로 남고 있어 肉國
의 現實은 件々이 悪條件이였고 事々에 難路
만이 앞을 가리웠다
그 어느날 関係当局에서는 過去軍에 經驗이 있
는者라면 老少를 不問하고 누구나 다 依願入隊
시킨 方針이라 하며 試驗成績을 보와서 軍에 起
用한다는것이다
이러한 方針은 일의 老齡者들에게 無理한 措處라
하지않을수 없으나 過渡期의 現實인지라 不得已
主動側의 指示에 應하지 않을수도 없어 指定된
試驗場으로 찾아가 오래 동안 괴로버렸든
붓대를 다시 이르켜 學課나 口頭試問이나 其他
身體 検査等 빠짐없이 所定手續節次를 마치
며 왔으나 뜻밖에도 發表當日에 가서 갑작이 50

362

서울민사지방법원

歳以上은 採用치 안는다는 消息같은 示達이였다
오랜 宿願인 絶對的 希望을 가지고 無理한 試驗
場까지 나가 應試했던것인데 이러한 主管者들
의 不信義은 實로 激憤하지 않을수없었다
이와같은 不當한 處事에 同志들 가운데는 前光独
立運動者들에 對하여는 決코 軍에 參與되지 못
할것이니 虛偽 수고를 하지 말나고 勸告하는 意見
도 無理는 안니였다
果然 그當時 現實인즉 軍政下 일의 構成體였
던 海岸警備隊를 그대로 國軍母體가 된다
는 主張아래 그 主務者 大部分이 倭政 官職
輩들로서 日軍出身이라면 大概가 試驗도 없
이 不問年令하고 一躍 領官級이라는 高級任
官으로 거의 國家의 特惠를 입는 傾向이였
지만 滿洲 荒野 運動線에서 救國軍들에게
對하여는 老令이나 무슨 出身이나 試驗으로
選抜이나 이럴 저럴 条件 투성의 排斥的
的 態度로 民族正氣라고는 그림자 조차

363

저볼수 없는 混濁의 極에 達한 時點이었다
그當時 現實을 보고 불러본 詩가 다음과같다

昔日爲國 鬪爭士
可憐今日 無賴漢
民族正氣 無昔韻
隨勢應變 誇是策

以 上

이같이 갑작이 隨勢應變으로 似而非한 愛國者 洪水가 이땅우에 氾濫하며 간곳마다 구미치는 現狀이었다
이때 나도 50歲以上인지라 制限된 條件下에서 絶對的이던 所願도 失望으로 돌아가고 말았으나 하소연할곳조차 없어 술에 나하고 그래도 未練은 남아 다음 機會를 기다리며 運命에 맞길 道理밖에 없었다
그后 1948年12月7日 第二次的으로 年齡制限없이 軍事經驗者는 모다 받어드린다고

364

하기에 기어히 내나라 軍人이 한번되여보려고 거듭 決心을 하면서 南齋李始榮先生의 推薦書를 持參 當年60歲의 高齡이며 母校의 先輩인 金鍾同志와 함께 依任하여 關係者를 찾었다 이 關係者은 中國革命軍의 出身으로서 맞은 義府만해도 너나할것없이 彼此間 混亂期의 避亂民行色을 免치못하며 서로 무릅을 맞대고 儀面書類의 現實을 關備없이 거정하여오던 同志的立場이었다 그러나 一躍 高位에 就任이되자 持參한 書類를 提示함에 있어 當時 딱한 事情과 不確實한 訓練共同體를 묻는 答辯에는 「同志들만 独立軍이오 나도 独立軍이오」라는 無頭無尾한 不快한 言動이였다 내가 独立軍이라고 말한바도 없는데 이 暴言은 정말 참을수 없는 一觸直發의 瞬間이였다
그러나 옆에 있는 金同志의 懇求自重하자는 懇曲한 提議로 自制하면서 提出書類를 接受는시키였으

365

나 担當者의 말인즉 오늘 21時까지 泰陵에 到着이되지않으면 또 入校가 어려울것이라고 督促하기에 從容히 正門을 나와 出發했때는 벌써 午后한時가 지났다
異域三十餘 星霜에 故國의 山川도 地理도 方向까지 말씀 할줄해진 처음가는 길이라 오고 가는 사람들에게 자조 물어보와야만했다
알에 부치는 朔風을 거슬러 一步一步 옮기는 사이 벌서 해는 西山에 넘고 검은 장막은 大地를 덮혀온다 몸도 손발도 오려는듯 寒風을 무릅쓰고 穆色이 滿面한 두老學生은 가기는 가고있으나 옛날을 回顧하고 오늘의 根性을 느낌속에서 金煉同志는 나에게 이렇게 말을 던진다
오늘의 現實은 우리同志들에게 넘우나 過小評價하고있어요 이것은 民族正氣가 消磨되고 있는 現狀이지요
이러한 現狀에서 이제 우리가 大尉付官이나되것으나 알았大尉까지나 바라보것

366

는지하고 歎息을했때
나의 對答은 이러했다
여보시요 이제 우리가 階級에 무슨 關心을 두겠소 또는 黃昏길에 맞었는데 大尉는 될해다가 大尉로 숙어도 祖國을 爲한 몸이니 무슨 恨이 있겠소
우리의 餘年은 얼마 남지 않었으나 그래도 希望에 사는것이 人生이니 모를것이 사람의 運命이랍니다 앞길을 뉘가 斷言하겠소 미리 落心할것은 없지요
光復祖國에서 士官候補生이 된다거나 將校로 任官되는 國恩을 荒野에서는 想像조차 못하던 일이 안니겠소
우리同志들은 鬪爭線上에 犧牲된數가 얼마인지 헤아릴수도 없지 않어요
우리가 살어서 오늘 國軍에 一員이된다는 것은 참말은 奇蹟으로서 一生에 가장 榮光으로 알어야지요

367

이같이 주거니 받거니 젖친 다리를 끌고 굶주린
배를 잡너매면서 身勢打鈴으로 가는 길은 벌써
黃昏이 짙어졌다
거름을 재촉하는 저 山모퉁이에는 찾어가는 陸軍
士官學校가 드러나 보인다 正門앞에 이르자 哨
兵에게 오는 事由를 말하고 校門안에 들어가는 그
時間부터는 一切過去를 淸算하고 白紙로 돌
아가 [illegible]25를 가진 純眞한 若學生이되어야 했
다 그리하여 書齋試驗이나 代數 英語 物理
體格 檢査등 3, 40年 내버렸든 목맛이 그리 쉽게
開拓될 理는 없을것으로 形式에 不過했다 이것
은 主管者側에서도 理解하는 모양인지 合格者
라고해서 陸軍士官學校 特別八期 第二班에
編入되여 所定科目에 訓練을 받게되였다
때는 冬節이라 寒風寒雪에 아침 저녁 우렁차
게 부르던 그 校歌第一節은 다음과 같다

太白山 朔風속에 精氣嚴正타

368

雲峯에 天池맡아 기러흐르는
半萬年의 悠久한 倍達民族性
千萬代의 빛을받은 靑邱의 健兒
重大한 泰陵武場 우러렀으니
새大韓의 希望이 士官學校다.

以 上

每日 猛訓練이 거듭되였으나 老當益壯으로 靑壯
年들에게 뒤떨어지지 않겠다는 勇氣로서 모든 規
則에 [illegible]은 勿論이오 저高地 저高地
野外訓練이나 앞에 [illegible] 驅步에도 두주먹을
부르쥐고 숨가쁜 瞬間도 數없었지만 最終
까지 落伍되지 않으려고 온갖힘을 기우려 했다
特히 候補生期間 一個年 士官學校의 食事
量은 [illegible]으로 生徒全員이 새째 그
때에도 不足을 느끼였는지 모와 飢渴을 免치
못하며 訓練終了時間만 손꼽아 기다리던
歲月도 於焉間 흘러 所定課程의 訓練을 마
치고 卒業이란 名目下에 少尉로 任官되여 一週

369

間의 休暇와 아울러 校門으로 물너나왔다
그后 三角地에 位置한 第7旅團으로 配屬에되
여서 그 隷下 部隊인 17聯隊로 配置되였다
이 聯隊는 新設中이지만 國慶日이나 外賓이 들어
올때는 依例히 儀禮行事를 擔當하는 全國軍에 示
範部隊로서 中外에 讚辭를 받어왔으며 訓練
에도 가장 優秀하다고 名聲이 매우 높던 聯隊였
으나 그 反面 白仁燁 聯隊長은 暴將이란 評도 들
었다
前記 聯隊가 三八線 防禦線으로 부터 6·25當時
鎭川 安康等地 [illegible] 戰地에서 [illegible]한
戰鬪를 겪고 뒤이어 後方勤務에 이르기까지 七
年四個月間 六十二歲라는 老令으로 [illegible]인 統一
大業이 이루워지는것을 보지못한채 軍服을 벗게
된 餘恨도 [illegible]했거니와 前光 士官學校 [illegible]
全 [illegible] 同志와 같이 [illegible] 주고 받던 이
야기가 記憶에 떠오른다
그后 同志는 六. 二五 戰亂中 不幸하게도 [illegible]

370

서울민사지방법원

軍에 拉致되여 오늘까지 死生存亡을 모른다고 한다
同期간이 任官된后 나도 數없이 險難한 고비를
넘기며 始終一貫 服務하다가 [illegible]에 依해 退令
措置되여 오늘까지 健在가 名譽스러운 生涯라고는
할것없으나 그래도 살어있는 남아지 追憶은 남이 다
시한번 지난날을 되새겨볼때 [illegible]없는것이 人生運命
이란것을 새삼 느껴진다
歸國后 [illegible] 두터운 友情에서 特히 意思가 [illegible]되
여 苦難을 [illegible] 같이 겪었으며 [illegible] 協助로 去就를
같이하자는 굳은 約束도 거듭했었지만 六十餘年最高
年齡이면서도 그들 [illegible] 軍人이 한번되여 보려
고 險難한 [illegible]을 다겪으며 滿腔의 心血을
기우려오던 그 同志 그 뜻을 다이루지 못한채 中途
에서 그 悲運의 哀情도 하거니와 오늘에 다시 맞나
지난날 이야기 [illegible] 期約할수없는 恨많은 人生
길이 可痛스럽고 虛無한 感이 간절하다
戰禍가 終熄된后 過去를 못이저 그 언젠가 義州
路에 住所를 가진 그 家族을 한번 찾저갔더니

371

나충 보고 남은 도라오는데 그分은 아직 도라오지 못하
나오하면서 나의 사매를 붙닥고 放聲大哭을 하든 때
士官學校 가는 길에 서로 주고 받던 이야기가 한층 더
슬픔을 던져주어 그 悶情의 눈물은 나의 눈시울을 적
시여주었다 이제는 한갓 追憶으로 남었을 뿐이다
1968年 聖誕節을 맞이하여
追憶에 못이저 다시 한번 더듬어 본것이
였다

372

終結에 際하여

回想해 보건대 荒野에서는 千丈斷崖
의 荊棘을 헤치며 救國運動에 始終
一貫해 왔고
還國하여서는 靑年運動으로 忠當하
여 新興大學 復活에 全力을 傾注해
에 任官后에는 六二五의 砲煙彈雨
熾烈한 激戰地에서 大小戰鬪에 參與
하여 왔고
后方勤務에 있어서는 高等軍事班 敎育
을 修了한 后 軍務以外 對民事業으로
民福에 寄與된 江山에 建設을 爲해
示範的인 蔚珍郡에 鄕民館 (그 內용은
鄕民感謝壯에 明示되어 있다) 新設
과 아울너 1954年 甲午春에는 그 時 勤務
地였던 濟州道 翰林面에 武士陵 등 碑
(祖國의 寶庫란 冊에 詳示되어 있다)을 設定

373

그리고 간곳마다 國民學校 校庭에는 紀念
松樹를 入植하여 綠化精思를 示範해 왔
다
1956年 五月 三十日附 軍服務中 60歲의 老令
이란 限界에서 民族悲願인 統一課業이 이
루워진것을 보지못한채 陸軍大領으로 特授
故鄕에 왔으나 무거운 마음은 저世上으로
간뒤에도 統一의 그날까지 남어있을것이
다
1957年 七月 特役后 江陵에 寓居하고 있을때
江原道出身 國會議員 全氏의 懇請에 依해
在鄕軍人會 顧問인 大韓尙武會 江原道
支會長으로 春川에서 任務遂行中 李承晩
腐敗政權下 二年六個月間 結局 모든 約束
과 計劃은 空白과 虛僞 欺瞞뿐이었고 아모
施策도 經費도 없는 會運營에 焦心과 苦
難만 거듭하다가 三一五 不正選擧 五個月
前에 自進辭退하고 마렀다

서울민사지방법원

374

1961年 四月 19日 學生革命 第一周年紀
念에 際하여 四月二十三日附 韓國日報
에 揭載한 當時 政局의 混亂과 政爭을
奇貨로, 刑모기 의 洪水와 陰謀의 亂舞等
國運의 暗黑의 危機에 處하였을 때 無記
名 野人으로 政治人이나 國民各自의 猛省
을 促求한 憂國의 記事도 提示(———)
別記되여 있다
1965年 一月 市內 麻浦區 所在 東都中商業
學校 期成會長으로 在任中 紀念植樹도
하여 卒業生들의 그 이름 길이 蒼蒼할것을 意味한
것이 였다
以上 記錄과 如히 庚戌國恥后 荒野
鬪爭線을 出奔하여 오늘에 이르기까
지 一生을 通해 民族路線에서 一絲不
亂으로 始終一貫해 온것이 부끄럽지 않
은 나의 信念이었다
人間은 喜이 있는 反面에는 悲를 作

375

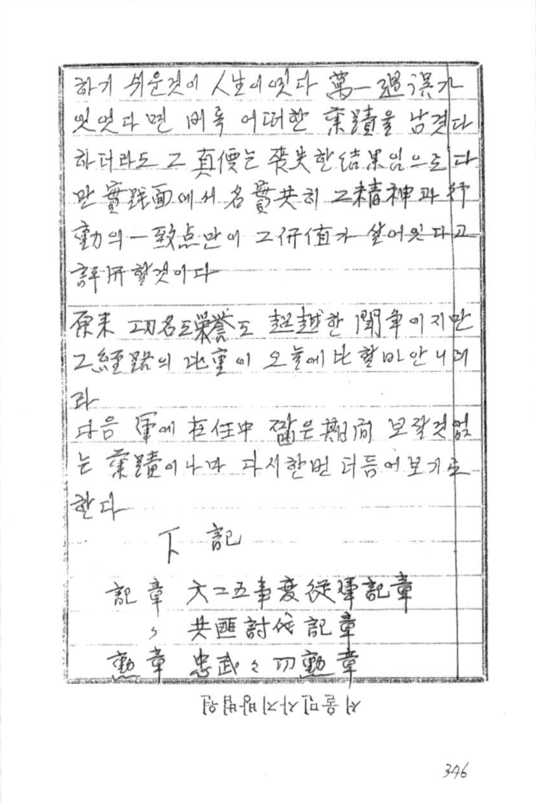

하기 쉬운것이 人生이엿다 第一過誤가
잇엇다면 비록 어떠한 業績을 남겻다
하더라도 그 眞價는 喪失한 結果임으로 다
만 實踐面에서 名譽共히 그精神과 行
動의 一致点만이 그 價値가 살어잇다고
評價할것이다

原來 功名도 榮譽도 超越한 鬪爭이지만
그經路의 比重이 오늘에 比할바 안니며
라
다음 軍에 在任中 짧은 期間 보잘것없
는 業績이나마 다시한번 더듬어 보기로
한다

下記

記章 六二五事變從軍記章
〃 共匪討伐記章
勳章 忠武〃功勳章

서울민사지방법원

346

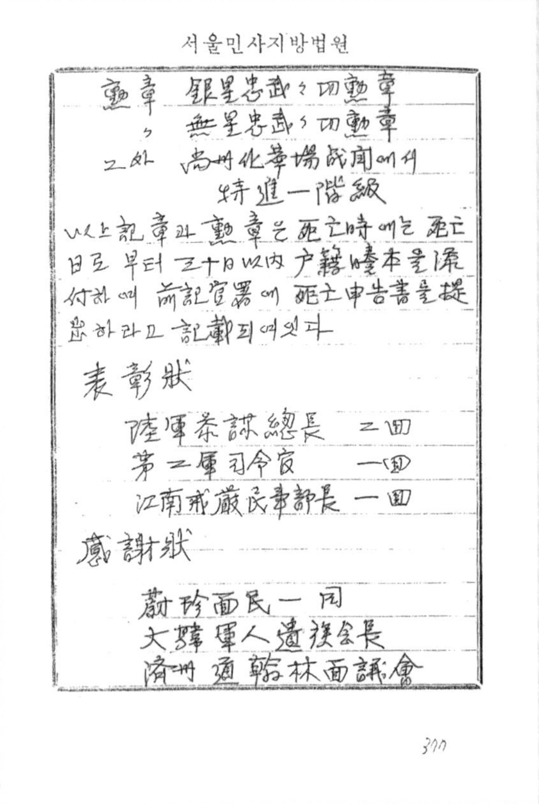

서울민사지방법원

勳章 銀星忠武〃功勳章
〃 無星忠武〃功勳章
그外 尙州化寧場戰鬪에서
特進一階級

以上記章과 勳章은 死亡時에는 死亡
日로 부터 三十日以內 戶籍謄本을 添
付하여 前記官署에 死亡申告書를 提
出하라고 記載되여잇다

表彰狀

陸軍參謀總長 二回
第二軍司令官 一回
江南戒嚴民事部長 一回

感謝狀

薪珍面民一同
大韓軍人遺族會長
濟州道翰林面議會

377

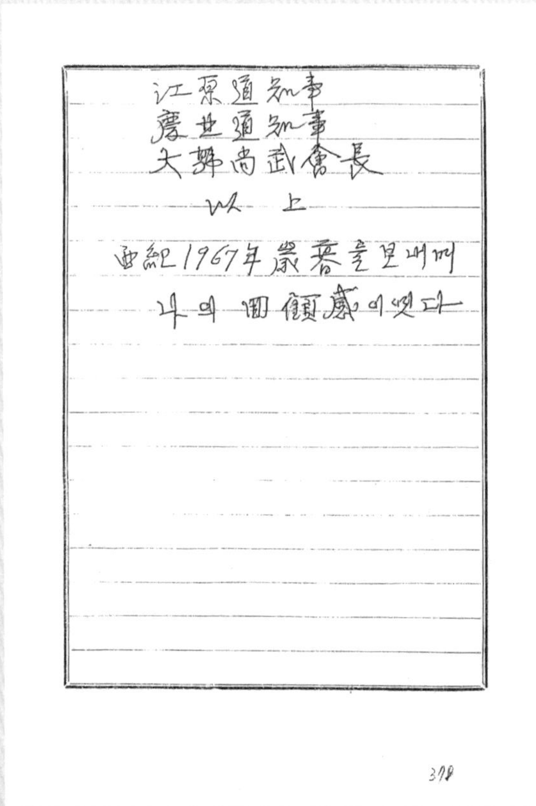

江原道知事
慶北道知事
大韓尙武會長
以上
西紀1967年歲暮를 보내며
나의 回顧錄이엿다

378

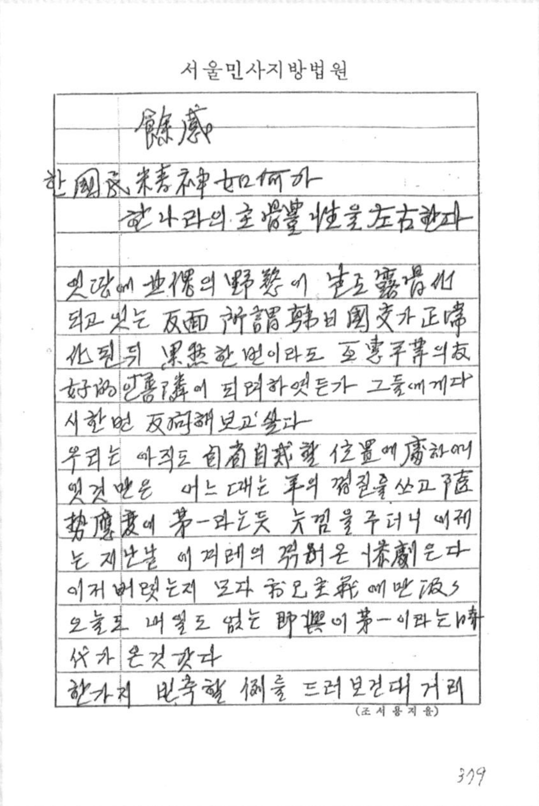

서울민사지방법원

餘感

韓國民族精神如何가
한나라의 主體性을 左右한다

잇땅에 世界의 野慾이 날로 露骨化
되고 잇는 反面 所謂 韓日國交가 正常
化된뒤 果然 한번이라도 互惠平等의 友
好的 善隣에 되려하엿든가 그들에게 다
시한번 反問해보고 싶다
우리는 아직도 自看自裁할 位置에 處하여
잇것만은 어느때는 軍의 껍질을 쓰고 時
勢應變에 第一라는듯 느낌을 주더니 이제
는 지난날 이겨레의 쓰라린 悲劇은 다
이저버렷는지 모다 利己主義에만 汲汲
오늘도 내일도 없는 卽興이 第一이라는 時
代가 온것갓다
한가지 번축할 例를 드러보건대 거리

(조서용지을)

379

아직도 시골가운데는 게다짝을 신고 뻔기 活步를 치고 단이는 人生들이 種종 눈에 보인다 그게다짝에 짓밟혀오던 그 발굽아래서 벗어난지 不過 20餘年이 지난 오늘 그 쪽발의 게다짝이 옛땅우에 다시 고개를 들고 나와 눈쌀을 찌프리게하는구나 그 게다짝에는 지난날 父母兄弟의 뼈속에서 소사오르는 피눈물이 방울 -- 얼룩저잇다는것을 想起할때 悲憤切痛을 禁할수없다

한나라가 形成됨에는 한사람으로부터 基本이됨으로 첫재 한사람의 精神姿勢의 確立與否가 그나라의 主體性을 左右한다는것을 잊어서는 안될것이다

엇그제 같이 그 피투성이였던 體驗한 慘劇을 엊지 벌서 이질수있으랴 죽어 白骨이되여도 그 怨恨은 풀리지 않을것갔다

기안(을) 한국투자개발공사

380

나의 이름과 호(號)의 解釋

나는 왜서 이름을 義常이라고 지엇을까 그意義로서는 國恥后三十餘年만에 解放의 깃븜을 안고 故國에도라왓으나 政局混亂과 奇贊으로 政治·経済·文化全般에 걸쳐 意外에도 政治부로커 및 奸商輩와 僞善者들이 洪水갗이 쏫아저 怒濤濁浪이 우미친때 民族의 正氣나 大義名分은 잣취로 찾어볼수없엇다

이러한 現實속에서 이땅에는 넘우나 大義가 아쉬운感이 간절해에 나홀자만이라도 混濁에 휩쓸이지안코 지난날 滿洲荒野에서 鞭撻을 받치며 一貫해오던 正義의 그 精神을 그대로 살려 祖國再建途上에 한갓 教訓으로 살으려는것이엿다

義字解意

由仁得宜仁 「仁」悲也 心之德 愛之理·

統四端兼萬善·「正義」사람으로서 지켜야할 올은道理

常字解意

恒也 久也 仁義禮智信曰五常· 元亨利貞天道之常

西紀一九四六年五月 日 서울에서

11

381

나의 號는 왜서 石川이라고 지엇을까 그 趣旨를 말하자면 때는 南海 張昌縣州에서 在職當時다 내가 武士陵의 指向이라는 小冊子를 發刊할때 石川이라는 號를 쓴것이 처음이엿다

政府가 樹立된 후에도 國家現實은 如前 간사하고 智謀的인 惡質野僚이 亂舞하고 腐敗濁浪이 汎濫하는 周圍環境을 살펴볼때 나는 石川이라는 文字 그대로 그 自然性을 부러워햇기 때문이엿다

石川의 解意

1. 江流石不轉은 永久不變을 意味한다
2. 川流不息은 目的貫徹을 意味한다
3. 맑은 氣脈은 清廉潔白을 意味한다
4. 흘너가는 소리는 寂寞을 깨트려 濁世의 雜音을 들으려하지 않는다

以上과 같은 石川의 自然을 본받어 擧世皆濁이로되 我獨清으로 濁世行路에 한갓 指針을 만드려는것이엿다

西紀一九五五年三月 日

於 [illegible]州에서

12

382

(다) 나의 涉世行路

1. 祖國은 어머님 사랑의 품이다
2. 愛國은 한株 나무에 비롯한다
3. 當禄은 그 行動에서 始作된다
4. 不義와 不信은 良心에 묻는다
5. 保健은 계속 運動에서 求한다
6. 節度 잇는 生活을 이겨 안는다
7. 貴重한 時間을 허비치 안는다
8. 交友에는 顏色부터 살펴본다
9. 大小事間 秩序를 爲主로 한다
10. 그날 日記는 그날 쓰기로 한다
11. 始作한 일은 貫徹하고야 만다
12. 모질매 爲해 쓴 忍耐를 참는다
13. 自筆記錄을 즐기는 特性이다
14. 戒色戒酒는 壽命을 延長한다
15. 石川은 맑은 물소리를 원한다

以上 15個項은 白髮이 성성한 오늘에도 나의 實踐이며 體驗이며 信條이기도 한 座右銘이다

1971年 元朝 瞑想속에서

「다15字는 다한다는 의미가 담겨있다」

13 기안(을) 한국투자개발공사

383

(마) 나의 末年 가슴에 맺친 餘恨

1. 胡地의 流離亂離속에 묻인 어머님의 遺骨을 故國땅에 옮겨 安葬못한 餘恨

2. 高句麗 舊疆은 早晩間 白衣族의 活舞台로 도라오리라는 予見에서 長久住居할수있으리라는 誤算으로 家族과 一家親戚들을 미리 還國시키지못한 餘恨

3. 倭敵에 對한 憎惡心만 가지고 祖國百年을 爲해 所有土地 家屋等을 放

15 기안 (을) 한국투자개발공사

384

서울민사지방법원

賣해서 國內에 敎育機關 하나 設置못해 놓고 子女敎育 하나 옳게 못시켜 놓은 餘恨

餘感

人生處世에 一生을 通해 恨없는 사람이 없지 않을것이나 三十六年間 倭人들이 남겨준 罪業의 所致이지만 나에게는 以上 三個條項에 千秋에 餘恨이 될것같다 先見之明이 없다는 理由도 없지 않으나 世界情勢의 興衰과 大戰后 不可抗力인 時局의 混亂과 現實의 支配下에서 結局 소사나지 못하고 다만 失敗와 後悔와 怨恨을 남긴채 終末은 오고 마렀으니 嗚呼 時不利兮 奈若何오

後生들 時代에나 이 恨을 풀길이 올런지 이 瞬間에도 가슴이 미어지는듯 긴 恨숨만 내뿜는다

16 (조서용지을)

365

(바) 나의 所望

1. 國亡后 異域 流浪生涯의 許容되지 않은 處地에서 原來 文學의 造詣는 그 時節 想像조차도 할수없었거니와 於焉 人生終末인 八旬老境에 過去事의 手記들을 最終 整理에 執筆을 試圖해 보았으나 健康의 逐日衰頹에서 誘發되는 神經의 煩悶과 焦燥不安까지 겹쳐 頭痛과 健忘等 精神의 昏迷로 多年間 累積 錯雜한 記錄들을 完全

17 기안 (을) 한국투자개발공사

366

整理해 두지못하는 나의 안타까운 마음으로 共할 길이 없다

2. 바라건대 이 草案에 不過한 文件들을 善爲 保管하였다가 다음 世代에서나 文學에 達通한 人材를 培養하여 비록 特記할만한 材料가 못되더라도 豐富한 智識과 卓越한 聰明과 透徹한 智慧로 最善의 關心을 기우려 收集된 關係 該當綴을 根本趣旨에 어긋나지 안토록 올바르게 以上愼重 精密히 分類 整理하되 앞날 世代에서 過去를 알고 現在를 開拓하며 未來의 光

18 기안 (을) 한국투자개발공사

367

배를 約束하는데 한갓 도움이될 文見을 接

萃하여 原稿를 作成한다음 그 冊名을

白巖文集(或은石川文集도可)이라고

表紙에 밝힌 均衡된 卷數로 印刷

編製해서 家門의 傳統에 教訓이 될수

있는 良書가 이루되기를 要望해두는 바

이다

西紀1970年10月27日

白巖山人 (서명)

19 기안 (을) 한국투자개발공사

380

[附錄]

(가) 家 訓

1 健康을 第一主義로하며
幸福을 健康에서 求하라

2. 責任을 느끼는 家長이 되고
後顧之憂없는 主婦되라

3 先祖의 遺德을 繼承하고
事親에는 그 뜻을 따르라

4 家庭에는 융화 爲本하며
子女에 傷處를 주지 말라

5. 處世에는 以德爲先하고
治家에는 勤儉爲主하라

6. 벗은 惡雅之友를 擇하고
이웃은 人情으로 맺으라

7 社會에는 誠實로 示範하고
國家에는 正義에 勇敢하라

3 기안 (을) 한국투자개발공사

389

以上七項을 家訓으로 附示해둔다
人生涉世之道에 修身齊家부터 先行하라는
古人의 眞理를 銘心하며 苦難의 恨怨은 過去
를 一掃하고 光復祖國의 새歷史를 이루새긴
榮光된 오늘 새家庭建設의 永遠한 빛길에
指標되기 바란다

서기 1968年 1月
새 맞임을 맞으면서

以 上

4 기안 (을) 한국투자개발공사

390

(라) 잊어서는안될處身

1. 自己運命에 主人公임을 알라

2. 自己生命의 尊嚴性을 알라

3. 自己實力의 尺度를 알라

4. 自己處地의 位置를 알라

5. 自己에게 지워진 使命을 알라

6. 自己祖國이 韓國임을 알라

以上 六個項은 어느때 어느곳 어떠한
일에서 던지 臨할때 마다 먼저 生
覺한 다음 行動에 옮기기를 잊지
말나

서기 1970年 1月 새아침을 맞으면서

14 기안 (을) 以 上 한국투자개발공사

391

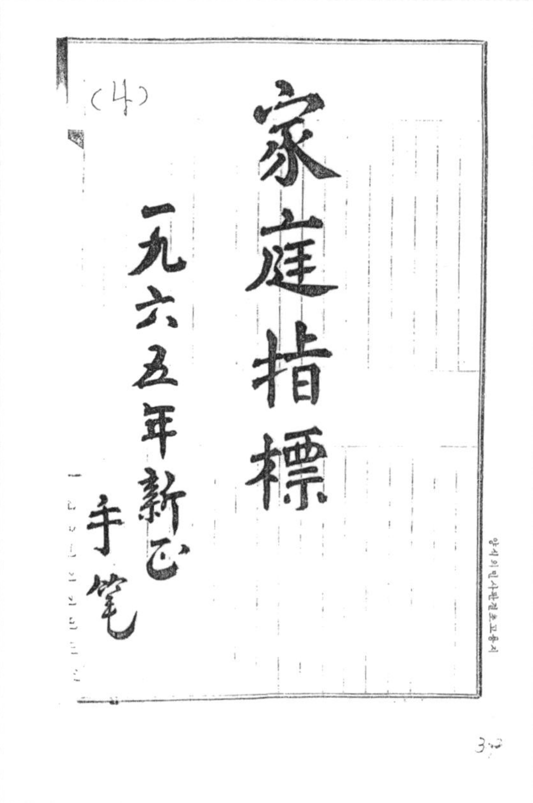
(4)

家庭指標

一九六五年新正
手筆

392

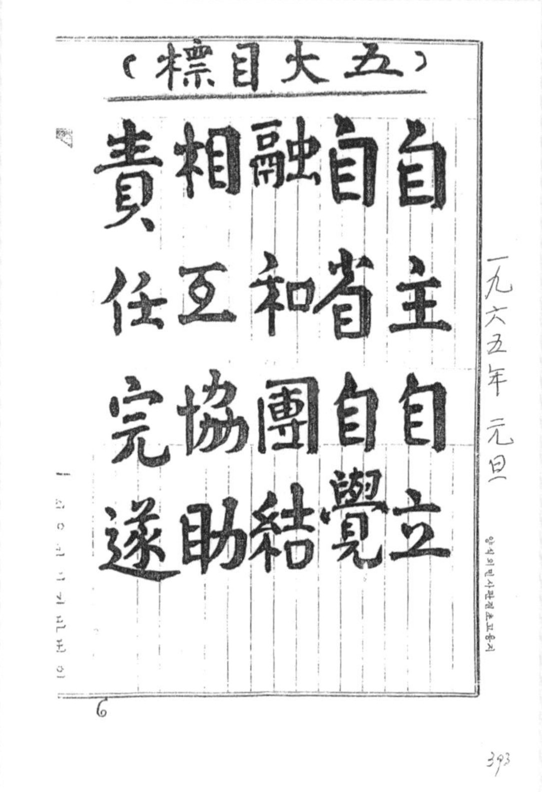
(五大目標)

自主自立
自省自覺
融和團結
相互協助
責任完遂

一九六五年 元旦

6

393

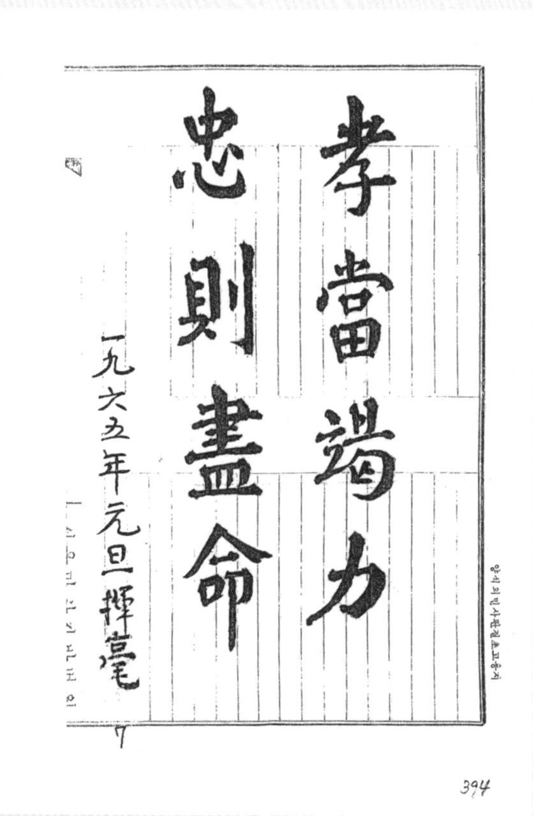
孝當竭力
忠則盡命

一九六五年元旦揮毫

7

394

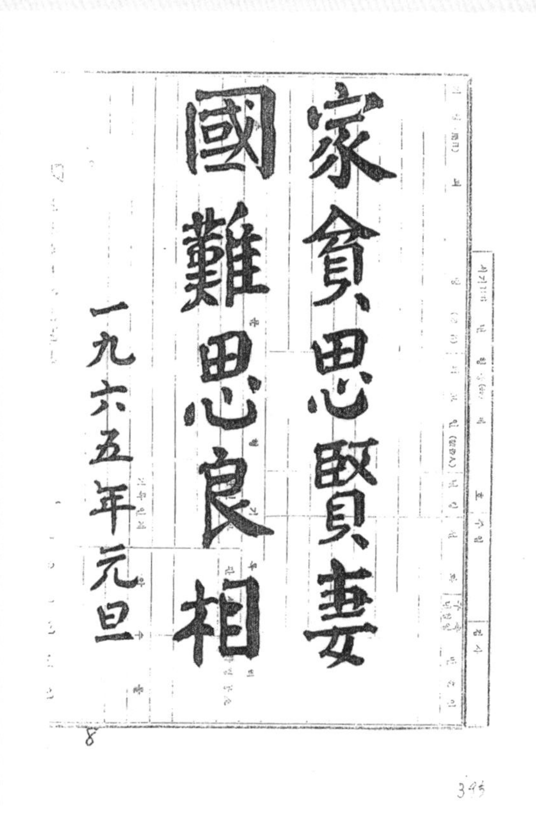
家貧思賢妻
國難思良相

一九六五年元旦

8

395

統一宿願
何日可成

396

(차) 錄音機 購入에 對한 나의 所感

여기는 서울 특별시 용산구 원효로 1가 27번지의 14호로서 解放後 20여년 살어온 우리의 현주소였다
국치후 왜정 36년간 異域 荒野에서 가진 풍상과 협구를 헤치며 苦難으로 一貫해오다가 해방된 祖國에 도라와 이곳을 첫 주거地로 擇하게된 緣由인즉 원효로란 地名에 우리 始元 字가 드러잇기 때문이라 하겟다
저 좁은 뒷골목 한구석에 끼여잇는 보잘것 없는 조그마한 두어칸 ~~[illegible]~~ 집이지만 그간 20餘 星霜 흘너간 세월 속에는 哀歡 悲優. 驚喜. 및 아희들 出生地일뿐 안니라 참혹한 6.25의 戰禍를 겪음에도 人命의 被害가 없엇다는 幸福을 생각해볼때 永遠히 잊이못할 因緣깊은 곳이기도 하다
때는 1967년 7월 3일 이나라 第6代 大統領 就任式 慶祝行事가 끝난 第3일인 이날 午后 容喆이는 職場退勤길에 家用錄音機 한 臺를 購入해 와서 나더러 第一番으로 試驗吹入을 해 보라는 것이였다

34 기안 (을) 한국무자개발공사

397

그래서 내가 오늘 孝昌公園으로 散策을 나갓다가 맞음 보고온것인데 空中에는 잔자리 飛行機가 騷音을 울이며 群衆은 各各 집으로 도라가라는 警告와 아울너 淑明女大 校庭에는 數千學生들이 四.一九魂은 痛哭한다는 標識牌를 놉이 처여들고 六.八 不正選擧 糾彈示威 行進을 하려 校門밧그로 뛰고 나가려하나 학교당국의 거절로 굿게 닷인 鐵校大門은 軟弱한 少女들 힘으로는 그리 쉽게 열고 나올수는 없는 모양인듯 校門안에서만 웅성거리며 口揮만 외치고 섯다
이것을 본 市民들은 무슨 큰 구경이나 난것처럼 삽시간에 數三千名이 모혀드러 校門앞 그 周圍에는 흡사 사람의 城을 싼것갓기도 했다
그中 나 옆에 섯든 한市民은 學生들의 그 崇高한 精神을 過小評價하는듯 그것 정말 웃긴다고 한다
그말을 드를때 나는 여보시오 그것 어찌 웃긴다고하오
슯흔 눈물이 앞을 가려울 일입니다 햇드니 매우 未安한듯 가버리고 말더란 이야기부터 시작해서 이 錄音機에 對한 나의 늣끼는바

35 기안 (을) 한국무자개발공사

398

를 吹入해 보앗더니 그 機械는 瞬息間 肉聲 고대로 받어드려 흘너나오는 말을 듯는 家族들은 奇異한듯 一場爆笑가 나오기도 했다
오늘날 科學文明이 이처럼 高度로 發達되여가고 잇음에 따라 여러家庭에서 널리 活用되며 오늘에는 흔해빠진 物件에 不過한것이지만 特히 우리로서는 지난날 荒野의 暗黑속에서 헤매든 生覺을 할때 果然 光復된 祖國이 갓다주는 선물인듯 그저 感謝하지 않을수 없엇다
예에 앞서 나의 가슴 한구석 씻어지지 않는 餘恨은 이 文明의 惠澤을 한번 가저 보시지 못한채 亡國의 恨을 품으시고 저 곳인 胡地에서 萬千의 苦生만 하시다가 不幸의 길로 떠나신 父母님 一生이 원통스럽기만 하다
追念해 보건대 平生에 孫子를 안어보시지못해 밤낫으로 애태우던 어머님의 그 心情 亞甚 갈에 마음을 억지못해 안타가이 안절부절 하던 안해의 그모습이 記憶에 삼삼한 오늘 내손으로 이만 貴重한 家具를 사들고 오는것을 魂이라도 안다면 아마 남달니 奇蹟같은 것뿐을 禁하지 못할것갓다
人生으로서 남이 하는일이라면 나도 한번 해

36 기안 (을) 한국무자개발공사

399

보겠다는 너의 出世意慾에 다시한번 希望을 걸어본다

千里길도 一步에서 始作되는것 같이 처음때로부터 成功에 이르기까지 家訓七個項基本우에서 첫째 目標를 세우고 다음 決心과 忍耐와 労力의 三大要訣을 履行하여 옳고 그른것을 分明히 区別해서 꾸준히 前進만 한다면 반드시 成功의 門은 期必코 다가오리라

너의 들은 앞길이 洋々하니 이 科学文明을 遺憾없이 吸收하며 아울러 亡國의 環境에서 내가 하지못한 恨많은 일들을 기어코 너의들이 最善을 다할것과 또는 祖國再建에 一層분발하여 國恩을 感謝할줄 아는 참된 後輩이 되기를 바라 마지 않는다

그리고 家庭에서는 모든 家具中에도 特히 이 錄音機 만은 貴重히 保管하여 家族사이 단란한 談笑和樂에 한갓 도움이 되도록 有效適切히 使用하는 한便 앞날에나라 이社會의 家庭에 너들 燦爛한 業績이 이룩될때 만듯이 이錄音機에 남겨 다음 世代에 永久한 紀念이 되고 훌륭한 標的을 세워주기爲해 가장 價値있고 意義깊게 活用되기를 企待하는

37 기안 (을) 한국무자개발공사

바랍니다

때는 1967년 7월 3일

記憶해두라

以 上

38 기안 (을) 한국무자개발공사

留意事項 (자)

錄音機 「테이프」 保管에 關한 注意를 아래와 같이 指示해 둔다

父의 손으로 것인 이 녹음 「테이프」는 永久保存할 遺品이니 娛樂用에 混同해서 亂用하지 말고 別途保管하여 必要以外 使用치 말라

서기1967年 7月3日

以 上

33 기안 (을) 한국무자개발공사

家妻의 手記

苦難生涯의 一面

訃훈 그대의 영별

오가는 조림미 고개를 눈물로 적시며

西紀 一九六四년 四월 十日 (甲辰)

古二월 二八日 강릉大田里에서

別世日時 一九六四年四월十일 (古曆二월二十八日) 下午六時二十分

場所自宅 江原道 江陵市 林塘洞 一三四의 一

發靷日時 一九六四年四월十二일 午前十時

葬地 江原道 江陵市 大田里 山一九八番地 (江陵監理敎會所有山)

當時右監理敎 牧師 金영철

傳道師(女) 金수남

長老 全益宇

勸師 崔계된

428

訃告

元容詰大夫人義興芮氏四月十日(陰二月二十八日)下午六時二十分以宿患於江陵市林塘洞一三四番地一號自宅別世

玆以告訃

嗣子 容詰

子 容範

婿 林炳珠

親戚代表 李東鐸

護喪 全益守

一九六四年 四月 十日

一、發靷日時 四月十二日下午一時

一、發靷場所 自宅

一、葬地 江陵市大田里山一九八番地

通于諸宅

座下

429

五言詩一首

高枝入月時 大路餘衰柳

何羣落南之 惜無繫馬枝

이 詩는 踏海從祖父님 께서

日暮途窮하고 그네의 一夜宿

要請에 拒絶하는 무심 柳氏의

非情을 恨하시며 지은 詩라 한다

430

서기 一九七二年 三月

경력서

歸白巖小人

431

(1)

이 력 서

출신도명	성명	별명
강원도	원의상 (인)	원병상

생년월일 서기 1891년 8월 5일생(만 78세)

본적	서울특별시 성북구 정릉三洞 [redacted]
현주소	上仝
호적관계 호주와의관계	호주
호주성명	원의상

년	월	일	학력및경력사항	발령청
			國恥後 경력 사항	
1911	8		庚戌國恥후 西間島로	
			亡命	
			独立運動의 根據地	耕學社
			였던 中國奉天省 柳河	
			縣 鄒家街에 토착	
			農村으로 창설된 耕學社	
			에서 設立한 新興講	
			習所에 入校 校長 李	
			東寧先生의 指導로 抗日	

432

년	월	일	학력및경력사항	발령청
			鬪爭線에 參與	
1913	2		前記 鄒家街에 設立	
			한 新興講習所를 通化	
			縣 哈泥河로 移轉하고	
			아울너 新興武官學校	
			로 昇格된 다음 第三	
			期生으로 四年制 本科	
			에 進學 全校 生徒	
			班長으로 校命 三個	
			年間 生徒 編隊	
			를 指揮統率	
1915	7		前記 武官學校內 組織	
			된 新興學友團 總務部	
			長으로 在任中 當時 唯	
			一한 抗日 鬪爭紙였던	
			月刊 雜誌 學友團報를	
			發行하며 革命理念 鼓	
			吹에 僑胞들은 熱狂的	

433

(0)

(2)

이 력 서

사진	출신도명	성명	인	구성명
		생년월일 서기 년 월 일생(만 세)		

본적	
현주소	
호적관계 호주와의관계	
호주성명	

년	월	일	학력및경력사항	발령청
			으로 歡迎	
1916	10		新興武官學校 四年間	武官學校
			所定 課程을 맞치고 校	
			規에 依하여 柳河縣 大	
			沙灘 學校에 配置되	
			며 當地 住居 李鐸	
			李章寧 同志의 支援	
			下에 晝間에는 兒童	
			教育과 夜間에는 地方	
			青年 軍事訓練에 晝	
			夜奮鬪	

434

년	월	일	학력및경력사항	발령청
1917	3		安昌浩先生以下 愛國先輩	新民會
			의 秘密 結社인 新民	
			會에 加入하여 本會	
			擴張을 爲해 同志 募	
			集에 奮鬪	
1918	2		三一運動 當時 新興	韓族會
			武官學校 本科 教官	
			으로 被命되며 李青天	
			教官과 同時 在任中	
			國內에서 脫出해 나오	
			는 愛國青年 六百餘名	
			을 保護 入校시켜 鬪	
			爭線 重要幹部를 養	
			成 一線으로 派遣	
	4		通化縣 哈泥河 所在	武官學校
			武官學校를 柳河縣	
			孤山子로 移轉中 兵營	

43

(3)

이 력 서

사진	성명	인	주민등록번호
	생년월일 서기 년 월 일생 만 세		
본적			
현주소			
호주관계	호주와의관계	호주성명	

년	월	일	학력 및 경력 사항	발령청
			舍四十餘間新築과	
			校舍坪의 練兵場 附	
			設等 校命에 依하여 建	
			築先頭에서 多事多難	
			한 工事였음에도 萬難	
			을 克服하고 指揮監	
			督으로 促進 竣工	
1919			南滿 独立運動의 総本	軍政府
			營으로 設置된 軍政府	
			및 西路軍政署의 運	
			營을 爲해 柳東 梓西	

436

년	월	일	학력 및 경력 사항	발령청
			地方의 軍資金 募集과	
			軍政府 指令에 依하	
			여 一旦 有事時 動員	
			準備에 備하고자 放	
			學期를 利用하여 青	
			年 軍事訓練에 教官	
			으로 被命活躍	
1919			突發的인 尹致國被殺	武官學校
			事件과 馬賊黨의 夜襲	
			等 不幸한 事故가 接	
			踵하여 學校 運營上	
			混亂가 日 複雜多難	
			에 逢着하였을 때 韓	
			族會中央 金東三 書	
			務部長과 外 日 李沰牧	
			哲에 事件擴大防止	
			를 爲해 載宕까지 先	
			頭에서 說服의 心血	

437

이 력 서

사진	성명	인	주민등록번호
	생년월일 서기 년 월 일생 만 세		
본적			
현주소			
호주관계	호주와의관계	호주성명	

년	월	일	학력 및 경력 사항	발령청
			을 傾注	
仝年	4		金泉縣 旧頭事 所在	軍政府
			代表的인 惡質走狗 肅	
			淸事件으로 檀拳旋風	
			에 山川草木도 떨었다는	
			그 地方人들의 말이였다	
			이 事件 主謀者로 指名되	
			여 被逮 剃髮에 入山	
			隱遁으로 僅免逮捕	
1922	3		柳河縣 蝲蛄溝老頭	
			拉子 五山下에 빈곤의	

438

년	월	일	학력 및 경력 사항	발령청
			貧乏한 地方 兒童들을 爲	
			해 小學校를 設立하고	
			教育에 熱中	
1945	8		當地 僑民會 主催로 解	僑民會
			放慶祝 大會場에서	
			約三千 人民大衆의 熱	
			狂的 歡呼속에 滿場	
			一致 三十六年間 變節	
			없이 鬪爭一貫한 愛	
			國者를 指名해서 慶祝	
			辭를 依賴한다는 大	
			衆의 喊聲에 指名被	
			選	
1946	2		南滿에는 朝鮮人으로	赤色義勇軍
			編成된 所謂 義勇軍	
			이라는 赤色軍隊가 進	
			駐하여 性分調査에	
			서 民族 思想者로 指名	

439

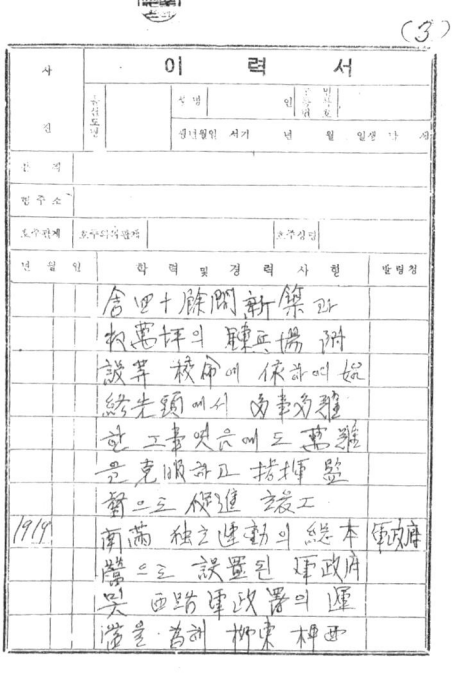

사진	이력서			
	성명	인	주민등록번호	
	생년월일 서기 년 월 일생 나이 세			
본적				
현주소				
호주관계	호주와의관계		호주성명	

년	월	일	학력 및 경력 사항	발령청
			拘束中 市民大衆의 三	
			十六年間 더 있는 賣國	
			者라는 呼評으로 瞬間	
			的인 保釋의 機會를	
			利用하여 九死一生 脫	
			出還國	
			還國後經歷事項	
1946	5		自滿洲로 還國 光	
			復軍의 后身인 光復靑	

440

년	월	일	학력 및 경력 사항	발령청
			年會와 李靑天이 結成	
			한 大同靑年團 總務	
			部長으로 靑年運動	
			에 活躍	
1947	9		李始榮先生은 國家將來	
			를 爲하여 民族의 象徵	
			이었던 新興武官學	
			校后身인 新興大學을	
			壽松洞에다 設立하였	
			다 그後 學生監으	
			로 校任되여 初創期	
			混亂中 不撤晝夜 積	
1949	1		極 活躍中 國軍이 創	
			設되자 國軍에 入隊할	
			것을 紹介하시었다	
			入隊하였으나 그 經緯는 말	
			할수 없으나 先生의 遠大	
			한 遺志와 民族正氣	

441

사진	이력서			
	성명	인	주민등록번호	
	생년월일 서기 년 월 일생 나이 세			
본적				
현주소				
호주관계	호주와의관계		호주성명	

년	월	일	학력 및 경력 사항	발령청
			의 象徵이었던 名我께	
			지로 [illegible] 되고 만것은 母	
			校出身의 一員으로 千	
			秋에 餘恨이 안될수	
			없다	
1949	1		當年五十三歲로 大韓	
			民國 國軍創設에 參	
			與하여 陸軍士官學	
			校 特別八期 第二	
			班에 編入 [illegible] 로	
			任官 (當命狀은 紛失中遺失)	

442

년	월	일	학력 및 경력 사항	발령청
1950	6		任官后 第三旅團 十七聯	
			隊에 配屬 옹진 戰線	
			으로 移動	
			六二五 戰亂中 熾烈한	
			激戰地 參加 如下	
			옹진 天安 化寧場	
			陝川 妙山 杞溪	
			安康 서울入城	
			春川 安保里 戰鬪	
1957	7		大韓尙武会 江原道支會長으로 就任	
			軍服務中 業績	
			下記	
記	章		六二五事變從軍記章	大統領
			共匪討伐記章	國防部
勳	章		忠武 功勳章	

443

사진	이력서			
	출신도명	성명 　　인	주민등록번호	
		생년월일 서기 년 월 일생 만 세		
본적				
현주소				
호주관계	호주와의관계		호주성명	

년	월	일	학력 및 경력 사항	발령청
勳章			銀星忠武々功勳章	長官授與에依하야
			無星忠武々功勳章	
1950	8		尙州 化寧場 戰鬪에	
			서 特進一階級	
			予備大領으로 轉役	
			表彰狀	
			陸軍參謀總長 二回	
			第二軍司令官 一回	
			江南戒嚴民事部長 一回	

444

			感謝狀	
			蔚珍郡 蔚珍面民一同	
			大韓婦人遺族會長	
			濟州道 翰林邑議會	
			江原道知事	
			慶北道知事	
			大韓尙武會長	自由党時
			(在鄕軍人會 変称)	
결	말		回顧해 보건대 一生	
			을 祖國에 바쳐온것	
			만은 틀림없는 事實이	
			다	
			解放慶祝大會場에	
			서 人民大衆에 主證	
			을 하였고	
			反逆赤徒들도 性分	
			調査에서 民族思想	

445

사진	이력서			
	출신도명	성명 　　인	주민등록번호	
		생년월일 서기 년 월 일생 만 세		
본적				
현주소				
호주관계	호주와의관계		호주성명	

년	월	일	학력 및 경력 사항	발령청
			等으로 指名拘束까지	
			하였으나	
			여기는 虛僞도 假飾	
			도 없다 事實그대로	
			의 記錄이 였다	
			1972年3月	
			元義常	

446

부록

□ 3·1운동 50주년기념 시리즈 광복의 증언 ④ 「만주독립군의 활동」

신흥무관학교新興武官學校

원의상元義常
(예비역 육군대령·당시 신흥무관학교 교관)

1913년 5월에 그동안 우리가 열망하던
교사낙성식이 있었다. 그리고 신흥강습소란
이름도 '신흥무관학교'로 승격했다.

1909년 봄에 서울 양기탁梁起鐸 선생 댁에서는 구국운동의 선구자들로 조직된 비밀결사 신민회新民會의 간부회의를 열고, 해외독립기지 건설, 군관학교 설치의 건을 의결했다. 이를 실천에 옮기기 위한 제1보로서 조선조 왕가의 세신世臣인 이철영李哲榮 이시영李始榮 등의 6형제와 이상룡李相龍 이동녕李東寧 김동삼金東三 윤기섭尹琦燮 김창환金昌煥 송진수宋鎭洙[201] 이광李光 등이 조국광복의 대지大志를 품고 자금과 가권家眷을 휴携하고 압록강을 건너 만주 펑톈성奉天省 류허현柳河縣 삼원보三源堡 추가가鄒家街에 정착하였다.

이곳은 서쪽으로 남산藍山이란 검푸른 거산이 하늘을 가로지르고 북으로는 왕쿨령嶺이라는 험령이 가로막혀 있으며 동쪽으로는 삼원보라는 조그마한 중국 거리가 내려다보이는 미개척의 산골짜기였다. 이곳에서 1911년 봄에 이역 황야의 신산한 곁방살이에서나마 구국사업의 첫 출발로 일면 생취生聚, 일면 교육이라는 2대 과제를 내걸고 생취로

201) 주진수朱鎭洙의 오식

는 경학사耕學社를 창설하여 초대 사장에 이철영 선생이 추대되고, 교육으로는 학술을 연마하여 군사 훈련을 겸하여 조국광복의 역군이 될 인재양성을 하기 위해 '신흥강습소'가 창설됐다. 초대 교장에 이동녕(2대 이광), 교감에 김달金達, 학감에 윤기섭, 교사 김창환 이갑수李甲洙 이규룡李圭龍 등이었다. 이것이 곧 서간도 독립운동의 요람인 '신흥무관학교'의 전신이다.

이때 이 지방 토착 관민들은 신흥강습소가 일본의 앞잡이라는 의혹으로 배척이 심하여 그들의 협조를 얻을 수 없었기 때문에 교사校舍를 구할 수 없어 토민들의 옥수수 창고를 빌어 개교식을 거행하는 수밖에 없었다. 그리고 그들의 의혹을 피하기 위하여 학교 명칭도 '강습소'라고 붙였으나, 근본 목표가 구국혁명인지라 내용적으로는 무관양성을 시작하는 제1보의 출발이었다.

학교 이름 '신흥新興'이란 유래는 신민회新民會의 '신新'자와 다시 일어나는 구국투쟁이라는 의미를 살려 '흥興'자를 붙인 것이다. 특히 신민회를 강조한 것은 해외독립기지 설치와 무관학교 창설안이 이 신민회에서 나온 관계를 의미한 것이며, 기실 신흥무관학교는 신민회의 해외로의 변형적인 연장이라고도 볼 수 있다. 따라서 초대 교장으로도 신민회 임원이던 이동녕이 취임하였다.

합니하哈泥洞[202]의 신흥무관학교

이해 1911년에 제1회 특기생으로 김련金錬 변영태卞榮泰 이규봉李圭鳳 성주식成周寔 등의 유수한 애국청년 40여 명이 배출됐다.

신흥무관학교의 초기 운영경비는 주로 이석영李石榮 선생의 사재에 의존하지 않을 수 없었다.

1911년 겨울 내가 17세의 홍안 소년으로 통화현에서 북으로 1백 50리의 눈길을 헤치

202) 합니하哈泥河의 오식

며 밀림이 하늘을 닿는 신문령新問嶺[203]을 넘어 추가가 우탕구溝란 곳에 우거하는 교장 이동녕 선생을 찾아가 무관학교 입학을 지원했을 때, 선생은 나를 반기시며 따뜻이 맞아주시던 기억이 지금도 새롭다.

이해의 만주 추위는 그 유례가 드문 혹한이었다. 대지가 얼어붙어 땅이 몇 길씩 쩍쩍 갈라지고 창벽에는 성에가 몇 겹씩 얼어붙었다. 행인들의 수염에는 조이삭 같은 고드름이 주렁주렁 달리고 밖에 나가면 손과 발이 순식간에 감각을 잃었다. 심지어는 입술이 얼어붙어 제대로 말을 할 수 없을 정도였다.

고국의 따뜻한 기후와 온화한 풍토에서 홑옷 입고 발 벗고 찬물 마시며 살아오던 관습으로 우리 동포들은 이역의 기후에 알맞은 대책도 없이 기한飢寒 속에 속수무책으로 이 겨울을 지내게 되었다. 수백년 썩은 나무뿌리 밑에서 고인 냉수를 그대로 마시기가 일쑤였다. 그러다 보면 봄날 해동과 더불어 소위 수토병水土病이란 악질惡疾에 걸린다. 특히 부녀자와 노약老弱은 이 병에 걸리면 불과 수 시간 신음 끝에 생명을 빼앗긴다.

다음해 봄 전해에 이주하여 간신히 정착하였던 우리 동포들이 상당수 이 병으로 목숨을 잃었다. 마을마다 한동안 울음소리가 그치지 않았다.

예기치 않은 이 괴질로 수천 명의 한교韓僑가 목숨을 잃은데다가 또 이해에는 천재天災까지 겹쳐 농사를 실패하게 되니 학교운영에도 직접적인 영향을 받지 않을 수 없었다. 신흥강습소는 이 때에 심각한 재정난에 허덕이지 않을 수 없었다.

1912년 가을, 서간도로 탈출해 오는 동포의 수가 나날이 늘어나자 경학사는 발전적으로 해체되고 다시 부민단扶民團이 조직되었다. 초대 단장에는 허혁許赫을 추대하여 자치와 교육을 담당하고 중앙기관을 추가가 동남쪽 90리 떨어진 통화현 합니하에 두었다. 신흥강습소도 이곳으로 옮겨 제2의 새 기지를 정했다.

이곳은 동남쪽에는 거산준령인 고뢰자古磊子가 하늘을 찌를 듯 우뚝 솟아있고 북쪽에는 청구자靑泃子의 심산유곡, 남서쪽에는 요가구鬧家泃의 장산밀림이 둘러싸고 앞에는 푸른 강물이 주야로 구비쳐 흐르는 곳이다. 그 언덕 위에 신축한 고량대하高樑大厦의 병영사가 마련되어 각 학년별로 널찍한 강당과 교무실이 생겼다. 아울러 부설된 내무반 내부에는

203) 신개령新開嶺의 오식

사무실 편집실 숙직실 나팔반 식당 취사장 비품실 등이 있었고 낭하에는 생도들 성명이 부착된 총가銃架가 별도로 설치되어 있었다.

1913년 봄에 이곳으로 학교가 이전된 뒤부터 황림초원荒林草原에 수만 평의 연병장과 수십 간의 내무실 내부공사가 거의 생도들 손으로 이루어졌다.

이때는 불도자도 없는 때였으니 삽과 괭이로 기복이 심한 고원을 평지로 만들어야 했고 돈도 차도 없으니 어깨와 등으로 돌과 흙을 날라야만 하는 중노역이었지만 우리는 힘드는 줄 몰랐다.

처음에는 황야를 하루종일 걸어도 백의족白衣族을 만나보는 일이 매우 드물었다. 그러나 불과 수년 안에 어느 산정山頂, 산곡山谷에도 우리 교포들이 살지 않는 곳이 없게 됐다. 이것을 본 토민들은 상부의 지시라는 구실 아래 물물상통物物相通을 거부하면서 우리를 축출한다고 위협했고, 더욱이 청장년의 학교교육은 오해의 대상이 됐다.

부민단에서는 애국기관 및 각 단체와 회의를 열고 '변장운동'을 전개하기로 결의하게 됐다.

"나의 동포를 잃었으니 이웃 동포 내 동포요, 나의 형제 잃었으니 이웃 형제 내 형제라."

는 창피하고도 가슴 아픈 슬로건을 내걸고 소小를 죽이고 대大를 살리려는 생각에서 일치단결하여 의복 모자 신발 등을 그들과 똑같이 일체 변장함으로써 상호 친교운동을 적극 추진했다. 그 성과가 매우 좋아서 배척의 선풍으로 긴장했던 교포들의 불안은 점차 줄어들었다.

여기 한 가지 특기하고 싶은 것은 그들 토착민들의 안중근 의사에 대한 숭모의 염念이었다. 우리를 그처럼 배척하면서도 그들은 안의사의 의거 얘기만 나오면 말단 농민들까지 고개를 숙이며 찬사를 아끼지 않는 것이었다. 우리 선열의 뿌린 피가 이민족異民族의 가슴에까지 생생하게 살아남은 것을 볼 때마다 눈시울이 뜨거웠다.

이해 1913년 5월에는 그동안 우리가 열망하던 교사 낙성식이 있었다. 그리고 '신흥강습소'란 이름도 '신흥무관학교'로 승격했으니, 우리들의 감격은 실로 컸다. 이는 우리 겨레의 일대 경사였고 독립운동사업에 진일보였다. 낙성식은 교직원, 생도, 부민단 간부 그리고 다수 교포들이 참집한 가운데 엄숙하게 거행됐다. 이로써 통화현 합니하는 우리 독립군의 무관 양성의 대본영이며 구국혁명의 책원지策源地로서의 면모를 갖추게 되었다.

이 낙성식 축하연에 이석영 선생은 큼직한 돼지 한 마리를 희사했다. 간소한 축하연이었지만 우리들의 가슴을 부풀었다. 특히 이 자리에는 김동삼 선생의 닭소리와 윤기섭 선생의 엉덩이춤이 명물이었다. 기름기에 굶주리던 학생들은 이 돼지고기를 먹고 배탈이 나서 여러 날 설사를 하는 이도 많았다.

신흥학우단新興學友團

교사 낙성 이후부터 신흥무관학교는 4년제 본과에다 6개월, 3개월의 속성반을 병설하고, 속속 이곳을 찾아드는 젊은이들을 모두 수용하기 위한 대량 교육을 시작했다. 그리고 졸업한 뒤 2개년간은 교명校命에 따라 의무적으로 복무한다는 규정도 만들었다.

이에 앞서 1913년 3월 우리는 '신흥학우단'을 조직하였다. 교장 여준呂準 선생, 교감 윤기섭 선생 이하 제1회 졸업생 김석金石 강일수姜一秀 이근호李根澔 등의 발기로 조직된 이 학우단은 무관학교 교직원과 졸업생이 정단원이 되고 재학생은 준단원이 되는 일종[의] 동창회 성격의 단체였다. 처음에는 명칭을 '다물'(복구강토復舊疆土라는 의미의 고어)단이라고 하였다가 그 뒤 부르기 쉽게 '학우단'이라 개칭하였다.

그리하여 이 학우단은 후에 혁명청년의 강력한 결사인 서간도 독립운동의 핵심체로 성장하였다.

신흥학우단의 목적과 강령은 다음과 같다.

〈목적〉

혁명대열에 참여하여 대의를 생명으로 삼아 조국광복을 위해 모교의 정신을 그대로 살려 최후일각까지 투쟁한다.

〈강령〉

1. '다물'의 원동력인 모교의 정신을 후인後人에게 전수하자.
2. 겨레의 활력소인 모교의 전통을 올바르게 만대萬代에 살리자.
3. 선열 단우團友의 최후 유촉遺囑을 정중히 받들어 힘써 실행하자.

〈선열의 시범〉

1. 나는 국토를 찾고자 이 몸을 바쳤노라.

2. 나는 겨레를 살리려 생명을 바쳤노라.

3. 나는 조국을 광복코자 세사世事를 잊었노라.

4. 나는 뒤의 일을 겨레에게 맡기노라.

5. 너는 나를 따라 국가와 겨레를 지켜라.

〈중요 사업〉

학우단은 본부를 삼원보 대화사大花斜에 두고 단의 사업은 다음과 같다.

1. 군사 학술을 연구하여 실력을 배양하고,

2. 각종 간행물을 통하여 혁명이념의 선전과 독립사상을 고취하고,

3. 민중의 자위체를 조직하여 적구敵狗 침입을 방지하고,

4. 노동강습소를 개설하여 농촌 청년에게 초보적 군사훈련과 계몽교육을 실시하고,

5. 농촌에는 소학교를 설립하여 아동교육을 담당한다.

학우단의 초대 부서와 임원은 아래와 같다.

〈초대 부서〉

초대 단장 김석

편집부 강일수

총무부 이근호

그간 운동부 조사부 토론부 재정부 등 6부를 두어 각각 맡은 분야에서 최선을 다해 운영했다. 특히, 편집부에서는 월간잡지, 주보를 발행하여 혁명이념의 선전과 학술연구와 정신연마를 고취하고 일선 투사들의 투지를 앙양했으며 교포들의 현황에 관한 사항을 실어 당시 유일한 항일투쟁지가 되었기 때문에 일인들에게 주목의 대상이 되기도 했다. 그해 7월에 발행된 창간호는 군사 시사 문예 농사에 대한 기사를 실어 이역에서 뉴스에 굶주리던 교포들에게 크게 환영을 받았다.

매주 토요일에는 단의 발전을 위해 토론회가 열리면 학술이론과 투쟁의식에 대한 웅변도 토할 기회가 마련되었다.

학우단의 단시團是는 다음과 같다.

1. 서백리아西伯里亞[시베리아] 요동 천리

거침없이 편답遍踏할 때
야전野戰 마적 다 만나고
만수장림萬樹長林 설한풍雪寒風에
갖은 고초 다 겪어도
일편단심 나라 회복
우리 단의 정신일세
2. 만적萬敵을 무찌르던
을지乙支 소문蘇文 수범垂範대로
포연탄우砲煙彈雨 화해火海 속에
동정서벌東征西伐 육진肉陣삼어
구국대성救國大成 하신 고우故友
백절불굴百折不屈 절개節介로세
이것이 곧 우리 단시團是.

내무생활과 훈련

1913년 이후 무관학교 교직원은 아래와 같다.

교장 : 여준(후임 이상룡)

교감 : 윤기섭

학감 : 이광조李光祖

교사 : 이주봉李圭鳳[204] 서웅徐雄 관화국關華國(중국어 교사)

교관 : 김창환 성해용成駭用[205] 김흥金興 이극李剋(격검·유술 교관)

나는 1912년 2월에 추가가에서 이동녕 선생의 지도로 동흥소학교 최종학년에서 1년간 무관학교 진학 준비를 하여 다음해 2월에는 합니하 무관학교 본과 3기생으로 입학했

204) 이규봉李圭鳳의 오식

205) 성준용成駿用의 오식

다. 이로부터 3년간 전교 생도반장으로서 복무하면서 겪은 기숙사생활을 기록해보겠다.

새벽 6시에 '도-또-따-' 기상나팔소리가 잠든 학생들의 귓전을 때리면 각 기숙사의 학생들은 일제히 일어나 내무반을 정리한 다음, 복장을 단정히 하고, 각반 치고 검사장에 뛰어나가 인원검사를 받은 다음 보건체조(柔軟)를 한다. 눈바람이 살을 도리는 듯한 혹한에 아침마다 윤기섭 교감이 초모자草帽子 쓰고 홑옷 입고 나와서 점검하고 체조시키던 그 뜨거운 정성이 지금도 생각난다.

이 체조가 끝나고 청소와 세면을 마치면 각 내무반 별로 식탁에 앉는다. 주식물이라고는 부유층 토인들이 이삼십 년씩 창고 안에 저장해 두어 열에 뜨고 좀먹은 좁쌀이었는데, 솥뚜껑을 열면 코를 찌르는 그 퀴퀴한 냄새는 누구나 낯을 찌푸리지 않을 수 없었다. 바람모퉁이에서 먹다가는 다 날아가버릴, 끈기라고는 조금도 없고 영양가도 전무한 토인들의 가축용으로 쓰일 썩은 좁쌀이었다. 토인들은 더 두면 내다버려야 할 이 썩은 곡식을 우리 한교들에게 돈을 받고 팔았다. 돈도 없고 쌀도 귀한 지방이라 이거나마 사 먹지 않으면 안 되었던 것이 당시 우리 형편이었다.

부식은 콩기름에 절인 콩장 한 가지뿐이었다. 썩은 좁쌀밥 한술에 콩장 두어 개를 입에 집어넣으면 식사는 끝나는 것이었다. 그나마 우리는 양껏 배부르게 먹지 못했다. 굶지 않는 것만 다행으로 알며 교직원이나 학생들은 항상 화기애애하게 식사시간을 보냈었다.

이같은 박의악식薄衣惡食과 삭풍한설에 보수도 없는 교직원은 단의초모單衣草帽로, 생도들은 주린 허리를 졸라매고 매일 맹훈련을 계속했다. 여기에는 영예도 공명도 없고 불평불만도 있을 수 없었다. 다만 희생정신으로 일사보국一死報國의 일념에 불탈 뿐이었다. 식사가 끝나면 집합 나팔소리에 조례가 시작된다. 조례식에는 교직원 전원이 배석하고 점명點名을 한다. 그때 부르던 애국가 제1절은 다음과 같다.

화려강산 동반도東半島는 우리 본국이요
품질品質좋은 단군자손 우리 국민일세.
(후렴) 무궁화 삼천리 화려 강산
우리나라 우리들이 길이 보전하세.

다음은 신흥무관학교 교가이다.

1. 서북으로 흑룡대원黑龍大原[206] 남의 영절寧浙[207]의
여러 만만 헌원軒轅자손 업어 기르고
동해섬 중 어린 것을 품에다 품어
젖 먹여준 이가 뉘뇨.
(후렴) 우리우리 배달나라에
우리우리 조상들이라
그네 가슴 끓는 피가 우리 핏줄에
좔 좔 좔 결치며 돈다.
2. 장백산 밑 비단 같은 만리 낙원은
반만 년래 피로 지켜온 옛집이어늘
남의 자식 놀이터로 내어맡기고
종 설움 받는 이 뉘뇨.
(후렴) 우리우리 배달나라에
우리우리 자손들이라
가슴 치고 눈물 뿌려 통곡하여라.
지옥의 쇳문이 온다.
3. 칼춤추고 말을 달려 몸을 단련코
새론 지식 높은 인격 정신을 길러
썩어지는 우리민족 이끌어내어
새나라 세울 이 뉘뇨.
(후렴) 우리우리 배달나라의
우리우리 청년들이라
두팔들고 고함쳐서 노래하여라
자유의 깃발이 떴다.

---

206) 흑룡태원黑龍太原의 오식. 중국 북쪽의 흑룡강과 서쪽의 산시성山西省 타이위안을 가리킨다.
207) 중국 남방의 저장성浙江省 일대를 가리킨다.

이상과 같은 애국가나 교가를 앞산 뒷산이 마주 울리도록 우렁차게 부르는 젊은 생도들 앞에 여준 교장은 양눈에 망국한의 뜨거운 눈물을 흘리곤 했다. 윤교감은 생도들 지도에 있어 "만일 누가 한쪽 눈이 없는 단점이 있다면 그 사람을 지적해 말할 때 한쪽 눈이 있는 사람이라고 그 장점을 들어 말해야 한다"고 했다. 그분의 성격이 짐작되는 말이다. 이와 같은 교장 이하 교직원 모두의 일거일동, 일언행은 다만 애국일념에서 나온 것이었고, 그때의 감명은 아직도 모교의 정신에 아로새겨져 있다.

교훈의 요지는 우리가 조국을 찾고 겨레를 구출하기 위해서 이 자리에 모인 생도들의 책임이 중차대하니 인격을 연마하고 군사지식을 배양하여 부과된 사명을 완수할 것을 당부하는 내용이었다.

정신교육에 있어서는 구국의 대의를 생명으로 하는 목표 아래

1. 불의에 반항정신
2. 임무에 희생정신
3. 체련體鍊에 필승정신
4. 난고難苦에 인내정신
5. 사물에 염결廉潔정신
6. 건설에 창의정신

이상 6항목의 체득 실천을 유일한 좌우명으로 삼아 왔다.

그밖에 신흥무관학교의 편제는 둔전병屯田兵 제도로서 연대聯隊 기준이었으나 토인들에게 배척받는 이역인지라, 일체 표면화는 할 수 없었고, 계급도 실용實用하지 않았다.

복장은 교직원은 4계절 백색 무명으로 상의에는 단추 다섯 개가 달렸고 하의는 통으로 되었다. 생도들은 지방산의 염색한 '다치부'(만어滿語)를 필匹로 끊어 균일한 제복으로 상하의를 만들었고 양식은 교직원과 동일했다. 모자는 학생모였으며 신발은 대개 견혜繭鞋가 사용되었다.

야반에 비상검사가 있을 때는 캄캄한 밤이라도 각반 치고 복장의 단추 한 개까지 낱낱이 검사하는 엄정한 군기였다. 칠야漆夜에도 총가銃架에서 총을 보지 않고 찾아야 하는 등 항상 임전태세를 갖추어야 했다. 한밤중에 적막을 깨뜨리며 꿈에 잠겼던 정신을 번쩍 깨

워주던 적전 출동준비를 알리는 비상 나팔소리가 아직도 귓전에 쟁쟁하다. 일직日直근무는 주번근무라고 불렀는데 주번사령, 주번반장, 주번실장, 당번보초, 나팔수가 반드시 일정한 시간 일정한 위치에서 상하번上下番의 교대를 했다. 이때에 붉은색 바탕에 검은색으로 '주번표'라고 새긴 완장과 주번일지 등을 인계하고 5개항으로 된 수칙을 낭송하고 나서 교대가 끝난다.

처벌규칙으로서는 중영창重營倉, 경영창輕營倉, 고역苦役 등 세 가지로 구별되어 있어 군풍기를 위반하면 용서없이 경중에 따라 처벌이 엄격했다.

학과는 주로 보步·기騎·포砲·공工·치輜의 각 양전樣典과 내무령內務令 측량학測量學 축성학築城學 육군형법 징벌령 위수복무衛戍服務 구급의료 편제학編制學 훈련교범 전술전략 등에 중점을 두었다.

술과術科로는 넓은 연병장에 추당秋堂 김창환 교관의 명랑 쾌활한 구령 아래 주로 각개교련各個教練과 기초훈련을 했고, 야외에서는 이 고지 저 고지에서 가상적에게의 공격전·방어전 등 전쟁연습을 실전을 방불케 되풀이했다. 이 산 저 산 기슭에서 '돌격 앞으로'를 외치던 나팔소리가 지금도 귀에 쟁쟁하게 들린다.

체육으로는 엄동설한에 야간 파저강婆猪江 통화현 70리 강행군을 비롯하여 빙상운동 춘추대운동 격검擊劍 유술柔術 축구 철봉 등 강인불굴의 체련을 부단히 연마해 왔다.

경제투쟁으로 둔전병제도

1914년 봄 거듭하는 천재天災로 인하여 교포들이 피눈물로 지원하던 성금은 지속이 불가능하게 됐다. 그리하여 우리 신흥무관학교는 폐문의 궁지에 빠져 그 운영이 막연했던 때가 한두 번이 아니었다.

이 문제를 학교 자체에서 해결해보려고 학교당국은 춘경기에 토인土人들의 산을 빌려 학생들을 동원하여 밭을 일구었다. 우리는 일과가 끝나면 편대를 지어 각조 별로 산비탈에 달라붙어 괭이질을 하였다. 이극 교관의 함경도 사투리 섞인 산타령에 장단을 맞추며 초근草根을 파헤쳐 밭을 만들며 우리는 힘든 줄도 몰랐다. 이렇게 일군 밭에다 옥수수와 콩을 심고 여름내 노역을 하여 얻은 돈으로 학교 유지비의 일부를 보충하기도 했다.

동절冬節이면 살인적 혹한에 시탄柴炭의 소비량도 막대했으나 달리 얻을 방도는 전연 없었다. 생도들 자신이 강설기降雪期를 이용하여 학교 건너편 낙천동樂天洞이라는 산덕에서 허리에 차는 적설을 헤치면서 땔감을 끌어내리고 등으로 이를 날랐다. 매년 월동준비는 이렇게 학생들 자력으로 해결하였다.

또 하기방학이 되면 교직원과 졸업생 및 재학생들이 혼연일체가 되어 각 지방에 흩어져 1개월씩 각자 기능대로 날품팔이로 돈을 벌었다. 서투른 솜씨로 비지땀을 흘리며 애쓰는 학생을 보기가 민망해하는 교포들이 품값은 주겠으니 그만 학교로 돌아가라고 권하기도 했으나 이에 응하는 사람은 한 사람도 없었다. 우리의 근본정신이 민폐 없는 노력 수입에 있었기 때문에 염결廉潔을 명심하여 따뜻한 동포애도 고사하였다. 조국을 위해서는 항일투쟁, 모교를 위해서는 경제투쟁이라는 신흥무관학교의 둔전병제도는 이렇게 실천되었다.

졸업생들의 활동

본교 졸업생들은 교칙에 따라 모교가 지정해 주는 임무에 2년간 의무적으로 복무해야 한다.

그들은 독립군에 참가하는 것이 원칙이었지만, 그 밖에 교포학교의 훈도로 근무하기도 하였다. 재만교포들은 소석시우朝夕之憂를 면하지 못하면서도 겨레의 장래는 자녀교육에 달렸다는 교육의 중요성을 인식하고 교육열이 상당하였다. 신흥무관학교의 졸업시기가 되면 각지의 교포대표들이 합니하에 와서 우리 졸업생을 초빙해 가는 수가 많았다. 우리가 어느 지방의 소학교에 배치되면 학생지도와 지역계발에 지도적인 역할을 함은 물론이지만 지방청년들에게 군사훈련을 시켜 유사시에 병력을 대비하는 것도 중요한 임무였다. 나도 졸업 후 류허현柳河縣 대사탄大沙灘 소학교로 배치되었다.

여기서 특히 생각나는 것은 1915년 가을, 이동녕 선생의 장남 이의직李義直 2기생이, 통화현 쾌다모자快多帽子 소학교로 발령이 나서 부임 도중 애석하게도 20대 청춘을 일기로 여로旅路 숙사宿舍에서 불시 야반에 급서한 사고가 발생하여 전교가 슬퍼하던 일이다.

또 하나 지나칠 수 없는 것은 1917년 봄에 통화현 제8구 8리초八里哨 5관하五管下 소북대小北岱[208]란 곳에 무관학교의 분교를 세운 일이다. 이곳은 백두산 노맥老脈 인적미답의 대수해大樹海의 지대로서 곰 산돼지 오소리 등의 산짐승들이 득실거리는 험산심곡이었다. 이곳에 막사를 세우고 밭을 일구며 웅지雄志를 품은 지사들이 모여드니 이름을 백서농장白西農莊 분교라 했다. 그들 중요 부서는 아래와 같다.

장주莊主 : 김동삼	농감農監 : 채찬蔡燦(白狂雲)
총무 : 김정제金貞濟	교도敎導 : 이근호
경리 : 김자순金子淳	의감醫監 : 김환金煥
훈독訓督 : 양규열梁圭烈	외무 : 정무鄭武

1919년 봄 3·1운동을 치룬 남만南滿의 독립운동단체들은 총 역량을 집결, 효율적인 운동을 전개하고자 부민단을 중심으로 류허 통화 싱징 환런 지안 등 각 현의 지도자들이 류허현 삼원보에 집합하여 '한족회韓族會'를 조직, 그 직속으로 군정부軍政府를 두었다. 이는 이해 11월에 상해임시정부 산하의 서로군정서西路軍政署로 개편되어 독판 이상룡, 부독판에 여준, 정무총장에 이탁李沰, 참모부장에 김동삼, 사령관에 이청천李靑天의 부서가 결정되었다.

이에 앞서 한족회 군정부 산하에 들어간 신흥무관학교는 그 기능의 일대 확장을 기하여 학교를 류허현 고산자孤山子 하동河東 대두자大肚子로 옮겼다. 대두자는 고산자 거리에서 약 시오리里 가량 동남쪽으로 들어가 사방이 산으로 둘러싸인 산간벽지다. 이곳은 이탁 선생의 사저私邸와 남정섭南廷燮 김자순金子淳 곽문郭文 김정제金貞濟 등 제 선배가 살고 있는 조그마한 산간부락으로 일종 애국자들의 집단촌이었다. 학교가 이곳 대두자로 옮길 때의 교직원 부서는 다음과 같다.

교장 : 이천민李天民

교감 : 윤기섭

208) 소북차小北岔의 오식

교관 : 이청천 성준용 이범석李範奭 원병상元秉常 박장섭朴章燮 김성로金成魯 계용보桂龍輔

의감醫監 : 안사영安思永

전기前記한 바와 같이 군정부가 상해임시정부를 전 민족의 총본영으로 인정하고 임정에서도 한족회로 문서를 보내 전민족의 총단결을 요청하니 한족회에서는 남만 대표로 윤기섭 선생을 상해로 파견하였다.

본교에서는 군정서의 지령에 의해 졸업생들에게 비상소집령을 내려 각 지방의 분교 지교支校 및 노동강습소에 배치하여 농촌청년들의 긴급 군사훈련을 강화함으로써 진공태세의 일보 직전에서 시국의 추이를 주시하고 있었다.

이와 때를 같이 하여 국내에서는 일제에 대한 불만을 품은 수천수만의 애국청년들이 압록강을 건너 안둥 지안 싱징 퉁화 류허까지 장사진을 이루어 대거 탈출하여 오니 그 목표가 모두 무관학교 지원이었다. 이 무렵 나는 삼원보의 한족회 학무부장 김규식金奎植 선생의 부름을 받고 신흥무관학교로 가서 모교의 교관으로 임명되었다. 교세가 확장되어 교관이 많이 필요하게 되자 학교당국은 졸업생 중 성적이 우수했던 자들을 소환하여 교관으로 임명했던 것이다. 나는 그 길로 모교로 부임하였는데 전기 합니하에는 분교를 두어 김창환 교관이 남아 있었고, 본교는 이미 고산자의 새 기지로 이전한 뒤였다. 그러나 아직 신축공사가 착공 중이어서 임시로 만주인 양조장 건물 수십 간을 빌려서 시급한 교육훈련을 하고 있는 중이었다. 이범석 동지도 이때 이곳에서 교관으로 복무하고 있었다.

이 신축교사와 수만 평의 연병장공사는 당시 재무총장 남정섭 씨의 심혈을 기울인 노력으로 진행되고 있었다. 이 무렵 이청천 신동천申東天[209] 윤경천尹擎天[210] 등 세칭 삼천三天이 국내로부터 탈출하여 신동천은 싱징으로, 윤경천은 노령으로 향하고 이청천만이 최신 병서와 군용지도 등을 가지고 신흥무관학교로 찾아왔다.

---

209) 신팔균申八均의 이명

210) 김경천金擎天의 오기

폐교의 비운

국내에서 탈출해온 애국청년들, 재만교포청년들, 또 과거 의병활동에 참여했던 노년층까지 몰려들어 이때 신흥무관학교는 개교 이래 최고 성황을 이루었었다. 17,8세의 소년으로부터 50여 세의 노년 학생을 망라한 이때의 600여 명 신입생들의 성분도 가지각색이었다. 한 학년의 학생 수 600여 명이란 것도 개교 이래의 최대의 숫자였다. 이곳 고산자의 모든 교육내용은 합니하의 전통을 그대로 계승한 것이었다.

그러나 이와 같은 무관학교의 교세확장과는 달리 만주지방의 정세는 우리에게 불리한 쪽으로 움직이고 있었다. 3·1운동 이후 일제의 소위 독립군 토벌과 만주침략의 야욕은 점차 노골화하여 군대 출동의 위협과 함께 이들의 압력으로 인한 중국관헌의 압력도 가중해갔다. 더구나 마적단의 내습이 빈번하니 우리에게는 이중삼중의 신고辛苦가 아닐 수 없었다. 설상가상으로 이해 7월 무림茂林에서 마적단의 야습으로 윤기섭 교감과 박장섭 교관 이하 생도 수명이 납치되어 갔다. 또 뒤이어 윤치국尹致國 치사사건 등 불행한 사고가 잇따라 일어나니 무관학교의 사기는 현저히 저하되었다. 교장 이하 교직원 상당수가 모두 공석인데다가 피해자 윤치국 씨 측에서는 극단적인 폭력으로 보복하겠다고 나서니, 교내 분위기는 극도로 경화되고, 학교 운명은 악화일로의 위기에 직면하게 되었다. 한족회 서무부장 김동삼 선생의 원만한 거중 조정과 양규열 학무과장의 노력으로 겨우 수습되기는 하였지만 저하된 사기는 만회할 길이 없었다.

이해 8월에 신흥학우단에서는 북로군정서 총사령관 김좌진 장군의 요청으로 그곳 사관학교 교관으로 본교 졸업생 중 김춘식金春植(勳)[金勳] 오상세吳祥世 박영희朴寧熙 백종렬白鍾烈 강화린姜化麟 최해崔海 이운강李雲崗 등을 파견하여 사관교육을 담당케 하였다. 다음해 1920년 9월 20일경에 일군日軍 제21사단이 시베리아에서 장고봉張鼓峯을 넘어오고, 나남에 있던 제19사단이 북상하여 북간도 왕청현 서대파구西大坡溝에 있던 북로군정서를 포위, 진공하려 들자, 이 정보를 접한 아군측에서는 방수전열防守戰列을 벌이고 매복 대기해 있다가 적병 1천 2백여 명을 몰살시켜 세칭 청산리전역靑山里戰役의 승리를 거두었다.

그 외에도 1922년 8월 통의부統義府 당시 백광운白狂雲(본명 蔡燦), 신용관申容寬은 서로군정서에서 일하며 지안 통화 등지로부터 군인을 모집하여 '의용군 제1중대'라 칭하고, 백광운 등을 중심으로 군세확장에 전력하였으며, 국내외에서 가장 용감히 활약하던 유수한 중대로 성장하여 한때는 병력 8, 9백 명에 달한 때도 있었다.

이 밖에도 무관학교 출신들의 활약은 일일이 열거하기 어려울 정도로 많다. 만주 어느 기관이나 단체에도 우리 신흥무관학교 출신이 없는 곳이 없었으며, 그들은 가는 곳마다 무관학교 정신에 입각하여 용감히 싸우고 성실히 일하였다. 다만 그때 형편이 몇 차례씩 이름을 바꾸어야 하였고 연구세심年久歲深하여 그 이름을 일일이 기억하여 여기 적을 수 없는 것이 한이다.

드디어 1919년 겨울, 가중되는 일제와 중국관헌의 압력과 잇따른 사고로 신흥무관학교는 더 이상 지탱할 수 없는 비운에 빠졌다. 결국 지나온 10년의 간난艱難의 역사를 회고하며 비통한 눈물을 머금고 폐교를 하지 않을 수 없었다. 최후 수단으로 이청천이 교성대敎成隊를 편성하여 오광선吳光鮮 이하 약간의 생도들을 인솔하고 장백長白으로 들어가 재기를 모색했지만 종내 목적을 이루지 못했다.

1911년 추가가의 제1회 졸업생에서부터 합니하를 거쳐 1919년 11월 폐교 때까지의 신흥무관학교 졸업생 수는 3천5백 명에 달한다. 그들은 남북만주, 시베리아 벌판, 혹은 중원대지에서 제각기 구국운동의 대열에서 젊은 피를 흘렸다. 다음의 '독립군용진가'는 그때 우리들의 피를 끓게 하던 노래이다.

1. 요동만주 넓은 들을 쳐서 파고
   여진국을 토멸하고 개국하옵신
   동명왕과 이지란의 용진법대로
   우리들도 그와 같이 원수 쳐보세
   (후렴) 나가세 전쟁장으로 나가세 전쟁장으로
   검수도산劍水刀山 무릅쓰고 나아갈 때에
   청년들아 용감력을 더욱 분발해
   삼천만 번 죽더라도 나아갑시다.
2. 청천강에 수병隋兵 백만 쳐서 파하고
   한산도에 왜적들을 격멸하옵신
   을지공과 이순신의 용진법대로
   우리들도 그와 같이 원수 쳐보세

3. 만국회萬國會에 배를 갈라 피를 뿌리고
육혈포로 만인 중에 원수 쏴죽인
이준공과 안의사의 용진법대로
우리들도 그와 같이 원수 쳐보세

4. 혈전 8년 동맹국을 쳐서 파하고
영국 패반覊絆[211] 끊어버린 미국독립군
나파륜拿破崙과 화성돈華盛頓[212]의 용진법대로
우리들도 그와 같이 원수 쳐보세.

해방된 조국에 돌아와서

1948년 가을 서울 수송동에서 개교한 신흥대학은 서간도독립운동의 요람이었던 신흥무관학교의 후신이었다. 이시영 선생은 건국 후 부통령이란 분망한 지위에 계심에도 불구하고 자라나는 우리 후진들을 옛날 신흥무관학교의 그 숭고한 정신으로 교육시켜 보겠다는 일념으로 이 학교를 세웠던 것이다. 이사장 이규현李圭鉉 씨와 학장 이규창李圭昶(이시영 선생의 장남) 씨가 이 일을 주로 맡아 하였다.

그러나 이 학교는 개교 벽두부터 경영난에 봉착하여 허덕이게 되었다. 40여 년간 해외에 유랑하다 맨주먹으로 귀국한 이시영 선생은 이 막대한 운영비를 조달할 경제적인 능력이 전무하였다. 그는 "황야 이족異族의 옥수수 창고를 빌어 개교식을 거행하던" 그 시절을 상기시키면서 모교 신흥무관학교 부활에 대한 격려를 해주었다. 우리는 광복된 조국 땅에서 다시 '신흥'의 정신을 살린다는 감격으로 분골쇄신 일하였다.

1949년 봄, 나는 55세의 노병으로 국군에 임관하느라고 부득이 학교를 떠났고 근 10년만에 다시 돌아와보니 학교 교사도 간판도 영영 없어져 버렸다. 나 없을 때이니, 그 경위를 알 수는 없었지만 나는 망연자실하지 않을 수 없었다.

211) 기반羈絆의 오식, 굴레
212) 프랑스의 나폴레옹과 미국의 조지 워싱턴

돌이켜보건대 이역의 이민족들도 우리의 처지를 동정하여 자기네 영토에서 남의 나라 무관양성학교를 묵인해 주었다. 우리 수십만 동포들이 삼일일식三日一食의 고난 속에서 이를 키워왔고 삼천만 동포가 이에 희망을 걸어왔으며, 수천 명의 애국청년들이 이 전당에서 배출되어 남북만주, 시베리아 중원천지에서 피를 흘렸다. 이 숭고한 정신은 오늘날 조국재건의 마당에서도 절실히 요청되는 터인데 어찌하여 신흥이란 그 이름마저 용납되지 못하는가.

조국은 이 순간에도 신흥의 정신을 요구하고 있다고 나는 감히 말한다. 나라를 위해 평생 이역만리를 유랑하며 와신상담하시던 이시영 선생, 구국투쟁을 위하여는 인재양성이 첩경이란 신념 아래 북변호지北邊胡地에서 신흥을 창건하고 겨레의 '얼'을 심던 이시영 선생, 오늘 신흥이 없는 이 땅에서 선생의 뜻을 헤아리니 자괴의 감을 금치 못하겠다. 신흥을 기피하는 분들은 그것이 목전에는 영예일지 몰라도 후세에 치욕이 기다리고 있다는 것을 명심해야 할 것이다.

끝으로 80 노령의 기억을 더듬어 '신흥'을 거쳐나간 동지들의 이름을 적어보겠다.[213)]

김련	金鍊	평남	김석	金石	평남	강일수	姜一秀	서울
이근호	李根澔	평남	변영태	卞榮泰	서울	김동식	金東植	평남
김성태	金聲泰	경북	성준용	成駿用	서울	강보형	康寶衡	전라
황병우	黃炳禹	강원	황병탕	黃炳湯	강원	이의직	李義直	서울
이광민	李光民	경북	황병일	黃炳日	상원	정동수	鄭東秀	강원
이규준	李圭駿	서울	이규학	李圭鶴	서울	이병세	李柄世	강원
이규훈	李圭勳	서울	서병희	徐丙熙	서울	강준년	康駿年	전라[214)]
문목호	文穆鎬	경북	이정준	李禎準	평북	신창준	申昌俊	평남
황일청	黃一淸	미상	배헌	裵憲	전라	송희	宋熙	평북

213) 명단은 총 116명으로 구성되어 있다. 이 중 『독립운동사자료집 제10권』에는 나오지 않고 『신동아』에만 나오는 인물은 모두 3명으로 말미에 *를 붙여 구분했다. 나머지는 『신동아』와 『독립운동사자료집 제10권』에 모두 나오는 경우로 모두 113명이다.

214) 『독립운동사자료집 제10집』에 나오는 '강한년康翰年'의 이명이다.

엄주관	嚴柱寬	서울	허영백	許英伯	평남*	강세현	康世鉉	전북
원병상	元秉常	강원	박기남	朴奇男	강화	김기풍	金箕豊	강원
이병찬	李秉瓚	서울	계용보	桂龍輔	평북	김창화	金昌華	평남
김성로	金成魯	경북	장우근	張迂根	평북	최상봉	崔相奉	평북
주대근	朱大根	강원	손상헌	孫祥憲	경남	김현락	金顯洛	경북
문창호	文昌鎬	경북	박장희	朴壯熙	충남	주병순	朱秉順	강원
하종악	河鍾岳	경남	오광선	吳光鮮	경기	강화린	姜華麟	미상
박태열	朴泰烈	황해	백종렬	白鍾烈	미상	이동기	李東基	경북
김정로	金正魯	경북	최승훈	崔承薰	미상*	강희봉	姜熙奉	경북
한송주	韓松柱	평북	이승호	李昇浩	경북	김은석	金恩錫	평남
목연창	睦然昌	경기	이승우	李承祐	경북	원세기	元世基	강원
오상세	吳祥世	경기	신형섭	申亨燮	평남	신이섭	申利燮	평남
김치은	金治殷	평안	김영윤	金永允	평남	윤일파	尹一坡	경기
손무영	孫武榮	경북	백광운	白狂雲	충북	송호성	宋虎聲	평북
최해	崔海	경기	식식	湜湜	경남[215]	이동산	李東山	경남
송종근	宋鍾根	전라	김성윤	金晟胤	미상	원세걸	元世杰	강원
이지영	李之榮	충남	권계환	權啓煥	경북	김만현	金萬鉉	평북
윤치국	尹致國	경북	조기연	趙起淵	서울*	송재만	宋在滿	전라
이웅해	李雄海	경북	이석영	李碩英	평북	장두관	張斗觀	경남
김양렬	金陽烈	미상	이운강	李雲崗	미상	안기영	安基英	서울
강태희	姜泰熙	평북	문벽파	文碧波	평북	이병탁	李秉鐸	강원
장호문	張鎬文	경북	김창도	金昌道	평안	인건	印鍵	서울
이영선	李永善	서울	김철	金鐵	경북	김중한	金重漢	경북
권영조	權寧祚	경북	박달준	朴達俊	경북	이필주	李弼周	미상

215) 『독립운동사자료집 제10집』에 나오는 명단과 비교하면 식식湜湜은 '허식許湜'의 오식으로 보인다. 그런데 『신동아』에는 출신지역이 '경남'으로 나오지만 『독립운동사자료집 제10집』에는 '평남'으로 나온다.

권태원	權泰元	경북	조경호	趙京鎬	경기	석준상	石俊尙	평북
반화정	潘化正	경북	이붕해	李鵬海	서울	박명진	朴明鎭	경북
홍익선	洪益善	평북	한병익	韓炳益	평북	김준영	金俊永	서울
황덕영	黃德英	강원	김치도	金治道	평북	이종건	李鍾乾	경북
신용관	申容寬	미상	김훈	金勳	미상	이덕수	李德洙	평안
허황	許滉	쏘취분	김천수	金千洙	쏘취분			

신흥무관학교新興武官學校

원병상元秉常 수기

목 차

2. 임시정부하의 서로군정서西路軍政署
3. 6백여 명의 신입생 입교
4. 중·일군의 박해와 마적단 습격
5. 청산리전투를 승리로 이끈 신흥 역군들
6. 주구배 사살과 기타 활약상
7. 폐교의 비운
8. 10년간 졸업생수 3천 5백여 명

이 글은 신흥무관학교의 교관이었던 원병상元秉常 씨의 수기이다. 신흥무관학교 창설로부터 폐교될 때까지의 내용으로, 창설기·전성기·확장기·폐교 등으로 나누어져 있으며, 10년간 3천5백 명이라는 무관을 양성 배출시킴과 동시에 청산리전투의 승리 및 기타 독립군 전투에서의 대부분의 공로자들이 역시 신흥무관학교 출신들이라는 것 등을 소상하게 밝히고 있다. (편집자 주)[216]

머리말

돌이켜 보건대 신흥무관학교가 창설된 지 60년이 흘렀다. 그 눈물의 시대를 겪은 처참한 동포나 선배와 동지들도 이제는 불귀[不歸]의 고혼[孤魂]이 되지 않았으면 모두 거의 고령일 것이며, 그리 많지도 않을 것 같다.

국권을 회복하려고 우국지사들이 구국 구민의 내업을 위해 천장단애[天障斷岸]의 험난과 형극[荊棘]을 헤치며 독립군 중견 간부 양성이라는 신성한 목표 아래 설립한 무관학교가 광복된 조국 땅에서 과소평가, 냉소의 대상이 된다면 이것은 정의가 땅에 떨어짐을 말해주는 증좌라 하겠다.

이 현실은 조국의 현재와 미래를 위하여 통석히 여기지 않을 수 없다. 오늘날 통일이라는 벅찬 사명 아래, 민족중흥의 근대화 정초 작업에는 무엇보다도 먼저 민족정기의 정신 요소가 집약된 기초 위에, 겨레의 영원무궁한 번영을 약속할 수 있는 명실상

216) 『독립운동사자료집 제10집 : 독립군전투사자료집』의 편집자가 붙인 주이다.

부한 근대화 작업이 절실히 요구되고 있는 이때 지난날 신흥무관학교 정신이 새삼 느껴진다.

제1단계 창설기

1. 독립운동의 요람지 추가가鄒家街

1909년 봄에 서울 양기탁梁起鐸 선생 댁에서는 안창호安昌浩·이동녕李東寧 선생 이하 구국운동의 선구자들로 조직된 비밀결사인 신민회新民會의 간부회의를 열고, 해외독립기지 건설과 군관학교 설치의 건을 의결하였다.

그리하여, 황해도인 최명식崔明植 외 수인을 급파함으로써 현지를 답사해 본 뒤에 가장 적당하다고 인증되는 땅이 있다는 보고에 의하여 각 지방 대표에 비밀 통보가 전달되자, 각지의 우국투사들은 조국의 조종[祖宗]이 되는 산인 저 백두산 서북으로 뻗어나간 요동반도를 향한, 여기서 조국의 광명을 찾으려고 실천에 옮기기 위한 제1착이 이석영李石榮·이철영李哲榮·이회영李會榮·이시영李始榮·이호영李浩榮 형제와 이상룡李相龍·이동녕李東寧·김동삼金東三·주진수朱鎭洙·윤기섭尹琦燮·김창환金昌煥 등이었다.[217] 조국광복의 큰 뜻을 품고 가권[家眷]을 인솔하여 망명의 길을 떠나 구강[舊疆]에 찾아 들어갔으나 망국노亡國奴란 푸대접에 의지할 곳 없는 고아처럼 내일을 알 수 없고, 또한 앞길이 막연하기만 하였다.

그러나, 뜻이 있는 곳에 길이 있다는 신념에서 구국의 첫 본거지로서 펑톈성[奉天省] 류허현[柳河縣] 삼원보三源堡 서쪽 추가가란 지방에 우선 정착하였다. 이 독립기지를 정하는 데에는 이회영 선생이 장유순[張裕淳] 동지 등을 대동하고 종이장사로 변장하고 천신만고하여 추가가를 물색 정착하게 하였으나 토민[土民]의 비협조 배타가 심하여 중국의 고위층[218]을 북경으로 찾아가서 만주 지방관에게 소개를 받고 펑톈당국의 명령과도 같은 지

---

217) 『신동아』 1969년 6월호(이하 『신동아』) 236쪽(이 책 326쪽)에는 '李哲榮·李始榮 등의 6형제와 李相龍·李東寧·金東三·宋鎭洙·李光 등이'라고 기술되어 있다.

218) 위안스카이袁世凱를 가리킨다. 청나라 말기 중화민국 초기의 군벌이자 정치가로 중화민국 초대 대총통을 지냈다. 임

령을 토관土官에게 전달하게 하는 등 피눈물 나는 노력이 있었다.

이곳 추가가 서편에는 남산藍山이 하늘 높이 솟아 있고 북편에는 왕클령[219]이라는 험한 준령이 가로막혔으며 동남방에는 삼원보라는 조그마한 도시가 앞에는 류허현에서 통화현으로 통한 간선 통로가 놓여 있는 미개척된 산골짜기였다.

2. 신흥강습소를 설립

슬프다. "창천이여 이 겨레를 살펴보소서" 하며 비분강개, 절치부심하는 동지들이 운집한 뒤에 분연히 궐기하여 국권 회복을 단연 맹세하면서 기약 없는 망망한 피안彼岸인 광복이란 벅찬 희망을 안고, 1911년 봄에 이역 황야의 신산한 곁방살이에서나마 구국사업으로 일면 생취生聚, 일면 교육이라는 두 가지 과제를 내걸고 출발하였다. 생취로는 경학사耕學社를 창설하여 이주 동포들의 안착과 농업 생산을 지도하는 기관으로서 초대 사장에 이철영이 추대되고, 교육으로는 학술을 연마하여 군사훈련을 주목표로 조국광복에 중견간부의 역군이 될 인재 양성을 하기 위해 '신흥강습소'가 창설됨으로써 초대 교장에 이동녕, 교감에 김달金達, 학감에 윤기섭尹琦燮 교관에 김창환金昌煥,[220] 교사에 이갑수李甲洙·이규룡李圭龍·김순칠金舜七[221] 등이었고, 제3대 교장에 이광李光[222]도 잠시 재임하였다. 이것이 곧 서간도 독립운동의 요람인 신흥무관학교의 전신이었다.

3. 토민 옥수수 창고 빌려 개교식

초기에 이 지방 토착민들은 신흥강습소가 왜인의 앞잡이라는 의혹으로 배척이 심하여 그들의 협조를 얻을 수 없었기 때문에 교사를 구할 수 없어 토민들의 옥수수 창고를 빌

오군란으로 청군이 조선에 주둔해 있을 때 이회영 집안과 친교를 맺었다.

219) 『신동아』에는 '왕쿨嶺'이라고 나온다.

220) 『신동아』 236쪽(이 책 327쪽)에는 '교사 김창환金昌煥'으로 나온다.

221) 『신동아』 236쪽(이 책 327쪽)에는 김순칠(金舜七)이 빠져 있다.

222) 『신동아』 236쪽(이 책 327쪽)에는 '2대 교장 李光'으로 나온다.

려 개교식을 거행하는 수밖에 없었다.

그리고, 그들의 의혹을 피하기 위하여 학교 명칭도 평범하게 강습소라고 붙였으나, 근본 목표가 구국혁명인지라 기실 내용적으로는 무관 양성을 시작하는 제1보의 출발이었다.

학교 이름 '신흥新興'이란 유래는 신민회新民會의 '신新'자와 다시 일어나는 구국투쟁이라는 의미를 살려 '흥興'자를 붙인 것이다.

특히, 신민회를 강조한 것은 해외독립기지 설치와 무관학교 창설안이 신민회에서 나온 관계를 의미한 것이며, 기실 신흥무관학교는 신민회의 해외로 변형적인 연장이라고도 볼 수 있다. 따라서, 초대 교장으로도 신민회의 임원이던 이동녕이 취임하였다.

이해 1911년 겨울 필자(원병상)가 17세의 홍안 소년으로 통화현에서 북쪽으로 1백50여 리 거리의 눈길을 헤치며 밀림이 하늘에 닿는 듯한 신개령新開嶺을 넘어 추가가鄒家街 우탕구란 곳에 우거하는 교장 이동녕 선생을 찾아가 강습소 입학을 지원했을 때, 선생은 반가이 맞아 주시면서 진학의 시급을 강조하고, 아울러 따뜻한 지도로 격려하시던 기억이 지금도 새롭다.

이 추가가는 관민간 대부분이 추씨네가 많이 살고 있어 그 지명을 추가가라고 불린다는 것이며 역시 그 지방 권력가이기도 하였다.

그리하여, 우리의 당면 필요하고 타개하여야 할 애로는 반드시 이 지방 유력한 추씨를 상대로 교섭하여 직접·간접 협조를 요청하지 않을 수 없었다.

이해 12월에는 제1회 특기생으로 김련金錬·변영태卞榮泰·성주식成周寔[223] 등의 유수한 애국청년 40여 명이 배출되었다.[224]

그러나 이해의 이주 동포들의 시련은 너무도 가혹하였다. 하늘도 무심하게, 고국에서는 볼 수 없었던 지난 겨울의 폭한이 던져 준 소위 수토병水土病이란 괴질이 이역의 개척 문턱에 접어든 우리에게 가공 가경할 상처를 남긴 외에도, 임자(壬子年 : 1912年)·계축(癸丑年 ; 1913年) 양년은 가뭄과 서리의 천재[天災]까지 겹쳐 동포들의 사활 문제인 농사의 치명적 실패는 학교 운영에도 직접적인 영향을 주어 심각한 재정난에 허덕이어 주로 이석영 선

223) 원문의 성준식成駿寔은 오기이다. 성주식成周寔이 본명이고 성주식成周湜, 성준용成駿用, 성준용成俊用은 이명이다.
224) 『신동아』 237쪽(이 책 327쪽)에는 '이규봉李圭鳳'이 추가되어 있다.

생의 사재에 의존하지 않을 수 없었다.

1912년 가을, 서간도로 탈출해 나오는 동포의 수가 나날이 늘어가자 경학사는 발전적 해체가 되고 다시 부민단扶民團이 조직되어 초대 단장에는 허혁許赫[225]이 추대(2대는 이상룡李相龍)되었다. 그리고 교포들의 안녕 질서를 위한 자치단체로서 교육의 쇄신과 행정기구를 다시 정비하려는 중앙기관을 추가가에서 동남쪽으로 90리 거리에 떨어진 영춘원永春源을 거쳐서 통화현 합니하哈泥河로 옮기는 동시에 신흥강습소도 이곳으로 이전하였다.

제2단계 전성기

1. 신흥의 제2기지 합니하

이곳은 동남쪽에는 태산준령인 고뢰자古磊子가 하늘을 찌를 듯 일왕一往 30리 거리로 우뚝 솟아 있고 북쪽에는 청구자靑溝子[226]의 심산유곡이며 남서쪽에는 요가구鬧家溝[227]의 장산 밀림이 둘러싸인 그 사위四圍의 준험은 일부당관 만부막개一夫當關 萬夫莫開[228]라 할 수 있는, 신비경 같은 이 지역에 파저강波瀦江 상류인 일위대수一葦帶水 합니하 강물이 압록강을 향해 흐르고 있어 생도들에게 유진무퇴有進無退의 자연 교훈이 갖추어진 이 강 북쪽 언덕 위에, 신축한 고량대하高樑大厦의 병영사가 마련되어 각 학년별로 널찍한 강당과 교무실이 생겼다. 아울러 부설된 내무반 내부에는 사무실·편집실·숙직실·나팔실喇叭室·식당 취사장·비품실 등이 구별되어 있고 낭하에는 생도들 성명이 부착된 총가銃架가 별도로 설치되어 있다.

1913년 봄에 학교가 이전된 뒤 황림 초원에 수만 평의 연병장과 수십 간의 내무실 내부공사는 전부 생도들 손으로 이루어졌던 것이다. 삽과 괭이로 고원지대를 평지로 만들

225) 본명은 허겸許蒹(1851~1939)이다. 1907년 동생 허위許蔿와 함께 의병활동을 했다. 1912년 만주 지린성 통화현에서 부민단을 조직하고 단장으로 활동했다. 1991년 건국훈장 애국장이 추서되었다. 원문의 허혁許赫은 오기이다.

226) 『신동아』 237쪽(이 책 328쪽)에는 '청구자靑泃子'로 나온다.

227) 『신동아』 237쪽(이 책 328쪽)에는 '요가구鬧家泃'로 나온다.

228) 이백의 「蜀道難」에서 나오는 구절로 한 사람이 관문을 막으면 만 사람이라도 관문을 뚫지 못한다는 뜻이다.

어야 했고, 내왕 20리나 되는 좁은 산길 요가구 험한 산턱 돌산을 파 뒤져 어깨와 등으로 날라야만 하는 중노역이었지만, 우리는 힘드는 줄도 몰랐고 오히려 원기 왕성하게 청년의 노래로 기백을 높이며 진행시켰다.

이 교사 건축 공사에는 전기 이석영 선생의 재력과 생도들의 총력적인 노력 봉사가 절대적인 힘이었다.

그뿐 아니라, 그 교사 앞 45도로 기울어진 경사 언덕 아래 인접되어 있는 이석영 선생댁에서는 고국에서 단신 탈주해 나오는 돈 없는 생도들에게 다년간 침식 제공도 아끼지 않았고 학교 유지에도 정신적, 물질적으로 그 뜻이 지극히 크고 높았었다.

이때 당시, 이곳 드넓은 황야에는 하루 종일 걸어도 백의민족을 만나 보는 일이 극히 드물었다. 그러나 불과 수년 안에 어느 산마루, 산골짜기에도 우리 교포들의 발자취가 안 간 곳이 없었고 울창한 밀림 속에도 오두막, 움집들이 들어서지 않은 곳이 없게 되자, 이것을 본 토민들은 상부의 지시라는 구실 아래 물물상통[物物相通]을 거부하면서 우리를 축출한다고 위협했고, 더욱이 청장년의 학교 교육은 오해의 대상이 되었다.

그리하여 부민단에서는 애국기관 및 각 단체와 회의를 열고 변장운동[變裝運動][229]을 전개하기로 결의하게 되었다.

"나의 동포 잃었으니 이웃 동포 내 동포요."

"나의 형제 잃었으니 이웃 형제 내 형제라."

이러한 억지 표어를 내걸고 대의大義를 위하여 일치단결하였다. 그리고 의복·모자·신발 등을 그들과 똑같이 일체 변장함으로써 상호 친교 운동을 적극 추진해 왔다. 그 성과가 매우 좋아서 배척의 선풍으로 긴장했던 교포들의 불안은 점차 줄어들었다.

여기 한 가지 특기하고 싶은 것은 그들 토착민의 안중근 의사에 대한 숭모와 염원이었다. 우리 동포를 그처럼 배척하면서도 그들은 안 의사의 의거 이야기만 나오면 저 말단 농민들까지도 고개를 숙이며 찬사를 아끼지 않는 것이었다. 우리 선열의 뿌린 피가 이 민족의 가슴에까지 생생하게 살아남은 것을 볼 때마다 눈시울이 뜨거웠다.

---

229) 원문의 '연장운동'은 오기이다.

2. 무관학교 승격과 교사 낙성식

이해 1913년 5월에는 그동안 우리가 열망하던 교사 낙성식이 있었다. 그리고 '신흥강습소'란 이름도 '신흥무관학교'로 승격하였으니, 이는 우리 겨레의 일대 경사였고 독립운동사업의 일보 전진이었다. 이로부터 통화현 합니하는 우리 독립군 무관 양성의 대본영이 되고 구국혁명의 책원지[策源地]로서의 새 면모를 갖추게 되었다.

이 학교를 상기하니 그 앞에 유유히 흐르는 푸른 강물은 잊을 수가 없다. 그 강가에는 언제나 조그마한 배 한 척이 매일 바쁜 걸음 치는 생도들을 기다리고 있어서 가쁜 숨결을 들려주기도 해왔다.

밤이면 학교 둔덕 앞에는 일련의 고기잡이 불이 순식간에 불야성을 이루고 강물 위에는 뗏목들이 계속하여 강을 덮어 떠내려가고 있었다. 큰 뗏목 위에는 조그마한 움집이 있어 아침저녁 밥 짓는 연기와 함께 고국의 압록강을 향해 내려가는 그 뗏목이 유난히도 인상적이었다.

3. 신흥학우단 조직

교사 낙성 후부터 신흥무관학교는 4년제 본과에다 6개월, 3개월의 속성반을 병설하고, 속속 이곳을 찾아드는 젊은이들을 모두 수용하기 위한 대량 교육을 시작했다. 그리고, 졸업한 뒤 2개년간은 교명[校命]에 따라 의무적으로 복무한다는 규정도 만들었다.

내가 지난해 2월에 추가가에서 이동녕 선생의 지도로 동흥東興학교 최종 학년에서 1년간 차기 진학 준비를 마치고 이해 2월에는 합니하 무관학교 본과 3기생으로 입학한 뒤 3개년간 전교 생도반장 복무와 아울러 만 4년 만에 졸업하였다.

1913년 5월[230] 우리는 '신흥학우단'을 조직하였다. 교장 여준呂準, 교감 윤기섭尹琦燮 양 선생 이하 제1회 졸업생 김석金石·강일수姜一秀·이근호李根澔 등의 발기로 조직된 이 학우단

230) 원문의 1913년 3월은 오류이다. 1913년 5월 6일 신흥교우단(신흥학우단의 전신)이 창단되었다. 『新興校友報』 第2號(新興校友團, 1913.9.15), 91쪽, 「新興校友團歷史의 大槪」.

은 무관학교의 교직원과 졸업생이 정단원이 되고 재학생은 준단원이 되는 일종의 동창회 성격을 띤 단체로서 처음에는 명칭을 '다물단多勿團'이라고 하였다가 그 뒤 부르기 쉽게 '학우단學友團'이라고 개칭하였다. 그리하여 이 학우단은 당시 혁명청년의 강력한 결사인 서간도 독립운동의 핵심체로 성장하였다.

신흥학우단의 목적과 강령은 다음과 같다.

〈목적〉

혁명대열에 참여하여 대의를 생명으로 삼아 조국광복을 위해 모교의 정신을 그대로 살려 최후일각까지 투쟁한다.

〈강령〉

(1) '다물'의 원동력인 모교의 정신을 후인에게 전수하자.

(2) 겨레의 활력소인 모교의 전통을 올바르게 자손만대에 살린다.

(3) 선열 단우의 최후 유촉[遺囑]을 정중히 받들어 힘써 실행한다.

〈선열의 시범〉

(1) 나는 국토를 찾고자 이 몸을 바쳤노라.

(2) 나는 겨레를 살리려 생명을 바쳤노라.

(3) 나는 조국을 광복하고자 세사[世事]를 잊었노라.

(4) 나는 뒤의 일을 겨레에게 맡기노라.

(5) 너는 나를 따라 국가와 겨레를 지키라.

〈중요 사업〉

학우단은 본부를 삼원보 대화사大花斜에 두고 단의 사업은 다음과 같다.

(1) 군사 학술을 연구하여 실력을 배양하고,

(2) 각종 간행물을 통하여 혁명이념의 선전과 독립사상을 고취하고,

(3) 민중의 자위체를 조직하여 적구[敵狗] 침입을 방지하고,

(4) 노동강습소를 개설하여 농촌청년에게 초보적 군사훈련과 계몽교육을 실시하고,

(5) 농촌에는 소학교를 설립하여 아동교육을 담당하기로 되어 있었다.

〈초대 부서〉

초대 단장 김석金石

총무부장[231] 이근호李根澔

편집부장 강일수姜一秀

그 외 운동부·조사부·토론부·재정부 이상 6부를 두어 각각 맡은 분야에서 최선을 다해 운영해 왔다. 특히, 편집에서는 월간잡지 단보[團報][232]를 발행하여 혁명이념의 선전과 학술 연구와 정신 연마를 고취하고 일선 투사들의 투지를 앙양했으며 교포들의 당면에 관한 사항을 실어 당시 유일한 항일 투쟁지가 되었기 때문에 왜적에게는 주목의 대상이 되었다.

그해 6월[233]에 발행된 창간호는 군사·시사·문예·농사에 대한 기사를 실어 이역에서 뉴스에 굶주려 오던 교포들에게 간 곳마다 좋은 환영을 받았다.

매주 토요일에는 단의 발전을 위해 토론회가 열리며 학술 이론과 투쟁의식에 대한 웅변도 토할 기회가 마련되었다.

제3대 부서는 다음과 같다.[234]

제3대 단장 이영李英

총무부장 원병상元秉常

편집부장 장정근張廷根

기　　자 이의직李義直

기　　자 이병찬李秉瓚

운동부장 이병세李炳世

토론부장 배헌裵憲

재정부장 강한년康翰年

조사부장 엄주관嚴柱寬

231) 『신동아』 239쪽(이 책 331쪽)에는 '총무부장'이 '총무부'로, 아랫줄의 '편집부장'은 '편집부'로 나온다.

232) 『신동아』 239쪽(이 책 331쪽)에는 '월간잡지, 주보週報'라고 나온다.

233) 원문의 7월은 오류이다. 1913년 6월 18일 『신흥교우(단)보』 창간호가 발행되었다. 『新興校友報』 第2號(新興校友團, 1913.9.15), 95쪽 판권 참조.

234) 제3대 부서와 관련한 내용은 『신동아』에는 나오지 않는 새로운 내용이다.

이상과 같이 구성된 부서로서 강철같이 단결된 명실이 상부한 운동선에 핵심체로 되었다.

학우단의 단시團是는 다음과 같다.

(1)시베리아 요동 천리
거침없이 편답[遍踏]할 때
야수 마적 다 만나고
만수장림[萬樹長林] 설한풍에
갖은 고초 다 겪어도
일편단심 나라 위해
우리 단의 정신일세
(2)백만 적을 무찌르던
을지[乙支] 소문[蘇文] 수범[垂範]대로
포연탄우[砲煙彈雨] 불바다 속
동정서벌[東征西伐] 육탄[肉彈][235] 삼아
구국대성[救國大成] 하신 고우[故友]
백절불굴 절개로세
이것이 곧 우리 단시

4. 영내 내무생활과 군기 엄정

본교의 내무생활과 훈련은 아래와 같다.

〈1913년 당시 재직 교직원의 명단〉[236]

235) 『신동아』 239쪽(이 책 332쪽)에는 '육진肉陣'으로 나온다.
236) 『신동아』 239쪽(이 책 332쪽)에는 '1913년 이후 무관학교 교직원'이라고 기록되어 있다.

교　　장 여준呂準

교　　감 윤기섭尹琦燮

후임교감 이상룡李相龍[237)]

학　　감 이광조李光祖

후　　임 이규봉李圭鳳

교　　사 이규봉

교　　사 서웅徐雄

교　　사 민화국閔華國[238)](중국어 교사)

교　　관 성준용成駿用

교　　관 김흥金興

교　　관 이극李克[239)](격검·유술 교관)

생도대장 김창환金昌煥[240)]

반　　장 원병상元秉常

본인(원병상)은 여기서 3년간 전교 생도반장으로 복무하면서 겪은 기숙사 생활을 기록하면 다음과 같다.

새벽 6시에 기상 나팔 소리 '또-또-따-' 잠든 생도들의 귓전을 울리면 각 내무반의 생도들은 일제히 일어나 신변 환경을 정리하고 3분 이내에 복장을 단정히 하고, 각반 치고 검사장에 뛰어 나가 인원 검사를 받은 다음 보건체조를 한다.

눈바람이 살을 도리는 듯한 혹한에 아침마다 윤기섭 교감이 초모자[草帽子]를 쓰고 홑옷 입고 나와서 점검하고 체조를 시키면서도 그 활기찬 목소리에 그 늠름한 기상과 뜨거운 정성이 아직도 잊혀 지지 않는다. 이 체조가 끝나고 청소와 세면을 마치면 각 내무반 별로 취식[取食] 나팔 소리에 따라 식탁에 나가 둘러앉는다.

---

237) 『신동아』 239쪽(이 책 332쪽)에는 '후임교장 이상룡李相龍'이라고 기록되어 있다.

238) 『신동아』 239쪽(이 책 332쪽)에는 '관화국關華國'으로 기록되어 있다.

239) 『신동아』 239쪽(이 책 332쪽)에는 '이극李剋'이라고 기록되어 있다. 본명은 이극李剋이고, 이극李克은 이명이다.

240) 『신동아』 239쪽(이 책 332쪽)에는 '교관 김창환金昌煥'이라고 기록되어 있다.

주식물이라고는 부유층 토민들이 이삼십 년씩 창고 안에 저장해 두어 자체의 열도에 뜨고 좀먹은 좁쌀이었는데, 솥뚜껑을 열면 코를 찌르는, 쉰 냄새가 날 뿐 아니라 바람에 날아가 버릴 정도로 끈기라고는 조금도 없는 영양 가치도 전무한 토민들 가축용의 썩은 곡식을 삶은 명색의 밥이었다.

토민들은 매일 격증하는 이주 동포를 상대로 내 버리게 된 양곡을 돈 받고 팔기에 혈안이 되었다. 돈도 없고 식량도 없는 우리들인지라 이거나마 사먹지 않으면 아니 되었던 것이 당시의 처참한 실정이었다.

부식이라고는 콩기름에 저린 콩장 한 가지뿐이었다. 썩은 좁쌀밥 한 숟가락에 콩장 두어 개를 입에 집어넣으면 그만이다. 그나마 우리는 배부르게 먹을 수는 없었다. 굶지 않는 것만이 다행으로 알면서 교직원이나 생도들은 함께 모여 항상 화기애애한 가운데 식사시간을 보냈다.

이같은 조의조식粗衣粗食과 삭풍한설에 보수도 없는 교직원은 단의單衣 초모를 쓰고, 생도들은 주린 허리띠를 졸라매면서 매일 맹훈련을 계속해 왔다. 그러나 여기에는 영예도 공명도 없고 불평불만도 있을 수 없었다. 다만 희생정신으로 일사보국[一死報國]의 일념에 불탈 뿐이었다.

식사가 끝나면 집합 나팔 소리에 조례가 엄숙하게 시작된다. 조례식에는 교직원 전원이 배석하고 점명點名을 한다. 그때 부르던 애국가 제1절은 다음과 같다.

[애국가]
화려 강산 동 반도는
우리 본국이요
품질 좋은 단군 자손
우리 국민일세
(후렴) 무궁화 삼천리 화려 강산
우리나라 우리들이
길이 보전하세

이상과 같이 애국가 부르는 생도들 앞에 여呂 교장은 양쪽 눈에 망국한의 뜨거운 눈물을 방울방울 흘려 이 무관학교의 교훈을 얼룩지웠다.

윤 교감의 교육지침은 가령 한쪽 눈이 없는 사람이라면 그를 지적해 말할 때 한쪽 눈이 있는 사람이라고 그 사람의 장점을 들어 말해야 한다고 강조하였다. 그분의 진실하고 인자한 성격을 짐작하고도 남음이 있을 것이다. 이와 같이 교장 이하 모든 교직원은 그 일거일동, 일언일행[一言一行]이 다만 애국 정열에서 지성·궁행·실천으로 시범해 주던 그 감명은 아직도 모교의 정신에 아로새겨져 있다.

생도들은 젊은 그 시절 앞산 뒷산이 마주 울리도록 우렁차게 아래와 같은 교가를 부르며 조국 광복의 맹세를 거듭 다짐했다.

〈교가校歌〉

(1) 서북으로 흑룡 태원[太原] 남의 영절[寧浙]의[241)]
여러 만만[萬萬] 헌원[軒轅][242)] 자손 업어 기르고
동해섬 중 어린 것들 품에다 품어
젖-먹여 준-이가 뉘-뇨
(후렴) 우리 우리 배달 나라의
우리 우리 조상들이라
그네 가슴 끓는 피가 우리 핏줄에
좔-좔좔 결치며 돈-다

(2) 장백산 밑 비단 같은 만리 낙원은
반만 년래 피로 지킨 옛집이어늘
남의 자식 놀이터로 내어 맡기고
좀서름[종설움] 받-느니 뉘-뇨
(후렴) 우리 우리 배달 나라의
우리 우리 자손들이라

241) 『신동아』 239쪽(이 책 334쪽)에는 '대원大原'이라고 기록되어 있으나 太原의 오식이다. 주206과 207 참조.
242) 원문의 '헌헌'은 오기이다. 헌원은 삼황오제三皇五帝 중 한 명인 황제헌원黃帝軒轅을 의미한다.

가슴 치고 눈물 뿌려 통곡하여라
지-옥의 쇳-문이 온-다

(3) 칼춤 추고 말을 달려 몸을 단련코
새론 지식 높은 인격 정신을 길러
썩어지는 우리 민족 이끌어 내어
새나라 세-울-이 뉘-뇨
(후렴) 우리 우리 배달 나라의
우리 우리 청년들이라
두 팔 들고 고함쳐서 노래하여라
자유의 깃발이 떴다.

교훈의 요지는 우리가 조국을 찾고 겨레를 구출하기 위해서 이 자리에 모인 생도들의 책임이 중차대하니 인격을 연마하고 군사지식을 배양하여 부과된 사명을 완수할 것을 당부하는 내용은 항상 눈물로 거듭 강조하였다.

정신교육에 있어서는 구국의 대의를 생명으로 하는 목표 아래

(1) 불의에 반항 정신
(2) 임무에 희생 정신
(3) 체련[體鍊]에 필승 정신
(4) 간난[艱難]에 인내 정신
(5) 사물에 염결[廉潔] 정신
(6) 건설에 창의 정신

이상 6항목의 체득 실천을 유일한 좌우명으로 삼아 왔다.

편제는 둔전병屯田兵 제도로서 연대聯隊 기준이었으나 토민들에게 배척받는 이역인지라, 일체 표면화는 할 수 없었고, 계급도 실용할 수 없었다.

복장은 교직원은 4계절 백색 무명으로 상의에는 단추 다섯 개가 달렸고 하의는 통으로 되었다. 생도들은 지방산의 염색한 '다치푸'라는 천을 구입하여 균일한 제복으로 상

하의를 만들었고 양식은 교직원과 동일했다.

모자는 학생모였으며 신발은 대개 만주인이 일상생활에 항상 사용하는 것을 그대로 사용하였다.

밤중에 비상검사가 있을 때는 캄캄한 밤이라도 각반 치고 복장의 단추 한 개까지 낱낱이 검사하는 엄정한 군기에는 규제 일체가 어긋나지 않아야 했고 총가에는 암흑 칠야에도 자기 이름이 붙은 소지총을 찾아 휴대하여야 하는 등 항상 임전태세를 갖추어야 했다.

캄캄한 밤중 연병장 둔덕에서 적막을 깨뜨리며 꿈에 잠겼던 정신을 번쩍 깨워주던 적전 출동 준비를 알리는 비상 나팔 소리가 아직도 귓전에 쟁쟁하다.

일직日直 근무에 있어서는 주번 근무라고 불렀는데 주번 사령, 주번 반장, 주번 실장, 당번 보초, 나팔수가 반드시 일정한 시간 지정한 위치에서 상·하번이 교체할 때는 붉은 빛 바탕에 검은 빛으로 '주번표'라고 새긴 완장과 주번 일지 등을 인계하고 5개항으로 된 수칙守則을 하번이 송독한 다음 상번은 복창함으로써 확인한 뒤 교대는 끝난다.

처벌 규칙으로서는 네 가지로[243] 구별되어 있어서 군의 풍기를 위반하면 용서 없이 경중에 따라 처벌이 엄격했다.

5. 교육 훈련

학과로는 주로 보步·기騎·포砲·공工·치輜의 각 조전操典과 내무령內務令·측도학測圖學[244]·훈련교범訓練教範·위수복무령衛戍服務令·육군징벌령陸軍懲罰令·육군형법陸軍刑法·구급의료救急醫療·총검술銃劍術·유술柔術·격검擊劍·전략戰略·전술戰術·축성학築城學·편제학編制學 등에 중점을 두고 가르쳤다.

술과術科로는 넓은 연병장에 김창환 교관의 명랑 쾌활한 구령 아래 주로 각개 교련各個教練과 기초훈련을 해왔다.

---

243) 『신동아』 241쪽(이 책 336쪽)에는 '중영창重營倉, 경영창輕營倉, 고역苦役' 등 세 가지로 기록되어 있다.

244) 『신동아』 241쪽(이 책 336쪽)에는 '측량학測量學'으로 나온다.

야외에서는 이 고지 저 고지에서 가상적에게 공격전·방어전·도강·상륙작전 등 실전연습을 방불하게 되풀이하면서 이 산 저 산 기슭에서 '돌격 앞으로'를 외치던 나팔 소리가 아직도 귓전에 들려오는 것 같다.

체육으로는 엄동설한 야간에 파저강 70리 강행군을 비롯하여 빙상운동·춘추대운동·축구·목판·철봉[245] 등 강인 불굴의 신체 단련을 부단히 연마해 왔다.

6. 경제투쟁과 둔전병 제도

1914년 봄 거듭하는 천재로 인하여 교포들이 피눈물로 지원하던 성금誠金은 지속이 불가능하게 되었다. 그리하여 우리 신흥무관학교는 문을 닫게 되는 궁지에 빠져 그 운영이 막연했던 때가 한두 번이 아니었다.

이 문제를 학교 자체에서 해결해 보려고 학교당국은 춘경기에 토민들의 산황지山荒地를 빌려 생도들을 동원하여 밭을 일으키었다.

우리는 일과가 끝나면 편대를 지어 각조 별로 산비탈에 달라붙어 콩알 같은 땀을 흘리며 괭이질을 하여야 했다.

이극李剋 교관의 함경도 사투리 섞인 산타령에 장단을 맞추며 기고만장으로 억센 풀뿌리를 파헤쳐 양전을 만들어 옥수수와 콩, 수수 등을 파종하여 여름내 가꾸고 가을에 거두어 땀이 등에서 줄줄 흐르도록 고된 노력을 하여서 얻은 돈으로 학교 유지비에 일부 보충하기도 하였다.

시탄[柴炭]으로는 1년간 그 소비량도 막대하다. 동절이 오면 살인적 혹한에 시탄을 달리 구입할 방도는 전연 없었다.

다만 생도들 자신이 강설기[降雪期]를 이용하여 학교 건너편 낙천동樂天洞이라는 산턱에서 허리까지 차는 적설을 헤치면서 땔 나무감을 끌어 내리고 등으로 그 나무토막을 져다가 옮겨 매년 월동 준비는 이렇게 하며 생도들 자력으로 해결해 왔다.

노력 봉사로서 하기 방학이 되면 교직원과 졸업생 및 재학생들이 혼연일체가 되어 각

245) 『신동아』 241쪽(이 책 336쪽)에는 '빙상운동, 춘추대운동, 격검, 유술, 축구, 철봉'으로 나온다.

지방에 흩어져 1개월씩 각자 기술대로 노력 수입을 만들기 위해 산으로 들로 산재한 교포들 집을 찾아다니면서 6·7월 염천[炎天]에 산전 수답에서 서투른 솜씨로 구슬땀을 흘리면서 품팔이로 돈을 벌어 보태기도 하였다.

이와 같이 애쓰는 학생들을 보기를 민망해 하는 교포들은 진심으로 사랑하고 아끼는 마음으로 몇 날 간의 품값은 주겠으니 그만 학교로 돌아가라는 권고도 간절했으나, 이에 응하는 생도들은 한 사람도 없었다.

그것은 우리의 근본정신이 민폐 없는 노력 수입이기 때문에 염결을 명심하며 따뜻한 동포애도 고사하고 시종 정성껏 땀 흘려 각자 분담된 책임량을 완수해 오기도 했다.

그리하여 조국을 위해서는 항일투쟁이었고 모교를 위해서는 경제투쟁이었다는 신흥무관학교의 둔전병 제도는 이렇게 실천해 왔다.

7. 졸업생들의 모교 지원 활동

본교 졸업생들은 교칙에 따라 모교가 지도하여 주는 임무에 2년간 의무적으로 복무해야 한다.

그들은 일선 독립군에 참예하는 것이 원칙이었지만, 그 밖에 교포학교의 교원으로 근무하기도 했다. 그때 교포들은 아침저녁 근심을 면하지 못하면서도 민족의 내일을 위하여 자녀교육의 중대성을 인식하고 신흥무관학교의 졸업 시기가 되면 각 지방 소학교에서는 서로 앞을 다투어 신흥 졸업생을 교원으로 초빙하기에 복삽한 상황이있다.

그 지방 소학교에 배치되면 학교 운영과 지역 계몽에 지도적 역할은 물론이요, 주간에는 아동교육과 야간에는 지방청년들에게 군사훈련을 시켜 일단 유사시 병력을 대비하는 임무가 가장 주목적이었다.

나도 졸업 후 류허현 대사탄大沙灘 소학교로 배치되었다. 이곳에는 이탁李鐸·이장녕李章寧·남상복南相復 등 애국 선배가 주거하고 있었다.

여기서 특히 생각나는 것은 1915년 가을, 이동녕 선생의 장남 이의직李義直 2기생이, 통화현 쾌다모자快多帽子 소학교로 발령이 나서 부임 도중 애석하게도 20대 청춘을 일기로 여로[旅路] 숙사에서 불시로 야반에 급서한 사고가 발생하여 전교가 슬퍼하던 일이 기억에서 사라지지 않는다.

8. 소북차小北岔 분교인 백서농장白西農場

1917년 봄에 통화현 제8구 8리초八里哨 5관하五管下 소북차란 곳에 무관학교의 분교를 세웠다.

이곳은 백두산맥 인적미답[人跡未踏]의 대수해大樹海 지대로서 산곰·산돼지·오소리 등 산짐승이 득실거리는 험산유곡이었다.

이곳에 막사를 구축하고 웅지를 품은 동지들이 모여들어 나는 새와 뛰는 짐승을 벗 삼으며 스스로 밭 갈고 나뭇짐을 지는 초부[樵夫]가 되어 도원결의의 굳은 맹세를 방불하게 하였다.

이곳 이름을 백서농장이라 하고 그때 중요한 부서는 아래와 같다.

장주庄主	김동삼金東三
총무	김정제金貞濟
훈독訓督	양규열梁圭烈
교도敎導	이근호李根澔
농감農監	채찬蔡燦(白狂雲)
경리	김자순金子淳
의감醫監	김환金煥
외무	정무鄭武

9. 진공 직전의 3·1운동

1919년 봄 3월 1일, 국치 후 질곡 10년, 민족의 함성은 서간도에도 암호전문暗號電文에 뒤이어 상해 또는 국내 통신이 접지接至되자 감격의 눈물, 흥분의 환호 속에 광채로운 축하식과 선언문 배포 등 문자 그대로 지축地軸을 흔드는 열광적 경축 일색이었다.

백의동포들은 방방곡곡에서 암흑의 구렁에 광명이 비쳐오는 듯 자취를 감추었던 태극기를 휘날리며 우리도 독립국임을 과시하는 반면, 중국 관민들도 우리들 애국 열정에 한국독립을 절찬하는 동정적 찬사를 아끼지 않았다.

10. 군정부와 한족회 설치[246)]

세계정세의 급전으로 남만 각지 애국단체 지도자들은 류허현 삼원보에 회합하여 남만 독립 운동의 총본영으로 군정부를 조직하고, 자치기관으로는 전 부민단을 한족회로 확장 개편됨에 이탁李沰이 총장으로 선임되어 각 부서에 책임을 분담하고 지방에는 총관 이하 백가장 십가장十家長을 두어 신속 민활한 비상체계를 갖추어 일대 혁신을 가져 왔다.

한족회의 조직부서는 아래와 같다.

중앙 총장	이탁
서무부장	김동삼
법무부장	이진산李震山
학무부장	김규식金奎植
재무부장	안동원安東源
총 관	1천 호에 1명
백 가 장	1백 호에 1명
십 가 장	1십 호에 1명

제3단계 확장기

1. 신흥의 제3기지 고산자孤山子

이 격동하는 시국에 따라 지나간 근 10년간 무관양성의 본거지였던 통화현 합니하에 있는 신흥무관학교의 일대 확장의 시급함을 인정하고, 즉시 류허현 고산자 하동 대두자

246) 『신동아』 242쪽(이 책 338쪽)에는 군정부 조직과 한족회 설치를 다음과 같이 설명한다. '1919년 봄 3·1운동을 치룬 남만의 독립운동단체들은 총 역량을 집결, 효율적인 운동을 전개하고자 부민단을 중심으로 류허 통화 싱징 환런 지안 등 각 현의 지도자들이 류허현 삼원보에 집합하여 '한족회'를 조직, 그 직속으로 군정부를 두었다. 이는 이해 11월에 상해임시정부 산하의 서로군정서로 개편되어 독판 이상룡, 부독판 여준, 정무총장 이탁, 참모부장에 김동삼, 사령관에 이청천의 부서가 결정되었다.'

河東大肚子 지역에 광활한 기지를 택하여 40여 간의 광대한 병영사와 수만 평의 연병장을 부설하는 등 무관학교의 제3기지로서 구국혁명의 일대 획기적인 새 면모를 전격적으로 정비하게 되었다.

이곳은 류허현 고산자 거리에서 약 15리쯤 동남쪽 산길 좁은 길로 들어가면 사위가 산으로 둘러싸인 산간벽지로서 이 지방에는 한족회 중앙 총장인 이탁의 저택과 재무부장 남정섭南廷燮 이외 김자순金子淳·곽문郭文·곽무郭武·김정제金貞濟 등 제 선배가 살고 있는 조그마한 산간 부락으로 일종 애국자들의 집단촌인 것 같기도 했다.

전기한 바와 같이 군정부로 개편한 뒤 상해 임시정부를 전 민족의 총본영으로 인정하고 임정에서도 한족회로 문서를 보내며 단독 행동을 취하지 말고 임정 중심으로 총단결하자는 요청이 있어 한족회에서는 남만 대표로 윤기섭尹琦燮 선생을 상해로 파견하였다.

2. 임시정부 산하의 서로군정서

그리하여 군정부는 서로군정서로 개칭과 아울러 임정 지배하에 들어가게 되었다.

본교에서는 군정서의 지령에 의해 졸업생들에게 비상 소집령을 내려 각 지방 일반 교포들에게 부과된 의무 헌금 징수와 아울러 각 분分·지支교 및 노동강습소에 배치하여 농촌 청년층에 긴급 군사 훈련을 강화함으로써 진공 태세의 일보 직전에서 시국의 추이를 주시하였던 것이다.

이와 때를 같이하여 국내에서는 일제에 대한 불만을 품은 수천 수만의 애국청년들이 압록강을 건너 안둥·지안·싱징·퉁화·류허까지 장사진을 이루어 대거 탈출하여 오는 그 목표가 모두 무관학교 입교를 지원하는 것이었다.

이 무렵 나는 삼원보의 한족회 학무부장 김규식 선생이 불러, 전날 성적이 우수한 졸업생을 선발하여 모교의 교관으로 임명한다는 취지의 하명을 받고, 즉시 본교로 부임하니 전기 '합니하'에는 분교를 두어 김창환金昌煥 교관이 남아 있었고 본교는 이미 고산자의 새 기지로 이동한 뒤였다.

그러나 아직 신축공사가 착공 중이어서 그때 폐업 중인 만주인 양조장 건물 수십 간을 빌려 시급한 교육훈련을 실시하고 있는 중이었다.

이범석 동지도 이때 이곳에서 교관으로 잠깐 재직하고 있었다.

이때 교직원 명단은 다음과 같다.

교 장 이천민李天民(古狂=世永)

교 감 윤기섭

교 관 이청천

교 관 성준용成駿用

교 관 원병상元秉常

교 관 이범석

교 관 박장섭朴章燮

교 관 김성로金成魯

교 관 계용보桂龍輔

의무감醫務監[247] 안사영安思永

이 신축 교사와 수만 평의 연병장 수십 장의 착정鑿井 공사는 당시 재무부장 남정섭 씨 지원하에 다사다난한 공사 촉진을 위해 현장 실무 감역에도 온갖 심혈을 기울여 노력해 왔다.

이 무렵 이청천·신동천申東川(申八均)·김경천金擎天 세칭 3천이 국내로부터 탈출하여, 신동천은 싱징으로 김경천은 러시아로 향해 떠났기 때문에 무관학교의 교직에는 관련한 바 없으며, 다만 일본군 출신 이청천만이 최신 병서와 군용지도 등을 지참하고, 신흥무관학교로 와서 교관으로 재직하였던 바이다.

3. 6백여 명의 신입생 입교

국내에서 탈출해 나오는 애국청년들, 재만 동포 청년들, 또 과거 의병활동에 참여했던 노년층까지 몰려들어 신흥무관학교는 개교 이래 최대의 성황을 이루었다.

십칠팔 세의 소년으로부터 5십여 세의 노년 학생을 망라한 이때의 6백여 명 신입생들

---

247) 『신동아』 243쪽(이 책 339쪽)에는 '의감醫監'으로 나온다.

의 성분도 가지각색이었고 한 학년의 학생수 6백여 명이란 것도 개교 이래의 처음 있는 광경이라 하겠다.

이곳 고산자의 본교 모든 교육내용은 합니하의 전통을 그대로 계승한 것이었다.

4. 중·일군의 박해와 마적단 습격

그러나 이와 같은 무관학교의 교세 확장과는 달리 서간도 지방의 정세는 우리 운동선에 불리한 방향으로 기울어져 가고 있었다. 3·1운동 이후 일제의 소위 독립군 토벌과 만주 침략의 야욕野慾은 점차 노골화되어 군대 출동의 참살 위압과 아울러 이들의 압력으로 인한 중국 관헌의 피동적 방해도 날이 갈수록 가중해졌다. 더구나 백주에 횡행하는 마적단의 내습도 빈번하니 우리에게는 이중 삼중의 박해가 닥치기만 하였다. 설상가상으로 이해 7월 어느 날 밤에는 마적단의 기습으로 윤기섭 교감과 박장섭 교관 이하 생도 수명이 불의로 납치되어 갔고 또 뒤에 이어 윤치국尹致國 치사사건 등 불행한 사고가 잇따라 일어나니 무관학교의 사기는 현저하게 떨어져 가는 한편, 이같은 복잡한 관계로 교장 이하 교직원 상당수가 모두 공석인데다가 피해자측에서는 극단적인 폭력으로 보복하겠다고 나서니, 교내 분위기는 극도로 경화되고, 학교 운명이 악화 일로의 위기에 직면하게 되었을 때, 한족회 서무부장 김동삼 선생의 원만한 거중 조정과 양규열 학무과장이 더불어 사후 수습을 위해 최후까지 필사의 노력을 경주함으로써 겨우 확대되지 않은 범위에서 수습은 되었지만 저하된 사기는 용이하게 만회하기 어려운 실정이었다.

5. 청산리전투를 승리로 이끈 신흥 역군들

이해 8월에 신흥학우단에서는 북로군정서 총사령관 김좌진 장군의 요청에 의해서 그곳 사관학교의 교관으로 본교 졸업생 중 북로군정서 사관학교(사관연성소) 교관으로

김춘식金春植(勳)

오상세吳祥世

박영희朴寧熙

백종렬白鍾烈

강화린姜化麟

최해崔海

이운강李雲崗

등을 파견하여 사관교육을 담당하였다. 다음해 1920년 9월 20일경에 일본군 제21사단이 시베리아에서 장고봉張鼓峯을 넘어오고, 나남에 있던 제19사단이 북상하여 북간도 왕청현 서대파西大坡에 있던 북로군정서를 진공하려 들자, 이 정보를 접한 아군측에서는 전원이 근거지를 떠나 청산리 계곡에서 유리한 지점을 택하여 신출귀몰하는 전법으로 적의 대병력을 맞아 적에게 큰 타격을 주어 독립전 사상 금자탑을 세웠다.

당시 전투병력의 중요 간부 대개가 신흥 출신 이하 그곳 사관생들이었던 것을 볼 때 교육 훈련면의 단결된 정신적 성과가 위대하다는 것을 새삼 느끼면서 무관학교 생도들은 간 곳마다 용감했으며, 이와 같은 혁혁한 업적은 한갓 일례에 불과한 것이었다.

이 외에도 1922년 8월 통의부[統義府] 당시 백광운白狂雲(蔡燦)·신용관申容寬은 지안·통화 등지로부터 애국청년들을 모집하여 의용군 제1중대라 칭하고, 백광운 등을 중심으로 군세 확장에 전력을 기울인 나머지 병력 8·9백 명에 달하여 가장 용감히 활약한 유수한 중대로서 압록강 연안 왜인 주재소 기습 등 적도 전율을 면하지 못하였었다.

6. 주구배 사살과 기타 활약상

이 외에도 1925년 정의부[正義府] 당시 금천현金泉縣 주재 왜영사 소속인 악질분자 중에도 대표적 악질로 지휘를 받아오던 주구 숙청 사건에 있어서 황교석 이하 수명의 동지들이 잠입, 습격으로 때마침 회의 중이던 왜인 거류민 회장 황정일랑荒井一郎과 한인 조영로趙永魯가 사살되고, 주 목표인 이규하李圭夏는 교묘히 도피하게 되자 사후 포학이 절정에 달하여 산천초목도 창거搶擧 선풍에 벌벌 떨었다.[248)]

---

248) 주114 참조.

이외에도 무관학교 출신들의 활약상은 일일히 매거하기 어려울 정도로 허다하였다.

서간도 어느 기관이나 시베리아 벌판 또는, 중원 대륙 어떠한 독립운동기관에도 간 곳마다 신흥무관학교의 정신에 입각하여 성실과 정열로 용감히 싸웠다.

다만 그때 사정이 누구나 몇 번씩 이름을 바꾸어야 하였고 세월이 오래 흘러가매 이제는 그 이름들을 일일이 기억하여 여기에 적을 수 없는 것이 가슴 아픈 한이다.

7. 폐교의 비운

마침내, 1919년 겨울, 긴박 일로로 치닫는 시국 밑에 일제의 박해와 또는 중국 관헌의 압력과 잇따른 불행한 사고로 신흥무관학교는 더 이상 지탱할 수 없는 처지에 임하고 말았다.

결국 지나간 10년의 고난의 역사를 돌아보면 비통한 눈물을 머금고 폐교를 아니 하지 못하게 되었다.

최후 수단으로 이청천이 교성대[教成隊]를 편성하여 약간 명의 생도들을 인솔하고 장백산 지역으로 들어가 재기를 모색하였지마는 종내 목적을 이루지 못하였다.

8. 10년간 졸업생수 3500여 명

1911년 추가가의 제1회 졸업생에서부터 합니하를 거쳐서 1919년 11월 폐교에 이르기까지 본교 졸업생수는 본·지·분교를 통해서 3천 5백에 달한 것으로 추산된다.

이상과 같이 제각기 구국운동의 대열에서 젊은 피를 흘렸다.

그때 우리들의 피를 끓게 하던 독립군용진가를 한 번 불러 본다.

〈독립군용진가〉

(1) 요동 만주 넓은 뜰을 쳐서 파하고
　여진국을 토멸하고 개국하옵신
　동명왕[東明王]과 이지란[李芝蘭]의 용진법대로
　우리들도 그와 같이 원수 쳐 보세

(후렴) 나가세 전쟁장[戰爭場]으로

나가자 전쟁장으로
검수도산[劍水刀山] 무릅쓰고 나아갈 때에
독립군아 용감력[勇敢力]을 더욱 분발해
삼천만 번 죽더라도 나아갑시다.

이하 2·3·4절은 생략한다.[249]

기억에 남은 신흥 학교 동지들의 명단[250]

김 련	金 鍊	평남	김 석	金 石	평남	이근호	李根澔	평남
변영태	卞榮泰	서울	김성태	金聲泰	경북	성준용	成駿用	서울
황병우	黃炳禹	강원	황병탕	黃炳湯	강원	박돈서	李敦緖	서울*
김세락	金世洛	경북*	안상목	安相穆	미상*	장기구	張基球	함경*
차용륙	車用陸	평북*	박상훈	朴相勳	충북*	이동화	李東華	미상*
장세진	張世鎭	강원*	김창곤	金昌昆	평남*	김창해	金昌海	평남*
강일수	姜一秀	서울	이광민	李光民	경북	김동식	金東植	평남
이규준	李圭駿	서울	강보형	康寶衡	전남[251]	이규훈	李圭勳	서울
이의직	李義直	서울	문목호	文穆鎬	경북	권태두	權泰斗	경남*
황일청	黃一淸	미상	동만식	董萬植	경남*	엄주관	嚴柱寬	서울
이찬희	李贊熙	평남*	원병상	元秉常	강원	홍종락	洪鍾洛	미상*
이병찬	李秉瓚	서울	이규동	李圭東	강원*	김성로	金成魯	경북
황병일	黃炳日	강원	주대근	朱大根	강원	이규학	李圭鶴	서울

249) 『신동아』 244, 245쪽(이 책 341, 342쪽)에는 「독립군용진가」 2·3·4절이 모두 기술되어 있다. 또한 그 아래에 '해방된 조국에 돌아와서'라는 제목으로 해방 후 신흥대학 설립과 관련된 내용이 추가되어 있다.

250) 명단은 총 147명으로 구성되어 있는데 이 가운데 『독립운동사자료집 제10집』과 『신동아』 두 군데 모두 나오는 인물은 113명이다. 『독립운동사자료집』에만 나오는 인물은 모두 34명으로 *를 붙여 구분했다. 명단에 나오는 인물 가운데 한글명과 한자명이 모두 같은 경우가 2건 나오는데, 동일인일 가능성이 있지만 출신 지역이 다르게 표기되어 있어 확정할 수는 없다. 이 경우는 밑줄을 그어 표시했다. 그 외 『독립운동사자료집 』과 『신동아』에 모두 나오는 인물들 가운데 한자명이나 지역이 다르게 표기되어 있는 경우에는 주석을 달았다.

251) 『신동아』에는 '전라'로 기록되어 있다.

정동수	鄭東秀	강원	서병희	徐丙熙	서울	이병세	李柄世	강원
이정준	李禎準	평북	강한년	康翰年	전라[252]	배 헌	裵 憲	전북[253]
신창준	申昌俊	평남	허 식	許 湜	평남	송 희	宋 熙	평북
박기남	朴奇男	강화	강세현	康世鉉	전북	계용보	桂龍輔	평북
김기풍	金基豊	강원[254]	장정근	張廷根	평북[255]	김창화	金昌華	평남
손상헌	孫祥憲	경남	최상봉	崔相奉	평북	문창호	文昌鎬	경북
김현락	金顯洛	경북	하종악	河鍾岳	경남	박장희	朴壯熙	충남
박태열	朴泰烈	황해	오광선	吳光鮮	경기	이동기	李東基	경북
백종렬	白鍾烈	강원[256]	강희봉	姜熙奉	경북	김정로	金正魯	경북
김치도	金治道	평북	한송주	韓松柱	평북	손무영	孫武榮	경기[257]
반화정	潘化正	경북	육연창	陸然昌	경기[258]	백광운	白狂雲	충북
김성윤	金晟胤	미상	김은석	金恩錫	평남	이병탁	李秉鐸	강원
김양렬	金陽烈	미상	주병순	朱秉順	강원	최 해	崔 海	경기
강화린	姜華麟	미상	원세기	元世基	강원	노의준	盧義俊	평양*
신이섭	申利燮	평남	최영훈	崔永薰	미상*	김중한	金重漢	경북
오상세	吳祥世	경기	윤일파	尹一坡	경기	이운강	李雲崗	미상
원세걸	元世杰	강원	김치은	金治殷	평남[259]	김만현	金萬鉉	평북
이승우	李承祐	경북	이웅해	李雄海	경북	김 훈	金 勳	미상
안기영	安基英	서울	송종근	宋鍾根	전라	장호문	張鎬文	경북
이승호	李昇浩	경북	이영선	李永善	서울	김영윤	金永允	평남
신형섭	申亨燮	평남	김준영	金俊永	서울	이기연	李起淵	서울*

252) 『신동아』에는 '강준년康駿年 전라'로 기록되어 있다.
253) 『신동아』에는 '전라'로 기록되어 있다.
254) 『신동아』에는 '김기풍金箕豊'으로 나온다.
255) 『신동아』에는 '장우근張迂根'으로 나온다.
256) 『신동아』에는 지역이 '미상'으로 기록되어 있다.
257) 『신동아』에는 '경북'으로 기록되어 있다.
258) 『신동아』에는 '목연창 睦然昌'으로 기록되어 있다.
259) 『신동아』에는 '평안'으로 기록되어 있다.

송호성	宋虎聲	평북	신용관	申容寬	미상	이지영	李之榮	충남
이동산	李東山	경남	윤치국	尹致國	경북	권계환	權啓煥	경북
이석영	李碩英	평북	송재만	宋在滿	전라	강태희	姜泰熙	평북
장두관	張斗觀	경남	김창도	金昌道	평북[260]	문벽파	文碧陂	평북[261]
김 철	金 鐵	경북	인 건	印 鍵	서울	박달준	朴達俊	경북
권영조	權寧祚	경북	조경호	趙京鎬	경기	이필주	李弼周	서울[262]
박명진	朴明鎭	경북	석준상	石俊尙	평북	황덕영	黃德英	강원
홍익선	洪益善	평북	허 황	許 滉	쏘취분	이종건	李鍾乾	경북
고원성	高元成	미상*	김천수	金千洙	쏘취분	이규서	李圭瑞	강원*
이희산	李熙山	미상*	이희엽	李熙燁	미상*	김군현	金莙鉉	평북*
신호섭	申虎燮	평북*	백기주	白基柱	평북*	김성삼	金省三	평북*
정태성	鄭泰成	경남*	권태원	權泰元	경북	이성우	李成宇	미상*
이붕해	李鵬海	경기[263]	한병익	韓炳益	평북	이덕수	李德洙	평북[264]
박돈서	朴敦緖	경기*	이기주	李基周	미상*	권태원	權泰元	경남*
김도태	金道泰	미상*	서기석	徐耆錫	서울*	황교석	黃敎石	강원*

260) 『신동아』에는 '평안'으로 기록되어 있다.

261) 한글 이름은 '문벽파'로 되어 있으나 한자 표기가 '문벽피文碧陂'로 되어 있다. '波'의 오기이다.

262) 『신동아』에는 지역이 '미상'으로 되어 있다.

263) 『신동아』에는 '서울'로 기록되어 있다.

264) 『신동아』에는 '평안'으로 되어있다.

國史編纂委員會
委員長 貴下 (調査室 經由)

建議書

事實과 制度에 關한 件

首題之件 去三月十七日附 尊敎를 拜承하은바 敬意와 感謝를 드리나이다

拜陳 지난 三一節은 特히 慷慨無量한 半世紀 곧 五十週年 紀念일에 精神武裝이 切實히 要請되는 이때 그날을 새삼 想起하며 젊은 世代들의 正義感 鼓吹에 劃期的인 契期가 期待되였으나 今年의 一週年 紀念만도 못한 느낌은 누구나 共感이 안날까 싶습니다

一. 陳情事實에 對하여

敝校與否는 當局의 處分이겠으나 特히 事實만은 事實대로 直筆이 되여야 하겠기 過般 書面과 口頭로 數次 進言한바이지만 다시 다음 몇가지 事實을 再三 例示해 드립니다

下 記

1. 一九一九年 本人은 前職 通化縣 哈泥河 所在 新興武官學校 四年制 本科 三期生으로 卒業한后 右校 敎官으로 赴任하였을때 激動되는 時局에 隨伴하여 本校의 一大擴充을 爲해 柳河縣 孤山子 河東 大肚子로 옮겨 四十餘間 兵營舍의 新築과 아울러 近萬坪의 練兵場을 附設하고 新入生 六百餘名을 募集하여 独立軍 中堅幹部 養成 實務에 萬難을 克服하며 온갓 心血을 기우려온 事實

當時 校職員

本校 校長 李天民 (前哈泥河에서는 呂準)
校監 尹琦燮
敎官 李青天
〃 成駿用
〃 元秉常
〃 朴章燮
以外 暫間式 왔다간 敎官도 없지 않었음
分校 白西農庄 一期生 李根澔
〃 崗山頭道溝 四期生 吳光鮮

以上과 如히 實務者가 틀림없는 事實입니다

어느 運動史를 볼때 全然 事實無根의 人士들로 羅列式 記錄에는 文獻도 不信感이 없지 안는바 그時節 갖춰조차 처치불수없든 우리 史料나 文獻이 大槪 解放后 混亂時期 各人各自의 口述에 依存하여 我田引水格으로 만들어진 것이 全部라해도 過言은 안될것으로 正確한 根據가 될수있겠는지 疑問이 안날수 없읍니다

2. 一九三○年頃 金川縣 事件에 있어 倭領事 主任 中保榮介의 所屬 惡質中의 代表的 惡質로 指揮을 받어오든 巡捕 李圭夏 肅淸 關聯에 있어 그時 武裝潛入이였던 黃敎石以下 數名의 下手人들은 現場에서 脫出 避身이였고 元秉常(一名元德一)은 背后 調査嫌疑로 取調中 逃避로 모행 押送을 赦免하였으나 黃敎石의 近族 黃正杰은 押送되며 服刑 一年后 出獄이었고

所謂 保安會長 黃雲燠은 北人 瑞興 嬪殿에서 酷毒한 毆打 餘毒으로 되어어 死亡되었던바 그 經緯인즉

第一次 擧事에는 事前發覺으로 未遂되었다가

第二次 擧事에 맞음 會議中이던 主目標 李는 巧妙히 逃走하였고 그外 倭人 居留民會長 荒井一郞과 韓人 趙永晋가 被殺된 그餘波로 暴惡이 絶頂에 達한 李의 橫暴에 그地方 僑胞들은 山川草木도 떨었다고 하였으니 그行悖는 可히 짐작이 가고도 남음이 있을것입니다

以上 二件 事實이 史料나 倭文書에 났하나고 있는지 없다면 文獻도 荒野 運動線上 許多複雜한 事件등이 詳記못되고 있다는것과 그時節 눈에 띄었던 倭人들의 記錄도 우리의 秘密은 속속들이 다 알지못했다는 實例로서 運動史

에 새로히 發掘된 事實이 되지않을까 싶습니다

3. 一九四五年八月 解放 慶祝大會場 慶祝辭에 愛國闘士로 被選되었던 事實은 各處에서 모여든 數三千 人民大衆의 最終審判인 總評으로 擧一致의 立證이었고 또 뒤이어 共産黨의 反逆者調査에도 民族思想者로 指名拘束등 一連의 事實은 過去를 再確認함으로 歷史的 轉換点에서 三十六年間 闘爭全面을 證明한것임에 비록 國內만 異域일지라도 民族正氣를 爲해 公正한 視野에서 價値가 判斷되어야 할것같으나 大衆이 認定한 이高貴한 事實를 어떻게 보시는지 다만 制約에서 虛歸으로만 돌려버려야 하겠는지 이亦是 當局의 處分에 期待할뿐입니다

二. 制約된 制度에 對하여

新聞報道等에 依하면 五一六后 論功行賞 制度가 實施된 以來 受賞恩者가 一千七百餘名이라했는데 이사람만이 独立運動者들이었고 先烈를 除한外 모다가 果然 名實共히 玉石區別에서 史料와 制度에 依해 特典을 받게되었는지 或은 國恥后 까모 污点도 없이 一貫한 闘爭者들은 除外되고 그가운데는 或 似而非한 運動者로서 正義가 逆行되고 있지나 안는지 實로 疑問에 안볼수없읍니다

이 人間社會에서 어떠한 事例에도 本人의 陳述과 關係者들의 證言에 根據하지 안는일이 없것만 荊棘의 逆境에서 九死一生으로 살어있는 本人의 口述에나 國家有功者의 證言도 否定이라는 特例와 아울러 秘密地下運動이 文獻이나 敵의 記錄에 났하나지 안는다해서 救濟與否가 左右된다는것

은 庚戌以后 荒野의 그時点과 運動의 裏面을 體驗해보지못한 觀点에서 規定된 制度가 안닌가 싶습니다

本人의 陳情書 進呈이 열의 七年이란 歲月에 아즉도 調査中이라하나 그勞苦에 罪悚합니다

그러나 民族感情上 倭人의 文書에만 依存하기보다는 오히려 独立國家의 主體的 見地에서 國家有功者들의 한마디 證言이 再考하고도 捷徑이 안될까싶습니다

原來 功名도 榮譽도 超越한 闘爭이었지만 六十年이란 歲月이 흐른今에 時代의 変遷과 世代의 交替로 本意안닌 自身의 陳情이 苟苟한 느낌도 없지않으나 不合理한 制約에서 正義의 闘爭이 埋沒되고 祖國에 맞어온 一生을 [illegible]해 버릴수 없다는것은 누구나 人之常情인 것임에

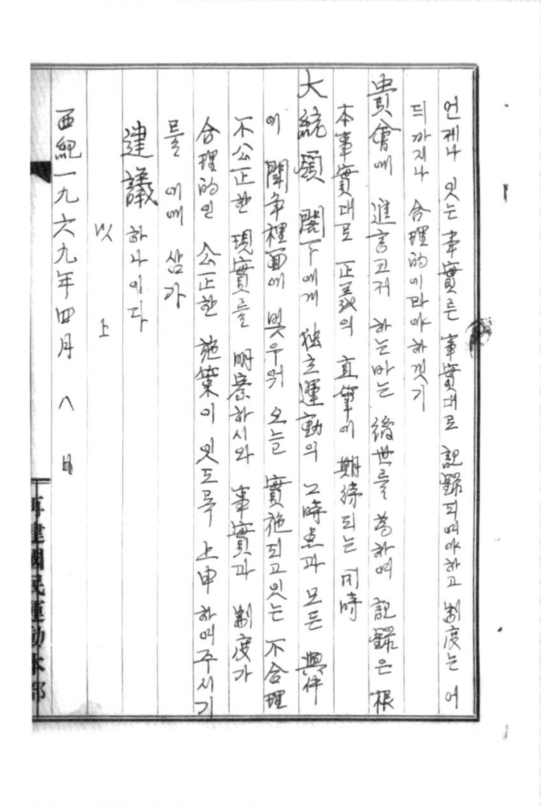
언제나 있는 事實은 事實대로 記錄되여야하고 制度는 어
디 까지나 合理的이라야 하겠기
貴會에 進言코저 하는바는 後世를 爲하여 記錄은 根
本事實대로 正義의 直筆에 期待되는 同時
大統領 閣下에게 独立運動의 二時点과 모든 事件
에 鬪爭種目에 빚우워 오는 實施되고 있는 不合理
不公正한 現實을 明察하시와 事實과 制度가
合理的인 公正한 施策이 있도록 上申하여주시기
를 이에 삼가
建議 하나이다
以 上
西紀一九六九年四月 八日
再建國民運動本部

現住所 서울特別市城北区貞陵三洞 六八五의 八三號 復興住宅
右 元義常
再建國民運動本部

부록 4 추천서

추천서

현주소 서울특별시 성북구 정능3동 685의
부흥주택 83호

원의상 당년 76세
서기1895년 8월5일 생

상기자는 별지 경위서 내용과 같이 국치후 36년간 조국독립을 위해 항일투쟁으로 일관하여왔고 해방 귀국후에도 국토방위등 그 일생을 조국에 받어온 공적이 현저한바 독립운동 유공자 심사 대상이 확실함으로 이에 추천함

서기1970년 1월 20일

추천인

현주소 서울特別市西大门区[illegible]洞498
安載煥
서울特別市城北区貞陵三洞山12
金寶炯
서울特別市城北区貞陵三洞13
張基千

(사본)

推薦書

現住所 江原道 江陵市 林塘洞134의1
元義常 格京常
西紀一八九五年八月五日生

右者은 別紙 經緯書 內容과 如히 國恥后 祖國独立을 為해 지난 36年間 抗日闘争에 一貫해 왔고 解放歸國後에도 國土防衛等 그 一生을 國家에 献身해온 功績이 顯著한바 今般 独立運動有功者 審査對象이 確實함으로 이에 推薦함

西紀 1963年 6月 日

現住所 서울特別市 新堂洞 三六六十一六
李範奭 印

그外

確認書 (1963년 6월 일)
証明人 呉光鮮 印 (死亡)
〃 池達洙 印 外 5名 (死亡)
以上

총무부장관 각하
총무부 상훈국경유

독립운동경위 사실 제출에 관한건

수제지건 독립운동 경위사실을 별지와 같이 제출하오니 심사하신후 선처를 앙망하나이다

서기 1970년 1월 일

현주소 서울특별시 성북구 정능3동 685의
부흥주택 83호
원의상

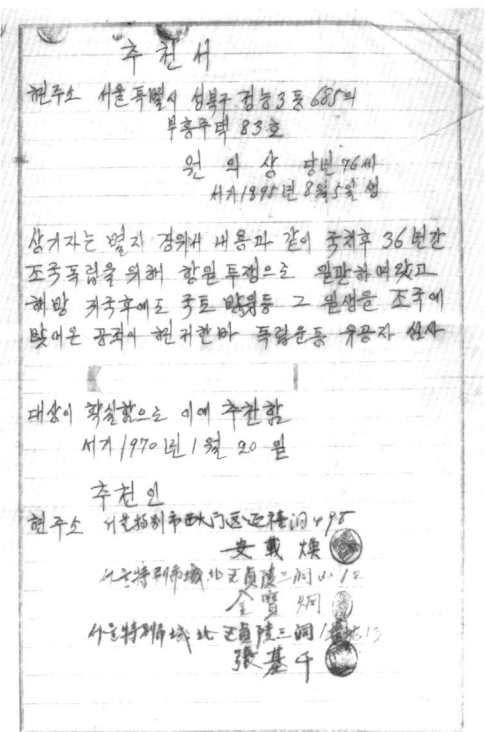

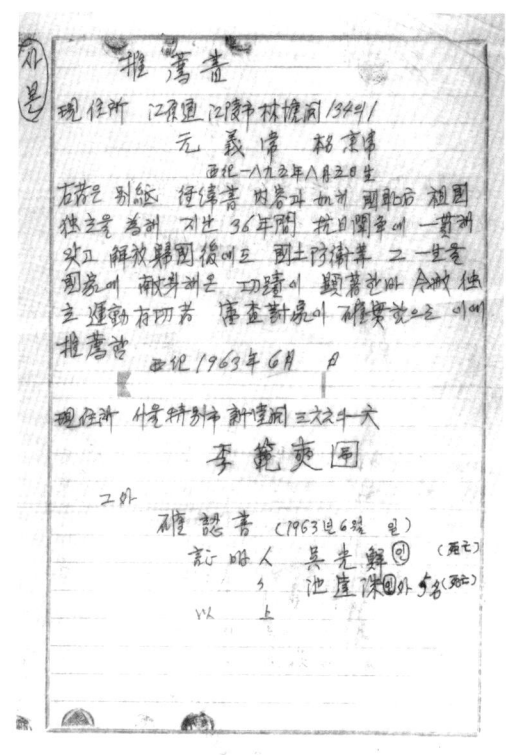

첨부서류 국치후 독립운동의 경위사실 외유
추천서 2통
이상

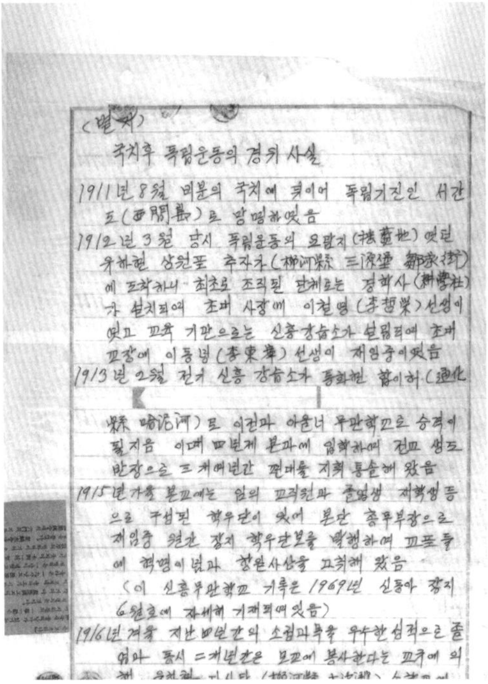
(별지)

국치후 독립운동의 경위 사실

1911년 8월 비분의 국치에 뒤이어 독립기지인 서간도(西間島)로 망명하였음

1912년 3월 당시 독립운동의 요람지(搖籃地)였던 유하현 삼원포 추가가(柳河縣 三源堡 鄒家街)에 도착하니 최초로 조직된 단체로는 경학사(耕學社)가 설치되여 초대 사장에 이철영(李哲榮)선생이였고 교육 기관으로는 신흥강습소가 설립되여 초대 교장에 이동녕(李東寧)선생이 재임중이였음

1913년 2월 전기 신흥 강습소가 통화현 합니하(通化縣 哈泥河)로 이전과 아울너 무관학교로 승격이 될지음 이때 四년제 본과에 입학하여 전교 생도 반장으로 三개여년간 편대를 지휘 통솔해 왔음

1915년 가을 본교에는 임의 교직원과 졸업생 재학생등으로 구성된 학우단이 있어 본단 총무부장으로 재임중 월간 잡지 학우단보를 발행하여 교포들에 혁명이념과 항일사상을 고취해 왔음

(이 신흥무관학교 기록은 1969년 신동아 잡지 6월호에 자세히 기재되여 있음)

1916년 겨울 지난 四년간의 소정과목을 우수한 성적으로 졸업과 동시 二개년간은 모교에 봉사한다는 교규에 의해 유하현 다사탄(柳河縣 大沙灘) 소학교에

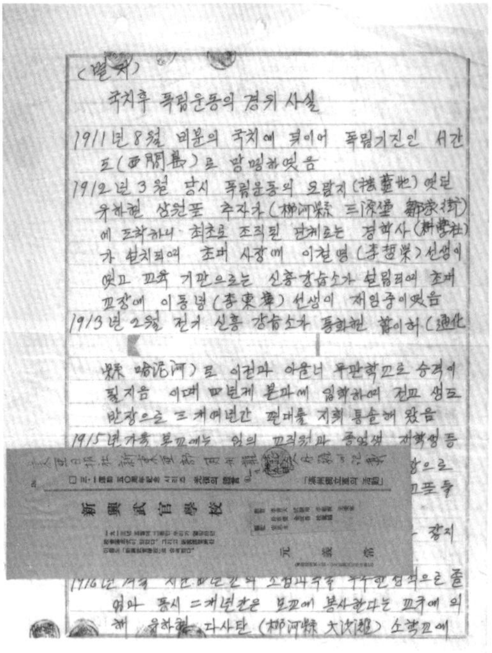
(별지)

국치후 독립운동의 경위 사실

1911년 8월 비분의 국치에 뒤이어 독립기지인 서간도(西間島)로 망명하였음

1912년 3월 당시 독립운동의 요람지(搖籃地)였던 유하현 삼원포 추가가(柳河縣 三源堡 鄒家街)에 도착하니 최초로 조직된 단체로는 경학사(耕學社)가 설치되여 초대 사장에 이철영(李哲榮)선생이였고 교육 기관으로는 신흥강습소가 설립되여 초대 교장에 이동녕(李東寧)선생이 재임중이였음

1913년 2월 전기 신흥 강습소가 통화현 합니하(通化縣 哈泥河)로 이전과 아울너 무관학교로 승격이 될지음 이때 四년제 본과에 입학하여 전교 생도 반장으로 三개여년간 편대를 지휘 통솔해 왔음

新興武官學校

1916년 겨울 지난 四년간의 소정과목을 우수한 성적으로 졸업과 동시 二개년간은 모교에 봉사한다는 교규에 의해 유하현 다사탄(柳河縣 大沙灘) 소학교에

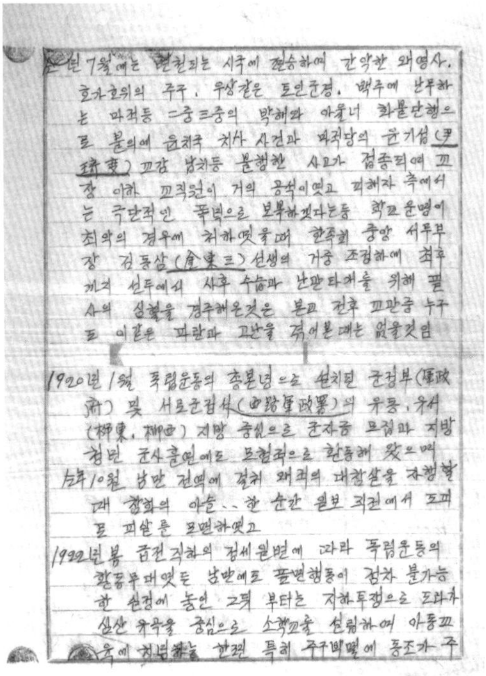
…년 7월에는 빈번되는 시국에 편승하여 간악한 왜영사. 호가호위의 주구. 우상같은 토인군경. 백주에 난무하는 마적등 二중三중의 박해와 아울너 화물단행으로 불의에 윤치국 치사 사건과 마적당의 윤기섭(尹琦燮)교감 납치등 불행한 사고가 접종되여 교장 이하 교직원이 거의 공석이였고 피해자 측에서는 극단적인 폭력으로 보복하겠다는등 학교운명이 최악의 경우에 처하였을때 한족회 중앙 서무부장 김동삼(金東三)선생의 거중 조정하에 최후까지 선두에서 사후 수습과 난관타개를 위해 필사의 심혈을 경주해온것은 본교 전후 교관중 누구도 이같은 파란과 고난을 겪어본때는 없을것임

1920년 1월 독립운동의 총본영으로 설치된 군정부(軍政府) 및 서로군정서(西路軍政署)의 유동, 유서(柳東, 柳西) 지방 중심으로 군자금 모집과 지방청년 군사훈련에도 모험적으로 활동해 왔으며

同年 10월 남만 전역에 걸쳐 왜적의 대참살을 자행할때 참화의 아슬.. 한 순간 일보 직전에서 도피로 피살을 모면하였고

1922년 봄 급전직하의 정세원변에 따라 독립운동의 활동무대였든 남만에도 폭덩행동이 점차 불가능한 실정에 놓인 그때 부터는 지하투쟁으로 도라가 삼산 유곡을 중심으로 소학교를 설립하여 아동교육에 치력하는 한편 특히 주주비밀에 동조가 주

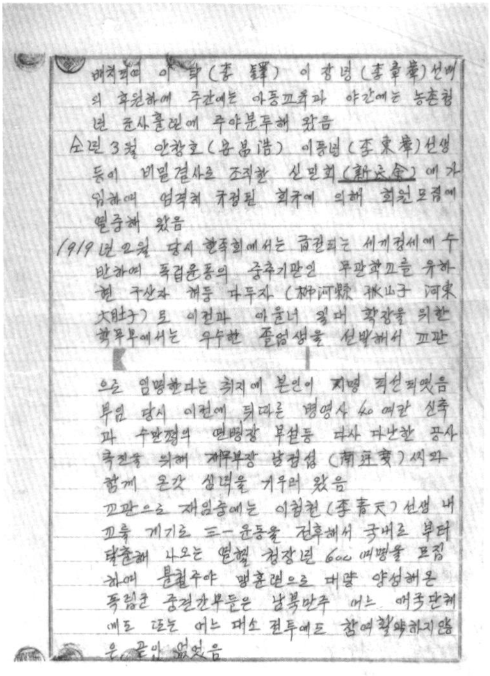
배척되여 이탁(李鐸) 이장녕(李章寧)선배의 후원하에 주간에는 아동교육과 야간에는 농촌청년 군사훈련에 주야분투해 왔음

同年 3월 안창호(安昌浩) 이동녕(李東寧)선생 등이 비밀결사로 조직한 신민회(新民會)에 가입하여 엄격히 규정된 회규에 의해 회원모집에 열중해 왔음

1919년 2월 당시 한족회에서는 급전되는 세계정세에 수반하여 독립운동의 중추기관인 무관학교를 유하현 고산자 하동 대두자(柳河縣 孤山子 河東大肚子)로 이전과 아울너 일대 확장을 위한 학무부에서는 우수한 졸업생을 선발해서 교관으로 임명한다는 취지에 본인이 지명 피선되였음

부임 당시 이전에 뒤따른 병영사 40여간 신축과 수만평의 연병장 부설등 다사다난한 공사 촉진을 위해 재무부장 남정섭(南廷燮)씨와 함께 온갖 심력을 기우려 왔음

교관으로 재임중에는 이청천(李青天)선생 내교를 계기로 三一운동을 전후해서 국내로 부터 탈출해 나오는 열혈 청장년 600여명을 모집하여 불철주야 맹훈련으로 배출 양성해온 독립군 중견간부들은 남북만주 어느 애국단체에도 또는 어느 대소 전투에도 참여활약하지 않은 곳이 없었음

을 지명 추천함으로 직각 등단해서 열변으로 역(설)과
한 내용은 그시 교민회보에 수록등 절찬을 받기도 했
거니와 그 시점과 의의(意義)가 특이하였던 만큼
역사적 전환점에 빛우어 볼때 이것은 인민대중의
과거를 판가름하는 삼엄한 심판이였고 왜치 36년
간 총평으로서 민족정기의 산증거가 안될수없음
소년 11월 거주지에서는 소위 중공 八로군과 조선 의용군
이라는 군대가 진주하여 민족반역자로 규정된자들은
인민재판 회장에서 총살집행하는 한편 본인은
성분조사에서 민족주의자로 지명되여 그들의 주목과
유혹에 불안이되여 있음
1946년 2월 결국 사상문제로 구속되여 일개월이 지난뒤 인
민대중은 국치후 더없는 애국자이니 석방해달라는 호
소 끝에 보석이되자 그 기회를 이용하여 구사일생
으로 탈출 귀국하였음
(지난번에 기재한 내용은 1960년 6월 29일부 민의
원 내각사무처에 제출한바있음으로 이에 준거하며
요약해서 다시 제출하는 바임)
이상 독립운동 경위 사실이 상위없음
(단) 해방 귀국후 경위 사실은 별지에 상보함
이 상
서기 1970년 1월 16일
원의상

한이였음
1930년 4월 금천현(金泉縣) 사건에 있어 왜영사 주
임 중원영개(中原榮介)의 소속 악질중의 대표적
인 악질로 지탄을 받어오든 순포 이춘하(巡捕
李春夏) 제거를 위해 제2차 잠림 습격에 있어
주 목표인 이(李)는 교묘히 은익해 버렸고 그
외 왜인 거류민회장 황정일랑(荒井一郎)과
한인 조영노(趙永魯)가 피살된 그 여파로
포악이 절정에 달한 이(李)는 본인을 배후
조종하였다는 혐의로 가혹한 취조중 도피로 발송
을 모면하였으나 황정결은 투옥복형이였고 그 지방
교포들은 이(李)의 횡포에 산천초목도 떨었었
다는 실시 소동이였음
1945년 8월 국치후 해방의 그날까지 투쟁선상에서 왜
기관이나 괴점 만주국 관문 소위 협화회등 어떠한
기관에도 명목이나 권력을 위해 대문이나 아무한적
도 없었고 여하한 대소 공적에도 참여한 사례
가 없이 불의를 항거하는 민족정의의 정신에는 유혹
과 탄압、주목과 척체등 교활한 수법이 항상 뒤를 따랐
고 있었음
同年 9월 해방을 마지하여 감격의 환호속에 교민회 주최
로 경축대회가 개최되였을때 국치후 변절없이 투쟁
일관한 애국투사만이 경축사를 할수있다는 인민대
중의 이례적인 고함소리에 의해 만장일치 본인

원병상 선생 연보*

1895.08.05			강원도 평해군(현재 경상북도 울진군) 온정면 금천리에서 출생
1901.00.00	(7세)		서당에서 한문 학습
1909.08.00	(15세)		안성이씨와 결혼
1910.08.29			경술국치
1911.08.18	(17세)		가족(13명)과 고모댁(5명) 등 18명이 망명길에 오름
1911.09.00		(초순)	신의주에서 국경을 넘어 안둥현에 도착함
1911.09.00		(말)	펑톈성 통화현 동래잔 도착
1911.10.00		(말)	통화현 북구 이정수의 협실을 빌려 임시로 거주함
1912.02.00			통화현 북구 왕일봉의 구옥과 산전을 빌려 이주함(제1 주거지)
1912.03.00	(18세)		동흥소학교 최고학년 편입
1913.02.00	(19세)		신흥무관학교 4년제 본과 제3기생 입학. 3개년 간 생도반장 역임 북구 기가골로 이주함(제2 주거지)
1915.00.00			신흥학우단 서기 역임
1916.12.00	(22세)		신흥무관학교 졸업
1917.00.00	(23세)		신흥학우단 제3대 부서에서 총무부장 역임 류허현 대사탄소학교에서 교사로 복무함
1917.02.00			수전을 위해 류허현 형통산자 태평구 이명림의 구옥과 건답 임차하여 이주(제3 주거지). 조모 별세(64세)
1917.12.00			주거지 이주를 위해 헤이룽장성 치치하얼 북단에 개척중인 할나이 농장을 동지 인재석, 조희원과 함께 답사했으나 한랭한 기후와 농경 실태의 후진성 등으로 이주를 포기함
1918.00.00	(24세)		수전을 위해 형통산자 남쪽 흑위자 강태정의 방과 수전 임차하여 이주(제4 주거지)
1918.03.00			대사탄소학교 퇴직
1919.03.01			3·1운동 일어남
1919.05.00			한족회 학무부장 김규식 선생의 부름을 받고 신흥무관학교 교관으로 임명됨. 일본군 현역장교 출신으로 망명해온 이청천(지청천)과 함께 교관으로 근무함

* 이 연보는 『원병상 회고록』을 간행하는 과정에서 편집팀이 회고록과 수기, 해제 등을 참고하여 정리했다.

1919.07.00		(하순)	장강호 마적단의 윤기섭 교감 등 납치사건 발생
1919.08.00			'윤치국 치사 사건' 발생. 이 사건으로 9월 하순부터 10월 7일까지 고산자의 신흥무관학교 본교가 중국 당국의 정학 명령을 받아 얼마 동안 학무가 정지됨
1920.02.00			흑위자 오순일의 단칸방으로 이주
1920.10.00			경신참변 발생. 주거지가 산간벽지여서 도피하여 겨우 참화를 면함 12월까지 서간도에서만 김동삼의 동생 김동만 등 한인 1,300여 명이 피살됨
1922.02.00			강태생의 신축 농막으로 이주
1922.03.00	(28세)		흑위자구에 건물 임대하여 신성소학교 설립해 초등교육 실시
1923.00.00		(봄)	신성소학교, 형통산자가로 이전
1923.08.00			신성소학교, 노두립자 거산하 마의구로 이전. 박세환 동지와 함께 운영과 교무를 전담
1924.02.00	(30세)		중국인 성달학교에서 수학하다가 아버지의 원주원씨 대동보 간행 관련 고국 방문으로 중퇴
1927.07.00			금천현 양자초에서 김용택 등 정의부 부대원에 의한 친일인사 처단 사건 발생. 일본인거류민회장 아라이 이치로, 조영로 사살되고 악명 높은 조선인 순사 이규하는 피신해 실패함
1929.00.00	(35세)		금천현 양자초에서 보성공사라는 이름의 정미소 운영. 동포들의 편리 도모 및 독립군의 비밀연락기관으로 운영. 1927년 7월 발생한 친일 인사 처단사건의 주모자 김용택이 검거되면서 동조·주모 혐의로 체포되어 심문을 받다가 탈출해 겨우 압송을 면함.사건 이후 사업 실패로 정미소 보성공사 폐업산성진 서가에 광신호라는 이름의 정미소 운영
1931.00.00		(봄)	만보산사건으로 한중 갈등 격화
1931.03.00			광신호 정미소, 산성진 서가 동문 내로 이전
1931.09.18			일본 관동군, 류탸오후사건을 빌미로 만주사변을 일으킴
1931.11.00		(말)	이팔석농장으로 이주하여 농장개간사업에 참가함(제5 주거지)
1932.06.00~1932.09.00			흑위자의 가족들, 대도회의 약탈로 인해 고초를 겪음 위급한 상황에서 땅굴에 보관해오던 졸업장, 임명장, 군사 서적, 기타 중요서류 소각으로 유실됨
1933.02.00	(38세)		공산주의자 추적하던 일본영사 주구 순포 이규하, 광신호에서 함께 일하는 최영선 군에게 총탄 발사하여 부상을 입힘
1933.03.03			어머니 뇌일혈로 서세(향년 59세)
1937.07.07			일제, 루거우차오 사건을 계기로 중일전쟁을 일으킴
1940.02.23			아내 안성이씨 별세
1940.04.00	(46세)		의흥예씨와 재혼

1941.12.08 일제, 진주만 기습을 시작으로 태평양전쟁을 일으킴

1942.00.00 일본의 인적·물적 수탈이 극심해짐

일본의 양곡 통제로 광신호 정미소 폐업

1944.00.00 일본 당국의 비행기 헌납금 강요 및 농산 수탈 회피·거부

이팔석과 두팔석에 수전 가경지 700여 묘 구입하여 수답으로 변경

이와 함께 이팔석, 두팔석, 산성진 동가 북쪽 등지에 농막 29칸 구입, 매하구 역전에 점포 14칸 구입함

1945.08.15 (51세) 일본의 무조건 항복, 해방

1945.08.00 교민회 주최 경축대회에서 대표로 뽑혀 축사

1945.10.00 만주인들의 물자 약탈 등 대혼란 심화

1945.10.00 (말) 만인자치회 연락으로 교민회 대표로 팔로군 환영대회에 참석함

조선인 남녀로 편성된 의용군 600여 명이 통과할 때 교민회 대표로 부대장 이하 각 참모들이 참석한 환영 모임에 초대됨

그 후 각 도시에 조선의용군이 배치될 때 연안 독립동맹 북만지부 조직 책임자 김형식이 파견되어 옴

1945.11.00 김형식, 매일 찾아와 농민위원회를 조직하고 위원장에 취임하라고 요구했으나 쉽사리 동의도 승낙도 하지 않는 태도를 견지하며 시국 추이를 주시함

1945.12.00 조선의용군 위안회에서 그들의 반성을 촉구한 노래를 독창한 후 감시가 강화됨

1946.01.00 (초) 조선의용군 간부들, 남녀노소 500여 명 모아놓고 인민재판 개최. 보민회 5개현 회장 윤학동, 산성진 회장 한식 등 2명 총살형 집행

1946.02.00 팔로군의 소환으로 구공소에 출석하자 그 자리에서 구류실에 구금됨. 한 달 가까이 되어 아내가 주도해 모아온 시민들의 진정으로 임시로 풀려남

1946.04.05 조선으로 들어갈 목적으로 첫째 아들과 함께 거주지 산성진을 떠나 피신함. 이후 류허현, 유수하자를 거쳐 통화현에 도착함. 화물 무개차를 타고 지안현에 도착함

1946.05.00 지안현에서 압록강을 건너 만포진에 도착함. 시내에서 우연히 제자 최현덕 군을 만나 박병화 동지의 집에서 휴양함. 뒤따라 피신해온 아내와 아이들을 만나 함께 귀국길에 오름. 평양·해주피난민수용소 거쳐 38선을 넘은 후 개성을 경유하여 서울에 도착함

귀국 길에 5월 23일 부친이 별세하셨다는 소식을 전해 들었으나 확인하지 못함

용산에 사는 재종숙 원세걸의 방을 빌려 임시 기거함. 元義常으로 개명

1946.08.00 서울 원효로에 전세를 얻어 정착함

			신흥무관학교 4기생 오광선 동지가 주도하여 설립한 광복청년회에 참가해 중앙본부 정훈 업무를 담당함
1947.00.00		(봄)	윤기섭 선생을 중심으로 조직된 독립운동자동맹에 참가하였으나 일부 인사들의 엽관 행위 등으로 자연 해체 상태에 빠짐
1947.05.00			이청천(지청천)의 환국과 아울러 광복청년회를 대동청년단으로 개칭하고 조직체계를 확대할 무렵 총무부장으로 선임되어 활동함
1947.00.00		(가을)	이시영이 주도한 신흥무관학교 후신 신흥대학 설립에 참가하여 학도감을 맡아 교무에 종사함
			신흥대학에서 이시영, 윤기섭, 이규봉, 이광조 등 30~40명의 단우와 유지 참석하에 신흥학우단 부활총회 개최
1948.12.07	(54세)		육군사관학교 제8기 특별2반에 편입함
1949.01.14			5주간의 군사간부훈련을 받고 소위로 임관함. 제17연대에 배치됨
1949.12.26			옹진에 주둔함
1950.06.00			연대 대표로 전몰장병위령제에 참가했다가 6월 24일 부대로 귀환
1950.06.25			6·25전쟁 발발. 옹진에서 후퇴하여 영등포, 용산, 수원, 대전 거쳐 청주, 오산 방면에 재배치됨. 이후 대전, 유성, 보은으로 이동
1950.07.00			국군 제1사단과 함께 상주 화령장전투에 참가해 인민군 제15사단 2개 연대를 괴멸시킴
1950.08.00~1950.09.00			기계·안강전투에 참가해 격전을 치름. 이후 경주 거쳐 부산에서 재편성되어 서울탈환작전에 참가함
1950.09.28			서울 수복
1950.10.18			강원도 병사구사령부로 전입되어 춘천에서 병사·민사 업무 도중 10.18 안보리 격전을 경험함
1950.12.02			전투부대의 춘천 탈환 후 춘천 시내에 들어가 병사·민사 업무를 담당함
1951.01.01			중공군의 재침으로 홍천방면으로 철수함. 이후 원주, 대구, 경주 거쳐 삼척에서 근무함
1953.07.27			6·25전쟁 휴전그후 고등군사반 교육을 수료하고 대민사업에 투입됨. 울진군에 읍민관 신설
1954.00.00		(봄)	제주도 한림면 무사릉동산 조성
1956.05.30.	(62세)		계급정년, 대령으로 전역
1957.07.00			대한상무회 강원도 지회장을 맡아 일함
1959.00.00			경비도 없이 어려움을 겪다가 3·15 부정선거 5개월 전 자진사퇴
1965.01.00	(71세)		동도중고등학교 기성회장 역임
1973.01.01	(79세)		숙환으로 자택에서 별세

색인

[ㅇ]

신흥무관학교 교관

원병상회고록

제자題字 김성장

초판 1쇄 2023년 8월 18일

지 은 이 원병상
엮 은 이 신흥무관학교기념사업회
교 주 자 조세열
해 제 이용창
교정교열 권시용 김명환 박광종 심철기 이명숙 이순우 임무성 조한성
편 집 손기순

펴 낸 이 방학진
펴 낸 곳 민연주식회사
등 록 제2018-000004호
주 소 서울 용산구 청파로47다길 27(청파동2가 서현빌딩)
전 화 02-969-0226
팩 스 02-965-8879
홈페이지 www.historybank.kr

ISBN 978-89-93741-40-7

정 가 40,000원